孟子의
문법적 이해
(상)

한상국 지음

서문

AI와 IT 혁명의 폭풍 속에서 제자리에 서있기에도 급급한 현대인에게 한문을 공부한다는 것은 이제 거의 무의미한 일이 되었다. 굳이 AI의 통번역 기능을 염두에 두어서만은 아니다. 현대인이 한문을 공부하는 일은 한문으로 문장을 짓고자 함도 아니요, 한문으로 대화를 하기 위함은 더욱 아니다. 현대인인 우리가 한문을 공부하는 이유는 해석과 번역을 위해서이다. 다시 말하면 현대인이 한문을 공부하는 것은 한문 고전 원서를 읽기 위함이 전부이다. 바로 이런 면에서 AI는 이미 인간을 앞서기 시작했고 특히 한문 서적을 번역하는 일은 앞으로는 인간이 하는 것보다 더 정확하게 해낼 것이다.

그것만이 아니다. 우리가 읽을 만한 한문 고전은 <사기>를 비롯하여 <논어>, <맹자>류 문사철(文史哲)의 서적 대부분은 이미 수많은 전문가와 석학, 달현의 손을 거쳐 고증되고 검증되어 번역물의 형태로 나와 있다. 이는 양적으로도 우리가 평생 그 책들만 읽는다 해도 읽을 수 없는 많은 양이다. 예컨대 ≪漢書≫— 중국 후한시대의 역사가 반고가 저술한 기전체의 역사서. 정확하게는 한서에 주석을 붙인 ≪漢書補注≫— 만을 하루에 열 시간씩 읽는다고 해도 족히 70년이라는 세월이 걸린다. 그런데도 '왜 지금도 한문인가'에 대한 대답은 딱히 없다. 하지만 굳이 이에 관한 생각을 말해보라 한다면, 억새 우거진 강가에서 간짓대를 드리고 있는 강태공에게 고성능 어군탐지기를 장착한 초현대식 어선을 이야기하면서 왜냐고 묻는 것과 유사하지는 않을는지.

한문을 공부하는 사람들이라면 讀書百遍義自見(독서백편의자현)이라는 말이 있다. 이 말의 뜻은 책이나 글을 백 번 읽으면 그 뜻이 저절로 이해된다는 뜻이지만, 그 안의 말은 학문을 열심히 탐구하면 뜻한 바를 이룰 수 있음을 가리키는 말이기도 하다. 어쨌든 讀書百遍義自見에도 끈기를 말함이 있어, 무엇인가를 공부하는데 있어서 중요한 것은 반복이라는 말이다. 언어를 습득하는 방법은 여러 가지가 있지만 반복하여 학습하면 어느 샌가 그 뜻이 저절로 파악되고 나아가서는 자연스럽게 그 언어를 구사할 수 있게 되기 때문이다.

또 愚公移山(우공이산)이라는 말이 있다. 이 역시 맞는 말이다. 하지만 다 맞는 말은 아니다. 그러나 사실 愚公移山이라는 말 가운데 가장 중요한 것은 어떤 일을 함에 조금씩 하더라도 일이 진척되지 않았다고 해서 실망하여 중도에 그만두지 말라는 끈기를 말함이지 삼태기로 돌을 나르는 방법을 말하는 것이 아니다. 그런데 사람들은 삼태기만을 들고 달라드는 경우가 있다.

어쨌든 讀書百遍義自見에도 끈기를 말함이 있어, 무엇인가를 공부하는데 있어서 중요한 것은 반복이라는 말이다. 이뿐이 아니다. 아예 유교의 4대 경전 중의 하나인 <中庸>에는 다음과 같은 말이 있다.

"다른 사람이 한 번에 할 수 있거든 나는 백 번 하며, 다른 사람이
열 번에 할 수 있거든 나는 천 번 해야 하니, 만약 이렇게 나아갈
수 있다면 우둔한 사람도 반드시 명석해질 것이고 유약한 사람도
반드시 강해질 것이다./一人能之 己百之 十人能之 己千之 果能此
道矣 雖愚必明 雖柔必强"

선인들의 공부방법은 거의 이와 같았다. 모두 반복된 학습법이다.

역시 한문을 공부하는 사람들이라면 孟子三千讀卓之聲(맹자삼천
독탁지성)이라는 말을 들어본 적이 있을 것이다. 의미는 <맹자>를
삼천 번 읽으면 문리가 트이고 더 나아가 어떤 깨달음에까지 다다른
다는 말이다. 하지만 언어적인 측면에서만 보자면 孟子三千讀卓之聲
은 곧 '맹자를 삼천 번 읽으면 하면 비로소 文理가 트인다.'는 말다.

여기서 孟子三千讀卓之聲은 두 가지 의미를 가진다. 첫 번째는 삼
천 번 읽음이라는 과정을 통해서 마치 모국어가 그랬던 것처럼 자연
스러이 몸에 배게 만드는 과정을 반복하고자 한 것이다. 저절로 문
리가 트인다는 말은 다름 아닌 이 말이다. 두 번째는 <맹자>가 그만
큼 한문을 학습하는데 충분한 다양한 문장을 가지고 있기 때문이라
고도 할 수 있다. 사실 유교적 측면에서 본다면 더 중시되는 논어가
있는데 '논어삼천독이면 비로소 문리가 트인다'고 말하지 않는 것만
으로도 짐작이 가는 부분이다. 사실 <논어>는 <시경>이나 <서경>의
인용문이 많을뿐더러 문장 자체가 거의 단문형식의 대화체가 주류
를 이루기 때문이다. 동시에 <논어>는 글자 수로 보면 16,144자로
<맹자>의 반에 미치지 못하여 한문 학습서로서는 적당하지 않다고
할 수 있다. 최소한 <맹자>에 비하면 말이다. 선인들이 그랬던 것처

럼 내가 <맹자>를 한문 문리 학습서로 선택한 이유이기도 하다.

　　그런데 정작 문리를 얻기 위해서 삼천독을 할 수나 있을까? <맹자>는 글자 수가 판본에 따라 몇 글자 정도 달라지긴 하지만 32,744자이다. 이 글자 수를 읽는다면 아침밥을 먹고 난 다음 점심 저녁은 들지 않고서야 늦은 저녁이면 읽기를 마칠 수 있다. 그렇게 꼬박 7년을 읽으면 맹자삼천독이 끝난다. 그러니 평상대로라면 족히 십 수 년은 소요된다. 물론 이는 집주(集註)를 제외한 경우이다.

　　讀書百遍義自見은 중국의 고사로 <삼국지/三國志>> '위서(魏書)'에 실린 말이고 孟子三千讀卓之聲은 우리나라에서 태어난 말이다. 우리 선인들에게 한문은 외국어이나 당연히 백독이 아닌 삼천독이 마땅했을 것이다. 그러나 현대인들은 옛사람들과는 다르다. 선인들은 일 년에 몇 번씩이나 서울을 오르내릴 일도 없었고, 사람을 만나야 하거나, 노래를 들으며 세상 잡다한 일을 즐길 일도 오늘날보다 적었다. 게다가 새로이 밀려들어오는 기계문명을 익힐 일도 거의 없었다. 그래서 선비 정도 되면 아침 먹고 돌아서면 책장이나 넘길 일 이외는 그다지 할 일이 없었다. 그러니 愚公移山과 <중용>의 말씀은 일견 타당성을 얻지만 현대인에게 孟子三千讀은 愚公移山보다도 더 무모한 일이다. 결국 방편이 필요하다. 좀 납득이 가기 어려울 수도 있으나 그것이 바로 문법이다. 외국어를 습득하는데 있어서 문법의 효용에 대해서는 논란의 여지가 많다. 하지만 문법은 필수가 아니라 '孟子三十讀卓/맹자삼십독'이면 문리가 트이게 하는 방편이다. 내가 <맹자>의 문법을 다룬 이유가 바로 여기에 있다.
　　이 책은 한문을 학습하고자 하는 사람을 대상으로 집필되었다. 그러나 막상 글을 쓰는 사람 입장에서 말하면, 한문을 업으로 하는 사람이 아니어서 문법적으로나 어학적인 측면에서 전문용어 사용이 매끄럽지 못할 수 있을 것이다. 게다가 한문 문법은 아직도 주어나 보어, 목적어, 또는 개사(介詞) 등에 대한 개념이 완전하게 정리된 형편이 아닌 것 같아 어느 책에서는 개사를 허사(虛辭)로 칭하고 또 어떤 학습서에서는 아예 '전치사'나 '후치사' 등으로 칭하기도 하는 상황이다. 좀 더 나가면 영어 학습에서 유래한 '한문의 5형식'이라는 개념으로 한문의 문법적인 부분을 설명하기도 한다. 집필자 역시 기존의 한문학습과는 달리 새로운 또는 다소 걸맞지 않은 생경스러운 단어나 개념으로 문법적 설명을 하는 경우가 있을 것이다. 이 부분 미리 양해를 구한다.

"넌 무슨 한문책만 그렇게 들여다보고 있냐?"

이 글을 쓰다 보니 선고(先考)의 말씀이 귓가에 스친다. 칭찬이 아니라 핀잔이었다. 생각해보면 어려서 그다지 한문책을 들여다 본 적이 없는데도, 선친의 이 말이 떠오르는 것을 보니, 아마 어려서도 한문을 좋아하긴 좋아했나 보다. 아니 싫어하지는 않았나 보다. 싫어하지 않다 보니 이 책을 집필하게 되었고, 마치 숙제마냥 안고 왔던 것 같다. 기실 이 <맹자의 문법적 이해>는 이전에 나온 졸저 <치아 인문학>보다 먼저 나왔어야 할 책인데 이런저런 연유로 선후가 바뀌고 말았다. 그러니 더욱 숙제가 되어 몇 년을 끌어 온 듯하다. 부끄럽지만 이 책을 멀리서 말없이 바라보고 계실 先考께 드린다.

2021년 4월 8일 수유리에서.

목차

이 책을 읽기 전에

<맹자>를 본격적으로 학습하기 전에 아래에서 다룰 몇 가지를 미리 읽어두고 들어가면 공부에 도움이 될 것이다. 그러나 지면 관계상 문법에 대한 세세한 부분에 관해서는 다른 서적들에서 충분히 논의되고 언급된 내용이 있기 때문에 여기서는 개략적인 것만 다루기로 한다.

아래에서 다룰 내용 중 1~4는 일반적으로 한문을 공부하면서 요구되는 사항이고 5는 특히 맹자를 공부할 때 필요한 사항이라 할 수 있다.

1. 한문에서 품사는 위치와 문맥에서 결정된다

·위치에 따른 품사의 결정

우리말의 어순 구조는 문장 성분이 '주어 + 목적어 + 서술어'의 구조로 이루어져 있으나 한문 문장의 구조는 '주어 + 서술어 + 목적어'의 구조로 이루어져 있다. 바로 이 '서술어(敍述語)'의 위치가 우리말과 다른 것이 가장 큰 특징이라 할 수 있다. 그런데 이 말은 사실 한문을 해석하는 데 있어서 그다지 도움이 되지 않는다. 오히려 한문의 특징 가운데 하나는 품사가 정해져 문장에서 그 역할을 실행하는 것이 아니라 '문장 속의 위치에 따라 품사가 정해진다는 점'이 한문을 해석하는 데 가장 중요한 요소가 된다.

너무 식상한 예이지만 '君君臣臣父父子子(論語)./임금은 임금다워야 하고 신하는 신하다워야 하고 아비는 아비다워야 하고 아들은 아들다워야 한다.'이다. 이 문장에서 보듯이 같은 단어이지만 문장 속의 위치나 역할에 따라 품사가 정해짐을 알 수 있다. 좀 더 부연설명을 하면 '君君/임금이 임금답다.'라는 문장에서 보는 것처럼 뒤의 君, 臣, 父, 子는 명사가 형용사로 전용된 것으로 술어이다.

이처럼 한문의 해석에는 문장에서 서술어(동사나 형용사)를 파악하는 것이 중요하다. 그런데 문장에서 위치라고 하는 것은 실제적인 위치만을 말하는 것이 아니라 문맥상의 의미도 포함한다. 개인적인 경험에서 말한다면 문맥상에서 품사를 파악하는 데 가장 중요한 것이 '부사어'이다. 필자는 많은 다른 한문 학습방법과는 달리 문장에서 부사적 역할을 하는 문장이나 단어를 찾아내는 것이 중요하다고 생각한다. 이 '부사어'를 파악하게 되면 서술어(동사나 형용사)를 쉽게 파악할 수 있는 첩경이 된다. 이에 대해서는 이 책 전체를 통하여 후술하기로 한다.

우선 한문에서 품사를 파악하는 데 있어서 다음 몇 가지 예를 보자.

예) 孟子曰 子誠齊人也 知管仲晏子而已矣. (公孫丑)
: 맹자께서 말씀하셨다. '그대는 진실로 제나라 사람이로다. 관중과 안자를 알 뿐이로구나.' 子誠齊人也에서 子는 명사로 사용되었다. 또 다음 예를 보자.

예) 經始勿亟 庶民子來. (梁惠王)
: '일을 서두르지 말라 하셔도 서민들이 문왕의 자식(자식처럼)이라도 된 듯 오는구나.' 여기서는 '자식과 같이', '자식인 양'으로 부사적 용법으로 사용되었다.

예) 余子萬民養百姓而收租稅. (黃帝內經)
: 내가 만민을 자식으로 아끼고 사랑하며 백성을 길러주면서 세금을 걷는다. 子는 여기도 부사어로 사용되어 '자식으로', '자식처럼'으로 해석된다.

위의 예들에서 알 수 있는 것처럼 '아들 자(子)'는 단독으로 사용될 때 일반적으로 1) 자식(아들), 2) 2인칭으로 '자네', '그대', 3) 스승 등에 대한 경칭 등으로 사용된다. 하지만 문맥에 따라서 부사적으로 사용된다. 이렇듯 동일한 단어라 하더라도 한문에서는 문맥과 문장의 위치 속에서 그 품사가 정해진다는 것을 알 수 있다.

또 다음 예를 보자.

예) 老吾老 以及人之老 幼吾幼 以及人之幼 天下可運於掌. (梁惠王)
: 내 집안의 어른을 공경하는 마음을 미루어 다른 집안의 어른에게까지 미치게 하고, 내 집안의 아이를 사랑하는 마음을 미루어 다른 집안의 아이에게까지 미치게 하면, 마치 천하를 손바닥 위에서 움직이는 것처럼 마음대로 움직일 수 있을 것이다.

老와 幼는 원래 '늙다', '노인', '어리다', '어린이' 등의 의미가 있으나 예문 老吾老 幼吾幼의 앞의 老와 幼는 동사로 사용되고 있다. 한편 이처럼 형용사가 동사로 사용되는 경우 대개 '형용사로 여기다/형용사로 생각하다/형용사화 하다' 등으로 해석된다.

·품사는 문맥에서 결정된다.

품사를 문맥에서 파악한다는 것은 어떤 의미에서는 문법적인 범주에 속하지 않는 표현이다. 그런데 한문의 특징이 바로 이 문맥에서 문법이 결정된다는 점이기 때문에 부득이하게 이렇게 접근할 수밖에 없다. 앞에서 예로 든 '君君臣臣父父子子(論語)./임금은 임금다워야 하고 신하는 신하다워야 하고 아비는 아비다워야 하고 아들은 아들다워야 한다'를 보자. '君君臣臣父父子子' 만약 이를 문맥에서 파악하지 않고 단지 이 문장만 본다면,

① 임금과 신하, 아비와 아들이라고 하는 '사람들'이라는 의미에서 '임금이면 임금, 신하면 신하, 아버지면 아버지, 아들이면 아들 모두가'라고 해석할 수도 있다.
② 또 유교의 근간을 이루는 군신부자 관계에 대해서 언급할 때 부정적인 견해를 드러내며 '임금은 임금이요, 신하는 신하이며, 아버지는 아버지이고 아들은 아들일 뿐이다'라고 해석하여 서로가 각기 다른 길을 가는 바람직하지 못한 관계를 표현할 수도 있다.
③ 또 당위성을 표현하여 '임금은 임금이어야 하고, 신하는 신하이어야 하고, 아버지는 아버지이어야 하고, 아들은 아들이어야 한다'라고 다소 긍정적인 해석도 할 수 있다.

그러나 이 문장의 앞의 내용을 보면 '齊景公問政於孔子 孔子對曰 君君臣臣父父子子'를 보면(더 정확하게는 그보다 더 앞뒤 문장을 총

괄해 보면) ‘제나라 경공이 공자에게 정치에 관해서 물었다’라는 부분에서 뒤의 ‘君君臣臣父父子子’의 해석 내용이 어떻게 될 것인지가 어느 정도 결정된다는 의미이다.

또 같이 예를 든 ‘經始勿亟 庶民子來’를 보자 만약 ‘庶民子來’를 ‘서민의 아들이 오다’라고 해석한다면 부사가 아니라 명사로 사용된다. 동시에 그렇게 해석해도 전체적인 내용에는 큰 변화도 없다. 그러나 많은 典故와 시경 내용의 전후를 보면 "자식처럼"이라는 부사적으로 활용되었음을 알 수 있다. 이처럼 문맥에 따른 품사의 결정은 어떤 의미에서 위의 예에서처럼 해석상에서 대의를 해치지 않아 중요하지 않을 수도 있다. 그러나 이것이 바로 한문 공부에서 문법이 그다지 중요하지 않다고 말할 수도 있는 것과는 다르다. 바로 이 ‘문맥에서 품사를 판단한다’라는 다소 애매한 문법적 접근이 해석이 어려운 문장을 용이하게 접근할 수도 있는 열쇠를 제공하는 경우가 허다하기 때문이다.

2. 부사적 역할의 구나 절을 잘 파악하는 것

앞에서 언급한 것처럼 한문에서 문장을 해석하는 데 중요한 것 중의 하나가 부사어를 파악하는 것이다. 한문을 문법적으로 분석하거나 한문 독해를 다루는 많은 책들을 보면 전혀 이 부분은 언급되지 않는 부분인데 개인적으로는 강조하고 싶은 부분이다. 몇 가지 예를 들어보기로 하자.

예) 王曰 叟不遠千里而來, 亦將有以利吾國乎. (梁惠王)

부사어의 중요한 역할을 알아보기 위하여 먼저 위 문장을 보자. 논쟁은 있겠지만 먼저 '叟不遠千里而來' 이 문장에서 '不遠千里而/천릿길도 멀다고 여기지 않고서'는 일종의 부사어로서 來를 수식하고 있다. 바로 이어지는 문장 '亦將有以利吾國'은 한문에 처음 입문한 사람들에게는 좀 까다로운 부분인데 바로 '有以' 이 부분 때문이다. 특히 '以'를 어떻게 다루어야 할지가 무척 난감하다. 그런데 전체문장을 다시 보면 앞 문장 '叟不遠千里而來'에서부터 다시 읽어보면 '不遠千里而來/멀리서 오다'와 '나라를 이롭게 하다/利吾國'이라는 두 문장으로 구성되어 있지만 사실 내용 면에서는 연관성을 가지고 있어야 한다는 점이다. 이는 언어의 특성상 당연한 것으로 대화가 어떤 소재를 중심으로 진행된다는 점이다. 즉, 위 전체문장을 연관성 부분에서 생각해서 그 의미까지 번역하게 된다면 다음과 같다. '선생님께서 천릿길도 멀다 하지 않으시고 이렇게까지 먼 길을 오셨는데 우리나라를 이롭게 할 게 있는지요?' 즉 '그렇게까지 해서 오셨으니 뭔가 있겠지요'라는 내용의 대화이다. 이를 문법적으로 분석해 보기 위해서 개사 '以' 다음에 대명사 '之'를 넣어 생각해보자. '叟不遠千里而來 亦將有以之利吾國乎?'로 之는 앞의 내용을 받는다. 그리고 이 내용은 '以不遠千里而來/그렇게 먼 길을 오신 것을 보니'라는 의미가 되고 해석 시에는 '뭔가 방법이 있는지요? / 뭔가 할 수 있는 게 있는지요?'라고까지 확대된다. 따라서 결과적으로는 '방법과 수단'을 내포한 해석이 되기도 하지만 원래 이 부분은 '원인'이나 '이유'를 내포하는 부사적 기능을 가지는 문장이라는 것을 알 수 있다. 다른 예를 보기로 하자.

예) 若不識時 不足以言學. (孟子集註序說)
: 만일 때를 알지 못하면 학문을 말할 수 없다.

이 문장이 내포하고 있는 의미는 '때를 알지 못한다면 (바로 이 점 때문에) 학문을 말할 수 없다'이다. 즉 若不識時는 부사어로 조건이나 가정을 나타내는 문장이라는 점이다.

예) 未有仁而遺其親者也 未有義而後其君者也. (梁惠王)
해석은 '인하면서 그 어버이를 버리는 사람은 있지 않으며, 의로
운데도 그 임금을 뒤로 하는 사람은 있지 않습니다.'이다. 일반적
으로 이 유형의 문장은 '未 A' 구문으로 '아직 A 하지 않다/아직
A 하지 못하다'로 해석한다. 그러나 막상 이런 유형의 문장을 해
석하려 하면 어디서 끊어 읽어야 하는지, 어디서부터 해석을 해야
하는지 난감한 경우도 있다. 예문에서는 전체문장에서 未를 가장
늦게 해석한다. 가장 먼저 해석해야 할 부분은 '仁而'로 '인한데
도'로 해석할 수 있다. 즉 이 부분은 '조건', '양보'의 부사어로 기
능하고 있다. 즉 원래 문장 '未有遺其親者也/어버이를 버린 사람은
없다'에 들어간 부사어 삽입구라고 할 수 있다.

위의 몇 가지 예에서 본 것처럼 한문에서 부사어를 파악하는 것은
그 문장이 무엇을 말하는지를 파악하기 위해서 아주 중요하게 기능
을 하므로 익숙해져야 할 필요가 있다. 이는 모두에서 언급한 '서술
어를 파악하는 것이 중요하다'라는 내용에 대한 구체적인 부분이기도
하다. 만약 이 부사어를 파악하지 못하면 수많은 한문 문장에서 어느
것이 서술어인지를 파악하지 못하는 결과를 초래하기 때문이다.

3. 명사/형용사의 동사화 및 의동 용법

위의 몇몇 예에서 본 것처럼 한문에서는 '문맥과 문장에서의 위치'
를 기준으로 품사가 결정되기 때문에 당연히 한 단어나 한 문자가
다양한 품사로서 기능을 하게 된다. 이를 품사의 전용이라 한다. 이
품사의 전용을 다음 예들에서 보기로 하자.

· 명사의 동사화

예) 故王之不王 不爲也 非不能也. (梁惠王)
: 그러므로 왕께서 왕의 역할을 하지 못한 것은 하지 않은 것이지
하지 못해서가 아닙니다.

여기서 王은 '왕의 역할을 하다'로 동사화되었다.

· 형용사의 동사화

예) 君不鄕道不志於仁 而求富之 是富桀也. (告子)
: 군주가 도(道)를 향하지 못하고 인에도 뜻을 두지 않고 있는데
부유하게 해주기만을 구하니, 이는 桀王을 부유하게 하는 것이다.

여기서는 '富(부유하다)'라는 형용사가 동사화 하여 '부유하게 하
다'로 된 문형이다. 이와 유사한 용법이 바로 의동용법이다. 의동용
법은 한문에서 중요한 용법 가운데 하나이기 때문에 좀 더 자세하게
다루어 보기로 하자.

· 意動用法: 의동용법 역시 한문의 중요한 특징 중의 하나이다.
이 용법은 주어가 목적어에 대하여 '어떻게 생각한다', 또는 '(목
적어)를~게 여기다'라는 뜻을 가진다. 예를 들어 흔히 '以 A 爲
B' 구문이 그 좋은 예인데 해석은 'A를 B라고 여기다/생각하다/
삼다/하다'이다.

예) 堯 以不得舜 爲己憂 舜 以不得禹皐陶 爲己憂 夫以百畝之不易
爲己憂者 農夫也. (滕文公上)
: 요임금은 순임금을 얻지 못하는 것을 자기 근심으로 여겼고, 순
임금은 우임금과 고요를 얻지 못하는 것을 자기 근심으로 여겼으

니, 무릇 100묘가 다스려지지 않는 것을 자기 근심으로 여기는 사람은 농부이다.

예) 百姓 皆以王爲愛也 臣 固知王之不忍也. (梁惠王上)
: 백성은 모두 왕을 아낀다 여길 것이겠으나, 신은 진실로 왕이 차마 하지 못하셨음을 압니다.

위 예문은 '以+A, 爲+B'를 기본구문으로 하는 문장이다. 해석은 'A를 B라고 여기다/말하다/삼다/하다' 등으로 번역된다. 이 구문은 다양한 방법으로 사용되는데 대략 다음과 같다. '以 A 爲 B/以 A B/A 爲 B/A 以 B/A 以爲 B/用 A 爲 B'로 해석은 'A를(가) B라고 여기다/말하다/삼다/하다' 범주이다.

예) 爲巨室 則必使工師 求大木 工師得大木 則王喜 以爲能勝其任也 匠人 斲而小之 則王怒 以爲不勝其任矣. (梁惠王下)
: 큰 궁궐을 만들려면 반드시 도목수로 하여금 큰 나무를 구하게 하니, 도목수가 큰 나무를 얻으면 왕은 기뻐하여 그 임무를 감당할 수 있다고 여기고, 장인이 깎아서 (그것을) 작게 하면 왕이 노하여 그 임무를 감당하지 못한다고 여길 것이다.

예) 舜 不告而娶 爲無後也 君子以爲猶告也. (離婁上)
: 순이 고하지 않고서 아내를 들인 것은 후손이 없기 때문이니, 군자는 이를 고한 것과 같다고 여겼기 때문이다.

• 한편 의동용법은 위의 예뿐만이 아니다. 형용사나 명사도 '~로 여기다'로 의동사화 된다. 古代 漢文의 意動用法은 대부분 형용사이나 명사도 그 기능을 충당한다.

※ 의동용법의 형용사의 예

예) 孔子登東山而小魯. (盡心上)
: 공자가 동산에 올라 노나라를 작다고 여겼다.

예) 叟不遠千里而來. (梁惠王)
: 老人께서 천 리를 멀리 여기지 않고 오셨다.

예문에서 遠은 일반적으로 형용사로 쓰여 '멀다'이나 여기서는 意動用法의 동사로 쓰여 '멀다고 여기다' 즉 타동사화 되어 '~을 멀다고 여기다.'이다.

예) 吾妻之美我者 私我也. 妾之美我者 畏我也. 客之美我者 欲有求於我也. (戰國策/齊策)
: 부인이 나를 아름답다고 하는 것은 나를 사사로이 여기기 때문이며(또는 편애하기 때문이며), 첩이 나를 아름답다고 여기는 것은 나를 두려워하기 때문이다. 손님이 나를 아름답다고 하는 것은 나에게 구하는 바가 있기 때문이다.

형용사 '美'가 '아름답게 여기다'로 사용되었다.

예) 王怪使審之 得歌獻之. (三國遺事)
: 왕이 괴이하게 여겨 사람을 보내 살펴보게 했더니 노래를 얻어다 바쳤다.

형용사 '怪'가 '이상하게 여기다'로 의동사로 사용되었다.

※ 명사의 의동용법의 예

예) 友風而子雨. (荀子)

: 바람을 벗으로 여기고 비를 아들로 여긴다.

여기서 '友'는 명사지만 여기선 '벗처럼 여긴다'라는 동사의 의미로 쓰였다.

예) 人而人吾 則可喜也 不人而不人吾 則亦可喜也. (愛惡箴并序/李達衷)
: 사람이 나를 사람답다고 한다면 기뻐할 만하고, 사람 노릇을 하지 못하는 자가 나를 사람답지 못하다고 한다면 또한 기뻐할 만하다.

4. 우리말에서는 주어로 해석되지만, 보어나 술어로 보이는 경우

또 품사를 결정 짓는 데 자주 혼동하는 경우가 한문에서는 일반적으로 서술어 다음에 목적어가 오지만 서술어 다음에 보어가 오는 경우이다. 예를 들어 '有罪/죄가 있다'와 같은 문장이다. 이 경우 우리말로 해석 시 보어가 주어로 인식되어 헷갈리기 쉽다. 주로 登, 入, 有, 無, 難, 易와 같은 단어들이 그렇다. 이를 좀 더 구체적으로 살펴보기 위하여 한문 문장의 구조를 단순화하여 세 가지 정도만 생각해보자.

(1) 주어 + 서술어(명사/형용사) 형태로 명사서술어로 / '주어는 ~이다. / 형용사 서술어로 / 주어는~하다.

· 명사서술어의 내용
A 者 B 也/A 者 B/AB 也/A 者 B/A 是 B/A 爲 B 등이 있다. 해석은 'A는 B이다'이다.

• 형용사 서술어의 경우는 '주어 + 형용사' 형태이다.

(2) 주어 + 동사 + 목적어 / 주어가 ~을 ~한다.

예) 孟子見梁惠王.
: 孟子께서 양나라 혜왕을 만나셨다.

이처럼 해석하는 경우 梁은 惠王을 수식하는 관형어로 볼 수 있다. 그러나 일반적으로 '孟子께서 양혜왕을 만나셨다.'라고 해석해도 전혀 문제가 없는 만큼 관형어는 일종의 부속어 개념이라고 할 수 있다.

(3) 주어 + 동사 + 보어 / 주어가 ~이 되다/이다.

우리말로 해석 시 '서술어 + 주어'로 보이는 문장(보어이나 편의상 주어로 간주)

• 존재동사 有無: 이는 'A 有(無) B A에(중에) 有(無) B가 있다(없다)' 형태이다. 단 'A가 사람 有 B가 사물'이면 'A가 B를 가지다'는 의미로 '~을 가지다'로 해석하는 경우도 있다.

• 많이 있다 적게 있다. 즉, '多, 少, 鮮(드물 선), 寡(적을 과)+ A' 형태이다. 그러나 주어를 강조하여 앞으로 보낸 경우도 있는 데 이 경우 이들 단어 多, 少 鮮, 寡 뒤에 종결사 矣를 붙인다.

예) 其爲人也孝弟悌而好犯上者鮮矣. (論語)
: 그 사람됨이 효성스럽고 사람을 공경하는데 윗사람을 범하기를

좋아하는 사람은 드물다.

· ~하기가 쉽다/어렵다. '難易+동사' 형태이다.

예) 少年易老學難成. (朱子/朱文公 文集)
: 소년(少年)은 늙기 쉬우나 학문(學問)은 이루기 어렵다.

그러나 다음 같은 경우는 긴 수식어를 가진 문장에 대해서 '쉽다, 어렵다.'는 우리말 어순과 유사하다.

예) 貧而無怨難 富而無驕易. (論語)
: 가난하면서 원망하지 않기는 어렵지만 부유하면서 교만하지 않기는 쉽다.

예) 人非學問 固難知其何者 爲孝 何者爲忠 何者爲弟 何者爲信. (童蒙先習)
: 사람이 학문이 아니면 진실로 그 어느 것이 효가 되며, 어느 것이 충이 되며, 어느 것이 공경이 되며, 어느 것이 믿음이 되는지를 알기 어렵다.

지금까지는 한문을 공부를 위한 내용과 맹자를 문법적으로 접근하기 위한 공통점이었다고 한다면, 아래는 <맹자>의 문법적인 접근을 위한 요소에 더욱 가깝다고 할 수 있는 요소들이다.

5. 맹자에는 시경, 서경에서 인용한 부분이 많다

<시경>, <서경>에서 인용부분은 중요/비중요는 별도로 하고 문법적인 것은 거의 다루지 않기로 했다. 그 이유 중 하나는 이를 이해하

는 데 소요되는 노력에 비해서 후대 한문 문법을 공부하는 데는 그다지 도움이 되지 못한다고 생각하기 때문이다. 따라서 이 부분에 대해서 공부하고자 하는 독자들은 시경이나 서경의 문법을 다룬 책을 참고하기 바란다. 그러나 맹자 독해를 위해서는 맹자나 유교 경전 또는 유교 사상이나 개념을 언급할 때 사용되는 단어나 문자들이 있는데 이를 숙지해 둘 필요가 있다. 아래 몇 가지 예를 들어보기로 하지만 극히 적은 예이니 맹자를 학습하는 자들은 나름 이 부분을 정리하여 둘 필요가 있다.

· 孟子나 유교에서 잘 사용되는 개념이 단어화된 것.

예) 有爲: '有爲'라는 단어는 유교나 <맹자>에서뿐만 아니라 도교, 불교 등에서 자주 사용되는 단어이다. 본뜻은 '능력이 있어 쓸모가 있음.' 정도이나 '직역하면 '할 일을 갖는다'라는 뜻인데, 孟子에서 有爲는 목적어를 수반하지 않고 쓰일 때에는 '王道政治를 한다.' '道를 이룬다.' '훌륭한 일을 하다/바람직한 일을 하다.' 등의 뜻이 된다.

예) 故將大有爲之君 必有所不召之臣 欲有謀焉則就之 其尊德樂道 不如是 不足與有爲也. (公孫丑)
: 그러므로 장차 크게 뭔가 하려고 하는 군주는 반드시 부르지 못할 바의 신하가 있고, 그것을 도모하고자 하면 그에게 나아가야 한다. 덕(德)을 존숭하고 道를 즐기기를 이처럼 않는다면 더불어 하려고 함에 부족함이 됩니다.

예) 顏淵曰 舜何人也 予何人也 有爲者亦若是. (滕文公)
: 顏淵이 말씀하기를 '舜은 어떤 사람이며, 나는 어떤 사람인가? 바람직한 일을 하는 사람은 또한 이(舜)와 같다.

예) 庶幾: 庶幾는 바람, 바라건대, 거의 등의 의미를 지닌다. 그런
데 이 단어를 해석 시 그대로 적용하기에는 무리가 많다. 예를 들
어 '其庶幾乎'라는 어구로 곧잘 사용되는데 어기서 乎는 추정의
의미를 지닌 종결사이다. 곧, 其庶幾乎는 잘 다스려짐에 가까우리
라고 추정하는 말이다. 특히 庶幾乎 A 矣 : 거의 A에 가깝다.

예) 回也其庶幾乎. (論語)
: 회(回)는 도에 가깝다.

예) 子張病 召申祥而語之曰 君子曰終 小人曰死 吾今日 其庶幾乎. (禮記)
: 자장이 병이 위독해지자 아들 신상을 불러 말했다. '군자의 죽음
을 종이라 하고 소인의 죽음을 사라 하니, 나는 오늘에야 거의 끝
마침에 가까워졌구나.'

庶幾는 때로는 '바라다', '희망하다'의 의미로도 쓰인다.

예) 王庶幾改之. (公孫丑章句 下): 왕께서 고치실 것을 바랐다.

이상 크게 나누어 다섯 가지 정도로 한문과 우리말의 차이 그리고
맹자를 공부하는 데 필요한 기본 개념을 간략하게 서술했다. 이는
모두에게 공감이 가는 학습방법이라고 여기지는 않는다. 다만 최소
한 이런 개념이라도 익숙해진 다음에 본격적으로 <맹자>를 학습하
게 된다면 많은 도움이 되리라 생각한다.

孟子集註 序說

孟子集註 序說

·孟子 서설을 읽기 위한 자료

앞에서 말한 것처럼 <孟子>를 읽기 위해서는 한문에 대한 능력만이 아니라 당시 상황에 대한 전반적인 지식이 필요하다. 특히 주자가 註를 단 孟子集註 序說은 <孟子>의 의의와 위상, 그리고 역사적 배경까지를 설명하였기 때문에 이를 이해하기 위해서는 많은 배경지식이 필요하다. 이 부분에 대해서 간단히 설명하기로 한다. 한편 한문을 학습하는 입장에서는 <孟子>는 先秦 시대의 한문이며 序說을 비롯한 集註는 송대의 한문으로 시간상으로는 상당한 차이가 난다. 대략 한문 학습을 위한 한문은 선진, 선진 이후 수·당·송·명, 근대 이후의 한문으로 크게 구분할 수 있다. 또 송시대의 한문은 현대 중국어와 유사한 부분도 어느 정도는 관찰된다. 이런 사전지식을 가지고 <孟子>와 集註를 같이 학습함으로써 한문의 흐름과 맥을 짚어 볼 수 있는 것도 한문을 공부하는 데 큰 도움이 될 것이다. 선인들은 孟子를 삼천 번 읽으면 비로소 文理가 트인다고 말하고 있는 것은 아마 集註를 포함해서일 것이다.

〈孟子集註序說〉

史記列傳曰 孟軻 騶人也 受業子思之門人. 道既通 游事齊宣王 宣王不能用. 適梁 梁惠王不果所言 則見以爲迂遠而闊於事情.

『史記』「列傳」에 말하기를, '孟軻는 騶 땅의 사람이니, 子思의 門人에게 受業하였다. 道를 이미 통달하자, 齊나라 宣王에게 가서 섬겼으나 宣王이 등용하지 않자, 梁나라로 갔으나, 양나라 惠王이 말한 것을 실행하지 못하였으니, 事情에 迂遠하고 迂闊하다는 여김을 받았다.

〈단어 및 어휘〉

- 騶(추): 춘추시대에 산동성(山東省) 추성시(鄒城市) 일대에 있던 나라.
- 子思(자사): 성은 공(孔), 이름은 급(伋), 자는 자사(子思). 子思는 증자(曾子)에게 수업을 하였다.
- 門人(문인): 제자.
- 道(도): 孟子에서 말하는 道는 대개 공자(孔子)의 도(道)를 말한다.
- 既(이미 이): 일이 있고 난 뒤, 이미.
- 游(놀 유): 걷다, 여행하다, 놀다, 헤엄치다, 하루살이.
- 游事(유사): 유세(遊說).
- 齊宣王(제선왕): ?~ 기원전 301년. 전국시대 제나라(齊, 田齊)의 제5대 국왕이다.
- 適(갈 적): 맞다, 가다, 맏아들, 큰마누라.
- 梁(들보 량): 양나라의 원래 국호는 위(魏) 나라이다. 대량에 도읍을 해서 양나라가 된 것이다.

- 梁惠王(양혜왕): BC 400~319. 중국 춘추시대의 위나라가 대량에 천도한 이후의 칭호로 양나라 혜왕이라고 함.
- 果(실과 과): 끝내, 마침내, 이루다, 실현하다.
- 以爲(이위): ~라고 여기다, ~라고 말하다=謂.
- 迂(에돌 우/어두울 오): 멀다, 굽다, 비뚤어지다, 거짓.
- 闊(넓을 활): 간략하다, 너그럽다, 멀다, 성기다. 오래 만나지 않다.
- 迂闊(우활/오활): 어둡고 멀다.
- 迂遠(우원): 현실과는 거리가 멀다.

〈문법연구〉

- 受業子思之門人.
: 子思의 門人에게 受業하였다.

이 문장의 문법적인 분석은 '子思之門人에게서(으로부터) 業을 받다(受)'라는 형태로 볼 수 있다. 동사 受는 한문에서 두 개의 목적어를 취하는 동사로 '~에게 ~을 주다(받다)'라는 형식을 취하는 동사이다. 이 동사들로는 受, 與, 遺, 賜, 贈, 稟, 讓, 寄, 敎 등이 있다.

예) 身體髮膚受之父母. (孝經)
: 신체(身體)의 모발(毛髮)과 피부(皮膚)는 그것을 부모(父母)님으로부터 받는다.

- 見以爲迂遠而闊於事情.
: 事情에 迂遠하고 迂闊하다는 여김을 받았다.

見以爲는 피동으로 '여김을 받았다'이다. '見+동사' 꼴로 '동사로 여겨지다', '동사 취급을 당하다', '동사 당하다' 등처럼 見은 동사 앞에 사용되어 피동을 표시하는 역할을 한다.

　예) 匹夫見辱 拔劍而起 挺身而鬪 此不足爲勇也. (蘇東坡/留侯論)
　: 필부는 모욕을 당하면 칼을 뽑아 들고 일어나 온몸을 던져 싸우는데, 이는 참된 용기라고 할 수 없다.

　예) 萬勿見疑.
　: 절대로 의심받지 말라.

　예) 百姓之不見保 爲不用恩焉. (孟子)
　: 백성이 보호받지 못하는 것은, 은혜를 베풀지 않았기 때문이다.

한편 以爲~는 '~라 여기다' 따라서 見以爲迂遠는 '우원하다고 여겨졌다' 而는 순접으로 '~하고'.

當是之時 秦用商鞅 楚魏用吳起 齊用孫子 田忌. 天下方務於合從連衡 以攻伐爲賢. 而孟軻乃述唐 虞 三代之德 是以所如者不合. 退而與萬章之徒序詩書 述仲尼之意 作孟子七篇.

바로 이때를 즈음하여 秦나라는 商鞅을 등용하고, 楚나라와 魏나라는 吳起를 등용하고, 齊나라는 孫子와 田忌를 등용하여 천하가 바야흐로 合從과 連橫에 힘써서 征伐을 현명함으로 여겼으나, 孟軻는 마침내 唐虞(요순)와 三代의 德을 주장하였으니, 이 때문에 가는 곳에 뜻이 부합하지 못하여 물러나 萬章 등의 門徒들과 더불어 『詩經』『書經』을 서술하고 仲尼의 뜻을 기술하여 『孟子』7편을 지으셨다.

〈단어 및 어휘〉

· 鞅(가슴걸이 앙): 원망하다.

· 商鞅(상앙): 秦나라의 정치가. 衛鞅 또는 公孫鞅으로 불리기도
  함. 衛나라의 公族 출신으로 법학을 공부하고, 秦의 孝公을 섬
  겨 부국강병책을 시행함.

· 吳起(오기): 전국시대의 전략가, 衛나라 사람으로 魯·魏·楚에
  서 벼슬하면서 많은 공적을 남겼다.

· 孫子(손자): 오나라 闔閭를 섬기던 명장 孫武(B·C 6세기경)를
  말함. 孫子는 그를 높여 부르는 호칭이다. 그의 병법서『孫子兵
  法』으로 널리 알려짐.

· 田忌(전기): 齊나라의 재상. 孫矉(孫子의 아들)을 등용한 뒤, 손
  빈의 신출귀몰한 전술과 책략을 적극 수용하여 제나라 군사를
  최고 정예 부대로 성장시킨 인물.

· 務(힘쓸 무): 반드시, 모름지기, 업무.

· 合從(합종): 소진(蘇秦)의 합종책(合縱策)은 진나라를 제외한 6
  국이 종(縱)으로 연합을 해서 진나라와 대항을 해야 된다는 것.

· 連衡(연횡): 장의(張儀)의 연횡책(連橫策)

· 唐虞(당우): 요임금이 살았던 陶唐과 순임금이 임금 되기 전에
  나라를 세운 땅 有虞를 합친 말로 요순시대를 말함.

· 三代(삼대): 하(夏), 상:은(商·殷), 주(周).

· 唐, 虞, 三代: 堯舜과 禹王, 湯王, 文·武·周公을 말한다.

· 如(같을 여): 가다, 이르다. 往과 같다.

· 序(차례 서): 따르다, 서술하다(述), 학교, 서당.

· 詩書(시서): 孟子에서 나오는 詩書는 대개 詩經과 書經을 말한다.

〈문법연구〉

· 是以所如者不合.

: 是以는 일반적으로 앞의 내용이나 말을 받아서 '이로써/이 때문에/이러한 이유로/그러므로/이리하여' 등으로 번역되는 접속사라 할수 있다. 원래 대명사 是는 개사 以의 목적어로 以是이나, 대명사가 전치되어 是以로 굳어진 말이다. 所如者不合은 '所+동사(형용사)+者' 형태로 '~한 것(곳/사람)'으로 번역된다. 즉 명사구가 된다. 그런데 한문에서는 전체적인 의미상에서 명사구를 부사구로 해석하는 능력이 매우 중요하다. 이 문장에서 所如者의 명사구는 '가는 곳마다'로 번역되어 부사적으로 기능하고 있다. 所如者不合의 해석은 '가는 곳마다 맞지 않았다'가 된다.

〈참고〉

· '所+동사', 또는 '동사+者'만으로도 '~하는 것(사람/곳)'이라는 대명사로 표현하기도 한다. 그런데 '所+수식어+者'의 형식에서는 '所+수식어'가 다시 者를 수식하여 의미상으로 동일한 대상을 거듭 가리키며 더 명확하게 하는 역할을 한다. 축자적인 해석은 '~하는 바의 것'이 되겠지만 일반적으로 '~하는 것/곳/사람'으로 해석하면 무난하다.

예) 平日所記憶者 皆漫然忘去. (菜根譚)
: 평소에 기억하던 것도 서서히 다 잊어버린다

예) 守業其官 所言者貞也 則群臣不得朋黨相爲矣. (韓非子)
: 신하가 자기 직책을 지키고 한 말이 바르다면 신하들은 도당을 만들기 위해 서로 협조하지 못한다.

· 한편으로 所如者不合에서 如는 앞에 所가 사용된 것으로 보아 동사(如/가다)임을 알 수 있다. '所+동사+者'의 형태로 '동사 하는 사람(곳, 것)'으로 해석된다.

예) 所愛者 撓法活之 所憎者 曲法誅滅之. (史記)
: 사랑하는 사람은 법을 굽혀서 그를 살리고, 미워하는 사람은 법을 왜곡시켜 그를 죽인다. 참고로 동사(형용사)+者 형태로 '~한 곳'의 예는 다음과 같다.

예) 地薄者 大物不産 水淺者 大魚不遊. (黃石公素書)
: 땅이 척박하면 큰 물자가 생산되지 않고, 물이 얕으면 큰 고기가 놀지 않는다.

· 天下方務於合從連衡.

: 方은 '바야흐로', '동사+於(于/乎)+명사' 형태는 명사가 동사의 대상이나 목적이 된다. 이 경우 於(于/乎)는 해석하지 않는 것을 원칙으로 한다. 이 경우 '於(于/乎)+명사'의 명사는 문법적으로는 보어로 취급한다.

예) 問於桀溺 桀溺曰 子爲誰. (論語)
: 걸닉에게 물었다. 걸닉이 말했다. 그대는 누구인가?

예) 己所不欲勿施於人. (論語)
: 자기가 하고자 하지 않는 바를 남에게 하지 말라.

예) 使於他國 而不見接待 則殺之 倭人之法也. (朝鮮王朝實錄)
: 다른 나라에 사신으로 갔다가 접대를 받지 못하면 죽이는 것이 왜인(倭人)들의 법이다.

〈참고〉

이 경우 처소, 출발, 유래를 나타내는 개사로 사용되는 경우와 피동으로 활용되는 경우도 있다.

　예) 出乎爾者反乎爾. (孟子)
　: 너에게서 나온 것이 너에게로 돌아간다. (유래/출발: ～으로부터, ～에서)

　예) 勞力者治於人. (孟子)
　: 힘을 쓰는 사람은 남에게 다스림을 당한다. (피동: ～에게 ～을 당하다.)

　· 以攻伐爲賢.
　: '以+A+爲+B' 형태로 'A를 B로 여기다/생각하다', 'A를 B로 삼다/간주하다', 'A를 B 하게 하다' 같은 의미를 가지는 '以爲'는 以의 목적어가 대명사인 경우, 이 대명사를 생략하거나 또는 이 목적어가 以 앞으로 도치된 경우에 많이 사용된다.

　예) 以家爲家 以鄉爲鄉 以國爲國 以天下爲天下. (管子/牧民)
　: 집안을 집안으로 여기고 마을을 마을로 여기고 나라를 나라로 여기고 천하를 천하로 여긴다.

　예) 市人皆以嬴爲小人. (史記/信陵君傳)
　: 저자 사람들이 모두 嬴을 소인이라고 생각했다.

　예) 先須大其志 以聖人爲準則 一豪不及聖人 則吾事未了. (自警文/李珥)
　: 먼저 마땅히 그 뜻을 크게 하고, 선인을 기준으로 삼아 털끝만치라도 성인에게 미치지 못하면 내일은 아직 끝나지 않은 것이다.

· 以爲의 형식

예) 不得 不可以爲悅 無財 不可 以爲悅. (孟子)
: 그렇게 할 수 없어도 기쁘게 여길 수 없으며, 재력(財力) 없어
그렇게 할 수 없어도 기쁘게 여길 수 없는 것이다.

예) 事君盡禮 人以爲諂也. (論語)
: 임금을 섬기는 데 예를 하면 사람들은 아부를 한다고 여긴다. 以
다음에 대명사 之의 생략. 之는 앞의 事君盡禮를 받는다.

예) 人而不能言 何以爲人. (穀梁傳)
: 사람이면서 말을 잘 못 한다면 무엇으로써 사람이 되겠는가. (何
以爲人의 以 다음에 대명사 之가 생략되었다고 볼 수 있다. 之는
不能言을 받는다. 즉 何以不能言爲人이 되고 해석은 '어떻게 말을
하지 못하는 것을 사람으로 간주하겠는가'이다.

韓子曰:「堯以是傳之舜 舜以是傳之禹 禹以是傳之湯 湯以是傳之文
武 周公 文 武 周公傳之孔子 孔子傳之孟軻 軻之死不得其傳焉. 荀
與揚也 擇焉而不精 語焉而不詳.」

韓愈가 말하였다. <堯는 이를 舜에게 전하고, 舜은 이를 禹王에게
전하고, 禹王은 이를 湯王에게 전하고, 湯王은 이를 文王·武王과
周公에게 전하고, 文王·武王과 周公은 이를 孔子에게 전하고, 孔
子는 孟軻에게 전하셨는데, 孟軻가 돌아가시자, 그 전함을 잃었다.
荀子(荀況)와 揚子(揚雄)는 선택(비록 孔子의 道를 택하였으나)은
하였으나 정밀하지 못하였고, (공자의 도에 대해서) 말은 하였으
나 상세하지 못하였다.>

〈단어 및 어휘〉

· 荀子(荀子): (BC 315～236), 荀況. 전국시대 趙나라의 유학자로

서 이름은 況이며, 자는 卿이다. 孟子가 성선설에 입각하여 덕치주의를 주장했다면, 그는 성악설에 근거하여 禮治主義를 주장했다. 秦나라의 재상 李斯와 韓非子가 그의 제자다.
- 揚子(양자): (BC 53~AD 18), 揚雄, 揚子雲. 揚雄을 높여 부르는 것으로 전한 成帝 때의 학자·문인이다.
- 焉(어찌 언): 대명사로 쓰일 때는 之나 此와 유사하다. 또 於此(어차), 於是(어시) 於之(어지)와 같은 의미로 사용되기도 한다.

〈문법연구〉

- 堯以是傳之舜.

以是는 '이로써/이 때문에/이것을'로 번역될 수 있다. 축자적으로 번역하면 '堯 임금은 (이로써/以是) 이(之)를 舜에게 전하다'라 하였으나 '堯傳之舜'만으로도 충분하여 '堯는 이를 舜에게 전하다'가 된다. 또 以是와 是以는 같은 의미로 사용되기도 하지만 때에 따라서는 서로 다르게 사용된다. 是以는 以是에서 是(이것)가 전치사 앞으로 도치된 형태로 일종의 접속사로 사용되며 '이 때문에', '그러므로' 등으로 번역될 수 있다. 한편 '傳之舜'은 '傳之於舜'으로도 '傳於舜'이라고도 쓸 수 있다.

> 예) 禹思天下有溺者 由己溺之也 稷思天下有餓者 由己餓之也 是以如是其急也. (孟子/離婁)
> : 우는 천하에 물에 빠진 사람이 있으면, 자기 때문에 그가 빠졌다고 생각했고, 후직은 천하에 배고픈 사람이 있으면, 자기 때문에 그가 배고픈 것으로 생각했다, 그래서 그처럼 급하게 행동했던 것이다.
>
> 예) 晨門 知世之不可而不爲 故 以是 譏孔子. (論語集註)
> : 신문은 세상이 어찌해볼 수 없음을 알고 그러므로 이 말로(以是)

공자를 희롱했다.

・ 不得其傳焉.

: 이것이 전해지지 않게 되었다. 여기서 焉은 종결사로 '矣'와 그 쓰임새가 유사하다.

　예) 邦有道 貧且賤焉 恥也 邦無道 富且貴焉 恥也. (論語)
　: 나라에 도가 있는데 빈천한 것도 부끄러운 일이고, 나라에 도가 없는데 부귀한 것도 부끄러운 일이다.

　예) 於其出焉 使公子彭生送之. (公羊傳)
　: 그가 나갈 때는 공자 팽생으로 하여금 전송케 했다.

　예) 寒暑易節 始一反焉. (列子)
　: 겨울과 여름, 철이 바뀌어야 비로소 한 번 돌아왔다.

　예) 曾子弊衣而耕於魯 魯君聞之而致邑焉 曾子固辭不受. (孔子家語)
　: 증자가 노나라에서 해진 옷으로 농사를 짓고 있었는데, 노군이 그 소식을 듣고 그에게 읍을 맡기려 했다. 증자가 고사하고 받지 않았다.

・ 擇焉而不精 語焉而不詳.

: 선택(비록 孔子의 道를 택하였으나)은 하였으나 정밀하지 못하였고, (공자의 도에 대해서) 말은 하였으나 상세하지 못하였다. 焉은 之나 此를 대신해서 사용하거나, 또 於此(어차), 於是(어시) 於之(어지)와 같은 의미로 사용되기도 한다.

　예) 制巖邑也 叔死焉. (左傳)
　: 제는 험한 읍이다. 괵숙이 거기에서 죽었다. (焉=於之)

예) 衆惡之必察焉 衆好之必察焉. (論語)
: 모든 사람이 그를 미워하더라도 반드시 살펴보아야 하며, 모든
사람이 그를 좋아한다 해도 반드시 살펴보아야 한다. (焉=之)

又曰: 「孟氏醇乎醇者也. 荀與揚 大醇而小疵.」

또 말하기를, '孟氏는 순수하고 순수한 자요, 荀子와 揚子는 크게
는 순수하나 약간의 흠(疵)이 있었다.'

〈단어 및 어휘〉

· 醇(전국술 순): 증류주, 청주, 진한 술, 순수하다, 섞인 것이 없
다(純). 진하다, 질박하다.
· 疵(허물 자/노려볼 제/앓을 새): 흠, 허물, 헐뜯다, 앓다.

〈문법연구〉

· 醇乎醇
: 순히고 순한 것. 여기서 乎는 而와 환용할 수 있다. 또는 乎를
'~에서', '~보다'로 보고 해석할 수도 있다.

· 大醇而小疵.
而는 역접으로 '~하긴 하지만'.

又曰: 孔子之道大而能博 門弟子不能徧觀而盡識也. 故學焉而皆得其
性之所近. 其後離散 分處諸侯之國 又各以其所能授弟子 源遠而末
益分.

또 말하였다. '공자의 도가 크고도 넓어서 문하의 제자들이 두루 보고 다 알 수가 없었다. 그러므로 배움에 모두 그 성질(소질)의 가까운 바를 얻었는데, 그 후 이산하여 제후의 나라에 나누어 거처하면서 또 각기 자기의 능한 것으로써 제자들에게 전수해주니, 근원이 멀어짐에 지엽이 더욱 나누어졌다.

〈단어 및 어휘〉

· 偏(두루 미칠 편/모두 변): 널리 퍼져있다, 모두(변).
· 偏觀(편관): 두루두루 보다. 널리 보다.
· 盡(다할 진): 다하다, 완수하다(完遂), 극치(極致)에 달하다(達), 최고에 달하다(達), 죽다, 모든, 전부의, ~만, 다만~뿐.
· 離(떠날 리): 떠나다, 떼어놓다, 떨어지다, 갈라지다, 흩어지다, 분산하다, 가르다, 분할하다, 늘어놓다, 만나다, 맞부딪다, 잃다, 버리다, 지나다, 겪다, 근심.
· 處(곳 처): 곳, 처소, 때, 시간, 지위, 신분, 살다, 거주하다, 휴식하다, 정착하다, 머무르다(어떤 지위에) 있다, 은거하다.

〈문법연구〉

· 孔子之道大而能博.

: 문장의 주어는 '孔子之道', 而는 순접으로 ~하고(이고), 能博은 能이 조동사인데 博이 형용사이다. 이런 기존의 문법으로는 해석이 애매하다. 그러나 이 경우 '능히~하다'라고 해석하면 좋다. 의미상으로는 '충분히', '매우', '아주' 등의 뜻이 된다. 즉 能이 형용사나 단독으로 동사와 함께 사용되지 않는 경우 일종의 부사로 보고 이렇게

해석하면 한결 부드럽다. 또 博을 '넓어지다/널리 퍼지다'는 의미의 동사로 해석해도 무리가 없다. 이렇게 다양한 품사로 해석할 수 있는 것이 한문의 특성 중 하나이다.

· 分處諸侯之國.

: 예문을 번역해 보면 '나뉘어서 제후의 나라에 거처했다', 또는 '제후의 나라에서 나뉘어 거처했다' 정도가 된다. 그런데 예문을 보면 分處와 諸侯之國으로 의미 단위가 두 개로 나뉜다. 즉 앞에서부터 이를 해석하면 '分處/나뉘어서 거처하다'와 '諸侯之國/제후의 나라'로 분리된다. 그런데 번역 시에는 이 의미 단위가 깨지고 '나뉘어서 / 제후의 나라에 / 거처했다' 또는 '제후의 나라에서 나뉘어 거처했다'가 된다. 이처럼 한문과 우리말의 의미 단위가 나뉨이 다르다는 것을 알고 이를 잘 다룰 수 있게 되면 해석이 한결 용이해진다.

· 又各以其所能授弟子.

: 해석은 '그가 할 수 있는 것을(바를) 제자에게 가르쳐 주었다.'
문장에서 목적어(예문에서는 其所能/그가 할 수 있는 것)를 확실하게 나타내주기 위해서 以를 사용하는 경우가 많다. 이 경우 목적어는 동사 앞으로 전치되기도 한다. 특히 두 개의 목적어를 가지는 동사의 직접목적어를 以를 이용하여 나타내주는 경우가 많다.

예) 誦詩三百 授之以政 不達. (論語)
: 시경의 시 3백 편을 다 외우더라도 그에게 정치를 맡기면 잘 해내지 못한다.

惟孟軻師子思 而子思之學出於曾子. 自孔子沒 獨孟軻氏之傳得其宗.

故求觀聖人之道者 必自孟子始.

오직 맹가는 자사를 스승으로 삼았는데, 자사의 학문은 증자에게서 나왔으니, 공자가 별세한 뒤로부터 유독 孟子의 전통이 그 종주를 얻었다. 그러므로 성인의 도를 관찰하고자 하는 자는 반드시 [孟子]로부터 시작하여야 한다.>

〈단어 및 어휘〉

• 宗(마루 종): 일의 근원, 근본, 으뜸, 일족, 선조 중의 덕망이 있는 조상.
• 自(스스로 자): 스스로, 몸소, 자기, 저절로, 자연히, ～서부터, 처음, 시초, 말미암다, ～부터 하다.

〈문법연구〉

• 子思之學出於曾子.
: 해석은 '자사의 학문은 증자에게서 나왔다'로 於는 동사의 동작 대상으로 동작이 되돌아가는 방향을 표시하거나, 동작의 유래, 동작의 소재, 형용사의 대상을 표시한다.

> 예) 爲人君 止於仁 爲人臣 止於敬 爲人子 止於孝 爲人父 止於慈 與國人交 止於信. (大學)
> : 임금이 되어서는 인자함에 머무셨고 신하가 되어서는 공경에 머무셨고 아들이 되어서는 효에 머무셨고 아비가 되어서는 사랑에 머무셨고 사람과 사귈 때는 믿음에 머무셨다.

> 예) 舜有天下 選於衆 擧皐陶 不仁者遠矣. 湯有天下 選於衆 擧伊尹 不仁者遠矣. (論語)

: 순임금이 천하를 다스릴 적에 여러 사람들 중에서 가려서 고요(皐陶)를 등용하자 어질지 못한 자들은 멀리 사라졌고, 탕 임금이 천하를 다스릴 적엔 여러 사람들 중에서 가려서 이윤을 등용하자 어질지 못한 자들은 멀리 사라졌다.

又曰: 揚子雲曰:『古者楊墨塞路 孟子辭而闢 廓如也.』夫楊墨行 正道廢. 孟子雖賢聖 不得位. 空言無施 雖切何補.

또 말하기를, <揚子雲(揚雄) 왈, '옛날에 楊朱·墨翟이 正道를 막았는데, 孟子가 말하여 열어서 훤히 넓혔다.' 하였다. 楊朱·墨翟의 道가 행해지면 정도가 폐해진다. 孟子가 비록 賢聖이나 지위를 얻지 못하여 공허한 말이 베풀어지지 못하니, 비록 절실하나 무슨 보탬이 있었겠는가?

〈단어 및 어휘〉

· 楊朱(양주): 전국시대 초기 魏나라 사람. 양주는 묵자의 兼愛와 尙賢을 반대하고 자신을 중시하고(重己), 목숨을 귀하게 여길 것(貴生)을 주장했다.
· 墨翟(묵적): 전국시대의 사상가. 兼愛說(차별 없는 사랑)과 평화주의를 주장했다.
· 塞(변방 새/막힐 색): 변방(중심지에서 멀리 떨어진 가장자리 지역), 요새, 보루, 주사위(놀이 도구의 하나), 보답하다.
· 辭(말씀 사): 말로 설명하다. 타이르다.
· 闢(열 벽): 열리다, 개척하다, 일구다, 물리치다, 피하다.
· 廓(둘레 곽/울타리 곽/클 확): 크다. 텅 비다, 너그럽다, 바로잡다.
· 廓如/廓然(확여/확연): 넓고 넓음. 시원하게 열린 모양. 如는 然과 같다.

・補(기울 보/도울 보): 깁다(떨어지거나 해어진 곳을 꿰매다), 돕다, 꾸미다, 고치다, 개선하다, 보태다, 맡기다, 채우다, 보탬.

〈문법연구〉

・雖切何補.

: '비록 절실하나 무엇을 (더) 보태겠는가?' 즉 '비록 절실하나 무슨 보탬이 있었겠는가?' 何補에서 補는 '보태다'로 타동사이다. 이 타동사의 목적어는 何(무엇)이다. 즉 원래 어순은 '補何'로 '무엇을 보태다'인데 何가 의문사이므로 도치되어 앞으로 나갔다.

예) 不以物傷性 將何適而非快. (黃州快哉亭記/蘇轍)
: 사물로 인해 성정을 해치지 않는다면, 장차 어디를 간들 유쾌하지 않겠는가! (何適/어디로 간들)

예) 子曰 內省不疚 夫何憂何懼. (論語)
: 공자께서 말씀하셨다. '안으로 자신을 돌아보아 꺼림칙한 것이 없다면 무엇을 걱정하고 무엇을 두려워하겠느냐.'(何憂何懼)

然賴其言 而今之學者尙知宗孔氏 崇仁義 貴王賤霸而已. 其大經大法 皆亡滅而不救 壞爛而不收. 所謂存十一於千百 安在其能廓如也.

그러나 그 말에 자뢰하여 지금 배우는 자들이 아직도 孔氏를 宗統으로 여기고 仁・義를 높이며 王道를 귀하게 여기고 霸道를 천하게 여길 줄 알 뿐, 그 大經과 大法(공자의 큰 법과 세부적인 규칙)은 모두 없어져 멸실되어 구제되지 못하고, 무너지고 흩어져서 거두지 못하니, 이른바 千・百에 十・一만 남았으니, 그 능히 '(양웅이 말한 것처럼)훤히 넓혔다.'라는 것이 어디 있는가?

〈단어 및 어휘〉

· 孔氏/孟氏(공 씨/맹 씨): 각각 공자 孟子의 학문을 뜻한다. 불교
  의 논리를 말할 때 佛氏라고 한다.
· 賴(의지할 뢰): 힘입다. 나무라다. 탓하다.
· 尙(오히려 상): 아직, 숭상하다, 더욱이.
· 壞(무너질 괴/앓을 회): 무너지다, 무너뜨리다, 허물어지다, 파괴
  하다, 망가지다.
· 爛(빛날 난/문드러질 란): 불에 데다, 곱다, 너무 익다, 썩다, 흩어지다.

〈문법연구〉

· 安在其能廓如也.

: 其能廓如也安在의 도치문이라고 볼 수 있다. 安은 '어찌 안'으로 安
在는 何在와 같다. 형용사 앞의 '能'은 형용사를 강조하는 기능을 한다.

> 예) 梁客新垣衍安在 吾請爲君責而歸之. (史記)
> : 위(양)나라의 객 신원연은 어디에 있습니까? 내가 그대를 위하여
> 그를 꾸짖어 돌려보내겠습니다.

然向無孟氏 則皆服左袵而言侏離矣. 故愈嘗推尊孟氏 以爲功不在禹
下者 爲此也.

그러나 지난번에 孟氏가 없었다면 모두 오랑캐의 옷을 입고(服左
袵) 오랑캐의 말을 했을 것이다. 그러므로 내 일찍이 孟氏를 추존
하여 功이 禹王의 아래에 있지 않다고 말한 것(여긴 것)은 이 때
문인 것이다.

〈단어 및 어휘〉

· 向(향할 향): 누리다, 바라보다, 접때(嚮), 이전, 아마도.

· 衽(옷깃 임): 옷섶, 솔기, 자락, 여미다, 요.

· 左衽(좌임): 衽은 옷깃이다. 左衽은 옷을 왼쪽으로 한다는 의미
   로 오랑캐의 풍속을 의미한다.

· 侏(난쟁이 주): 키가 작다.

· 侏離(주리): 방언, 사투리, 여기서는 오랑캐의 말.

· 愈(나을 유): 뛰어나다, 병이 낫다, 더욱, 점점 더. 여기서는 주
   석을 단 韓愈 자신을 말한다.

· 推(밀 추/밀 퇴): 밀다, 옮다, 변천하다, 천거하다, 추천하다,
   넓히다, 확충하다, 헤아리다, 추측하다, 받들다, 꾸미지 아니
   하다.

〈문법연구〉

· 故愈嘗推尊孟氏 以爲功不在禹下者.

: 해석은 '그러므로 내 일찍이 孟氏를 추존하여 功이 禹王의 아래
에 있지 않다고 여긴 것이다.'이다. 예문에서 愈는 한유 자신을 나타
낸다. 한문에서는 대화나 서술 중에 '나/저'를 자신의 이름을 이용하
여 나타냄으로써 완곡하고 예의를 갖춘 표현이 된다. 해석은 '나' 또
는 '저'라고 한다. 以爲~는 '~으로 여기다', '~로 간주(생각)하다',
'~로 삼다'로 해석되는 동사이다.

예) 士不可以不弘毅 任重而道遠. 仁以爲己任 不亦重乎. (論語)
: 선비는 너그럽고 굳세지 않을 수 없다. 책임이 무겁고 길이 멀기
때문이다. 인을 자기의 책임으로 삼으니 또한 무겁지 않겠는가?

죽은 뒤에야 멈추니 또한 멀지 않겠는가?

예) 子曰 事君盡禮 人以爲諂也. (論語/八佾)
: 공자께서 말씀하셨다. '임금 섬길 때 예를 다하는 것을 사람들은 아첨한다고 여긴다.'

·爲此也.

: 이 때문이다.

'爲~也', 또는 '以~也' 형태로 '~때문이다.'

或問於程子曰:「孟子還可謂聖人否.」 程子曰:「未敢便道他是聖人, 然學已到至處.」

혹자가 程子에게 묻기를, '孟子도 聖人이라 말할 수 있습니까?' 하니, 程子가 말하기를, '감히 그분을 곧 聖人이라 말할 수는 없지만 학문은 이미 경지에 이르셨다.' 하였다.

〈단어 및 어휘〉

· 還(돌아올 환/돌 선): 돌아오다, 굴리다, 회전하다, 도리어, 오히려, 또, 다시.
· ~否(부): 의문사로 문장 뒤에 붙어서 일종의 의문문을 만든다. ~입니까? ~아닐까요? 등의 의미를 가진다.
· 道(길 도): 말하다.

〈문법연구〉

· 孟子還可謂聖人否.

: 還(부사로서: 다시, 또, 오히려, 도리어)은 부사로 사용되었다. 이 경우 번역 시 매끄럽지 않다. 조사 '도'를 이용하여 번역하면 한결 매끄럽다. 조동사 啊는 목적어를 강조하여 앞에 위치시키는 특징이 있다. 예문에서 孟子가 목적어이다. 否는 문장 끝에 붙여 의문문을 만든다. 의미는 '아니다'이지만 해석 시에는 굳이 '~아닙니까'로 해석할 필요 없이 '~입니까/~이 아닐까요' 등으로 문맥에 따라 자유롭게 해주면 된다. 예문에서도 '~입니까'로 해석되었다.

1. 未敢便道他是聖人.
: 해석은 '감히 그분을 곧 聖人이라 말할 수는 없다.'이다. 未敢=不敢/ '감히 아직은~은 아니다', '결코~하지 않았다.' 便은 부사로서 '곧', '바로'

예) 王亦未敢誚公. (周書)
: 왕 또한 공을 결코(어떠한 경우라도) 꾸짖지 아니하였다.

예) 僕所作者雖未敢與古人比. (雙松平遠圖讚/趙孟頫)
: 내가 지은 것은 비록 고인들과 감히 비교할 수는 없다.

2. 未敢便道他是聖人.
: 便(똥오줌 변/편할 편)은 부사로는 '곧', '문득'으로 해석하는 경우가 많으나 여기서는 '쉬이', '쉽게', '단순하게', 때에 따라서는 '곧잘', '빈번히'로 해석하면 좋다. 즉 '단순하게 성인이라고 감히 말을 할 수 없다.' 정도이다. 아래 문장의 孟子開口便說仁義에서 '孟子는 입만 열면 곧잘 인의를 말했다.'라고 해석할 수 있다. 또 문장 뒤에 붙어서는 '~하면'이라고 해석하면 편한 경우가 종종 있다. 이 경우

는 '곧'이라는 부사적 용법이다. 한편 便을 편리하다고 할 때는 <편>으로 읽지만 '바로', '곧'이라고 할 때는 <변>으로 읽는다.

예) 孟子開口便說仁義. (孟子集註)
: 孟子는 입만 여시면 곧 인의를 말씀하셨다.

예) 但以孔子之言比之 便可見. (孟子集註)
: 다만 공자의 말씀을 가지고 비교하면 볼 수 있다.

〈참고〉

아래 문장의 孟子便說許多養氣出來에서는 '곧'이라고 번역하는 것이 좋다.

程子又曰:「孟子有功於聖門 不可勝言. 仲尼只說一箇仁字 孟子開口便說仁義. 仲尼只說一箇志 孟子便說許多養氣出來. 只此二字 其功甚多.」

程子가 또 말씀하였다. '孟子가 聖門에 功이 있음은 이루 다 말할 수 없다. 孔子께서는 다만 한 글자 仁만을 말씀하셨는데, 孟子는 입만 열면 곧 仁과 義를 말씀하였으며, 孔子께서는 다만 하나의 志를 말씀하셨으나, 孟子는 곧 허다한 養氣를 말씀했으니, 다만 이 두 글자가 그 공로가 매우 큰 것이다.'

〈단어 및 어휘〉

· 勝(이길 승): 견디다, 뛰어나다, 넘치다, 훌륭한 것, (부정사와 함께) 모두, 온통, 죄다.

- 養氣(양기): 품덕을 기르는 것. 특히 孟子의 浩然之氣를 기르는 것을 말함.
- 出來(출래): 튀어나오다.

〈문법연구〉

- 不可勝言.
: '不可勝+동사' 형태로 '이루 다 ~할 수 없다.'

> 예) 味不過五 五味之變 不可勝嘗也. 戰勢不過奇正 奇正之變 不可勝窮也. (孫子兵法)
> : 맛은 다섯에 지나지 않으나, 이 오미의 변함은 다 맛볼 수가 없으며, 여러 가지 전세는 기병과 정병에 불과하지만 기병과 정병의 변화는 이루 다 궁구할 수 없다.

- 孟子便說許多養氣出來.
: 직역하면 '孟子는 곧 허다한 養氣를 말씀하셔서 내놓았다.' 그러나 出來는 일종의 말한(說) 결과나 상태/형상을 첨가하는 단어이므로 군이 번역할 필요가 없다. 현대 중국어에서도 보이는 說出來/说出来 형태로 '복합방향보어'라고 한다. 한국어로는 군이 번역이 필요하지 않다. 결국 孟子便說許多養氣出來은 孟子便說許多養氣가 되고 許多는 명사를 수식하는 형용사로 '허다한/많은'이므로 전체문장은 '孟子說養氣'이 되어 '孟子께서는 양기를 말씀하셨다.'가 전체 내용의 근간이 된다. 이처럼 전체문장에서 근간이 되는 요소만 파악하여 번역해 나가면 전체적인 맥락이 파악되므로 한문 해석을 위해서는 이런 훈련도 필요하다.

又曰:「孟子有大功於世 以其言性善也.」

또 말씀하였다. '孟子가 세상에 큰 공이 있는 것은 그 性善을 말씀하셨기 때문이다.'

〈문법연구〉

·以其言性善也.

: 여기서 以는 이유를 나타내는 以이다. 특히 '以~也' 형태로 이유를 나타내는 구로 많이 활용되지만 반드시 也를 필요로 하지는 않는다. 아래 문장에 나오는 顔子陋巷自樂 以有孔子在焉(顔子가 누추한 골목에서 스스로를 즐긴 것은 孔子가 계셨기 때문이다)가 한 예이다.

又曰:「孟子性善 養氣之論 皆前聖所未發.」

또 말씀하였다. '孟子의 性善과 養氣의 이론은 모두 前聖께서 생각하시지 못한 바이다.'

〈단어 및 어휘〉

· 發(필 발): 피다, 쏘다, 일어나다, 떠나다, 나타나다, 드러내다, 밝히다, 들추다.

〈문법연구〉

· 皆前聖所未發.

: 所未發에서 未는 부사로 '(아직)~하지 않다'로 용언을 제한한다. 여기서는 '未發/아직 밝히지 않았다'이다. 所는 <所+용언> 형태만으

로도 용언을 명사화(~인 것/곳/사람)하는 개사이다. 所未發은 '아직
밝히지 않았던 것'이 된다.

> 예) 子之所言 世俗之言也. (商君書)
> : 그대가 말한 것은 세속사람들의 말에 불과하다.

> 예) 幼而不學 老無所知 春若不耕 秋無所望. (明心寶鑑)
> : 어려서 배우지 않으면 늙어서 아는 것이 없고, 봄에 만약 밭 갈
> 지 않으면 가을에 바랄 것이 없다.

> 예) 所貴乎講學子 爲其實用也.
> : 학문 연구를 귀하게 여기는 것은 그 실제 사용함 때문이다.

又曰:「學者全要識時. 若不識時 不足以言學. 顔子陋巷自樂 以有孔
子在焉. 若孟子之時 世旣無人 安可不以道自任.」

또 말씀하였다. '배우는 자들은 온전히 때를 알아야 하니, 만일 때
를 알지 못하면 학문을 말할 수 없다. 가령 顔子가 누추한 골목에
서 스스로 즐긴 것은 孔子가 계셨기 때문이요, 孟子 때로 말하자
면 세상에 이미 그러한 사람이 없었으니, 어찌 道로써 자임하지
않을 수 있었겠는가?'

〈단어 및 어휘〉

· 陋(더러울 누): 더럽다, 천하다, 못생기다, 추하다, (신분이) 낮
  다, 볼품없다.
· 巷(거리 항): 거리, 시가(市街), 문밖, 복도(複道), 궁궐(宮闕) 안
  의 통로(通路)나 복도(複道).
· 陋巷(누항): 누추하고 좁은 마을.

・要(필요할 요): 조동사로서 '~해야 한다.', '~할 필요가 있다.' 때로는 부사로서 '반드시', '꼭' 부사가 동사를 수식하는 경우 '반드시~해야 한다 ', '꼭~해야 한다'

〈문법연구〉

・全要識時.
: 해석은 '온전히 때를 알아야 한다.'이다. 예문은 '專欲識時'와 같다. 전한 시대의 한문 쓰임과는 달리 송대의 한문에서는 '오로지 專'을 '온전할 全'으로 '하고자 할 欲'을 '요긴할 要'로 쓰는 경향이 있다.

・不足以言學.
: '不足以~', 형태로 '~하기에 족하지 않다', '~ 할 수 없다', '~할 만하지 않다' 足以 : 가능을 표현하는 조동사 일반적으로 以 다음에 대명사 之가 생략되었다. 이 대명사 之는 앞의 어떤 사실이나 내용을 받는다. 따라서 해석 시 '그래서 ~할 수 있다'라는 의미가 내포된다. 해석은 기본형을 'A 足以 B' 꼴로 'A로써 B 하기에 충분하다/A로써 B 할 수 있다'이다. 아래 몇 예문을 통해 이를 파악해 보자.

예) 君子學識 周通 足以 爲民上者也. (論語古今注)
: 군자는 학식이 두루 통달하니 족히 백성의 윗사람이 될 수 있다. 예문은 원래 '君子學識 周通 足以之 爲民上者也'이다. 여기서 대명사 之는 '君子學識 周通'을 받는다. 즉, '군자는 학식이 통달한 것(之)으로서(以) 족히 백성의 윗사람이 될 수 있다'라는 말이다. 다음 예문들을 통해 확인해보기 바란다.

예) 酒足以狂愚士 色足以殺壯士 利足以點素士 名足以絆高士. (寶積經)

: 술은 점잖은 선비를 미치게 하기에 충분하고, 색은 씩씩한 선비를 죽이기에 충분하며, 이익은 깨끗한 선비를 더럽히기에 충분하고, 명예는 고고한 선비를 졸라메기에 충분하다. 여기에서는 酒色 利名이 각각의 주어로 주어가 足以 앞에 왔다.

예) 子曰 士而懷居 不足以爲士矣. (論語)
: 공자께서 말씀하셨다. 선비가 만약 편안하게 지낼 것을 생각한다면 선비라고 하기에 부족하다.

예) 徒善不足以爲政 徒法不能以自行. (孟子)
: 단지 선하기만 하면 정사를 돌보기에 부족하고, 다만 법으로만 하면 스스로 행하지 못한다.

예) 樂由說而後得 非樂 不足以語 君子. (論語)
: 즐거움은 기쁨으로 인한 뒤에 얻는 것이니 즐겁지 아니하면 군자라 말할 수 없다.

〈참고〉

器不足用也. (孟子): 그릇을 쓰기에 충분하지 않을 것이다.

이 문장에서 器는 用의 목적어이다. 이 문장은 원래 '不足以用器也'인데 목적어인 器를 강조하여 앞으로 보낸 꼴이다.

〈참고〉

조동사로서 '~할 수 있다', '~할 만하다' 등의 可能(가능)을 나타내는 것으로는 可, 能, 得, 足, 可以, 足以, 得以 등이 있다. 이때 可와 可以의 사용의 차이는 몇 가지가 있으나 크게는 可以를 사용할 경우 어떤 제시물(사건/시간/장소/물건)이 오고 이것을 사용하여(以) 할 수(可) 있다는 의미가 된다. 결국 可以, 足以, 得以, 足用은 문법적으로 동일하다고 볼 수 있다.

예) 此書可以活人.
: 이 책은 (누군가가[주어] 이 책을 이용하여/이 책으로써) 사람을
살릴 수 있다.
此書可活人: 이 책은[주어] 사람을 살릴 수 있다.

예) 家雖貧 酒能常得.
: 집안은 비록 가난하였으나 술은 항상 얻을 수가 있었다.

예) 足以保四海.
온 세상을 보존할 수 있다.

예) 溫故而知新 可以爲師矣. (論語)
: 옛것을 익혀 새것을 안다면 (그것으로써) 스승이 될 만하다. 한
편 得以는 得而로 바뀌어 표현되는 경우가 많다.

・安可不以道自任.
: '安可不~', '어찌~하지 않을 수 있겠는가.' '以道自任', '도로써
자임하다.' 不以道自任에서 不은 용언을 수식하는데 以道는 용언이
아님을 알 수 있다. 이는 일종의 삽입구이다. 따라서 自任을 수식함
을 알 수 있다. 즉 不는 뒤의 용언 自任에 걸린다. 따라서 不以道自
任의 해석은 '도로서 사임하지 않다'이다.

예) 此如大舜薦禹于天 不以其位專子. (周易禪解)
: '이는 위대한 순임금이 우를 천자에 천거하고 그 자리를 그의 아
들에게 넘겨주지 않은 것과 같다.' 예문의 不以其位專子를 보면
不은 專에 걸린다. 여기서 以其位는 專의 직접목적어로 앞으로 도
치된 형태이다.

又曰:「孟子有些英氣. 才有英氣 便有圭角 英氣甚害事. 如顔子便渾
厚不同 顔子去聖人只豪髮間. 孟子大賢 亞聖之次也.」

또 말씀하였다. '孟子는 얼마간의 英氣가 있었으니, 약간이라도 英氣가 있으면 곧 圭角이 있는 바, 英氣는 일에 매우 해롭다. 顔子는 渾厚하여 이 같지 않았으니, 顔子는 聖人과의 사이가 털끝만 한 사이였고, 孟子는 大賢이니, 亞聖의 다음이시다.'

〈단어 및 어휘〉

· 些(적을 사): 약간, 조금, 어조사.
· 纔=才(겨우 재): 근본, 기본, 재주, 조금. 가까스로.
· 英(꽃부리 영): 싹, 명예, 재주가 뛰어나다.
· 圭(홀 규): 모서리. 모나다, 결벽하다.
· 圭角(규각): 언행이 모나서 남과 어울리지 못함.
· 渾(흐릴 혼): 섞이다, 마구, 온통.
· 渾厚(혼후): 모나지 않아 원만하고 인정이 두터움.
· 亞聖(아성): 일반적으로 말할 때 공자는 大聖, 안자는 亞聖, 孟子는 大賢이라고 말한다. 그래서 공자와 孟子를 묶어서 성현(聖賢)으로 표현하기도 한다.

〈문법연구〉

· 但以孔子之言比之 便可見.

: 해석은 '단 공자의 말씀을 이것과 비교하면 알 수 있다.' 일반적으로 '比 A, B' 형태로 'A와 B를 비교하다.'이나 '比之, B' 형태를 많이 사용한다. 여기서 之는 대명사로 '이것을 B와 비교하다'이다. 예문에서는 以孔子之言이 B에 해당한다. 이에 대해서는 아래 '比之玉' 항목을 참고하기 바란다. 여기서 以는 동사의 동작의 대상을 표시하

는 전치사로 두 개의 목적어를 취하는 동사의 목적어를 이끈다. 즉 以는 '~을 가지고'라고 해석되나 목적어를 이끄는 허사로 볼 수 있다. 이 경우 종종 도치가 일어난다.

예) 象欲以舜之牛羊倉廩與父母 而自取此物也. (孟子集註)
: 상이 순의 우양과 창름을 부모에게 주고 스스로는 이 물건을 취하고자 함이라. 與는 '~에게~을 주다'로 두 개의 목적어를 취하는 동사. 以舜之牛羊倉廩는 직접목적어, 父母는 간접목적어.

예) 投我以木瓜 報之以瓊琚. (詩經)
: 나에게 모과를 보내주니 아름다운 옥으로 그에게 보답했네.

예) 舊令尹之政 必以告新令尹. (論語/公冶長)
: '전임 영윤의 정사를 반드시 신임 영윤에게 일러주다.' 以 다음에는 목적어로서 인칭대명사 之, 또는 舊令尹之政이 생략되었다.

예) 三以天下讓 民無得而稱焉. (論語/泰伯)
: 세 차례나 천하를 양보했는데도 백성들이 그를 칭송할 길이 없었다.

·顏子去聖人只豪髮間.
: 去~, '~과 차이가 나다', '~과 거리가 얼미기 되다'

예) 去聖人之世, 若此其未遠也. (孟子/盡心)
: 성인의 세대와의 차이(거리)가 이와 같지 멀지 않다.

或曰:「英氣見於甚處」曰:「但以孔子之言比之 便可見. 且如冰與水精非不光. 比之玉 自是有溫潤含蓄氣象 無許多光耀也.」

어떤 이가 묻기를, '英氣가 어디에 나타납니까?' 하니, 말하기를, '다만 孔子의 말씀과 비해보면 곧 볼 수 있다. 또 예컨대 얼음과 水晶

이 빛나지 않은 것은 아니나, 玉에 비하면 자연히 이것에는 溫潤하고 含蓄한 기상이 있으나 허다한 빛과 반짝임이 없는 것과 같다.'

〈단어 및 어휘〉

· 甚(심할 심): 무엇(삼), 어찌(=何), 어느, 어떤, 심하다, 정도가 지나치다, 지나치다, 깊고 두텁다, 초과하다.
· 甚處(심처): 어느 곳. 何所라고 쓴 것과 같다. 甚 자는 '심하다'일 때는 심으로 읽고, '어찌'라고 할 때는 '삼'으로 읽기도 하지만 일반적으로는 '심'으로 읽는다.
· 且如(차여): 또 ~처럼.
· 自是(자시): 이것으로부터.
· 耀(빛날 요): 광휘를 발하다, 빛내다, 영광, 현혹되다.

〈문법연구〉

· 英氣見於甚處.
: 甚은 무엇, 어느, 어떤.

예) 嚴陽尊者問 一物不將來時如何 師云放下着 嚴云 一物不將來 放下箇甚麼 師云 伊麼則擔取去. (趙州錄)
: 엄양(嚴陽) 존자가 (조주(趙州)선사에게) 물었다. '한 물건도 가져오지 않을 때는 어찌해야 합니까?' '내려놓아라.' '이미 한 물건도 가지고 오지 않았는데 무얼 내려놓으라는 말입니까?' '그렇다면 짊어지고 가거라.'

· 比之玉.
: 이것(之/冰與水)을 옥에 비교하다. 여기서 之는 앞의 명사(冰與

水)를 받는다.

> 예) 以人事比之 人平時略不參謁. (朝鮮王朝實錄)
> : 사람의 일로써 이를 비유하오면, 사람이 평시(平時)에는 조금도
> 참알(參謁)하지 않았다.

> 예) 比之於木 同根異枝. (四子小學)
> : 그것을 나무에 비유하면, 같은 뿌리의 다른 가지와 같다.

> 예) 子禽問於子貢曰 夫子至於是邦也 必聞其政 求之與 抑與之與.
> (論語/學而)
> : 자금이 자공에게 물었다. 선생님께서는 한 나라에 가면 꼭 그 나
> 라의 정치에 관한 이야기를 들으셨는데 그것은 선생님께서 그 나
> 라의 정치에 관하여 듣기를 요구하신 것입니까? 그렇지 않으면 그
> 나라가 스스로 선생님께 그것을 들려드린 것입니까. 여기서 求之
> 與, 抑與之與의 之는 앞의 聞其政을 가리키는 대명사이다.

楊氏曰:「孟子一書 只是要正人心 敎人存心養性 收其放心. 至論仁,
義, 禮, 智 則以惻隱 羞惡 辭讓 是非之心爲之端. 論邪說之害, 則
曰:『生於其心 害於其政.』論事君 則曰:『格君心之非』『一正君而
國定』. 千變萬化 只說從心上來. 人能正心 則事無足爲者矣.

楊氏가 말하였다. <『孟子』 한 책은 다만 사람의 마음을 바로잡고
자 하였으니, 사람에게 마음을 바로잡고 性을 길러서 그 放心을
거두게 하려 한 것이다. 仁·義·禮·智를 惻隱·羞惡·辭讓·是
非의 마음으로 그 端緒를 삼았으며, 邪說의 폐단을 논함에 '그 마
음에서 생겨나 그 정사를 해친다.' 하였으며, 임금을 섬김을 논함
에 '군주의 마음이 잘못됨을 바로잡아야 하니, 한번 군주의 마음
을 바로잡으면 나라가 안정된다.' 하여 천만 가지의 변화를 다만
마음으로부터 말씀하였다. 사람이 마음을 바르게 하면 일은 그다

지 할 것이 없다.

〈난어 빛 어휘〉

· 只(다만 지/외짝 척): 다만, 단지(但只), 뿐, 오직, 겨우, 한갓, 그
  러나, 오직 ~하여야만 한다. 짧은 거리.
· 只是(지시): 단지 ~이다.
· 要(요긴할 요): 요긴하다, 중요하다, 요약하다, 모으다, 합치다,
  원하다, 바라다, 요구하다, 바루다, 얻다, 취득하다. 동사 앞에서
  조동사적으로 사용되어 ~하려 하다, ~하고자 하다.
· 存心養性(존심양성): 그 마음, 즉 良心(양심)을 잃지 말고 그대
  로 간직하여, 그 성품, 즉 하늘이 주신 본성을 키워 나감. 즉 타
  고난 성품을 잘 간직하며 사는 것을 말한다.
· 羞(부끄러울 수): 수치, 치욕, 음식을 올리다, 음식, 추천하다.
· 生於其心 害於其政(생어기심 해어기정): 孟子 공손추에 나오는
  말로 '그 마음에서 일어나서 그 정사를 해친다.'
· 格(격식 격): 겨루다, 바로잡다, 고치다, 자리, 지위. 上 측면.
· 只說從心上來(지설종심상래): 只는 단지, 上, 中, 下는 장소를 뜻
  할 때가 많다. 시간을 나타낼 때는 上, 下는 이전과 이후를 나타
  낸다. 從은 ~로부터.

〈문법연구〉

· 只是要正人心.
: 只是~, '단지 ~이다.' 또는 부사로 사용되어, '오직', '단지', 正
은 일반적으로 형용사이지만 동사로 사용되어 '바로잡다'로 일종의

형용사의 전용이라 할 수 있다.

· 敎人存心養性.
: 敎는 사역동사로 사용되었다. '敎+명사+동사' 형태로 '명사에게 동사 하게 하다'이다. 이러한 조동사로는 '使, 令, 敎, 俾' 등이 있다. 해석은 '사람에게 存心養性하도록 가르치다'이다. 存心과 養性 유교의 수행방법의 하나이다.

  예) 伯樂敎其所憎者相千里之馬. (韓非子)
  : '백락이 그가 미워하는 자에게 천리마를 가려보게 했다.' 또 敎를 일반적으로 두 개의 목적어를 취하는 동사로 보고, '미워하는 자에게 천리마를 가르는 방법을 가르쳤다'라고 해석할 수도 있다.

  예) 誰敎其人作此詩乎.
  : 누가 그에게 이 시를 쓰게 했는가?

  예) 遂敎方士殷勤覓. (長恨歌/白居易)
  : 마침내 도사에게 그 혼백(양귀비 혼백)을 찾게 하였네. (殷勤覓: 원래 의미는 빈틈없이 찾다.)

· 是非之心爲之端.
: 시비지심은 그(之) 끝이 된다. 之는 대명사로만 사용되는 것이 아니라 형용사적 성격을 지닌 것과 부사적 성격을 지닌 것까지 포함한다. 여기서는 일종의 관형사적인 성격의 之의 용법이다.

  예) 牽牛徑人田 田主奪之牛. (史記/陳杞世家)
  : 소를 끌고 남의 밭을 지나가면 밭 주인이 그의 소를 빼앗는다.

  예) 之二蟲又何知. (莊子/逍遙遊)

: 이 두 버러지가 또 무엇을 아는가!

예) 蓋欲學者深思而自得之 今亦不敢妄爲之說. (論語集註)
: 이는 배우는 자들로 하여금 깊이 생각하여 스스로 터득하게 하고
자 하신 것이니, 지금 나 역시 감히 함부로 그 설명을 할 수 없다.

· 事無足爲者矣.

: 無足爲, '족히 ~할 만한 게 없다'라는 관용표현 어구.

예) 鍾子期死 伯牙破琴絶弦 終身不復鼓琴 以爲世無足復爲鼓琴者.
(呂氏春秋)
: 종자기가 죽자, 백아는 거문고를 부수고 줄을 끊고, 죽을 때까지
거문고 연주를 다시는 하지 않았는데, 다시 거문고 연주를 하기에
세상이 충분하지 않다고 생각하였다.

大學之脩身 齊家 治國 平天下 其本只是正心 誠意而已. 心得其正
然後知性之善. 故孟子遇人便道性善. 歐陽永叔卻言『聖人之敎人 性
非所先』可謂誤矣. 人性上不可添一物 堯舜所以爲萬世法 亦是率性
而已. 所謂率性 循天理是也. 外邊用計用數 假饒立得功業 只是人欲
之私 與聖賢作處 天地懸隔.」

『大學』의 修身·齊家·治國·平天下는 그 근본이 다만 마음을 바
르게 하고 뜻을 성실히 함뿐이니, 마음이 올바름을 얻은 후에야
性이 善함을 알 수 있다. 그러므로 孟子는 사람을 만나면 곧 性善
을 말씀한 것이다. 그런데 구양수는 '聖人이 사람을 가르침에 性
은 먼저 할 바가 아니다.' 하였으니, 이것은 誤謬라고 이를 만하다.
이 性의 위에는 한 가지 일도 더할 수 없으니, 堯·舜이 만세의
법이 되신 것도 또한 이 本性을 따랐을 뿐이다. 이른바 '本性을 따

른다.'라는 것은 天理를 따른다는 것이 바로 이것이다. 이외에 계책을 쓰고 술수를 쓰면 설사 功業을 세운다 하더라도 이는 다만 人欲의 사사로움일 뿐이니, 聖賢께서 하시는 것과 하늘과 땅만큼 懸隔한 차이가 있는 것이다.>

〈단어 및 어휘〉

· 率性(솔성): 본성을 따라 행하다.
· 歐陽永叔(구양영숙): 歐陽脩(구양수/1007~1072)를 말한다. 당송 8대가.
· 卻(물리칠 각): 도리어, 반대로, 그치다, 쉬다, 도리어, 사양하다, 발어사.
· 所以(소이): 까닭. 일이 생기게 된 원인이나 조건(條件).
· 邊(가 변): 가장자리, 변방, 모퉁이.
· 外邊(외변): 여기서는 그 밖에. 其他.
· 用計用數(용계용수): 計는 권모(權謀)를 뜻하고 數는 술수(術數)를 뜻한다.
· 饒(넉넉할 요): 너그럽다, 더하다. 설령. 假饒= 假使=가령.
· 假饒(가요): 가령. 설사(= 즉사卽使, 종사縱使).
· 懸(매달 현): 달다, 매달다, 달아매다, 매달리다, 늘어지다, (상을) 걸다, 현격하다, 멀다.
· 隔(사이 뜰 격): 사이가 뜨다, 사이를 떼다, 막다, 막히다, 가리다, 숨기다, 멀리하다, 등한(等閑)히 하다.
· 懸隔(현격): 서로 동떨어져 멀리 있음.

孟子集注*

卷一

* 集註는 남송(南宋) 주희(朱熹: 朱子)의 集註이다. 底本: 阮元 校刻 ≪十三經注疏≫(1980年 北京 中華書局 影印本)

梁惠王章句 上

凡七章

上 1장

01-01-01

孟子見梁惠王

孟子께서 梁나라 惠王을 뵈시니

〈단어 및 어휘〉

· 孟(맏 맹): 맏이, 여러 형제 중 가장 손위, 우두머리, 힘쓰다.
· 見(볼 견/뵐 현): 보다, 보이다, 당하다, 견해(見解)/ 뵙다 (현),
  나타나다 (현). '본다'라는 뜻일 때는 음이 '견'이고, 윗사람을
  '뵙는다'라는 뜻일 때는 음이 '현'인데, 전통적으로는 王을 뵙는
  다는 뜻에서 '현'으로 發音한다. 현재 중국어에서는 '만나다'는
  뜻으로도 쓰인다.

예) 吾不復夢見周公. (論語)
: 내 다시 꿈속에서 주공을 뵙지 못하였다.

예) 冉有季路 見於孔子. (論語)
: 염유와 계로가 공자를 알현했다./위의 예문 '見周公'과는 다르게
見於孔子로 동사의 대상인 於를 붙여 주기도 한다. 의미상에는 차
이가 없다.

· 梁惠王(양혜왕): 戰國時代 七國(韓, 魏, 趙, 秦, 楚, 燕, 齊)의 하
나인 魏의 惠王을 말한다. 당시의 首都가 現在의 河南省 開封인
大梁인 까닭에 魏를 梁이라고도 불렀다.

01-01-02
王曰 叟不遠千里而來 亦將有以利吾國乎.

王이 말씀하였다. <老人께시 친 리를 멀리 여기지 않고 오섰으니,
또한 장차 내 나라를 이롭게 할 방도가 있겠습니까?>

〈단어 및 어휘〉

· 叟(늙은이 수): 늙은이, 어른.
· 而(말 이을 이): 말을 잇다, 그리고, ~로서, 그러나, 만약, ~
  뿐, 너.
· 亦(또 역): 또한, 역시. 만약, ~도 역시, 단지, 다만 ~뿐, 모두.
· 將(장수 장/장차 장): 장수, 인솔자, 장차, 문득, 청컨대, 무릇, 만
  일, 또한, 한편, 거느리다, 돕다, ~하려 하다.
· 以(써 이): ~로써, 에 의해서, ~부터, ~하여, ~로 생각하다, 이미.
· 乎(어조사 호): ~이냐? 인가? ~하다, ~에, 이도다.

〈문법연구〉

· 不遠千里而來.

: 遠은 일반적으로 형용사로 쓰여 '멀다'이나 여기서는 意動用法의
동사로 쓰여 '멀다고 여기다' 즉 타동사화 되어 '~을 멀다고 여기
다.'이다. 일반적으로 형용사가 동사로 사용되는 경우 '~라 여기다',
'~라 생각하다', '~로 삼다' 등으로 사용되는 경우가 많다. 이를 형
용사의 의동용법이라고 한다. 예문에서는 부정으로 '멀다 여기지 않
다'이다.

예) 必易晉而不撫其民矣. (春秋左傳)
: 반드시 진나라를 경시하고 그 백성을 달래지 않을 것이다./쉽다
는 의미를 가진 易이 '가벼이 여기다', '경시하다'로 사용되었다.

예) 子曰 君子不器. (論語)
: 공자께서 말씀하시기를, 군자는 그릇과 같이 여겨서는 안 된다./
군자는 그릇(한 가지 구실밖에 하지 못하는 그릇) 같은 존재가 아
니니라.

예) 子曰 君子 恥其言而過其行. (論語)
: 군자는 자신의 말이 자신의 행실을 지나치는 것을 부끄럽게 여
긴다./恥: 형용사로 '부끄럽다'인데 '부끄럽게 여기다'로 전용되
었다.

예) 諸侯用夷禮 則夷之. (韓愈/原道)
: 제후가 오랑캐의 예를 쓰면 그를 오랑캐로 여겼다.

1. 亦將有以利吾國乎.

: 또한 장차 내 나라를 이롭게 할 방도가 있겠습니까? 以: '~을 가
지고서'라는 개사이나 불완전명사로서 '방법', '수단', '이유', '수', '까

닭' 등으로 다루면 해석이 용이한 경우가 많다. 이때는 상황에 따라서 '것'으로 해석해도 좋다. '수'를 사용하는 경우 '~할 수 있다'로 해석된다. 이 문장은 '叟不遠千里而來, 亦將有以利吾國乎'에서 보듯 앞 문장 '叟不遠千里而來/노인께서 천 리도 멀다 하지 않고 이기까지 오셨는데'라는 '원인', '이유', '조건', '가정'을 나타내는 부사구문이 온다는 점이 중요하다. 그래서 그 결과로서 '有以/할 방법, 할 만한 가능성/할 수(방법)'가 있냐고 묻는 것이다. 따라서 이런 유형의 문장은 단지 그 문장만으로 해석이 정확하지 않고 앞뒤 문맥에서 유추하여 해석해야 하는 경우이다.

예) 與余問答既有以 感時撫事增惋傷. (杜甫/觀公孫大娘弟子舞劍器行并序)
: 나의 문답에 이미 그 까닭이 있어 감탄하며 지난 일을 더듬으니 슬픔이 더해진다.

예) 吾必有以重報母 母怒曰 丈夫不能自食 吾哀王孫而進食. (史記/淮陰侯列傳)
: 나는 반드시 후하게 보답할 수 있을 것이다. 아낙네가 화를 내며 말하길, 사내대장부가 제힘으로 살아가지도 못하기에 내가 젊은이(王孫)를 가엾게 여겨 밥을 주었소.

예) 物有以蓋之矣 彼遊於物之內 而不遊於物之外. (蘇軾/超然台記)
: 사물은 그것(사람)을 가릴 수 있고, 그(사람)는 사물 안에서 유희하며 사물 밖에서는 유희하지 않는다.

예) 衆人皆有以 而我獨頑且鄙. (道德經)
: 모두 재능이 있는데 나만 둔하고 어리석다.

예) 王使人瞷夫子 果有以異於人乎. (孟子/離婁下)
: 왕께서 사람을 시켜 선생을 엿보게 하셨는데, 과연 다른 사람과 다른 것이 있습니까.

예) 孟子對曰 殺人以梃與刃 有以異乎 曰 無以異也 以刃與政 有以異乎 曰 無以異也. (孟子)
: 孟子께서 대답하시길, '사람을 죽임에 몽둥이와 칼날을 사용하는 것이 차이가 있습니까?' 하니, 왕이 '차이가 없습니다.' 하고 대답하였다. '칼날과 정사를 가지고 사람을 죽이는 것이 차이가 있습니까?' 대답하기를, '차이가 없습니다.'

예) 莊暴見孟子曰 暴見於王 王語暴以好樂 暴未有以對也 曰 好樂何如. (孟子)
: 장포가 孟子를 뵙고 말하였다. 제가 王을 뵈었더니 王께서 저더러 음악을 좋아하노라고 하셨는데 저는 아무런 대답도 하지 못하였습니다. 음악을 좋아하는 것은 어떻습니까?

예) 聖人有以見天下之賾而擬諸其形容. (周易/繫辭上傳)
: 성인은 천하의 심오한 도리[賾]를 볼 수 있기에 그 모양에서 헤아린다.

예) 遙觀神女石 綽約誠有以. (巫山/蘇軾)
: 멀리 神女峰 바라보니 가냘프고 고운 모습 정말일 것이로다(까닭이로다).

2. 亦將有以利吾國乎.

: 여기서는 '장차'라는 단어보다는 '~하려 하다'라는 가까운 미래의 추측이나 의지로 해석.

예) 昔 齊景公 田 招虞人以旌 不至 將殺之. (孟子)
: 옛날에 齊景公이 사냥을 나갔을 때, 旌旗를 가지고 虞人을 불렀더니, 오지 않으므로, 그를 죽이려고 하였다.

01-01-03

孟子對曰 王何必曰利? 亦有仁義而已矣.

孟子께서 대답하셨다. <王께서는 하필 利를 말씀하십니까? 다만

仁・義가 있을 뿐입니다.

〈단어 및 어휘〉

· 亦(또 역): 또, 또한, ～도 역시, 단지, 다만 ～뿐.
· 而已矣(이이의): ～일 뿐이다. 같은 뜻의 종결사로 耳를 쓰거나
而已로 쓰거나 而已矣(이이의)로 쓰거나 모두 뜻이 같다. 耳矣,
而止, 而止矣도 같다.

예) 門人問曰何謂也 曾子曰夫子之道忠恕而已矣. (論語)
: 문인이 물어 가로대 무엇을 이르심이니잇고? 증자 가라사대 부
자의 도는 충서일 뿐이니라.

예) 不熄 則謂之 水不勝火 此又與於不仁之甚者也 亦終必亡而已矣.
(孟子)
: 꺼지지 않으면 물이 불을 이기지 못한다고 말하니 이것은 또한
불인을 도와주는 것이 심한 것이다. 끝내는 반드시 (인마저) 잃어
버릴 뿐이다.

01-01-04

王曰何以利吾國 大夫曰何以利吾家 士庶人曰 何以利吾身 上下交
征利而國危矣. 萬乘之國弑其君者 必千乘之家 千乘之國弑其君者
必百乘之家. 萬取千焉 千取百焉 不爲不多矣. 苟爲後義而先利 不
奪不饜.

왕께서 어떻게 하면 내 나라를 이롭게 할 수 있을까 하시면, 대부
(大夫)들은 어떻게 하면 내 집안을 이롭게 할 수 있을까 할 것이
니, 사(士)와 서인(庶人)들은 '어떻게 하면 내 몸을 이롭게 할 수
있을까 하여, 上・下가 서로 이로움을 다투게 되어 나라가 위태로

울 것입니다. 萬乘의 나라에 그 君主를 弑害하는 자는 반드시 千乘의 집안이며, 千乘의 나라에 그 君主를 弑害하는 자는 반드시 百乘의 집안입니다. 萬乘에서 千乘을 취하고 千乘에서 百乘을 취함이 많지 않은 것은 아니지만, 만일 의(義)를 뒤로 하고 이익을 앞세운다면 모두 빼앗지 않고는 만족하지 않을 것입니다.

〈단어 및 어휘〉

· 何以(하이): 어떻게. 왜, 어찌하여, 무엇으로써.
· 大夫(대부): 周代에 天子나 諸侯의 臣下는 그 身分이 卿, 大夫, 士로 나뉘어 있었다.
· 庶(여러 서): 여러, 많다, 무리, 서출, 벼슬 없는 사람.
· 交(사귈 교): 副詞 서로, 일제히, 동시에, 함께
· 征(칠 정): 치다, 정벌하다, 취하다, 구하다, 징집하다.
· 交征(교정)~: 서로 ~을 두고(놓고) 다투다.
· 乘(탈 승): 말 네 마리가 끄는 戰車. 乘이란, 수레를 세는 數詞로서 輛 또는 臺와 같다.
· 萬乘之國(만승지국): 수레 만 대를 보유한 나라, 즉 천자의 나라.
· 千乘之國(천승지국): 수레 천 대의 나라, 즉 제후의 나라.
· 百乘之家(백승지가): 수레 백 대를 보유한 가문, 대부 가문.
· 弑(윗사람 죽일 시): 윗사람을 죽이다.
· 焉(어찌 언): 어찌, 어디, ~도다, ~느냐, 인가? 인 것이다, 이에, 곧.
· 爲(할 위): 하다, 위하다, 있다, 라고 생각하다, 여기다, 완성하다.
· 苟(구차할 구): 진실로, 다만, 단지, 겨우, 구차하다, 만일, 적어도.
· 饜(물릴 염): 포식하다, 실컷 먹다, 물리다, 만족해하다.

〈문법연구〉

· 何以利吾國.

: '어떻게 하면 내 나라를 이롭게 할 수 있을까' 원래 何는 以의 목적어이므로 以의 뒤에 위치한다. 그러나 何가 의문사이므로 개사 앞에 위치하게 되었다. 何謂, 奚謂 등도 의문사가 동사 앞으로 도치된 형태이다.

예) 囊空何以續晨炊. (趙蕃/寄懷)
: 빈 주머니에 무슨 수로 아침 끼니를 이을는지.

예) 不然 苟無歲 何以有民 苟無民 何以有君. (戰國策/齊策)
: 그렇지 않네, 진실로 수확이 없다면, 어찌 백성이 있겠으며, 진실로 백성이 없다면, 어찌 임금이 있겠는가

· 萬取千焉 千取百焉.

: '萬에서 千을 가지는 것'이므로 '取千於萬'으로 바꿀 수 있다. 여기서는 '萬'을 強調하여 앞으로 낸 것이다. 古代로 갈수록 목적어가 앞에 오는 경향이 있다. 예문에서 焉은 '거기에서/於此, 於之, 於是'이다. 축자적인 해석은 '만은 거기서 천을 취하고, 천은 거기서 백을 취한다.'이다.

예) 三人行 必有我師焉. (論語)
: 세 사람이 함께 길을 가면 거기에는 반드시 나의 스승이 있다.

예) 子曰 衆惡之 必察焉 衆好之 必察焉. (論語)
: 공자께서 말씀하시길, '많은 사람들이 싫어해도 반드시 살펴보아야 하고, 많은 사람들이 좋아해도 반드시 살펴보아야 한다.'라고 하셨다.

· 不爲不多矣.

: 不爲不~, 이중부정, '~이 아닌 것은 아니다', '상당히 ~하다' 즉 言不可不愼(말은 신중하지 않으면 안 된디)에서 보는 것처럼 이중부정의 목적은 강조이다. 한문의 이중부정: 無不・莫不・未嘗不・不可不 → 강조 또는 강한 긍정.

예) 余讀孟子書 至梁惠王問何以利吾國 未嘗不廢書而歎也. (孟子集註)
: 내가 孟子를 읽다가 양혜왕이 '무엇으로 내 나라를 이롭게 하리오.' 하는 물음에 이르러, 책을 덮고 탄식하지 않은 적이 없었다.

예) 我有功於人 不可念而 過則不可不念. (菜根譚)
: 내가 남에게 베푼 공이 있다면 잊어야 하나, 나의 잘못은 기억하지 않아서는 안 된다.

예) 不可不度以本然之權度. (孟子集註)
: 不可不~, 이중부정으로 긍정. '~하지 않으면 안 된다', '~해야만 한다.' 뒤의 以는 '~으로서'. 즉 도구를 나타낸다. 본연의 권도(본연의 저울과 자, 즉 본연의 마음)로서 헤아리지 않으면 안 된다.

예) 兵者國之大事 死生之地 存亡之道 不可不察也. (孫子兵法)
: 전쟁은 나라의 큰일이다. 생사가 달린 땅이요 존망이 갈리는 길이니 살피지 않을 수 없다.

· 不奪不饜.

: 이 구문은 한문에서 많이 사용되는 중요한 수사법이다 즉, '不 A, 不 B' 형태로 'A 하지 않으면 B 하지 못한다', 'A가 아니면 B가 아니다'라는 문장을 만들 때 많이 사용된다. 앞 문장은 '원인', '이유'의 부사구문이고 뒤는 '결과문'이다. 이 유형은 '不 A, 不 B'뿐만 아니라 '無 A 不 B' 형태로 'A 하지 않으면 B 하지 못한다', 'A가 아니면 B가 아니다', '非 A 不 B' 형태로 'A 아니(하)면 B 아니(하)다.' 등

의 유사 문형이 많아 활용도가 높다.

예) 不在其位 不謀其政. (論語)
: 그 지위에 있지 않으면 그 정사를 도모하지 않는다.

예) 不以規矩 不能成方員. (孟子)
: 그림쇠[規]와 곱자[矩]를 사용하지 않으면 네모와 원을 만들 수 없다.

예) 不憤不啓 不悱不發 擧一隅 不以三隅反則 不復也. (論語)
: 알려고 애쓰지 않으면 가르쳐주지 않고, 표현하지 못해 답답해하지 않으면 말해주지 않으며, 한 귀퉁이를 들어 보였을 때 배우는 자가 이것으로 남은 세 귀퉁이를 반증(反證)하지 못하면 더 이상 가르쳐주지 않는다.

〈참고〉

・非 A 不 B: A 아니(하)면 B 아니(하)다.

예) 非天子 不議禮 不制度 不考文. (中庸)
: 천자가 아니면 예를 의논하지 않으며 법도를 제정하지 않으며 문자를 상고하지 않는다.

예) 子張曰 善哉善哉 難忍難忍 非人不忍 不忍非人. (明心寶鑑)
: 자장이 말하기를, '좋은 말씀이다! 인(忍)이란 생각할수록 어려우니, 사람이 아니면 참지 못하고, 참지 못하면 사람이 아니다.'

01-01-05
未有仁而遺其親者也 未有義而後其君者也.

어진데 자기 어버이를 버리는 자는 있지 않으며, 의(義)롭고서 자기 임금을 하찮게 여기는 자는 있지 않습니다.

〈단어 및 어휘〉

· 未(아닐 미): 아직 ~하지 못하다. 아니다, 못하다.

· 遺(남길 유): 남기다, 잃다, 버리다, 빠뜨리다.

· 後(뒤 후): 뒤, 딸림, 뒤떨어지다, 뒤지다, 뒤서다, 늦다, 임금, 왕후,
후비. 여기서는 동사로 사용되었다. 뒤로 돌리다. 하찮게 다루다.

〈문법연구〉

· 未有仁而遺其親者也.

: '未~' 형태로 '아직~하지 않다', '아직~하지 못하다' 而는 순접
으로 '~하면서', '有~者'는 '~ 한 것(사람)이 있다'

1. '未 +동사' 형태로 '아직 동사 하지 않다', '아직 동사 하지 못하
다' 때에 따라서는 '~동사 하기 이전이다', '동사 하지 못하다'로 해
석된다. 未嘗~ 형태로도 많이 쓰인다.

  예) 聞誅一夫紂矣 未聞弒君也. (孟子)
  : 일개 필부인 주(紂, 폭군의 대명사)를 죽였다는 말은 들었지만,
  군주를 시해했다는 말은 듣지 못했다.

  예) 未歸三尺土 難保百年身 已歸三尺土 難保百年墳. (明心寶鑑)
  : 석 자의 흙(무덤)으로 돌아가기 전에는 백 년 동안 몸을 보전하
  기 어렵고, 석 자의 흙으로 돌아간 뒤에는 백 년 동안 무덤을 보
  전하기 어렵다.

  예) 食於有喪者之側 未嘗飽也. (論語)
  : 공자는 상을 입은 사람의 곁에서 일찍이 배불리 먹은 적이 없었다.

  예) 吾聞諸夫子 人未有自致者也 必也親喪乎. (論語)

: 내가 선생님께 들었거니와, '사람이 아직 자신의 정성을 다해본 일이 없다고 할지라도, 틀림없이 양친의 상을 당하면 자신의 정성을 다할 것'이라고 하셨다.

예) 百濟開國已來 未有以文字記事 至是得博士高興 始有書記. (三國史記)
: 백제는 개국이래 문자로 기록하는 일은 없었으나 이때 이르러 박사 고흥을 만나 기록하는 일을 시작하였다.

2. 未有仁而遺其親者也.

: '有~者' 형태로 '~하는 사람(자)이 있다'

예) 有牽牛而過堂下者. (孟子)
: 소를 끌고 대청 아래를 지나는 자가 있었다.

예) 有爲神農之言者許行 自楚之滕. (孟子)
: 신농씨의 설을 실천하는 허행이라는 사람이 있어 초나라로부터 등나라로 갔다.

예) 我國人有手搏虎者也.
: 우리나라 사람 중에 맨손으로 호랑이를 잡은 자가 있었다.

예) 有正春者無亂秋 有正君者無危國. (說苑)
: 바른 봄이 있다면 어지러운 가을은 없고, 바른 임금이 있는데 위태로운 나라는 없다.

〈비교〉

• 有가 '가지다'라는 의미로 사용된 경우도 있다. 이 경우 有~者는 '~을 가진 자(사람)', '~이 있는 사람'

예) 有國有家者 不患寡而患不均 不患貧而患不安. (論語)

: 국가를 소유한 자는 적음을 근심하지 않고 고르지 못함을 근심하며, 가난함을 근심하지 않고 편안하지 못함을 근심한다.

예) 善人 吾不得而見之矣 得見有恒者 斯可矣. (論語)
: 선인을 내가 만나보지 못하였지만 항심이 있는 사람을 만나본 것이라면 이것은 그렇다고 할 수 있다.

01-01-06
王亦曰仁義而已矣 何必曰利.

王께서는 또한 仁·義를 말씀하실 뿐이니, 하필 利를 말씀하십니까?>

〈단어 및 어휘〉

· 亦(또 역): 또, 역시. 다만 ~일 뿐이다.
· 何必(하필): 어찌하여 꼭.

上 2장

01-02-01
孟子見梁惠王 王立於沼上 顧鴻鴈麋鹿 曰賢者亦樂此乎.

孟子께서 梁惠王을 뵈시니, 王께서 연못가에 서서 鴻鴈과 麋鹿들을 돌아보며 말씀하였다. 〈賢者도 또한 이런 것을 즐거워합니까?〉

〈단어 및 어휘〉

· 於(어조사 어): ~에서, ~에, ~을, ~에 대해서 등의 뜻으로 뒤에 場所나 앞의 동사의 행위의 대상을 나타내는 말이 온다.

- 沼(늪 소): 늪 또는 못, 둥근 것을 池라 하고 굽은 것을 沼라 함.
- 顧(돌아볼 고): 돌아보다, 지난날을 생각하다, 생각건대, 도리어.
- 鴈(기러기 안): 雁과 동자.
- 鴻(기러기 홍): 기러기(오릿과에 딸린 철새를 통틀어 이르는 말), 큰 기러기, 홍수, 큰물(비가 많이 와서 강이나 개천에 갑자기 크 게 불어난 물), 크다, 넓다, 성하다.
- 麋(순록 미): 순록, 고라니, 큰 사슴, 馴鹿, 사슴과에 속하는 짐 승으로서 몸이 크고 암수가 모두 뿔이 남.
- 此(이 차): 이것, 이, 곧.

01-02-02

孟子對曰 賢者而後樂此 不賢者雖有此 不樂也.

孟子께서 대답하셨다. <현자인 뒤에야 이런 것을 즐거워할 수 있으 니, 현자가 아니면 비록 이런 것들이 있더라도 즐거워하지 못합니다.

〈단어 및 어휘〉

- 對(대할 대): 대하나, 마수하다, 대답하다, 상대, 맞수, 짝, 배우자.
- 雖(비록 수): 비록, 아무리 ~하여도.

01-02-03

詩云 經始靈臺 經之營之 庶民攻之 不日成之 經始勿亟 庶民子來 王在靈囿 麀鹿攸伏 麀鹿濯濯 白鳥鶴鶴 王在靈沼 於牣魚躍 文王以 民力 爲臺爲沼 而民歡樂之 謂其臺曰靈臺 謂其沼曰靈沼 樂其有麋 鹿魚鼈 古之人 與民偕樂 故能樂也.

『詩經』에 이르기를, '靈臺를 처음 경영하여 그것을 헤아리고 도모하시니, 서민들이 돕는지라 하루가 못 되어 완성되었도다. 일을 서두르지 말라 하셔도 서민들이 문왕의 자식이라도 된 듯 오는구나. 王께서 靈圃에 계시니, 사슴들이 엎드려 있고 암사슴은 토실토실 살이 올랐으며 백조들은 반질반질 윤기가 흐르네. 王께서 靈沼에 계시니, 아! 가득히 물고기들이 뛰노는구나'라고 하였으니, 文王께서 백성들의 힘을 이용하여 臺를 만들고 沼를 만들었으나, 백성들이 그것을 즐거워하여 그 臺를 이르기를 靈臺라 하고, 그 沼를 이르기를 靈沼라 하여, 그곳에 작고 큰 사슴과 물고기와 자라를 소유하기를 좋아하였으니, 옛사람들은 백성과 함께 즐거워하였습니다. 이 때문에 능히 즐길 수 있었습니다.

〈단어 및 어휘〉

· 詩(시 시): <詩經> 大雅 文王之什 靈臺篇에 나오는 句節이다. 周나라 文王의 德을 讚揚하는 內容.
· 經(날 경): 날실, 세로, 길, 이치, 다스리다, 경영하다, 측량하다, 경계를 정하다, 베를 짜다.
· 營(경영할 영): 경영하다, 짓다, 꾀하다, 계획하다, 두려워하다, 변명하다, 오락가락하다, 갈다(주로 밭작물의 씨앗을 심어 가꾸다).
· 始(비로소 시): 始作하는 것. 經始(경시) 재기 시작하는 것으로 측량하여 위치를 정한다는 말이다.
· 臺(대 대): 대(높고 평평한 건축물), 돈대(높게 두드러진 평평한 땅), 무대(받침대, 탁자, 마을, 四方을 둘러보기 좋도록 흙이나 돌 등을 쌓아 올린 곳.

- 攻(칠 고): 치다, 때리다, 책망하다, 닦다, 거세하다, 공격하다, 굳다, 다스리다, 짓다, 힘써서 일하는 것. 또는 '治와 같다'에서 作의 뜻으로 새긴다. 施工하다, 짓다.
- 日(날 일): 며칠, 不日은 '며칠 되지 않아서'라는 뜻이다. 朱子는 不日을 '하루가 지나지 않아서'로 해석하였다.
- 勿(말 물): ~하지 말라. 금지사로 勿, 莫, 無(毋), 不 등과 같다.
- 亟(빠를 극/자주 기): 극/빠르다, 성급하다, 서두르다. 기/자주, 갑자기. '急히 한다'라는 뜻이며 '자주'라는 뜻일 때는 꿈이 '기' 가 된다.
- 子(아들 자): 뒤에 오는 動詞 '來'를 修飾하는 副詞로서 '아들처 럼'이란 뜻이 된다.
- 囿(동산 유): 동산(큰 집의 정원에 만들어 놓은 작은 산이나 숲), 담, 담장, 구역, 모이다, 모여들다, 얽매이다, 국한되다. 새나 짐 승을 놓아 기르는 동산이나 뜰.
- 麀(암사슴 우): 암사슴.
- 麀鹿(우록) 암사슴과 수사슴.
- 攸(바 유): 바, 장소, 이에, 곧, 멀고 이득하다. 所와 같다. 場所를 나타낸다. 또는 부사로 '느긋이'
- 濯濯(탁탁): 짐승들이 반지르르하게 살찐 모양. 또는 산이 벌거 벗어 민둥산인 모양.
- 鶴鶴(학학): 하얗고 깨끗한 모양. 살찌고 윤택함. 깃털이 힘.
- 於(어조사 어/탄식할 오): 어조사(~에, ~에서), 기대다, 의지하 다, 따르다, 감탄사로 쓰일 때는 꿈이 '오'가 된다.
- 牣(찰 인): 차다. 充滿하다.
- 於牣(오인): '아, 가득하구나' 정도의 의미.

· 文王(문왕): 周나라 武王의 아버지.

· 麋(큰 사슴 미):

· 麋鹿(미록): 큰 사슴.

· 魚鼈(어별): 물고기와 자라. 여기서는 어류의 총칭.

〈문법연구〉

· 不日成之.

: 얼마 되지 않아 완성하다. 不(弗)은 명사를 부정할 수 없다. 따라서 不 뒤에 사용되는 명사는 형용사나 동사처럼 사용되고 있음을 알수 있다. 위에서도 日은 명사인데 이것을 不를 사용하여 부정했으므로 日은 동사화 되었음을 알 수 있다. 즉 '날이 지나다', '날이 되다'라는 의미가 된다.

　　예) 鵠不日浴而白 烏不日黔而黑. (莊子)
　　: 고니는 날마다 목욕하지 않아도 희고, 까마귀는 날마다 검정이를 묻히지 않아도 검다.

　　예) 晉靈公不君. (左傳)
　　: 진영공은 군주답지 못하다.

　　예) 臣實不才 又誰敢怨. (左傳)
　　: 신이 재주가 없는 탓이지 감히 누구를 또 원망하겠습니까./ 才: 재주라는 명사가 '재주를 가지다'는 동사화.

　　예) 君子不器. (論語)
　　: 군자는 그릇으로 여겨지지 않는다./명사 器(그릇 기)가 동사화하여 '그릇으로 여기다'

　　예) 小信未孚 神弗福也. (左傳)

: 작은 신의는 신뢰를 얻을 수 없어 신도 복을 내리지 않을 것입니다./명사 福이 '복을 주다'는 동사로.

· 經始勿亟.

: 勿은 '~하지 말라' 勿, 莫, 無(毋), 不 등과 같다. '(어떠한 행위를)하지 말라' 이 유형이 문장에서는 주어는 곧잘 생략된다.

예) 施恩勿求報 與人勿追悔. (明心寶鑑)
: 은혜를 베풀었다면 보답을 구하지 말고, 남에게 주었다면 후회하지 말라.

예) 我且往見 夷子不來. (孟子)
: 내가 장차 가서 만날 것이다. 夷子는 오지 말아라./ '不~'가 '~하지 말라'라는 용례는 비교적 적다.

· 謂其沼曰靈沼.

: 謂~曰, '~를 曰 이하라 한다', 또는 '~에게 ~를 (~라고) 말하다(평하다)' 謂 다음에는 말하려는 대상이 오고, 曰 다음에는 그 내용이 온다. '問~曰', '謂~爲'도 같은 형식의 구문이다.

예) 子謂顔淵曰 用之則行 舍之則藏 唯我與爾有是夫. (論語)
: 공자께서 제자 안연에게 말씀하시길, '등용되면 나아가고 버려지면 숨는 것, 오직 나와 너만이 이렇게 할 수 있을 것이다.'

예) 於是王召見問藺相如曰 秦王以十五城請易寡人之璧 可子不. (史記)
: 이에 조나라 왕이 인상여를 불러보고 물었다. '진나라 왕이 열다섯 성으로 과인의 화씨벽과 바꾸자고 청하는데 주는 게 좋겠소 주지 않는 게 좋겠소.'

예) 二世笑曰 丞相誤邪 謂鹿爲馬 問左右 左右或默 或言馬以阿順趙高. (史記)

: 이세가 웃으며 말하길, 승상은 틀렸소. 사슴을 두고 말(馬)이라고 하다니 하며, 좌우 대신들에게 물었다. 좌우 대신들 중 일부는 대답이 없고, 어떤 이들은 말이라고 하며 조고에게 아첨을 했다.

・孟子謂蚳鼃曰子之辭靈丘而請士師似也. (孟子)
: 孟子께서 지와에게 '그대가 (제나라) 영구의 고을 수령을 사양하고 사사가 되기를 청한 것은 그럴 만하다'라고 말했다.

・何謂(奚謂).
: 무엇을 말하는가, 무엇을 ～라고 하는가, ～란 무엇인가, 무슨 뜻인가, 무엇을 가리키는가.

예) 敢問 何謂浩然之氣. (孟子)
: 감히 묻건대 호연지기란 무엇을 말하는 것인지요.

・與民偕樂.
: 與民偕는 직역을 하면 '백성과 더불어 함께'로 같은 의미의 말이 중복된다. 與는 '～와 더불어'라는 개사이며, 偕는 '함께/모두'를 의미하는 부사이다. 해석에는 한 쪽만 해석하여 '백성과 함께', 또는 '백성과 더불어'로 하는 것이 좋다. '與～同', '與～具'도 같은 의미의 구문이다. 해석은 '與 AB(동사)' 꼴로 A와 B 하다. '與 A 同 B(동사)' 형태는 '～과 함께～하다' 정도의 차이이다.

예) 昔者 晏子與人交 久而敬之 朋友之道 當如是也. (童蒙先習)
: 옛날에 안자(晏子)는 다른 사람과 사귀되 오래도록 그를 공경하였으니, 벗과의 도리가 마땅히 이와 같아야 한다.

예) 鳥獸不可與同群 吾非斯人之徒與而誰與. 天下有道 丘不與易也.
(論語)
: 새와 짐승과 더불어 무리를 지을 수 없으니, 내가 이 세상 사람
들과 함께하지 않는다면 누구와 함께하겠는가? 천하에 도가 행해
지고 있다면 내가 바꾸려 들지도 않을 것이다.

예) 大舜有大焉 善與人同 舍己從人 樂取於人 以爲善. (孟子)
: 위대한 순임금은 이보다도 더 대단했다. 선한 일은 남과 같이 하
고, 선하지 않은 것은 버리고, 남을 따라서 선한 것을 취해서 행하
기를 즐겼다.

01-02-04

湯誓曰 時日害喪 予及女偕亡 民欲與之偕亡 雖有臺池鳥獸 豈能獨
樂哉.

「湯誓」에 이르기를, '이 해가 언제 없어질꼬, 나와 네가 함께 망하
리라.' 하였으니, 백성들이 그와 함께 망하고자 한다면 비록 臺와
연못과 鳥獸가 있은들 그가 능히 홀로 즐거워할 수 있겠습니까?>

〈단어 및 어휘〉

· 誓(맹세 서): 맹세하다, 마음에 새기다, 반드시.

· 湯誓(탕서): 書經 商書의 篇名.

· 時(때 시): 是와 통용.

· 日(날 일): 太陽. 여기서는 桀을 지칭한다.

· 害(해할 해/어느 할): 해/해하다, 해롭다, 방해하다, 재앙. 할/어
느, 언제, 어찌.

· 喪(잃을 상): 잃다, 잃어버리다, 상복을 입다, 죽다, 사망하다, 허비하다.

· 及(미칠 급): 미치다(영향이나 작용 따위가 대상에 가하여지다),

닿다, 미치게 하다, 끼치게 하다, 이르다. ~과.

· 女(계집 녀): 汝와 通用. 너(이인칭 대명사).

· 豈(어찌 기/개가 개): 기/어찌, 개/화락하다.

〈문법연구〉

· 時日害喪.

: 時: '是'와 같은 의미임. 害는 '어찌 할'로 여기서는 '언제', '어느 때'를 나타낸다.

· 豈能獨樂哉.

: 豈~哉, '어찌 ~하는가', '어찌 ~겠는가?'

예) 古之所謂曲則全者豈虛言哉. (老子)
: 옛사람들이 말했던 굽은 즉 온전하다는 것이 어찌 빈말이겠는가?

예) 豈不得順時乘利者哉. (尉繚子)
: 어찌 순리에 맞는 때에 이득을 취할 수 없는 것입니까?

예) 故曰非畜道德而能文章者 無以爲也 豈非然哉. (曾鞏/寄歐陽舍人書)
: 그러므로 말하길, 도덕 수양을 쌓고 동시에 문장에도 능한 사람이 아니면 할 수가 없다 하는데, 어찌 그렇지 않겠습니까.

上 3장

01-03-01

梁惠王曰 寡人之於國也 盡心焉耳矣 河內凶 則移其民於河東 移其粟於河內 河東凶亦然 察鄰國之政 無如寡人之用心者 鄰國之民不加

少 寡人之民不加多 何也.

梁惠王이 말씀하였다. <寡人은 나라에 마음을 다하였습니다. 河內에 흉년이 들면 그 백성들을 河東으로 옮기고, 그 곡식을 河內에다 옮겼으며, 河東에 흉년이 들어도 또한 그렇게 하였습니다. 이웃 나라의 政事를 살펴보면 寡人처럼 힘쓰는 자가 없는데 이웃 나라의 백성들이 더 줄어들고 과인의 백성들이 더 많아지지 않는 것은 무엇 때문입니까?>

〈단어 및 어휘〉

· 寡(적을 과): 數量이 적다, 작다, 약하다, 돌보다, 돌아보다, 홀어머니, 과부(寡婦).
· 寡人(과인): 부족한 사람, 덕이 부족한 사람이란 뜻의 겸칭.
· 之(갈 지): ∼의, ∼이(주격조사), 그것(대명사), 가다, 이르다.
· 於(어조사 어): ∼에, ∼에게, ∼의 입장에서, ∼하는 방면에 있어서, 까마귀.
· 也(어조사 야): ∼이다, ∼이냐? ∼은, ∼이여, 이야말로.
· 焉(어찌 언): 어찌, 이에, 곧, ∼인가? ∼보다, ∼인 것이다(단정), 그런(然과 흡사).
· 耳(귀 이): 여기서는 ∼뿐, 오직 ∼뿐이다, ∼일 뿐이다, 耳矣, 而耳矣도 같은 의미로 사용된다.
· 矣(어조사 의): ∼이다, 일 뿐이다. 오직 ∼뿐 ∼일 것인가? ∼하구나.
· 河內(하내): 중국 河南省의 황하 이북 땅.
· 河東(하동): 황하의 동쪽.
· 然(그러할 연): 그러하다, 맞다, 곧, ∼하면서, 그러므로, 그러나.

〈문법연구〉

・寡人之於國也.

:~之於~ 형태로 '~가 ~에 대해서/관해서/있어서.' 之는 주격조
사이다.

예) 仁之於父子也 義之於君臣也 禮之於賓主也 智之於賢者也 聖人
之於天道也 命也 有性焉 君子不謂命也. (孟子)
: 인이 부자에 대한 것, 의가 군신에 대한 것, 예가 빈주에 대한
것, 지가 현자에 대한 것, 성인이 천도에 대한 것은 명이지만, 거
기에는 성이 있기 때문에 군자는 명을 말하지 않는다.

예) 君子之於禽獸也 見其生 不忍見其死 聞其聲 不忍食其肉. (孟子)
: 군자가 짐승에 대해서는 그것이 살아 있는 것을 보면 차마 그것
이 죽는 것을 보지 못하고, 그 짐승의 울음소리는 들으면 차마 그
고기를 먹지 못한다.

예) 君子之於禍福 正吾心而已. (三峯集)
: 군자는 화복에 대해서 자신의 마음만을 바르게 할 뿐이다.

예) 且今時趙之於秦猶郡縣也 不敢妄擧師以攻伐. (史記)
: 그리고 지금은 조나라가 진나라의 군현과 같아서 감히 함부로
군대를 일으켜 공격을 하지는 못한다.

〈참고〉

於(어): '처하다, 존재하다, 기대하다, 의지하다, ~에 대해서 어찌
어찌하다'라는 뜻의 동사로 보는 경우도 있다.

예) 君子之於天下也 無適也 無莫也 義之與比. (論語)
: 군자가 천하에서 살아감에는 꼭 이래야 한다고 고집하는 것도 없고
이래서는 안 된다고 고집하는 것도 없으며 의로움과 친할 뿐이다.

· 盡心焉耳矣.

: 焉은 장소를 나타내는 기능을 할 때가 많다. 여기서도 '거기에'라고 번역한다. 대개 앞에 나온 장소나 내용의 일부를 받는다. 이 경우 '於此', '於是', '於之', '焉爾'와 같다.

예) 君子有三樂 而王天下 不與存焉. (孟子)
: 군자에게는 세 가지 즐거움이 있는데 천하에 왕 노릇 하는 것은 거기에 들어있지 않다.

예) 文王之囿 方七十里 芻蕘者往焉 雉兎者往焉 與民同之. (孟子)
: 문왕의 동산은 사방 칠십 리였으나 꼴 베고 나무하는 사람들이 그곳에 가고 꿩과 토끼를 잡는 사람들이 그곳에 가 백성들과 함께 했다.

· 鄰國之民不加少.

: 加(더할 가)는 부사로 사용되어 어떠한 狀態가 점점 進行되는 것을 말한다. 加少는 '더 적어지는 것'이고 加多는 '더 많아지는 것'이다. 加+형용사(동사) '더 ~하다', '더 ~해지다'

예) 今有藥於此 食之則耳加聰 目加明. (墨子)
: 지금 여기에 약이 있다고 치자, 그것을 먹으면 귀가 잘 들리고, 눈이 더욱 밝아진다.

〈참고〉

· 不加少, 不加多: '不+부사어(加/더, 더욱)+서술어(小, 多)' 형태이다. 이 경우 부사어를 먼저 해석하고 부정어는 가장 나중에 해석한다.

(不+부사어+서술어 형태의 해석 예)

예) 不以禮節之 亦不可行也. (論語)
: 禮로써 절제하지 아니한다면 또한 안 되는 것이다.

예) 不以小過蔽人功.
: 작은 과오로 큰 공을 덮지 않는다.

예) 不以幼輕兒.
: 어리다고 아이를 무시하지 마라.

예) 勿以惡小而爲之 勿以善小而不爲. (三國志/蜀志)
: 악이 작더라도 행하지 말 것이며 선이 작더라도 행하지 않아선
안 된다.

예) 盛年不重來 一日難再晨. (陶淵明/雜詩)
: 왕성한 때는 다시 오지 않으며, 하루해는 다시 밝기 어렵다네.

· 無如寡人之用心者.

: '無如(無若) ～ 者', '～만한 것(사람, 경우)이 없다'로 해석한다.
'之'는 주격조사. 莫如~: (～만 한(같은) 것이 없다). 유사 표현으로
'莫若, 不如, 莫甚, 莫大'와 같은 것들이 있다.

예) 養心莫善寡慾 至樂無如讀書. (魯愼)
: 마음 수양으로 욕심을 덜 부리는 것만큼 좋은 것이 없고, 최고의
즐거움이라면 독서만 한 것이 없다.

예) 莫若使唐兵入白江. (三國史記)
: 당병들로 하여금 백강에 들어가게 하는 것만 한 것은 없다.

예) 漢兵雖衆 無如我何 請出師禦之. (三國史記)
: 한나라 군사가 비록 많다고 하지만 우리에게는[我] 어떻게 할 수
는 없을 것입니다[無], 청컨대 군사를 내어 그를 막게 하소서. (이
예문은 無如 구문이라기보다 如~何 구문이다. 如~何: ~을 어찌
하다.)

01-03-02

孟子對曰 王好戰 請以戰喻 塡然鼓之 兵刃旣接 棄甲曳兵而走 或百步而後止 或五十步而後止 以五十步笑百步 則何如 曰 不可 直不百步耳 是亦走也 曰 王如知此 則無望民之多於鄰國也.

孟子께서 대답하셨다. <王께서 전쟁을 좋아하시니, 청컨대 전투로써 비유하겠습니다. 塡然히 북을 쳐서 병기와 칼날이 서로 맞붙으면 갑옷을 버리고 병기를 끌며 혹 100 步를 도망한 뒤에 그치고 혹 50 步를 도망한 뒤에 그치고서 50보를 도망한 이가 100보를 도망한 이를 비웃는다면 어떻습니까?> 王이 말씀하였다. <불가합니다. 다만 100 步가 아니어도 이 또한 도망한 것입니다> 孟子께서 말씀하셨다. <王께서 이를 아신다면 백성들이 이웃 나라보다 많아지기를 바라지 마소서,

〈단어 및 어휘〉

· 請(청할 청): 청하다, 바라다, 청탁하다, 청컨대.
· 喻(깨우칠 유): 설명하다, 깨우치다, 이해하다, 비유하다. 曉也. 설명하여 알게 하여 줌.
· 塡(메울 전): 메우다, 채우다, 북소리.
· 塡然(전연): 큰 북을 치거나 북이 울리는 모양. 북 치는 소리. '둥둥' 하는 소리. '～然'은 부사어로서 A 하게, A 한 듯, ～코, ～히, ～하고, ～하면서 등으로 번역된다. 孟子에 나오는 이 용법의 어휘는 대략 다음과 같다.

油然 뭉게뭉게 沛然 쏴아 하고(비가 내리는 모양). 浡然 쑥쑥 하고

(자라는 모양). 卒然 갑자기. 欣欣然 흔연코, 흔쾌하게. 蹙然 불쾌한
듯, 불안하듯. 艴然 발끈하고, 발끈히. 易然 쉬이, 쉬운 듯이 芒芒然
허겁지겁. 由由然 태연하게, 느긋하게, 만족스럽게. 綽綽然 넉넉하게,
충분히, 한가로이. 浩然 호연하게, 시원스럽게. 悻悻然 (행행연) 소인
배처럼, 뿔이 난 듯이./성낼 행. 盼盼然 눈을 힐긋힐긋하면서. 눈을
흘기듯이. 赧赧然 얼굴이 빨갛게, 부끄럽게. 幡然 (번연) 번연히, 홀연
히./幡然開悟 (번연개오): 모르던 일을 갑자기 깨달음. (幡/기 번) 介
然 잠깐 사이에.

- 鼓(북 고): 북(타악기의 하나), 북소리.
- 曳(끌 예): 끌다, 끌어당기다, 고달프다, 힘겹다, 끌리다, 이끌리
  다, 나부끼다, (옷을) 입다.
- 何如(하여): 어떻게, 어찌, 어떠한가.
- 直(곧을 직): 곧다, 바르다, 곧장, 바로, 다만, 굳어지다.
- 如(같을 여): ~와 같다, 예를 들면, 만약, 미치다, 따라가다.

〈문법연구〉

- 王好戰 請以戰喩.
  : '以+A(명사)+B(동사)' 형태로 'A로써(로서) B 하다/A를 B 하다.'
로 해석한다.

  예) 故 說詩者 不以文害辭 不以辭害志 以意逆志. (孟子)
  : 그러므로 시를 설명하는 자는 글자로써 문장을 해치지 않으며,
  문장으로써 뜻을 해치지 않고, (자신의) 생각을 (작자의) 뜻을 맞
  추어야 한다.

예) 余亦久患因循 欲以自警省焉. (擊蒙要訣)
: 나 또한 인습을 따름을 오랫동안 근심했는데, 그것으로 스스로
경계하고 반성하고자 한다./以 다음에 대명사 之의 생략. 대명사
之는 앞의 久患因循을 받는다.

예) 仁者 以財發身 不仁者 以身發財. (大學)
: 어진 사람은 재물로써 몸을 일으키고 어질지 않은 사람은 몸으
로써 재물을 일으킨다.

· 塡然鼓之.

: 해석은 '둥둥 북을 치다.' 鼓之에서 명사+之는 之가 앞의 명사를
타동사로 만들어주는 役割을 한다. 따라서 앞의 글자 鼓가 '북'이라
는 名詞가 아니라, '북을 치다'라는 動詞가 된다.

예) 大學者 大人之學也 明 明之也. (大學章句序)
: 大學이란 大人의 학문이다. 명은 밝히는 것이다. (明之)

예) 子見南子 子路不說 夫子矢之曰 予所否者 天厭之 天厭之. (論語)
: 공자께서 남자를 만나보시자 자로가 기뻐하지 않았다. 공자께서
맹세하여 말씀하셨다. '내가 부정한 짓을 했다면 하늘이 싫어하실
것이다. 하늘이 싫어하실 것이다.'(矢之)

예) 飯疏食飮水 曲肱而枕之 樂亦在其中矣 不義而富且貴 於我如浮
雲. (論語)
: 거친 밥을 먹고 물을 마시며 팔을 굽혀 베개를 삼을지라도 즐거
움은 또한 그 속에 있으니, 옳지 못한 부귀는 나에게 있어서 뜬구
름과 같은 것이다. (枕之)

· 棄甲曳兵而走.

: 而는 앞의 내용과 뒤의 내용을 연결할 때 가장 일반적인 특징은
서술어와 서술어, 문장과 문장을 연결한다. 이 문장에서 서술어는

棄와 走이다. 즉 두 서술어를 연결하여 '버리고 도망하다'라는 문장
을 만들었다. 이어 나오는 '或百步而後止'에서도 뒤에 止라는 서술어
가 있으므로 앞도 서술어가 있어야 한다. 의미상으로는 '백 보 이후
에 멈추다'라고 해도 그 의미는 통하지만 그 의미는 '백 보를 가고
난 이후에 멈추다'이므로 百步는 '백 보를 가다'라고 해석해 주어야
그 의미가 더 정확해진다.

> 예) 四十五十而無聞焉 斯亦不足畏也已. (論語)
> : 사십 오십이 되어도 이름이 알려지지 않는다면, 그런 사람들은
> 또한 두려울 게 없다. 四十五十은 '四十五十이 되다/나이가 四十五
> 十이다'로 해석해야 한다. 문법적으로는 '四十五十也'에서 也가 생
> 략되고 말 이을 而로 연결된 형식이다.

· 無望民之多於鄰國也.

: 無望의 無는 無+동사 꼴로, '~하지 말라.' '之'는 목적어 절 안의
주격조사이다. 일반적으로 '於'는 앞에 형용사가 올 때는 '~보다',
'~과 형용사 하다'라는 용법으로 쓰인다. '勿', '無', '毋', '莫', '休' 등
은 일종의 금지사로서 '~하지 말라'라는 의미를 가진다.

> 예) 子曰 君子不重則不威 學則不固. 主忠信 無友不如己者 過則勿
> 憚改. (論語)
> : 공자께서 말씀하셨다. '군자는 진중하지 않으면 위엄이 없고 학
> 문을 해도 공고하지 않다. 충성과 신의를 주로 하고 자기만 못한
> 자를 벗하지 말며 과오가 생기면 서슴없이 고쳐라.'

> 예) 疑人莫用 用人勿疑. (明心寶鑑)
> : 사람을 의심하거든 쓰지 말고, 사람을 썼거든 의심하지 말지니라.

> 예) 休與小人仇讐 小人自有對頭 休向君子諂媚 君子原無私惠. (菜根譚)

: 소인과 더불어 원수가 되지 말라. 소인은 스스로 상대할 자가 있다. 군자를 향하여 아첨하지 말라. 군자는 본디 사사로운 은혜를 베풀지 않는다./休(쉴 휴): '~하지 말라'로도 사용된다.

예) 休添心上火 只作耳邊風. (明心寶鑑)
마음 위에 불길을 더하지 말고, 다만 귓전을 스치는 바람결로 여겨라.

〈참고〉

• <서술어(형용사+於(于, 乎)+보어> 형태 구문.

예) 世俗之人皆喜人之同乎己 而惡人之異於己也. (莊子)
: 세속 사람들 모두는 남이 자기와 같음을 좋아하고, 남들이 자기와 다름을 싫어한다.

예) 古語云 奢侈之害甚於天災 此之謂也. (承政院日記)
: 고어에 말하기길, 사치의 폐해는 하늘의 천재보다도 심하나니. 이를 말함이다.

예) 天下莫強於晉國. (孟子)
: 천하에 진나라보다 강한 것이 없다.

01-03-03

不違農時 穀不可勝食也 數罟不入洿池 魚鼈不可勝食也 斧斤以時入山林 材木不可勝用也 穀與魚鼈不可勝食 材木不可勝用 是使民養生喪死無憾也 養生喪死無憾 王道之始也.

농사철을 어기지 않으면 곡식을 이루 다 먹지 못할 것이며, 촘촘한 그물을 웅덩이와 연못에 넣지 않으면 魚鼈(어별)을 이루 다 먹지 못할 것이며, 도끼를 때에 맞추어 山林에 들이면 材木을 이루 다 쓰지 못할 것입니다. 穀食과 魚鼈을 이루 다 먹지 못하고 材木

을 이루 다 쓰지 못하면, 이것이 백성으로 하여금 산 사람을 봉양하고 죽은 사람을 장사 지내는 데 遺憾이 없게 하는 것이니, 산 사람을 봉양하고 죽은 사람을 장사 지내는 데 遺憾이 없게 히는 것이 王道의 시작입니다.

〈단어 및 어휘〉

· 違(어길 위): 어기다, 피하다, 허물. 여기서는 '농사철을 어기다'
· 穀(곡식 곡): 곡식(穀食), 녹(祿), 녹미(祿米): 녹봉으로 받는 쌀.
· 勝(이길 승): 이기다, 이겨내다, 감당하다, 맡다, 능가하다, 우월하다, 모두, 아름다운 곳. '이긴다'라는 말은 '다 할 수 있다'라는 말이다. '먹는 것을 이긴다'라는 말은 '다 먹을 수 있다'라는 뜻이며 '먹는 것을 이기지 못한다'라는 말은 '다 먹을 수 없다'라는 뜻이므로 '不可勝食'은 '이루 다 먹을 수 없다'라고 번역하는 것이 좋다.

예) 誅之則不可勝誅. (孟子)
: 그들을 죽이자니 이루 다 죽일 수 없다. 不可勝: '이루 다~할 수 없음'

예) 父子暴骨中野 不可勝數. (史記)
: 아버지와 자식의 뼈가 함께 들판에 뒹구는 경우가 이루 헤아릴 수없이 많다.

· 數(셈 수/자주 삭/촘촘할 촉): 수/셈, 세다, 삭/자주, 자주 하다, 빠르다, 촉/촘촘하다. '촘촘하다'라는 뜻으로 음은 '촉', 發音이 '수'일 때는 '센다'라는 뜻이 되고 '삭'일 때는 '자주'라는 뜻이 된다.
· 罟(그물 고): 그물, 물고기 그물.

· 數罟(촉고): 촘촘한 그물.

· 洿(웅덩이 오): 웅덩이, 진흙탕.

· 時(때 시): 그때, 당시, 때마다, 늘, 알맞은 때.

· 是(옳을 시): 옳다, 이것, 이에, 곧, 이와 같다, ～이다, 이것으로써.

· 憾(섭섭할 감): 섭섭하다, 유감, 한하다.

〈문법연구〉

· 不違農時 穀不可勝食也.

: '不 A, 不 B' 형태의 구문이다. 'A 하지 않으면 B 하지 못한다',
'A가 아니면 B가 아니다.'

　　예) 不聞先王之遺言 不知學問之大也. (荀子)
　　: 옛날의 성왕(聖王)들이 남기신 말씀을 들어보지 않으면 학문(學
　　問)의 위대함을 알지 못한다.

· 是使民養生喪死無憾也.

: 使는 '～하게 하다'라는 의미를 가진 사역동사이다. 즉 使(敎, 令,
遣)+A B(술어), A에게 B 하게 하다; A로 하여금 B 하게 하다. 이와
같은 동사들로는 敎, 令, 俾, 將, 遣, 勸, 命, 說 등이 있다. 위 문장에
서는 여기서 使는 無에 걸려 '없게 하다'가 된다. 즉 '養生喪死'는 일
종의 삽입구 '養生喪死 하는 데에'로 부사구로 사용되었다.

　　예) 周公使管叔監殷管叔以殷畔 知而使之是不仁也不知而使之是不智
　　也. (孟子)
　　: 주공이 관숙으로 하여금 은나라 땅을 감독하게 했는데 관숙이
　　은을 이용하여 모반했다. 주공이 알고 그렇게 시켰다면 不仁함이
　　요 모르고 그렇게 하게 했다면 不智함이다.

예) 天帝使我長百獸. (戰國策)
: 천제께서 나에게 온갖 짐승(들 중의) 우두머리가 되게 하였다.

예) 令虞美人起舞. (史記)
: 우미인에게 일어나서 춤추게 했다.

예) 魏文帝嘗令東阿王七步作詩. (世說)
: 위(魏)나라 문제(文帝)가 일찍이 동아왕(東阿王/曹植)에게 일곱
걸음을 걷는 동안 시를 짓게 했다.

※ 기타 사역(使役)에 쓰이는 한자

俾: 使와 같이 사용하는데 古文에서 많이 볼 수 있다. ~하게 하다.

命: 명하다.

强: 강제로 ~하게 하다.

勸: 권하여 ~하게 하다.

說: 달래어 ~하게 하다. 使: 사람을 시키는 것

敎: 가르쳐 인도해서 ~하게 하다.

遣: 파견해서 시키는 것. 보내서 ~하게 하다.

召~: ~을 불러서 ~하게 하다. 기타 屬, 勤, 戒 등이 있다.

01-03-04

五畝之宅 樹之以桑 五十者可以衣帛矣 鷄豚狗彘之畜 無失其時 七
十者可以食肉矣 百畝之田 勿奪其時 數口之家可以無飢矣 謹庠序之
敎 申之以孝悌之義 頒白者不負戴於道路矣 七十者衣帛食肉 黎民不
飢不寒 然而不王者未之有也.

5묘(畝)의 집 주변에 뽕나무를 심게 하면 50세 된 자가 비단옷을
입을 수 있으며, 닭과 돼지, 개와 큰 돼지를 기르되 새끼 칠 때를

놓치지 않게 하면 70세 된 자가 고기를 먹을 수 있으며, 100묘의 토지를 경작함에 농사철을 빼앗지 않는다면 식구가 여럿인 집이 굶주리지 않을 수 있으며, 학교 교육을 신중히 행하여 효제(孝悌)의 의리로써 거듭 가르친다면 머리가 희끗희끗한 노인이 도로에서 짐을 지거나 이지 않을 것입니다. 70세 된 자가 비단옷을 입고 고기를 먹으며, 젊은 백성인 여민(黎民)들이 굶주리거나 춥지 않게 하고서도 왕도정치를 하지 못하는 자는 있지 않습니다.

〈단어 및 어휘〉

- 畝(이랑 무/이랑 묘): 이랑(갈아 놓은 밭의 한 두둑과 한 고랑을 아울러 이르는 말), 백 평(전답의 면적), 밭 넓이, 밭두둑, 밭두렁(밭이랑의 두둑한 부분) 面積의 單位.
- 樹(심을 수): 나무, 심다, 세우다, 막다.
- 桑(뽕나무 상): 뽕나무.
- 帛(비단 백): 비단, 견직물, 명주(명주실로 무늬 없이 짠 피륙), 폐백, 백서(비단에 쓴 글).
- 狗(개 구): 개(작은 개), 강아지, 범의 새끼. 개를 指稱하는 말에는 狗와 犬의 두 가지가 있는데, 狗는 食用을 의미한다.
- 彘(돼지 체): 돼지.
- 畜(기를 휵/짐승 축): 名詞일 때는 '家畜'이란 뜻으로서 음이 '축'이지만 動詞일 때는 '기른다'라는 뜻으로서 음이 '휵'이다. 여기서는 動詞로 쓰였으므로 '휵'으로 發音한다.
- 庠序(상서): 庠(학교 상) 序(차례 서) 庶民의 敎育을 擔當하는 學校. 周나라에서는 庠이라 하였고, 殷나라에서는 序라고 하였다 함.

- 謹(삼갈 근): 삼가다(몸가짐이나 언행을 조심하다), 자성하다(스스로 반성하다), 금하다, 엄금하다.
- 申(거듭할 신): 거듭, 되풀이하여, 아홉 째지지, 원숭이, 거듭하다, 늘이다, 연장하다, 펴다, 베풀다(일을 차리어 벌이다).
- 頒(머리 반쯤 셀 반/나눌 반): 班. 半 등과 通用. '머리털이 반쯤 희다'라는 뜻. 頒白者는 斑白者와 같은 말로서, 흰 머리가 반 이상이 된 사람을 말한다.
- 負(질 부): (짐을) 지다, 떠맡다, 빚지다, 업다, 힘입다, (부상을) 입다, 저버리다, 패하다, 근심하다(속을 태우거나 우울해하다), 짐, 지는 일, 빚.
- 戴(일 대): 이다, 머리 위에 올려 놓다, 들다, 받들다, 느끼다, 생각하다, 만나다, 마주 대하다, 슬퍼하다.
- 黎民(여민): 黎(검을 여) 黎民은 '머리가 검은 百姓' 즉 장성하고 힘 좋은 백성을 일컫는 말이지만 일반적으로 백성을 나타낸다.

〈문법연구〉

 • 五畝之宅 樹之以桑, 謹庠序之敎 申之以孝悌之養, 未之有也.
 : 樹之와 申之, 未之有也의 之는 각각 앞에 나온 五畝之宅과 謹庠序之敎, 不王者를 받는 대명사이다. 즉 '五畝之宅에 뽕나무를 심다', '효제로서 庠序之敎를 펼치다', '아직 왕 노릇 하지 못한 자가 없다'이다. 이처럼 대명사 之는 앞에 나온 내용을 받아 그 내용을 강조하는 용법으로 사용되기도 한다. 즉 五畝之宅 樹之以桑은 원래 樹五畝之宅以桑인데 五畝之宅을 강조하여 앞으로 보내고 그 자리에 대명사 之를 넣어준 용법이라고 볼 수 있다.

· 五畝之宅, 樹之以桑과 申之以孝悌之養.

: 五畝의 집에서는 뽕나무를 심고(樹) 학교에서는 孝悌之養을 가르친다(申). 之는 앞의 장소를 대신하고 桑은 일종의 직접목적어로서 以로 이끌기도 한다.

예) 莫不與之以仁義禮智之性矣. (大學)
: 그것(之)에 인의예지의 품성을 주지 않은 것이 없다.
이 문장은 영어식으로 표현하면 '與'가 수여동사로 쓰였고 '之'는 간접목적어이고 '仁義禮智之性'은 직접목적어로 볼 수 있다. 직접목적어를 이끄는 경우 以를 사용한다. 특히 직접목적어가 전치되는 경우 개사 以는 생략할 수 없다.

〈정리〉

· A(동사) 之以 B(명사) 형태는 '그(之/그곳, 거기, 그 사람 등으로 동사의 대상)에게 B(명사)를(로서) 동사 하다'이다.

예) 事之以皮幣 不得免焉 事之以犬馬 不得免焉 事之以珠玉 不得免焉. (孟子)
: 가죽과 비단으로 (그들을) 섬겨도 그것을 면할 수 없었고, (그들을) 개와 말로 섬겨도 그것을 면할 수 없었고, (그들을) 주옥으로 섬겨도 그것을 면할 수 없었다.

예) 孟子曰 子路 人告之以有過則喜. (孟子)
: 孟子가 말하였다. '자로는 사람들이 그에게 허물이 있음을 말해주면 기뻐하였다.'

예) 孟子曰 附之以韓魏之家 如其自視欲然 則過人 遠矣. (孟子)
: 孟子가 말하였다. '한 씨와 위 씨의 집안을 그에게 붙여 주더라도 만약 그가 스스로 보기를 부족한 듯이 하면 남보다 훨씬 뛰어나다.'

예) 子曰 聰明思睿 守之以愚 功被天下 守之以讓 勇力振世 守之以

怯 富有四海 守之以謙. (明心寶鑑)
: 공자 왈 '총명하고 생각이 밝더라도 어리석음으로 자신을 지키고, 공이 천하를 뒤덮을지언정 겸손함으로 자신을 지키고, 용맹함이 세상에 떨치더라도 두려움으로 자신을 지키고, 부유함이 온 세상을 소유하더라도 겸손함으로 자신을 지켜야 한다.'

・黎民不飢不寒 然而不王者未之有也.

: 不王은 '왕 노릇 하지 못한다.' 非가 名詞를 부정하는 데 비하여 不은 동사나 형용사를 부정하는 役割을 한다. 따라서 '不王'은 王을 동사로 해석하여 '왕 노릇 하지 못하다'라고 해석하여야 한다.

또 未之有에서 之와 有가 도치되어 있다. 否定을 나타내는 말(未, 無, 莫 등)이 들어간 문장에서 타동사의 목적어가 대명사일 때는 도치되기 때문이다.

예) 今也父兄百官不我足也 恐其不能盡於大事 子爲我問孟子. (孟子)
: 지금에 부형과 백관들이 만족스럽게 여기지 않아, 대사에 예를 다 하지 못할까 염려스러우니, 자네는 나를 위하여 孟子에게 다시 물어보라. (不我足은 짧은 부정문에서 목적어가 대명사 我라서, 그 목적어가 동사 앞으로 도치된 것이다.)

예) 居則曰不吾知也. (論語/先進)
: 앉으면 곧 말하기를, 나를 알아주지 않는다.

예) 我無爾詐 爾無我虞. (左傳 宣公十五年)
: 내가 당신을 속이지 않을 것이니 당신도 나를 속이지 마시오.

01-03-05
狗彘食人食而不知檢 塗有餓莩而不知發 人死 則曰 非我也 歲也 是何異於刺人而殺之 曰 非我也 兵也 王無罪歲 斯天下之民至焉.

개와 돼지가 사람이 먹을 양식을 먹어도 단속할 줄 모르며, 길에

굶어 죽은 시체가 있어도 창고를 열어 구제할 줄 모르고, 사람들이 굶어 죽으면 '내 탓이 아니라, 흉년 탓이다.' 하니, 이는 사람을 찔러 죽이고서 '내 탓이 아니라, 병기 탓이다.' 하는 것과 무엇이 다르겠습니까? 왕께서 흉년을 탓하지 않으시면 천하의 백성들이 모두 위(魏)나라로 몰려올 것입니다.>

〈단어 및 어휘〉

· 狗彘(구체): 개와 돼지.
· 食(먹을 식/밥 사/먹이 사): 밥, 벌이, 생계, 먹다, 먹이다. 사/먹이, 밥, 기르다, 먹이다, 양육하다.
· 檢(검사할 검): 검사하다, 단속하다, 조사하다, 금제하다.
· 塗(칠할 도): 칠하다, 진흙, 도로. 途와 통용.
· 餓(주릴 아): 주리다, 굶다, 기아
· 莩(갈대청 부/굶어 죽을 표): 부/갈대청, 표/굶어 죽다, 떨어지다.
· 餓莩(아표)는 餓殍와 같다. 즉 굶어 죽은 시체를 말한다.
· 發(쏠(화살을 쏘다) 밤/필(꽃이 피다) 발): 여기서는 倉庫를 열어 凶年에 곡식을 放出하는 것을 말한다.
· 刺(찌를 자/찌를 척): 주로 바늘이나 뾰족한 것으로 찌르는 경우에 음을 '자'라 하고 칼이나 창 등으로 찌르거나 베는 경우에 음을 '척'이라 하므로 여기서는 '척'으로 발음한다.
· 歲(해 세): 해, 나이, 세월, 새해, 일생, 한평생, 결실, 수확, 목성. 한 해 농사의 豐凶을 두고 하는 말이다.
· 斯(이 사): 이것, 쪼개다, 곧, 즉, 이에. 여기서는 '～인 즉'

〈문법연구〉

・狗彘食人食而不知檢 塗有餓莩而不知發.

: 而는 '~인데도, ~이지만'으로 역접. 존재를 나타내는 有(無)가 '~이 있다(~이 없다)'라는 의미로 사용되는 경우 有(無) 앞에는 장소를 나타내는 부사가 위치한다. 해석은 '~중에', '~에', '~에서' 등으로 번역된다. '塗有餓莩/길에는 굶어 죽은 시체가 있다'를 해석한 경우 해석 시 주어처럼 보이는 '餓莩/굶어 죽은 시체'는 문법적으로는 보어이다. (본 책에서는 편의상 주어로 표현하기도 한다.)

예) 楚人有粥盾與矛者. (韓非子)
: 초나라 사람 중에 창과 방패를 파는 자가 있었다.

예) 仲尼之徒無道桓文之事者. (孟子)
: 공자의 제자 가운데 환공과 문공의 일을 말하는 자가 없었다.

예) 鄭人有且置履者. (韓非子)
: 정나라 사람 중에 장차 신을 사려는 사람이 있었다.

・是何異於刺人而殺之曰 非我也兵也.

: '~異於~', '~는 ~과 다르다'. 於 '~에서'라는 뜻으로 場所를 나타내지만 앞에 異가 올 때는 '~에서 다르다'라고 해석하기보다는 '~과 다르다'라고 해석하는 것이 좋다.

예) 同於己而欲之 異於己而不欲者 以出乎衆爲心也. (莊子)
: 자기에게 동조하기를 바라고 자기와 다른 것을 바라지 않는다고 하는 것은, 뭇사람보다 앞서려는 마음이 있기 때문이다.

예) 王無異於百姓之以王爲愛也. (孟子)
: 왕께서는 왕이 아낀다고 여기는 백성들을 괴이하게 여기지 마십

시오. (異는 동사로 다르게 여기다.)

예) 何以異於織績而食. (열녀전)
: 어찌 베를 짜다가 중간에 그만두는 것과 무엇이 다르겠느냐.

〈참고〉

'~과 다르다'의 또 다른 표현 법. <與~異>, ~과 다르다.

예) 且也彼其所保與衆異而以義譽之 不亦遠乎. (莊子/人間世)
: 또한 뿐만 아니라(且也) 저것은 (마음속에) 생각하고 있는 것이
보통 사람들과는 다른데, 세속의 도리를 기준(義)으로 평가한다면
(譽), 이 또한 멀지 않은가?

예) 與先王制度品節之意 異矣. (孟子集註)
: 先王의 制度와 品節의 뜻과 다르다.

· 王無罪歲 斯天下之民至焉.
: 여기서 斯(사)는 則과 같고, 윗말을 이어받는 接續詞 用法으로
사용되었다. 罪歲에서 罪는 명사가 동사로 사용되어 '탓하다', 無는
'~하지 말라'이다.

예) 子路問 聞斯行諸. 子曰 有父兄在 如之何其聞斯行之. (論語)
: 자로가 공자에게 물었다. 좋은 가르침을 들으면 곧바로 실천해
야 합니까? 공자가 대답했다. 아버지도 계시도 형님도 계시는데,
어찌하여 들은 것을 바로 실천해야 하겠느냐?

예) 君行仁政 斯民親其上 死其長矣. (孟子)
: 군주께서 인의 정치를 행하시면 이 백성이 그 윗사람을 친애하
여 그 수장을 위해 죽을 수 있게 됩니다.

예) 孔子曰 生而知之者上也 學而知之者次也 困而學之 又其次也 困

而不學 民斯爲下矣. (論語)
: 공자께서 말씀하시길, '나면서부터 아는 사람이 상이고, 배워서
아는 사람이 그다음이고, 곤경에 처해서 배우는 사람은 또 그다음
이며, 곤경에 처해도 배우지 않으면 사람이 하가 된다.'라고 하셨
다. 여기서 斯는 앞 전체를 받아서 조건으로 '~한다면~하다' 구
문을 이룬다.

上 4장

01-04-01

梁惠王曰 寡人願安承敎.

梁惠王이 말씀하였다. <寡人은 願컨대 편안히 가르침을 받들자 합니다.>

〈단어 및 어휘〉

· 願安(원안): 원하건대 마음을 가라앉혀 편안히 하고서.

· 承(이을 승): 잇다, 계승하다, 받다, 받아들이다.

· 承敎(승교): 가르침을 받는다는 뜻의 겸양어.

01-04-02

孟子對曰 殺人以梃與刃 有以異乎 曰 無以異也.

孟子께서 대답하셨다. <사람을 죽이되 몽둥이로써 죽이는 것과 칼로
써 죽이는 것이 差異가 있습니까?> 왕이 말했다. <差異가 없습니다.>

〈단어 및 어휘〉

· 梃(막대기 정): 막대기, 지팡이, 몽둥이.

- 刃(칼날 인): 칼날, 칼, 병기의 총칭, 칼질하다. '殺人以刃'이어야 할 것이지만, 앞에 殺人以가 나왔기 때문에 생략한 것이다.
- 有以(유이): ~있다, 방법이 있다, 이유가 있다, ~할 수 있다.
- 無以(무이): ~없다, 방법이 없다. ~할 수 없다.

〈문법연구〉

- 有以異乎.

: 以(이) 用也. 가지다. '가지고'의 뜻으로 새긴다. 以: '~을 가지고' 또는 '~로써'라는 뜻이므로 목적어를 隨伴하는데, 대명사 之가 생략되었다고 볼 수 있으며, 이 之는 바로 앞의 '殺人以梃與刃'을 받는다. 즉 殺人以梃與刃 有以之異乎 曰 無以之異也이다. 결국 이런 以의 용법에서 파생한 것이 불완전명사이다. 따라서 以를 아예 까닭, 이유, 도구, 자료, 방법(수), 수단을 나타내는 불완전명사로 파악하여 해석해도 무방하다.

> 예) 古人秉燭夜遊 良有以也. (春夜宴桃李園序/李白)
> : 옛사람이 촛불을 잡고 밤에도 놀았던 것은 그럴듯한 까닭(이유)이 있다. 결국 '有以異乎, 無以異也.'는 '다를 수 있습니까, 다를 수 없습니까.' 또는 '다른 까닭이 있습니까, 다른 이유라도 있습니까.' 즉 以를 까닭, 이유로 해석할 수 있다.

〈참고〉

위 예문에서는 有以異를 사용하였는데 만약 有異로 바꾸어 쓰면 그 의미는 어떻게 달라질까. 다음 예문을 통해 파악해 보자.

예) 是故二分所爲有異而其所趣道理無別也. (大乘起信論疏/元曉)
: 이 때문에 두 부분에서 하는 일들은 다르지만 공부해 나아가는
도리는 다를 것이 없다.

예) 諸法相望有同有異.
: 제법을 서로 비교하여 보면, 그 특성이 다르지 않는 것이 없다.

예) 與前疏有同有異 異者~. (法集別行錄節要並入私記/知訥)
: 전소(前疏)와 같은 점과 다른 점이 있다. 다른 점은~이다.

즉 有以異와 有異의 다른 점은 전자 有以異는 그 원인과 이유, 수
단, 까닭, 방법 등이 내포되어 있고 후자 有異는 단순히 '다른 부분
이 있다'라는 점이다.

예) 無恃其不來 恃吾有以待之. (孫子兵法)
이를 해석하면 '그들(적)이 오지 않을 것을 기대하지 말고, 내가
그것을 상대할 수 있음을 믿어라.' 이렇게 된다. 그러나 그 안에
내포된 뜻은 '그들(적)이 오지 않을 것을 기대하지 말고, 내가 (뭔
가로써/수단, 방법) 그것을 상대할 수 있음을 믿어라.'이다.

01-04-03

以刃與政 有以異乎 曰無以異也

<칼로써 죽이는 것과 정치로써 죽이는 것이 差異가 있습니까?>
왕이 말했다. <差異가 없습니다.>

〈단어 및 어휘〉

· 以刃與政.
: 以의 앞에 '殺人'이 생략되어 있다.

01-04-04

曰 庖有肥肉 廄有肥馬 民有飢色 野有餓莩 此率獸而食人也.

孟子께서 말씀하셨다. <임금의 푸줏간에는 살진 고기가 있고 마구
간에는 살진 말이 있는데, 백성들에게는 굶주린 기색이 있고 들에
는 굶어 죽은 시체가 있다면, 이는 짐승을 몰아서 사람을 잡아먹
게 한 것과 같습니다.

〈단어 및 어휘〉

· 庖(부엌 포): 부엌, 음식, 요리인.
· 廄(마구간 구): 마구간, 모이다.
· 餓(주릴 아): 주리다, 굶다, 배고프다.
· 莩(갈대청 부/굶어 죽을 표): 부/갈대청, 독말풀, 표/굶어 죽다,
  떨어지다.
· 率(거느릴 솔/비율 률): 솔/거느리다, 따르다, 대강, 률/비율, 제한.
· 食(밥 식/먹을 식/먹일 사): 밥, 음식, 생계, 먹다, 사/먹이다, 먹
  이, 밥, 기르다. 여기서는 '먹이다'로 음은 '사'이다.

01-04-05

獸相食 且人惡之 爲民父母 行政不免於率獸而食人 惡在其爲民父母也.

짐승끼리 서로 잡아먹는 것도 사람들이 미워하는데, 백성의 부모
가 되어 정사를 하되 짐승을 몰아 사람을 잡아먹게 함을 면하지
못한다면, 백성의 부모 된 도리가 어디에 있습니까?

〈단어 및 어휘〉

· 且(또 차): 또, 장차, 조차, 또한, 게다가. ~조차도, 그 정도만 하여도

· 惡(악할 악/미워할 오): 악/악하다, 더럽다, 재난, 오/미워하다, 기피하다, 비방하다, 어찌, 오(감탄사). 何也 장소나 방향을 묻는 의문대명사.

〈문법연구〉

· 惡在其爲民父母也.
: 惡는 여기서는 장소를 나타내는 의문사로 '어디'이다. 惡在는 何在와 같다. 원래 일반적인 어순은 주어+在+장소이나 惡가 의문사이므로 在 앞으로 나왔다.

예) 其自願托迹於此者十餘輩 來使亦不知定在何所 事須根究 今後復有似此告留者 斷不准從. (高麗史節要)
: 그 나머지 자원해서 투탁(投託)하여 이곳에 의탁하고 있는 자 10여 명은 고려에서 온 사신도 어디 있는지 모르지만 철저히 조사할 것이며, 이후로는 여기에 머물겠다고 하는 자들은 다시는 허락하지 않을 것이다. (何所는 명사로 기능하고 있다)

예) 居惡在 仁是也, 路惡在 義是也. 居仁由義 大人之事備矣. (孟子)
: 거처할 곳은 어디에 있는가. 인이 그것이며, 길은 어디에 있는가. 의가 그것이다. 인에 거처하고 의를 따라가면 대인의 일이 갖추어진다.

01-04-06
仲尼曰 始作俑者 其無後乎 爲其象人而用之也 如之何其使斯民 飢而死也.

공자(孔子)께서 말씀하시기를 '처음으로 순장(殉葬)할 때 사용하는 나무 인형인 용(俑)을 만든 자는 그 후손이 없을 것이다.' 하셨으니, 이는 사람을 본떠서 장례에 사용하였기 때문입니다. 그런데 어떻게 이 백성으로 하여금 굶주려 죽게 한단 말입니까?>

<단어 및 어휘>

· 尼(여승 니/말릴 닐): 니/여승, 화평하다, 닐/말리다, 저지하다.

· 仲尼(중니): 孔子의 字. 仲은 둘째를 나타내는 말이고, 尼는 尼丘山에서 따온 말이다.

· 俑(목우 용): 목우, 허수아비, 아프다.

· 其(그 기): 그것, 그, 매우, 혹시, 아마, 장차, 이에, 기약하다.

· 如之何(여지하): 어떻게 합니까, 어찌할까? 무엇 때문에, 어떻게.

<문법연구>

· 其無後乎.

: 其(기) 殆也 '아마도'라는 부사적 用法. 其~乎. 추측이나 감탄.

예) 其何傷於日月乎.
: 어찌 해와 달에 손상이 있겠는가?
참고로 '其~乎'는 감탄, 추측, 기원 등의 뜻을 나타내기도 하는데
비슷한 구조로는 '其~(與, 哉, 也, 諸)'이 있다. 이 경우 해석은
'아마 ~구나!', '어찌~할 수 있겠는가?', '아마 ~뿐이리라.'

예) 天其送此賊乎. (金澤榮/安重根傳)
: 하늘이 아마 이 도적을 보내 주셨구나!

예) 一之謂甚 其可再乎.
: 한 번도 심하다고 하는데 아마 두 번 할 수 있을까?

예) 其可畏不犯難乎. (三國史記)
: 어찌 가히 두려워서 어려움을 무릅쓰지 않겠는가?

예) 不可一日而廢者 其惟讀書乎. (朴趾源/原士)
: 하루라도 폐할 수 없는 것은 아마 독서뿐인가 하노라.

예) 知我者 其天乎. (論語)
: 나를 알아주는 것은 아마 하늘일 것이다.

예) 子貢問曰 有一言而可以終身行之者乎. 子曰 其恕乎. (論語)
: 자공이 물었다. '한마디 말을 가지고 평생토록 그것을 실행할 만
한 것이 있습니까?' 공자가 말하길 '아마(도) 서(恕)일 것이다.'

예) 子曰 無爲而治者 其舜也與. (論語)
: 공자가 말하길 '무위로 다스린 사람은 아마 순임금일 것이다.'

예) 修己而安百姓 堯舜 其猶病諸. (論語)
: 자신을 닦아 백성을 편안하게 하는 것은 요순도 아마 오히려 부
족하게 여겼을 것이다.

· 爲其象人而用之也.
: 爲~也 형태로 '~ 때문이다.' 이때 爲는 이유, 원인을 이끄는 개
사로 대개~也를 동반하지만 단독으로 사용되기도 한다.

예) 義斷親疎 只爲錢. (明心寶鑑)
: 의가 끊어지고 친함이 소원해짐은 다만 돈 때문이다.

예) 百姓之不見保 爲不用恩焉. (孟子)
: 백성들이 보호를 받지 못함은 은혜를 쓰지 않기 때문입니다.

예) 天行有常 不爲堯存 不爲桀亡. (荀子)
: 하늘의 운행은 일정함이 있어 요임금 때문에 존재하는 것도 아
니고 걸 임금 때문에 없어지는 것도 아니다.

· 如之何.
: 如~何 형태로 '~을 어찌하여', '~어떻게' 등의 뜻으로 쓰인다.

예) 不曰如之何如之何者 吾未如之何也已矣. (論語)

: 어떻게 할까 어떻게 할까 하지 않는 자는 나도 어찌할 수 없다.

예) 如之何其聞斯行之. (論語)
: 어떻게 들으면 곧 행하겠느냐.

예) 魯人爲長府 閔子騫曰 仍舊貫如之何. (論語)
: 노나라 사람들이 장부를 지으려 하자 민자건이 말했다. '옛날의 관례를 따르는 것이 어떤가.'

예) 事急矣 如之何而可乎. (三國史記)
: 사태가 위급하니 이를 어찌하는 것이 옳으냐.

・其使斯民 飢而死也.

: '其~也' 형태이다. 앞의 其~乎와 쓰임이 유사하다. '아마~구나!', '어찌 ~할 수 있겠는가?', '아마 ~뿐이리라.'

上 5장

01-05-01
梁惠王曰晉國天下莫強焉 叟之所知也 及寡人之身 東敗於齊 長子死焉 西喪地於秦七百里 南辱於楚 寡人恥之 願比死者 一洒之 如之何則可.

양나라 혜왕이 말하였다. <우리 晉나라가 천하에 막강하다는 사실은 노 선생께서도 아시는 바입니다. 그런데 寡人의 대에 이르러 동쪽으로는 齊나라에게 패전하여 맏아들이 전사하였고, 서쪽으로는 秦나라에게 영토를 700리나 잃었으며, 남쪽으로는 楚나라에게 모욕을 당하였습니다. 과인이 이를 부끄러워하여 전사한 자를 위해서 한번 설욕하고자 하는데 어떻게 하면 되겠습니까?>

〈단어 및 어휘〉

· 莫(없을 막/저물 모): 막/없다, 하지 말라, 아득하다, 장막, 모/저
물다, 어둡다.

· 叟(늙은이 수): 늙은이, 어른.

· 喪(잃을 상): 잃다, 잃어버리다, 상복을 입다, 죽다, 사망하다, 상
제 노릇을 하다, 망하다, 잊어버리다, 허비하다.

· 辱(욕되게 할 욕): 욕되다, 수치스럽다, 더럽히다, 욕되게 하다,
모욕을 당하다, 무덥다, 황공하다, 거스르다, 치욕, 수치.

· 及(미칠 급): 미치다, 이르다, 함께, 더불어, ~와.

· 比(견줄 비): 견주다, 비교하다, 같다, 친하게 지내다, 무리, 자
주, 위하여.

· 洒(씻을 세/뿌릴 쇄): 세/씻다, 쇄/물 뿌리다, 시원하다, 흐르다.

〈문법연구〉

· 晉國天下莫强焉.

: 莫은 부정의 의미를 지닌 '불특정대명사(無定代詞, 또는 不定代
詞)'로 '누구도~한 사람(것/일)이 없다'로 해석하면 된다. 한편 莫
은 비교문에서 곧잘 사용되는데 '莫~ 於(乎)~:~보다 더 잘~것은
없다.' 꼴로 주로 사용된다. 여기서 莫强은 '더 강한 것이 없다'라는
뜻이므로 '가장 강하다'로 해석하면 좋다. 焉은 於此와 같은 뜻이
다. 此는 晉이다. 한편 莫이 '~하지 말라'는 의미의 부정부사로 사
용되는 경우도 있다.

· 불특정대명사(無定代詞)

예) 莫見乎隱, 幕顯乎微. (中庸)
: 숨은 것보다 더 잘 드러남이 없으며, 작은 것보다 더 잘 나타남
은 없다.

예) 殺有禮 禍莫大焉. (左傳)
: 예가 있는 사람을 죽인다면, 그 화는 무엇보다 크다.

예) 一年之計 莫如樹穀 十年之計 莫如樹木 終身之計 莫如樹人.
(管子)
: 일 년의 계획은 곡식을 심는 것만 같은 것이 없고, 십 년의 계획
은 나무를 심는 것만 같은 것이 없고, 평생의 계획은 사람을 심는
것만 같은 것이 없다.

예) 子曰 莫我知也夫. (論語)
: 공자께서 말씀하시길, '아무도 나를 알아주지 않는구나!'

• 부정부사의 예

예) 莫令人見也. (三國志)
: 다른 사람에게 보이지 말라.

예) 羣臣皆莫敢言. (史記)
: 군신 중에 누구도 모두 감히 말을 못하였다.

예) 以爾爲柱石之用, 莫傾人棟梁. (世說新語)
: 너를 초석으로 사용할지언정 다른 사람의 마룻대와 들보는 뒤집
지 말라.

• 叟之所知也.
: 之는 주격조사. 所는 뒤의 글자를 動詞(또는 형용사)라는 것을
제시해 '동사 하는 것/동사 하는 바(것)'라는 형태로 바꿔주는 역할
을 한다. 만약 위 文章에서 '所'가 없으면 '叟之知也'가 되는데, 이렇
게 되면 해석이 '叟의 知慧'로 되어 동사적 역할이 드러나지 않는다.

따라서 '叟之所知'로 변화되면 '늙은이의 지혜'가 아니라 '늙은이가 알고 있는 것(바)'가 되어 다양한 표현이 가능하다. 所를 사용하는 경우 앞 글자나 단어가 이 동사(형용사)의 주어가 된다. 즉 여기서는 叟가 주어라는 말이다. 해석은 'A 之所 B'에서 'A가 B 한 것은', 또는 'A가 B 한 것이다' 정도로 하면 원활하다.

> 예) 此吾高祖諱世茂之所編也 余不覺驚喜曰 今日 始知其人矣. (童蒙先習)
> : '이 책은 나의 고조부 휘 세무(世茂)께서 엮은 것이다.' 하니, 나는 자신도 모르게 놀라고 기뻐하며 말하길, '오늘에야 비로소 그 사람을 알게 되었구나!'

> 예) 身有所忿懥 則不得其正. (大學)
> : 마음에 성내는 것이 있으면, 그 마음을 얻지 못한다. (懥: 성낼 치)

> 예) 人之所貴者 非良貴也 趙孟之所貴 趙孟能賤之. (孟子)
> : 사람이 귀하게 한 것은 본래의 귀한 것이 아니니, 조맹이 귀하게 한 것은 조맹이 그것을 천하게 할 수 있다.

> 예) 以天下之所順 攻親戚之所畔 故君子有不戰 戰必勝矣. (孟子)
> : 천하가 따르는 것으로 친척이 배반하는 것을 공격한 것이다. 그러므로 군자는 싸우진 않을지라도 싸우면 반드시 승리한다.

01-05-02

孟子對曰 地方百里而可以王.

孟子께서 말씀하셨다. <땅이 백 리만 되어도 왕 노릇 할 수 있습니다.

〈문법연구〉

1. 地方百里而可以王.

: 以 다음에 대명사 之가 생략되었다고 볼 수 있다. 대명사 之는

地方百里를 받는다. 이처럼 개사 뒤의 대명사는 거의 생략된다. 이 경우 만약 '地方百里而+명사'와 같은 형식으로 문장을 구성하면 원래 而를 '～이면서' 또는 '～로서'로 풀이하는 것이 자연스럽지 않은 경우도 있기 때문에, 이 而(이)를 아예 가정이나 조건을 표시하는 접속사로 분류해 '～인데도, ～라 해도, ～이면' 등의 양보나 가정으로 문장을 구성할 수 있다. 또 이 경우 자격과 신분을 나타내는 개사, 즉 '～로서'로도 사용된다.

예) 先君而有知也 毋寧夫人 焉用老臣. (左傳)
: 만약 선군이 알았다면 차라리 부인으로 하여금 처리하게 했지 어찌 노신을 썼겠습니까.

예) 管氏而知禮 孰不知禮. (論語)
: 관 씨가 예를 알았다면 누가 예를 모릅니까.

예) 人而無志 終身無成.
: 사람이 뜻이 없으면(사람으로서) 종신토록 이룸이 없다.

2. 地方百里而可以王.
: 可以, '～할 수 있다'의 특징 가운데 하나는 대개 可以의 주어가 그 앞에 위치하지 않으면 부사구문이 온다는 점이다. 즉 '～하면', '～이라면', '～일지라도' 등이 앞에 오고 '～할 수 있다'라고 해석된다는 점이다. 이 부분을 잘 파악해 두면 해석에 도움이 된다. 예문에서도 앞 '地方百里而'를 부사어로 해석하여 '땅이 백 리라 할지라도 왕의 역할을 할 수 있다'로 해석하면 된다.

예) 五十者可以衣帛矣. (孟子)
: 50세 된 자가 비단옷을 입을 수 있다./五十者가 可以의 주어인

경우이다.

예) 德 何如則可以王矣. (孟子)
: 덕이 어찌하면, 왕 노릇할 수 있겠는가./~하면

예) 今旣數月矣 未可以言與. (孟子)
: 지금 이미 몇 개월이 되었는데 아직 그것으로 간언할 수 없었는 가?/~인데도.

예) 溫故而知新 可以爲師矣. (論語)
: 옛 <알던> 것을 익혀서 새것을 알면 그로써 스승이 될 수 있다./ ~하면.

예) 惟尋思用意爲可以得之. (小學)
: 오직 찾아 생각하고 뜻을 써야 그것을 얻을 수 있음이 된다./~ 해야만.

예) 能盡物之性 則可以贊天地之化育 可以贊天地之化育 則可以與 天地參矣. (中庸)
: 물건의 성을 다할 수 있다면 천지의 화육을 도울 수 있으며, 천지 의 화육을 도울 수 있다면 천지와 더불어 참여할 수 있다./~이면.

01-05-03
王如施仁政於民 省刑罰 薄稅斂 深耕易耨 壯者以暇日 修其孝悌忠 信 入以事其父兄 出以事其長上 可使制梃 以撻秦楚之堅甲利兵矣.

왕께서 만일 인정(仁政)을 베풀어 형벌을 줄이시고 세금을 적게 거두신다면, 백성들이 여유가 있어서 밭을 깊이 갈고 김을 잘 맬 것이며, 장성한 자들이 여가를 이용하여 효제(孝悌)와 충신(忠信) 을 닦아서, 들어가서는 부형(父兄)을 섬기며 나가서는 어른과 상 관을 섬길 것이니, 이렇다면 이들로 하여금 몽둥이를 만들어 진 (秦)나라와 초(楚)나라의 견고한 갑옷과 예리한 병기를 상대하게 할 수 있을 것입니다.

〈단어 및 어휘〉

· 省(살필 성/덜 생): 성/살피다, 바느질하다, 깨닫다, 생/덜다, 허물, 재앙.
· 如(같을 여): 같다, 따르다, 어찌, 가령, 만일, 곧, ~와.
· 斂(거둘 렴): 거두다, 모으다, 단속하다.
· 易(바꿀 역/쉬울 이): 역/바꾸다, 교환하다, 무역하다, 주역, 이/쉽다, 편안하다.
· 耨(김맬 누): 김매다, 없애다, 호미.
· 梃(정): 막대기, 몽둥이, 지팡이, 지레, 制梃이란 '몽둥이를 들다.'가 된다.
· 撻(때릴 달): 때리다, 매질하다.
· 利(날카로울 리/이로울 리): 이롭다, 이익이나 이득이 되다, 이롭게 하다, 유익하다.

〈문법연구〉

· 修其孝悌忠信 入以事其父兄 出以事其長上.
: 위 예문에서 以 다음에 대명사 之가 생략되었다. 대명사 之는 앞의 孝悌忠信을 받는다. 개사 以의 목적어로 (대명사)는 문장 바로 앞에 나온 경우 등 그 목적어가 무엇인지 명확한 경우 흔히 생략된다.

예) 命子封帥車二百乘以伐京. (左傳·隱公一年)
: 공자에게 명하여 수레 이백 대를 이끌고 경을 정벌하게 했다.

예) 晉侯復假道於虞以伐虢. (春秋左氏傳)
: 진의 제후는 다시 우나라에 길을 빌려 괵을 정벌했다.

예) 志士仁人 無求生以害仁 有殺身以成仁. (論語 衛靈公)
: 뜻있는 선비와 어진 사람은 삶을 구하여서 인을 해침이 없고, 몸
을 죽여서 인을 이루는 경우는 있다.

위 문장에서는 모두 以 다음에 대명사 之가 생략되었고 각각 二百
乘, 假道, 求生, 殺身을 받는다.

〈참고〉

비교로 접속사로 而와 같은 역할을 하는 개사 以의 경우를 보자.
以가 접속사로 ~하여, ~하고 등으로 해석되는 경우 서술어 역할
을 하는 한자 사이에 쓰인다.

예) 夫夷以近則游者衆 險以遠則至者少. (遊褒禪山記/王安石)
: 평평하고 가까우면 유람하는 자가 많고 험하고 멀면 이르는 자가 적다.

예) 主明以嚴 將智以武. (史記)
: 군주는 밝고 엄하며 장수는 지혜롭고 용감하다.

예) 治世之音安以樂 其政和 亂世之音怨以怒 其政乖. (禮記·樂記)
: 평화로운 때에는 음악이 편안하고 즐거워 다스림이 평화로우나
난세에는 음악이 음울하고 성난 듯하여 다스림이 일그러진다.

즉 以가 접속사로 사용되는 경우 순접인 경우에만 해당한다. 따라
서 而가 접속사로 사용되는 경우는 순접만이 아니라 역접에도 사용

되는 점에서 다르다고 할 수 있다. 또 하나의 특징은 위 예문들을 살펴보아도 알 수 있듯이 以가 접속사로 사용되는 경우는 두 형용사 사이, 혹은 두 동사 사이 혹은 서술어+서술어로 이루어진 문장의 사이에 쓰인다는 점이다.

・可使制梃以撻秦楚之堅甲利兵矣.

: 使는 대개 '使 A(명사)+B(동사)'라는 구문으로 사용되어 'A로 하여금 B를 하도록 한다'라는 뜻이 된다. 여기서는 使 다음에 앞에 나온 壯者가 생략된 것으로 볼 수 있다. 아래 4절 '使不得耕耨以養其父母'에서도 A에 해당하는 명사가 생략이 되어 있다.

・以暇日

: '以+시간'은 '〜에', '〜할 때'로 해석한다. 휴일에, 쉬는 날에.

예) 夫餘 以殷正月祭天. (三國志 東夷傳)
: 부여에서는 은나라 정월에 하늘에 제사를 지냈다.

예) 以秦昭王四十八年正月 生於邯鄲 及生 名為政 姓趙氏. (史記)
: 진소왕 48년 정월에 한단에서 태어났다. 마침내 출생하자 이름을 정(政), 성을 조(趙) 씨라 했다.

01-05-04
彼奪其民時 使不得耕耨 以養其父母 父母凍餓 兄弟妻子離散.

반면에 저 적국의 군주가 자기 백성들의 농사철을 빼앗아 백성들로 하여금 밭 갈고 김을 매서 그 부모를 봉양하지 못하게 하면, 부모는 추위에 떨고 굶주리며 형제와 처자식은 뿔뿔이 흩어질 것입니다.

〈단어 및 어휘〉

· 彼(저 피): 저, 그, 저쪽, 그들.

· 奪(빼앗을 탈): 빼앗다, 빼앗기다, 잃다, 관직을 삭탈하다, 징수하다.

· 耕(밭 갈 경): 밭을 갈다, (농사에) 힘쓰다, 농사 짓다, 농사.

· 耨(김맬 누): 김매다(논밭의 잡풀을 뽑아내다), 호미(쇠로 만든
  농기구), 괭이.

· 凍(얼 동): 얼다, 춥다, 차다.

· 餓(주릴 아): 굶주리다, 주리다, 배고프다, 기아.

· 離(떠날 리): 떠나다, 떨어지다, 갈라지다, 흩어지다, 분산하다,
  가르다, 잃다, 버리다.

· 散(흩어질 산): 흩다(한데 모였던 것을 따로따로 떨어지게 하다),
  흩뜨리다, 한가롭다, 흩어지다, 헤어지다, 절룩거리다, 비틀거리다.

〈문법연구〉

· 使不得耕以養其父母.
: 使 다음에는 其民이 생략되었다. 즉 其民으로 하여금.

以養其父母에서 以는 耕耨의 결과이다. 즉 以 다음에 개사 之(耕
耨)가 생략되었고 해석은 '밭을 갈고 김을 매서 그 부모를 봉양하다'
가 된다.

01-05-05

彼陷溺其民 王往而征之 夫誰與王敵.

저들이 이처럼 그 백성을 도탄에 빠뜨리거든 왕께서 그때 가서 정

벌하신다면 누가 왕과 대적하겠습니까?

⟨단어 및 어휘⟩

• 陷(빠질 함): 빠지다, 빠뜨리다, 모함하다, 함락당하다, 함정, 여기서는 동사로 활용되고 있다.
• 溺(빠질 닉): 빠지다, 빠뜨리다, 그르치다, 지나치다, 정도를 넘다.
• 征(칠 정/부를 징): 치다, 때리다, 정벌하다, 토벌하다, 탈취하다, 취하다, 바로잡다.
• 夫(지아비 부): 지아비, 남편, 사내, 장정, 일군, 군인, 3인칭 대명사, 대저, 여기서는 발어사로 '대저'.
• 誰(누구 수): 누구, 무엇, 옛날, 발어사(發語辭), 묻다.

⟨문법연구⟩

• 誰與王敵.

: 誰가 의문대명사이기 때문에 與誰가 도치된 형태이다. 이 경우 '누가 더불어 왕을 대적하겠는가.' 또는 '누가 왕과 더불어(즉 왕에게) 대적하겠냐.'는 의미로도 해석할 수 있다.

01-05-06
故曰仁者無敵 王請勿疑.

그러므로 옛말에 '인자(仁者)에게는 대적할 사람이 없다[仁者無敵].'라고 한 것이니, 왕께서는 제 말을 의심하지 마십시오.>

上 6장

孟子見梁襄王.

孟子께서 양나라 양왕(襄王)을 만나보시고,

〈단어 및 어휘〉

· 梁襄王(양양왕): 전국시대 魏나라 襄王, 혜왕(惠王)의 아들, BC
   318 – 296 재위.

01-06-02
出語人曰 望之不似人君 就之而不見所畏焉 卒然問曰 天下惡乎定
吾對曰 定于一.

나와서 사람들에게 말씀하셨다. <멀리서 바라보아도 임금 같지 않
고, 그 앞에 가까이 나아가도 두려워할 만한 게 보이지 않았는데,
느닷없이 '천하가 어디로 정해지겠습니까?' 하고 묻기에, 내가 대
답하기를 '한곳으로 통일될 것입니다.' 하였다.>

〈단어 및 어휘〉

· 語(말씀 어): 말씀, 말, 의논하다, 이야기하다. 설명하다.
· 望之(망지): 상당한 거리를 두고 바라보는 것을 말한다. 之는 대
   명사로 왕을 말한다.
· 似(닮을 사): 닮다, 같다, 비슷하다.
· 就(나아갈 취): 나아가다, 이루다, 이에, 만일, 능히, ∼인가, ∼

인 것이다, ~도다.

· 就之(취지): 앞으로 나아가서 살피는 것을 말한다.

· 焉(어찌 언): 어찌, 이에, 그래서, 곧, ~느냐? ~도다, 그러하다.

· 卒然(졸연): 갑자기, 돌연히.

· 惡乎(오호): 어느 곳에, 於何의 뜻, 烏乎(아!)의 뜻.

〈문법연구〉

· 出語人曰.

: 나와서 사람에게 다음과 같이 말했다. 出以(또는 而)於人曰이라고 하지 않은 이유는 아마 '나와서 말하다'는 시간적인 전후 관계이지 나온 것이 말하는 것의 원인이나 이유가 되지 않기 때문에 以를 쓰지 않은 것이다. 하지만 이 경우 而는 사용할 수 있다. 그러나 시간상으로 '~하고 나서~하다'를 표현할 때는 군이 사용하지 않아도 된다. 그러나 入以事其父兄 出以事其長上. (들어가서 부모에게 효도하고 나가서는 윗사람을 섬긴다)에서는 以를 사용할 수도 있다. 이는 시간적인 순서를 배열한 것이 아니고 以 다음에 之가 생략된 형태로 之는 앞에 나온 내용을 받는 경우이다.

· 望之不似人君 就之而不見所畏焉.

: 望之와 就之而. 앞의 望之도 望之而로 할 수 있다. 때로는 허사가 중요한 역할을 하는 것도 분명하지만 허사 하나하나에 너무 얽매이지 말 것은 이 문장으로도 알 수 있다. 이 경우 而를 붙이고 붙이지 않고를 군이 우리말로 표현하자면 <보니>와 <보고서>, <보니까> 정도이다. 見은 '보이다'로 음은 '현'이다.

· 天下惡乎定.

: 천하가 어디로 정해질까. 乎는 장소를 나타내는 허사. 惡는 '어떠한 狀態'라는 뜻이다. 원래 '定於惡乎'로 되어야 할 것인데 의문내명사인 惡가 앞으로 나오고 於가 생략된 것으로 볼 수 있다.

01-06-03

孰能一之.

'누가 통일할 수 있겠습니까?'

〈단어 및 어휘〉

· 孰(누구 숙/익을 숙): 누구, 무엇, 어느, 익다, 여물다, 무르익다, 익히다, 정통하다. 익숙하다. 정통하다.
· 一(한 일): 하나, 여기서는 동사로 '하나로 만들다.'

〈문법연구〉

· 孰能一之.

: 孰은 의문사이면서 주어로 사용되었다. 之는 代名詞로 여기서는 '天下'를 지칭한다. 대개 이런 경우 之는 앞의 글자를 타동사로 만드는 역할을 하는데, 구체적으로 지시하는 것이 있을 때는 '그것'이라고 해석하고 그렇지 않을 때는 해석하지 않는 경우가 많다. 能은 조동사로 뒤에 오는 단어가 동사임을 알 수 있다. 一은 수사가 동사화되어 '하나로 하다'. 즉 '통일하다', '통일시키다'.

예) 士也罔極 二三其德. (詩經)

: 사내의 마음은 줏대가 없어 이랬다저랬다 변덕이 심하네./

01-06-04

對日 不嗜殺人者能一之

'사람 죽이기를 좋아하지 않는 자가 통일할 수 있을 것입니다.' 하고 대답하였다.

01-06-05

孰能與之.

누가 그와 함께하겠습니까?

〈단어 및 어휘〉

·孰(숙) 誰也. 누구. 여기서는 '어느 나라의 임금인가?' 정도로 새길 수 있다.
·與(더불 여/줄 여): 더불다(둘 이상의 사람이 함께하다), 같이하다, 참여하다, 참여히다, 주다, 베풀어주디, 간여하다, 긴섭하다, 돕다, 협조하다. 같은 편이 되는 것. 동사로 쓰여 함께하다.

01-06-06

對日 天下莫不與也 王知夫苗乎 七八月之間 旱則苗槁矣 天油然作雲 沛然下雨則 苗浡然興之矣 其如是 孰能禦之 今夫天下之人牧 未有不嗜殺人者也 如有不嗜殺人者 則天下之民 皆引領而望之矣 誠如是也 民歸之 由水之就下 沛然孰能禦之.

대답하기를, <천하에 함께하지 않을 자가 없겠습니다만, 王께서는

벼를 아십니까? 7・8월 사이에 가물면 싹이 말랐다가 하늘이 油
然히 구름을 만들어 沛然히 비를 내리면 싹이 浡然히 일어납니다.
이처럼 하시면 누가 그것을 막을 수 있겠습니까? 지금 天下의 임
금들이 사람 죽이기를 좋아하지 않는 이가 없으니, 만일 사람 죽
이기를 좋아하지 않는 이가 있다면 천하의 백성들이 모두 목을 늘
이며 그를 바라볼 것입니다. 진실로 이와 같다면 백성들이 그에게
돌아가기를 물이 아래로 흘러가는 것과 같을 것이니, 沛然함을 누
가 막을 수 있겠습니까?>

〈단어 및 어휘〉

· 苗(모 묘): 모, 모종, 곡식, 벼, 벼의 싹, 백성.

· 槁(마를 고): 마르다, 여위다, 학대하다, 죽다, 짚, 말라죽은 나무.

· 油然(유연): 뭉게뭉게 이는 모양, 저절로 생기는 모양.

· 沛然(패연): 세차게 내리는 모양, 왕성하다.

· 沛(늪 패): 늪, 습지, 내리다, 쏟아지다, 넘어지다, 성대한 모양,
  흐르는 모양.

· 浡(일어날 발): 일어나다, 성하다, 용솟음치다. 흐리다.

· 興(일 흥): 일어나다, 번성하다, 움직이다. 떨쳐 일어나다, 흥취.

· 禦(막을 어): 막다, 방어하다, 금하다, 금지하다, 멈추다.

· 人牧(인목): '人民을 기르는 자'라는 뜻으로 '임금'을 뜻한다.

· 誠(정성 성): 정성, 진실, 참, 참으로, 만약, 참되게 하다, 삼가다.
  여기서는 副詞로서 '진실로'란 뜻이다.

· 引領而望之(인령이망지): 領은 頸(목 경)也. 望은 待望이다. 따라
  서 목을 뻗치고 그를 바라본다는 말이다.

· 由(말미암을 유): 猶와 通用. ~함과 같다.

〈문법연구〉

· 天下莫不與也.

: 莫不은 이중부정으로 강한 긍정을 나타낸다. 그리고 莫不 문장에 주어가 없을 때 주어는 일반인이 된다.

　예) 百姓莫不觀者. (後漢書)
　: 백성 중에 보지 않는 자가 없었다. 백성들이 모두 보았다.

　예) 莫不飮泣呑聲. (黃嗣永帛書)
　: 눈물을 삼키고 소리를 삼키지 않는 자가 없었다.

　예) 人莫不飮食也 鮮能知味也. (中庸)
　사람은 누구나 먹고 마시지 않는 사람은 없지만, 능히 그 (참) 맛을 하는 사람은 드물다.

　예) 莫不得已.
　: 어쩔 수 없이. 마지못하여. 하는 수 없이.

〈참고〉

이중부정

<非不, 莫不, 無不> + 述=<강한 강조>의 의미.

　예) 莫非命也.
　: 명이 아닌 것이 없다.

　예) 莫不愛其子.
　: 자기 자식을 사랑하지 않는 이가 없다.

예) 冉求曰 非不說子之道 力不足也. 子曰 力不足者 中道而廢 今女畵. (論語)
: 염구가 말하기를, 제가 선생님의 도를 기뻐하지 않는 것은 아니지만 (실천하기에는 저의) 힘이 부족합니다. 공자께서 말씀하시기를, 힘이 부족한 자는 중도에 가서 그만두게 되는데, 지금 너는 선(한계)을 긋고 있구나.

예) 禍福無不自己求之者. (孟子)
: 화와 복은 스스로 그것을 구하지 않는 것이 없다.

· 今夫天下之人牧 未有不嗜殺人者也.

: 존재를 나타내는 有無는 주어 역할을 하는 단어가 동사(有無) 다음에 나온다. 그 앞의 구는 대개 부사로서 <그런 존재 중(가운데), ~에게>로 해석된다.

예) 人無遠慮必有近憂. (論語)
: 사람에게 먼 뒷일을 생각하는 마음이 없으면 반드시 가까운 곳에 근심이 있기 마련이다.

예) 楚人有粥盾與矛者. (韓非子)
: 초나라 사람 중에 창과 방패를 파는 자가 있었다.

예) 仲尼之徒無道桓文之事者. (孟子)
: 공자의 제자 가운데 환공과 문공의 일을 말하는 자가 없었다.

〈참고〉

'~을 가지다'의 경우 예.

예) 有國者不可以不愼, 辟則爲天下僇矣. (詩經)
: 나라를 소유한 자는 신중하지 않을 수 없으니, 편벽되면 천하의 사람들에게 죽임을 당하게 되리라.

〈참고〉

· 有~者.

~하는 사람(것)이 있다.

　예) 有能出奇計彊秦者. (通鑑)
　: 기이한 계책을 내서 진나라를 강하게 할 수 있는 사람이 있다.

　예) 鄭人有且置履者. (韓非子)
　: 정나라 사람 중에 장차 신을 사두려는 사람이 있었다.

　예) 有謀反叛者 則集衆持火炬競燒灼之. (舊唐書)
　: 반란을 음모한 자가 있으면 많은 사람을 불러 모아 횃불을 들고
　서로 다투어 지지게 한다.

上 7장

01-07-01

齊宣王 問曰 齊桓晉文之事 可得聞乎.

제(齊)나라 선왕(宣王)이 물었다. <제나라 환공(桓公)과 진(晉)나라
문공(文公)의 일을 들려주실 수 있겠습니까?>

〈단어 및 어휘〉

· 宣(베풀 선): 베풀다(일을 차리어 벌이다, 도와주어서 혜택을 받
　게 하다), (은혜 따위를) 끼치어 주다, 널리 펴다, 떨치다, 발양
　하다, 밝히다, 임금이 말하다, (임금이) 하교를 내리다.
· 齊宣王(제선왕): 성은 田. 이름은 辟疆, 전국시대 齊의 임금.

• 桓(푯말 환/굳셀 환): 굳세다, 크다, 머뭇거리다, 푯말, 위풍당당.
• 齊桓(제환): 齊의 桓公을 말함. 이름은 小白, 桓은 그의 諡號.
• 晉文(진문): 晉의 文公을 말함. 이름은 重耳, 文은 그의 諡號.

〈문법연구〉

• 齊桓晉文之事 可得聞乎.

: 齊桓晉文之事는 원래 可以得聞齊桓晉文之事乎인데 목적어를 강조하여 도치된 문장이다. 앞이 목적어이므로 '可'를 썼다. 이처럼 서술어나 전치사의 목적어 등을 강조해서 앞으로 낼 때는 可를 쓰고, 앞에 주어가 올 때는 可以를 쓴다. 그러나 以가 있으나 없으나 같은 의미로 해석해도 그 의미상에는 별 차이가 없는 게 일반적이다. 문법적인 차이로 인한 해석상의 차이는 개사 以가 가지는 특성을 보면 알 수 있다.

以는 기본적으로 도구 수단을 나타내며 '~로써'의 뜻을 가지고 있다. 즉 '~로서'라고 하는 것은 '~'부분에 명사가 있어야 함을 알 수 있다. 그런데 위의 구문을 보면 알 수 있듯이 以 다음에 동사가 와서 '동사할 수 있다'가 된다. 즉 어떤 명사가 생략되었음을 알 수 있다. 이처럼 以의 경우 전치사의 목적어는 종종 생략되는 경우가 많다. 결국 可와 可以의 차이는 可는 일반적인 가능 정도이고 可以는 어떤 행동 혹은 상황, 이유, 원인 등에 따른 가능성을 제시할 때 사용을 한다. 足과 足以도 같다.

예) 子曰 不仁者不可以久處約 不可以長處樂. 仁者安仁 知者利仁. (論語)
: 공자께서 말씀하셨다. '어질지 못한 사람은 오랫동안 곤궁한 데

처할 수 없으며, 오래도록 즐거움에 처할 수 없으니, 어진 사람은
인을 편안하게 여기고 지혜로운 사람은 인을 이롭게 여긴다.'

예) 可以仕則仕, 可以止則止, 可以久則久, 可以速則速. (孟子)
: 섬길 만한 군주가 아니면 섬기지 않고 부릴 만한 백성이 아니면
부리지 않아서, 세상이 다스려지면 나아가고 세상이 어지러워지면
물러났다.

예) 謂其國人愚悍 難以威降 可以計服. (三國史記)
: 그는 그 나라 사람들이 미련하고 사납기에 위세로 항복 받기는 어렵
고 꾀로써는 항복시킬 수 있다고 생각하였다. (謂/여기다, 생각하다)

예) 察於此三者 可以(之)有志於學矣. (禮記)
: 이 네 가지에 대하여 잘 알면 학문에 뜻을 두어도 좋다.

예) 溫故而知新 可以(之)爲師矣. (論語)
: 옛날에 배운 것을 복습하고 거기다 새로운 것도 알면 남의 스승
이 될 수 있다.

01-07-02

孟子對曰 仲尼之道 無道桓文之事者 是以後世無傳焉 臣未之聞也
無以則王乎.

孟子께서 대답하셨다. <공자의 문도(門徒)들 중에는 제나라 환공
과 진나라 문공의 일을 말한 자가 없습니다. 이 때문에 후세에 전
해진 것이 없어 저도 듣지 못하였습니다. 기어이 말하라고 하신다
면 왕도정치(王道政治)를 말씀드리겠습니다.>

〈단어 및 어휘〉

· 道(길 도): 말하다, 道는 言也라.
· 是以(시이): 이(是) 때문에(以), 以是가 도치된 것임. 도치의 이

유는 전치사 목적어의 강조. 是는 '환공과 문공의 일을 말하는 사람이 없는 것'을 받는다.

〈문법연구〉

・無道桓文之事者.

: '환문에 대해 말하는 자가 없다.' 有, 無는 존재를 나타내는 동사로서 뒤에 주어가 온다. (문법적으로는 보어로 보기도 한다.)

예) 天地無始終 人生有生死. (後世への最大遺物/內村鑑三)
: 천지는 시작과 끝이 없으나 인생에는 삶과 죽음이 있다.

예) 蛇固無足 子安能爲之足. (戰國策)
: 뱀은 본래 다리가 없는데, 그대는 어찌 그 다리를 그릴 수 있는가.

예) 世有伯樂 然後有千里馬. (韓愈/馬說)
: 세상에 백락이 있고 난 다음에 천리마가 있다

〈참고〉

술보관계(述補關係): 서술어(행위・동작)+보어(서술어의 불완전한 의미 보충/) 보어를 취하는 서술어는 有, 無, 多, 少, 非, 難, 易, 如, 爲, 生 등이 있다. 해석은 '~이 있다', '~이 없다', '~이 많다', '~이 적다', '~이 아니다', '~이 어렵다', '~이 쉽다', '~과 같다', '~이 되다', '~이 생기다' 등으로 해석한다. 이 단어들의 특징은 우리말로 해석하면 '서술어+주어'로 자리가 바뀐 것처럼 보인다는 점이다.

예) 少年易老學難成. (勸學文/朱子)
: 소년은 늙기 쉽고 학문은 이루기 어렵다.

예) 性介 少諧合 愈一見爲忘形交. (舊唐書)
: 성품이 강직하고 (남들과) 화합(諧合)이 적었다. 한유(愈)가 한번 보고 허물없이 사귀게 되었다. (忘形交: 형식에 구애되지 않는 교제, 허물없는 사귐)

〈비교〉 그 외 원래는 술목 구조인데 술어+주어처럼 보이는 것으로 자연현상을 묘사하는 경우가 있다.

예) 下雨(비가 내리다)
예) 開花(꽃이 피다)

·是以後世無傳焉.

: 是는 앞에 나온 '仲尼之道 無道桓文之事者'이다. 以는 여기서 普通 '~ 때문에', '~까닭으로' 등으로 해석한다.

·臣未之聞也.

: 부정어 未, 無, 莫 등 뒤에 오는 대명사 목적어 之는 도치된다. 의미상은 '臣未聞之也'이다.

·無以則王乎.

: 여기에는 몇 가지 문법적 접근이 있을 수 있다.

첫째: 以는 己와 통용. 無己는 '그만두지 말라'라는 뜻이다. 이 경우 以는 己也로 '말다, 그만두다'라는 뜻으로 사용되었다. 즉 王께서 나하고의 이야기를 그만둘 수 없으시다면, 王道에 대한 이야기나 하자는 뜻이다. 즉, 以=己. '그만두라고 함이 없다면', '계속해도 된다면', '괜찮다면'

두 번째: 無以(무이) '방법이 없다, 할 수 없다', 즉 無以之에서 之

가 생략된 것으로 보고 해석하는 방법이다. 이 경우 以를 이유, 원인 까닭으로 보고 '다른 게 없으면(다른 수가 없으니, 별수 없으니) 왕에 대해서 이야기하는 게 어떨까요?'라는 해석이다. 즉 以 다음에 之(그것-聞/들은 것)를 생략하고 '들은 것이 없으니' 식으로 해석하는 경우이다. 또는 之를 道桓文之事者를 받는 것으로 보면 '환공과 문공의 일을 말하는 사람이 없으니 왕에 대해서 이야기하는 게 어떨까요?'라는 해석이다.

01-07-03

曰德何如則可以王矣 曰保民而王 莫之能禦也.

말하기를 <덕(德)이 어떠해야 왕도정치를 행할 수 있습니까?> 대답하시기를 <백성을 보호하여 왕도정치를 행하신다면 이것을 막을 자가 없을 것입니다.>

〈단어 및 어휘〉

· 德(덕 덕/큰 덕): 크다, (덕으로) 여기다, (덕을) 베풀다(일을 차리어 벌이다, 도와주어서 혜택을 받게 하다. '人間의 본마음을 實踐하는 能力'을 말한다.
· 德何如(덕여하): 즉, 덕이 어떠하다. 何如는 보어로 쓰였다.
· 保民(보민): 편안하게 백성들을 돌보아 줌을 말한다.

〈문법연구〉

· 可以王矣.
: 일반적으로 '可以' 앞에는 주어가 위치하고 可 앞에는 강조된 목

적어가 위치한다. 예문에서는 '人'이나 '我' 같은 일반적 주어가 생략
되어 있다.

・莫之能禦也.

: 莫能은 '어느 것도 능히 ~할 수 없다.' 부정대명사 莫이 와서 목
적어인 대명사 之가 동사 앞으로 도치되었다.

> 예) 諫而不入, 莫之繼也. (左傳/宣公 2年)
> : 간하여도 받아들여지지 않으면 계속 간할 사람이 아무도 없다.

> 예) 莫之爲而爲者 天也, 莫之致 而至者 命也. (孟子)
> : 그리 하지 않아도 그리 되는 것은 천운이요, 이르게 하지 않아도
> 이르게 되는 것은 천명이다.

> 예) 民莫之令而自均. (老子/道德經)
> : 백성은 명령을 내리는 자가 없어도 모두가 스스로 하나 같이 균
> 등해지고 조화롭게 된다. 여기서도 '令之'로 그것을 '명령하다/그
> 에게 명령하다.'로 도치가 일어났다.

01-07-04

曰若寡人者 可以保民乎哉 曰可 曰何由 知吾可也 曰臣聞之胡齕 曰
王坐於堂上 有牽牛而過堂下者 王見之 曰牛何之 對曰 將以釁鐘 王
曰 舍之 吾不忍其觳觫若無罪而就死地 對曰 然則廢釁鐘與 曰何可
廢也 以羊易之 不識 有諸.

<과인과 같은 자도 백성을 보호하여 왕도정치를 행할 수 있습니
까?> <가능합니다.> <무슨 연유로 내가 가능한 줄을 아십니까?>
<제가 제나라 신하 호흘(胡齕)에게 들은 이야기가 있습니다. 왕께
서 당(堂) 위에 앉아 계시는데, 소를 끌고 당 아래로 지나가는 자

가 있었습니다. 왕께서 이를 보시고 '소를 어디로 끌고 가느냐?'라고 물으시니, 그가 대답하기를 '종(鍾)의 틈을 바르는 데 쓰려고 끌고 갑니다.' 하였습니다. 이에 왕께서 '소를 놓아주어라. 소가 두려워 벌벌 떨면서 죄 없이 사지(死地)로 나아가는 것을 내 차마 볼 수가 없다.' 하시자, 그가 대답하기를 '그렇다면 종의 틈을 바르는 것을 그만두오리까?' 하니, 왕께서 '어찌 그만둘 수 있겠느냐? 소 대신에 양(羊)으로 바꾸어 쓰라.' 하셨다고 하는데, 정말 그런 일이 있었습니까?>

〈단어 및 어휘〉

• 寡人(과인): 宣王이 自身을 자신을 自稱하는 말.

• 何由(하유): 무엇으로 말미암아 또는 무엇으로 해서.

• 齕(깨물 흘): 깨물다, 씹다.

• 胡齕(호흘): 齊나라의 臣下. 齊宣王의 側根에서 侍從하던 臣下를 말하며, 孟子와도 親交가 있어서 宣王 주변에서 일어났던 일을 말해 줄 수 있던 사이이다.

• 釁(피 칠할 흔): 피 칠하다, 그릇에 희생의 피 발라 제사 지내다.

• 釁鍾(흔종): 종이 갈라진 틈에 짐승 피를 바르는 일.

• 不忍(불인): 차마 ~할 수 없다.

• 舍(집 사): 집, 여관, 버리다, 내버려 두다, 포기하다, 기부하다, 바치다.

• 觳(곱송그릴 곡/뿔잔 곡): 곱송그릴(놀라거나 겁이 나서 몸을 잔뜩 움츠리는 모양) 곡, 두려워할 곡. 뿔잔.

• 觫(곱송그릴 속): 몸을 잔뜩 움츠리다, 죽음을 두려워하는 모양.

- 觳觫(곡속): 죽기를 무서워함, 무서워서 벌벌 떪.
- 愛(사랑 애): 사랑하다, 소중히 하다, 아끼다, 물욕, 탐욕, 친밀하게 대하다.
- 諸(모두 제/어조사 저): 제/모두, 여러, 이, 저, 저/ ~에서, ~는가? ~이여, 之於, 之乎와 같은 뜻이다.
- 不識(불식): 대화나 문장 중에서 '~에 대해서 알지 못하다'
- 有諸(유저): 諸는 之乎가 縮約된 것이다. 따라서 有諸(유저)는 有之乎와 같은 말이다.

〈문법연구〉

- 可以保民乎哉.
: 乎哉, 疑問을 나타내는 助辭. 可以' 앞에는 주어가 온다. 따라서 '人'이나 '我' 같은 일반적 주어가 생략되어 있다.

- 何由.
: 何由는 '무슨 이유로', '무슨 연유로', '무엇에 근거하여'이다. 의미상 由何(무엇으로 말미암아)인데, 개사 由의 목적어인 何가 의문사이므로 도치되었다. 이처럼 개사의 목적어가 의문사인 경우는 도치가 일어난다.

예) 入大澤 迷不知所出 其中有漁者 文公謂曰 我若君也 道安從出 我且厚賜若. (貞觀政要)
: 큰 못에 들어가 미혹되어 나갈 곳을 알지 못했다 그 중간에 고기 잡는 사람이 있어 문공이 일러 말하기를 나는 너의 임금이다. 길은 어느 곳으로 나가는가? 내 장차 너에게 후하게 상을 내리겠다. (安從)

예) 汝安從知之.
: 너는 어느 곳에서 그를 알았는가(安從)

예) 福生有基 禍生有胎 納其基 絕其胎 禍何自來. (漢書/枚乘傳)
: 복이 생김은 근원이 있고 화가 생김도 시초가 있다. 복의 근원을
받아들이고 화의 근원을 끊어버리면 화는 어느 곳으로부터 오겠
는가(何自)

예) 何爲不去也.
: 무엇 때문에 가지 않는가(何爲)

· 將以釁鐘.

: 以 다음에 대명사인 之가 생략된 형태로 地는 앞의 牛를 받는다.
그래서 해석은 '장차 그 소로 흔종을 하려 한다.'

· 曰臣聞之胡齕 曰王坐於堂上 有牽牛而過堂下者.

: 앞의 曰은 '~라고 말하다.' 뒤의 曰은 '~라고 하다', 즉 앞의
'왈'은 신은 그것을 호흘에게 들었다고 말했다. 뒤의 '왈'은 뒤에 오
는 내용으로 왕이 당상에 앉아 있었다는(있었다 라고)-전체적으로는
<孟子가 말하기를 '신이 호흘에게 듣건대 왕께서 당상(堂上)에 앉아
계실 때 어떤 사람이 소를 끌고 당하를 지나가는 사람이 있었다.'라
고 들었습니다.> 즉 뒤의 曰은 들은 내용을 목적어로 하는 曰이다.
앞의 曰은 말하는 전체 내용이 목적어이다. 한편 臣聞之胡齕은 두
개의 목적어를 취하는 동사로 파악하여 해석을 할 수 있다. (또는 胡
齕(호을에게)을 보어로 생각해도 좋다) '그것을 호흘에게 듣다'. 또는
臣聞之胡齕에서 之 뒤에 於가 생략되었다고 볼 수도 있다. 즉, 臣聞
之於胡齕 '호흘에게서 그것을 들었다.' 之는 諸(之+於)와 동일하게
쓰였다고 볼 수 있다.

• 有牽牛而過堂下者.

: 소를 끌고 당 아래를 지나가는 자가 있다. 而는 연접으로 '~하면서', 有~者는 '~하는 사람이 있다.'

• 曰牛何之.

: 何는 '어디'라는 뜻으로 之의 목적어지만 의문대명사이기 때문에 之 앞에 놓이게 되었다. 之는 동사로 '가다'로 사용되었다.

• 吾不忍其觳觫若無罪而就死地.

: 觳觫若은 무서워서 벌벌 떠는 모양. '若'은 '然'과 마찬가지로 形容詞에 붙는 말이다. • 若(약) 이같이, 이렇게, 그같이, 그렇게. 吾不忍其觳觫若 : '不忍'은 '차마 ~하지 못하다.' '其'는 牛.

01-07-05

曰有之 曰是心 足以王矣 百姓皆以王爲愛也 臣固知王之不忍也.

<그런 일이 있었습니다.> <이런 마음이면 충분히 왕도정치를 행할 수 있습니다. 백성들은 모두 왕께서 재물을 아껴서 큰 것을 작은 것과 바꾸게 했다고 말하지만, 저는 진실로 왕께서 소가 죽는 것을 차마 볼 수 없어서 그렇게 하셨다는 것을 알고 있습니다.>

〈단어 및 어휘〉

• 愛(사랑 애): 吝嗇. '以王爲愛'는 '王을 인색하게(愛) 여기다.'
• 固(본디 고/굳을 고): 굳다, 단단하다, 완고하다, 고루하다, 우기다(억지를 부려 제 의견을 고집스럽게 내세우다), 가두다, 여기서는 부사로 사용되어 '본디', '진실로.'

〈문법연구〉

· 是心 足以王矣.

: 以의 목적어는 '是心'으로서 '이 마음을 가지고 王道를 實行할 수 있다.' 足以王矣에서 以 다음에 대명사 之가 생략된 형태이다. 즉 이러한 대명사 之는 생략되는 것이 일반적이다. 그것. 즉 앞의 是心. 그런 마음으로서 왕의 역할을 충분하게 할 수 있다는 뜻이 된다. 해석은 'A 足以 B' 형태를 기본으로 'A로써 B 하기에 충분하다/A로써 B 할 수 있다'이다. 可以, 足以, 得以, 足用은 문법적으로 동일하다고 볼 수 있다.

예) 苟能充之 足以保四海 苟不充之 不足以事父母. (孟子)
: 만일 그것을 확충할 수 있다면 그것으로(그 때문에/그런 것을 이유로 하여) 사해를 보전할 수 있고, 만일 그것을 확충하지 못한다면 그것으로 부모를 섬길 수 없다.

예) 材力過人 手格猛獸 知足以距諫 言足以飾非. (史記)
: 재주와 힘이 남들보다 뛰어나 맨손으로도 맹수와 싸웠고, 지혜는 간언이 끊어낼 수 있었고, 말재주는 허물을 교묘히 감추기에 충분했다.

예) 善不積 不足以成名 惡不積 不足以滅身. (明心寶鑑)
: 선을 쌓지 않으면 족히 이름을 이룰 수 없을 것이요 악을 쌓지 않으면 몸을 망칠 수는 없다.

· 百姓皆以王爲愛也.

: 以王爲愛也는 '以+A+爲+B' 형태 구문이다. A를 B로 삼다(여기다/간주하다). 여기서 愛: =吝. 아끼다.

・臣固知王之不忍也.

: 王之不忍은 목적어로서 '명사'이다. 이 문장에서 '不'이 없다면 '忍'이 動詞이므로 '所'를 사용하여 '王之所忍'이 된다. 그러나 '不'이 있기 때문에 '所'를 생략해도 된다. 물론 所를 생략하지 않은 '王之所不忍'도 가능하다.

01-07-06

王曰然誠有百姓者 齊國雖褊小 吾何愛一牛 卽不忍其觳觫若無罪而就死地 故以羊易之也.

왕이 말하길, <그렇습니다. 진실로 (그런) 백성도 있을 것입니다만, 제나라가 아무리 좁고 작으나 내 어찌 소 한 마리를 아까워하겠습니까? 다만 죄 없이 벌벌 떨며 사지로 나아가는 것을 차마 볼 수 없었기 때문에 소 대신 양으로 바꾸게 한 것입니다.>

〈단어 및 어휘〉

・然(그러할 연): 그렇다, 상대방의 의견에 대해서 수긍하는 경우 사용.
・者(놈 자): 語勢를 강하게 하는 말.
・褊(좁을 편): 좁다, 성급하다, 납작하다.
・卽(곧 즉): 바로 그것.

〈문법연구〉

・不忍其觳觫若無罪而就死地 故以羊易之也.

: 차마~할 수 없다. 不忍은 뒤의 전체문장을 목적어로 한다. '떠는 것이 마치 죄 없는데 사지로 가는 것과 같은 것을 차마 볼 수 없

다.' 故가 '그런 까닭에'이며 以羊易(之)牛 '양을 그것(牛)과 바꾸다'
라는 의미로도 해석할 수 있다.

01-07-07

曰王無異於百姓之以王爲愛也 以小易大 彼惡知之 王若隱其無罪而
就死地則 牛羊何擇焉 王笑曰 是誠何心哉 我非愛其財而易之以羊也
宜乎百姓之謂我愛也.

<왕께서는 백성들이 왕께서 재물을 아껴서 그렇게 했다고 말하는
것을 이상하게 여기지 마소서. 작은 것을 가지고 큰 것과 바꾸셨으
니, 저들이 어찌 왕의 마음을 알겠습니까? 왕께서 만일 죄 없이 사
지로 끌려가는 것을 측은히 여기셨다면 소와 양을 어찌 구별하셨
습니까?> 왕이 웃으며 말하였다. <이것이 참으로 무슨 마음이었던
가? 내가 재물을 아껴서 소를 양으로 바꾸게 한 것은 아니었지만,
백성들이 나더러 재물을 아꼈다고 말하는 것이 당연하겠습니다.>

〈단어 및 어휘〉

· 無(없을 무): 여기서는 '~하지 말라.'
· 異(다를 이): 다르다, 기이하다, 괴이하다, 이상야릇하다, 다른,
  딴, 여기서는 '이상하게 여기다'
· 惡(악할 악/어찌 오): 악/악하다, 모질다, 나쁘다, 불길하다, 오/
  미워하다, 두려워하다, 싫어하다, 어찌, 아! (감탄사).
· 隱(숨을 은): 숨다, 가엾어 하다, 근심하다(속을 태우거나 우울
  해하다), 음흉하다, 쌓다, 수수께끼. 惻隱하게 여기다.
· 擇(가릴 택): 가리다, 분간하다, 고르다, 구별하다, 뽑다, 선택하다.

・誠(정성 성): 정성, 정성스럽게 하다, 진심, 참으로, 진실로, 만약
  ~라면.
・宜(마땅 의): 마땅하다, 알맞다, 화목하다, 과연, 정말, 거의, 마땅히.
・宜乎(의호): 알 만하다. 과연 ~하는 것도 참으로 당연하다.

〈문법연구〉

・王無異於百姓之以王為愛也.

: 異가 '이상하게 여기다'는 동사로 쓰였다. 無는 '~하지 말라'라는
의미. 勿과 같다. 之는 주격조사. 以爲는 '~을~으로 생각하다', '~을
~으로 여기다' 개사 於는 앞의 동사의 직접 대상이 되는 단어나 구
앞에 쓰인다. 일반적으로 타동사에는 개사 於를 사용하지 않으나 於
를 사용하여 그 목적어를 분명하게 해 줄 필요가 있을 때 사용한다.

・다음은 於에 대한 예문들이다.

예) 故卒無以自解於百姓之言也. (孟子)
: 고로 끝내 백성의 말에 대해서 이해할 수 없었다. (於百姓之言는
일종의 보어)

예) 失火 而取水於海 海水雖多 火必不滅矣 遠水不求近火也. (韓非子)
: 잘못으로 불이나 바다에서 물을 취하려 한다면, 바닷물이 비록
많을지라도, 불은 반드시 꺼지지 않을 것이다. 먼 곳의 물은 가까
운 곳의 불을 끄지 못하기 때문이다. (於海는 일종의 보어)

예) 三年無改於父之道 可謂孝矣. (論語)
: 삼 년 동안 아버지의 도를 고치지 말아야 효라 이를 수 있다.
(於父之道는 改의 목적어)

예) 行百里者 半於九十. (戰國策)

: 백 리를 가는 자는 구십 리를 반으로 한다. (於九十은 半의 목적어)

다음은 無(~하지 말라)에 대한 예문들이다. 구문은 '無 A' 꼴로 'A 하지 말라'로 해석하면 된다.

예) 無以才不猶人自畫也. (金得臣)
: 재주가 남보다 못하다고 해서 스스로 한계 짓지 말라.

예) 有小大 無以小害大 無以賤害貴. (孟子)
: 작은 것과 큰 것이 있으니, 작은 것으로 큰 것을 해치지 말며, 천한 것으로 귀한 것을 해치지 말라.

· 以小易大.

: 이 문장은 부사구이다. 번역하면 '작을 것을 큰 것과 바꾸었으니'로 전체적으로는 원인을 나타내는 부사적 기능을 한다. 그런데 한문에서는 특별히 부사구에 대한 문법적 장치가 드물다. 이 문장의 경우 부사구가 되기 위해서는 뒤의 彼惡知之와 연결하여 해석해야 한다. 즉 앞의 以小易大는 이유, 원인으로 '작은 것을 큰 것과 바꾸었으니 그들(백성)이 어떻게 그것을 알겠는가'라는 해석이 된다. 다음 단락의 見其生不忍見其死 역시 유사한 형태이다. '그것이 살아 있는 것을 보면 차마 그것이 죽는 것을 볼 수 없다.'

· 牛羊何擇焉.

: 원래 何擇於牛羊인데 牛羊을 강조하여 도치된 문장이다. 글 앞에서 於는 생략하고 於是의 뜻으로 焉을 붙였다. 즉 소와 양 중에서 무엇을 택했겠습니까? 何擇 의문사에서 목적어의 도치. 무엇을 선택했느냐? 즉 소나 양 다 같이 생명이 있는 것인데 무엇을 선택하여

어떤 것만을 불쌍하게 여기었겠냐는 말.

· 我非愛其財而易之以羊也.

: 非는 名詞를 否定하는 役割을 한다. 따라서 문장 전체를 받아 '~한 것이 아니다'로 해석해야 한다. '재산을 아껴서 그것을 양으로 바꾼 것이 아니다.'

· 百姓之謂我愛也.

: 之는 주격조사. A 之謂 B 'A를 (일컬어) B라고 하다.'

　예) 可欲之謂善. (孟子)
　: 우러를 만한 가치가 있는 것을 善이라 한다.

　예) 大而化之之謂聖 聖而不可知之之謂神. (孟子)
　: '위대하여 남을 감화시키는 것을 성스럽다 하고, 성스러워서 남이 알 수 없는 것을 신령스럽다고 한다.'

　예) 所惡於左毋以交於右此之謂絜矩之道(혈구지도)也. (大學)
　: 오른쪽에서 싫어하는 것으로 왼쪽과 사귀지 말 것이며, 왼쪽에서 싫어하는 것으로 오른쪽과 사귀지 말 것이다. 이러한 것들을 일러 혈구지도라 한다. 여기서 之는 목적어를 앞으로 도치시키는 之로 생각할 수 있다. (是도 이와 같은 용법이 있다.)

　예) 菊之愛陶後鮮有聞. (愛蓮說/周敦頤)국화를 사랑함이 도연명 이후에 거의 듣지 못했다.

〈참고〉

· 謂之도 의미는 같다. 구체적으로는 'A 謂之 B'를 번역하면 'A 이것을 B라고 하다.' 정도가 된다. A 謂之 B나 A 之謂 B의 의미는 같다.

예) 喜怒哀樂之未發謂之中. (中庸)
: 희로애락이 아직 나타나지 않은 것, 이를 중(中)이라 한다.

〈비교〉 中之謂喜怒哀樂之未發.: 중을 희로애락이 아직 나타나지
않은 것이라고 한다.

01-07-08

曰無傷也 是乃仁術也 見牛未見羊也 君子之於禽獸也 見其生不忍見
其死 聞其聲不忍食其肉 是以君子遠庖廚也.

孟子께서 말씀하셨다. <괜찮습니다. 이것이 바로 인(仁)을 행하는
방법이니, 소는 직접 눈으로 보셨고 양은 아직 보지 못하셨기 때
문입니다. 君子는 禽獸에 대해서 살아 있는 것을 보고 나서는 차
마 그 죽어가는 것을 보지 못하며, 죽으면서 애처롭게 울부짖는
소리를 듣고는 차마 그 고기를 먹지 못합니다. 이 때문에 군자가
푸줏간을 멀리하는 것입니다.>

〈단어 및 어휘〉

· 術(재주 술): 재주, 꾀, 방법(方法), 수단(手段), 계략(計略), 술수
(術數), 책략(策略). 즉 仁術은 '仁을 實行하는 方法'이다.
· 庖(부엌 포): 부엌, 요리인, 음식.
· 廚(부엌 주): 부엌, 주장, 요리사, 찬장.
· 庖廚(포주): 푸줏간.
· 不忍(불인)+동사: 차마 동사 하지 못하다.

〈문법연구〉

· 君子之於禽獸也.

: 之는 主格助詞. 주격조사의 경우 원칙적으로는 之 다음에 敍述語가 와야 하는데, 여기서는 바로 '於'라는 개사가 위치한다. 그래서 이 개사 '於'에 '對處한다, 관계한다, 대하다'라는 意味가 함축된 된 것으로 볼 수 있다. '명사+之於+명사' 꼴의 해석은 '명사가 명사에 관해서는(대해서는)'이라는 주어구를 만든다. 즉, 君子之於禽獸也: '군자가 금수를 대하는 것은/군자가 금수에 대해서는' 즉, A 之於 B 는 'A가 B에 대한 관계'를 서술하는 문형이다.

예) 成川之於原州, 相距爲三百里外. (承政院日記)
: 성천이 원주에서는 거리가 300리 밖이다.

예) 子曰 吾之於人也 誰毀誰譽. (論語)
: 내가 다른 사람에 대하여 누구를 헐뜯고 누구를 칭찬하더냐.

예) 天之於民 厚矣. (列子)
: 하늘은 사람들에게 후하다.

〈비교〉 동사₁ 之於+명사. 그것(之)을 ~에 동사 하다.

예) 筆之於書.
: 그것을 글로 써 두다.

예) 比之於木同根異枝. (小學)
: 그것을 나무에 비하면 뿌리는 같으나 가지가 다르다.

01-07-09
王說曰 詩云 他人有心 子忖度之 夫子之謂也 夫我乃行之 反以求之 不得吾心 夫子言之 於我心有戚戚焉 此心之所以合於王者何也.

왕이 기뻐하며 말하였다. <≪시경≫에 이르기를 '다른 사람의 마

음을 내가 헤아린다.' 하였는데, 이는 선생을 두고 한 말입니다. 내가 그렇게 해놓고서 그 이유를 돌이켜 생각해보았으나 도대체 무슨 마음이었는지 알 수가 없었는데, 선생께서 말씀해주시니, 내 마음에 느껴지는 바가 있습니다. 그런데 이 마음이 왕도정치에 부합되는 까닭은 어째서입니까?>

〈단어 및 어휘〉

- 說(말씀 설/달랠 세/기쁠 열/벗을 탈): 말씀, 문체(文體)의 이름, 제사(祭祀)의 이름, 말하다, 이야기하다, 悅과 통용. 따라서 음은 '열'
- 詩(시 시): 詩經. 小雅 節南山之 중의 巧言篇
- 忖(헤아릴 촌): 헤아리다, 미루어 생각하다, 쪼개다.
- 度(법도 도/ 헤아릴 탁): 도/법도, 자, 횟수, 건너다, 탁/헤아리다, 생각하다, 던지다.
- 忖度(촌탁): 남의 마음을 미루어 헤아림.
- 夫子(부자): 선생님이나 윗사람에 대한 敬稱.
- 戚(친척 척): 친척, 겨레, 가깝다, 친하다, 근심하다, 슬퍼하다, 성내다.
- 戚戚(척척): 서로 친밀한 모양, 근심하고 두려워하는 모양, 마음이 움직이는 모양. 마음속의 疑問이 解消되어 시원한 模樣.
- 戚戚焉(척척언): 焉은 여기서는 접미사로 부사를 만든다. 즉 '~하게', '~한 듯', '~한 상태로' 등의 의미를 만드는 접미사이다. 여기서는 '뭔가 알 듯한' 정도로 해석할 수 있다. 이러한 용법으로 의태어 뒤에는 접사 비슷하게 焉 이외에도 然, 如, 若 등이 붙는다.

예) 囷囷焉: 힘이 없어 비실비실하는 모양
洋洋焉: 힘이 나서 생기 있는 모양.
皇皇焉: 황황하여 어찌할 줄 모르고.
望望焉: 망연하게.

· 所以(소이): 까닭, 원인.

〈문법연구〉

· 夫子之謂也.

: 之는 夫子와 謂의 도치를 나타내는 役割을 한다. 원래 謂夫子也로 된 文章인데 夫子를 强調하여 動詞의 앞으로 낼 때, 夫子와 動詞 사이에 之가 들어간다. 그래서 夫子之謂也로 바뀌었다. 해석은 '夫子之'를 하나의 목적어로 보고 '夫子를 말함이다'라고 하면 된다.

예) 非(謂)有喬木之謂也 有世臣之謂也. (孟子)
(고국(故國)이라 함은) 교목(喬木)이 있음을 말하는 것이 아니라
세신(世臣)이 있는 것을 말하는 것입니다.

예) 天命之謂性 率性之謂道 脩道之謂敎. (中庸)
: 하늘이 명하신 것을 성이라 하고, 성을 따르는 것을 도라 하며,
도를 닦는 것을 교라 한다.

· 於我心有戚戚焉.

: 於를 생략해도 된다. 그러나 위치를 확실하게 하기 위하여 사용되었다. 有와 같은 존재동사는 앞에 존재하는 장소나 위치를 나타내므로 '내 마음에 戚戚함이 있다'라고 해석된다.

· 此心之所以合於王者何也.

: 之는 主格 助詞. 所以는 까닭. 이 文章을 分析해 보면, 원래 '此心以合於王'과 '何也'가 結合된 것인데, '此心以合於王'이 文章 속의 한 成分이 됨으로써 此心 다음에 主格 助詞인 之가 놓이게 되고(此心之以合於王), 또 뒤의 合을 動詞로 維持하기 위하여 所가 들어가게 된 것이다(此心之所以合於王). 그리고 以의 목적어는 此心인데, 이 此心이 '王道를 實行하는 데 合當하게 여겨지는' 根據가 되기 때문에, 앞의 所와 합하여 所以를 '까닭', '原因' 등으로 해석하는 것이다. 해석 시 '~하는 것' 정도로 해석되는 경우가 많다. 'A 之所 B' 구문은 'A가 B 한 것은/A가 B 한 것이다'로 해석하고 'A 之所以 B' 역시 해석은 이와 유사하다.

예) 以前之所以見賢 而後獲罪者 愛憎之變也. (韓非子)
: 전날의 어질다 여겨진 것으로 후에 죄를 얻은 것은 아끼는 것과 미워하는 것이 변한 것이다.

예) 齊人曰 所以爲蚳鼃則善矣 所以自爲則吾不知也. (孟子)
: 제나라 사람이 말하길, '지와를 위한 것은 좋으나, 스스로 위하는 것은 내 알지 못하겠다.'라고 했다.

예) 知斯三者 則知所以修身 知所以修身 則知所以治人 知所以治人 則知所以治天下國家矣. (中庸)
: 이 세 가지를 알면 몸을 수양하는 것을 알 것이요, 몸을 수양하는 것을 알면 사람을 다스리는 것을 알 것이요, 사람을 다스리는 것을 알면 천하와 국가를 다스리는 것을 알 것이다.

예) 皆有怵惕惻隱之心 非所以內交於孺子之父母也 非所以要譽於鄉黨朋友也 非惡其聲而然也. (孟子)
: 모두 두려워하고 측은해 하는 마음이 있어서이지, 어린아이의 부모와 교분을 맺으려는 것이 아니며, 그것으로 향당과 벗들에게 명예를 구하려는 것이 아니며, 그 비난하는 소리를 듣기 싫어하여 그런 것도 아니다.

・反以求之.

: 以 다음에 대명사 之 생략. 之는 行之를 받는다. 즉 '돌이켜 그 행한 것으로 찾아보니(생각해보니)', 反은 동사로 '돌이키다'

01-07-10

曰有復於王者曰 吾力足以擧百鈞而不足以擧一羽 明足以察秋毫之 末而不見輿薪 則王許之乎 曰否 今恩足以及禽獸而功不至於百姓者 獨何與 然則一羽之不擧 謂不用力焉 輿薪之不見 爲不用明焉 百姓 之不見保 爲不用恩焉 故王之不王 不爲也 非不能也.

孟子께서 말씀하셨다. <왕께 復命하는 자가 있어 이르기를, '내 힘 이 족히 100鈞을 들 수 있으나 털 하나를 들 수 없으며, (눈의) 밝 기가 족히 秋毫의 끝을 살필 수 있으나 수레의 나무 섶을 볼 수 없다.'라고 한다면 왕께서 인정하시겠습니까?> <아닙니다.> <이제 은혜가 족히 禽獸에 미쳤으나, 功效가 백성에게 미치지 않은 것은 유독 무엇이겠습니까? 그러니 한 깃털을 들지 못함은 힘을 쓰지 않음이 되는 것이며, 수레의 풀 섶을 보시 못함은 밝음을 쓰지 않 는 것이 되니, 백성들이 보호받지 못함은 은혜를 쓰지 않는 것이 됩니다. 그러므로 왕께서 왕 노릇 하지 못하심은 하지 않는 것일 지언정 못함이 아닙니다.>

〈단어 및 어휘〉

・復(회복할 복/다시 부): 부/다시, 거듭, 거듭하여, 거듭하다, 다시 또 하다. 복/회복하다, 돌아가다, 돌아오다, 돌려보내다, 고하다, 초혼하다(招魂). 告也, 白也 '아뢴다'라는 뜻으로서 음은 '복'

- 鈞(서른 근 균): 서른 근, 18kg(한 근은 600g 정도), 녹로(도르래).
- 百鈞(백균): 3천 근(斤). 매우 무거운 것을 나타낸다.
- 明(밝을 명): 눈이 밝은 정도.
- 薪(섶 신): 섶(땔나무를 통틀어 이르는 말), 잡초, 풀, 봉급, (땔감으로)만들다, 나무를 하다.
- 許(허락할 허): 허락하다, 승낙하다, 들어주다, 바치다, 약속하다, 약혼하다. '許諾한다'라는 뜻인데, '認定한다'라는 말이 된다. 이해가 된다. 또는 납득이 가다.
- 功(공 공): 공, 공로, 공적, 보람, 업적, 공부. 效果. 여기서는 '짐승에까지 베풀어지는 王의 恩惠로운 마음이 政治를 통하여 나타나는 效果'를 말한다.
- 與(줄 여): 여기서는 의문 조사.

〈문법연구〉

- 曰有復於王者曰.

: 앞의 曰은 孟子가, 뒤의 曰은 어떤 사람이 주어이다. <有~者> 형태로 '~하는 사람(자)이 있다', '(중에) ~하는 자(것)가 있다', '어떤 사람이 ~하다'로 해석한다. 예문의 해석은 '어떤 이가 왕에게 말하길.' 또는 '왕에게 아뢰는 이가 있어 말하길'이라고 해석해도 좋다. 復: '아뢴다'라는 뜻으로서 음은 '복'

예) 如有不嗜殺人者 則天下之民 皆引領而望之矣. (孟子)
: 만일 사람 죽이기를 좋아하지 않는 자가 있다면, 천하의 백성들이 모두 목을 늘이고 바라볼 것입니다.

예) 漢陽中 誰最富 有道卞氏者. (許生傳)
한양에서 누가 가장 부자인가. 변 씨라고 말하는 자가 있었다.

• 吾力足以擧百鈞而不足以擧一羽.

: 以 다음에 之, 즉 吾力이 생략됨. 다음 문장의 足以도 마찬가지로 明이 생략됨. 즉 'A 足以 B' 문형은 'A로써 B 하기에 충분하다/A로써 B 할 수 있다/A는 B 할 수 있다'로 해석된다. 예문에서는 '내 힘으로는 ~할 수 있다'이다.

예) 明君 制民之産 必使仰足以事父母 俯足以畜妻子 樂歲 終身飽 凶年 免於死亡. (孟子)
: 현명한 군주는 백성의 생산을 제정하는데, 반드시 위로는 부모를 섬김에 풍족하고, 아래로는 처자식을 기르는 데 충분하게 하여, 풍년에는 몸을 마치도록 배부르게 하고 흉년이라도 죽음에서 벗어나게 한다.

예) 江東雖小 亦足以王 願急渡. (史記)
: 강동이 비록 작나 하나 또한 왕 노릇 하기에 충분하니 급히 건너십시오.

• 百姓之不見保.

: 見은 다음에 오는 動詞를 피동형으로 만드는 역할을 한다. 해석은 '見 A B' 형태로 'A에게 B 하게 되다/A에게 B 받다(동사를 당하다)'이다. '見 A B' 형태에서 A(행위자)가 없는 경우 '~하게 되다/~받다/~당하다'로 해석한다.

예) 夫子 何以知其將見殺. (孟子)
: 선생께서는 어떻게 그가 장차 죽임을 당할 것을 아셨습니까?/죽게 될 것을 아셨습니까?

예) 夫有高人之行者 固見非於世 有獨知之慮者 必見敖於民. (史記)
: 무릇 高士의 행동이 있는 자는 진실로 세상에서 비난을 당하고,
홀로 아는 생각이 있는 자는 반드시 백성에게 업신여김을 받는다.

예) 後以事無驗 見原還家. (後漢書)
: 뒤에 사건에 증거가 없어서, 풀려나 집으로 돌아갔다.

〈참고〉

'爲 A B(見 A B)'의 해석은 'A에게 B 하게 되다/A에게 B 받다(당
하다)'이다. 한편 '見+동사'로 행위자가 없거나 생략된 경우는 '~하
게 되다/~받다/~당하다'로 해석한다. 이 경우 가해자가 '於+A' 상
태로 첨가되기도 한다.

예) 子曰 年四十而見惡焉 其終也已. (論語/陽貨)
: 공자께서 말씀하셨다. '나이 사십에 이에서 미움을 받으면 그대
로 끝날 뿐이다.'

예) 盆成括 見殺 門人 問曰 夫子何以知其將見殺. (孟子/盡心下)
: 분성괄(盆成括)이 죽임을 당(當)하자 제자(弟子)가 물어보기를,
'선생(先生)님께서는 어찌 그가 장차(將次) 죽게 될 것을 아셨습니
까?' 하였다.

예) 今西面而事之 見臣於秦. (史記)
: 지금 왕께서 서쪽으로 진나라를 섬기면 진나라의 신하 노릇을
하게 되는 것입니다.

예) 吾嘗三仕 三見逐於君 鮑叔不以我爲不肖. (史記)
: 내가 일찍이 세 번 임금을 섬기고 세 번 쫓겨났는데 포숙아는
나를 불초하다고 여기지 않았다.

예) 彼伍子胥父兄 爲戮於楚. (史記)
: 오자서는 초나라에 죽임을 당했다.

예) 呼稱人惡 人亦道其惡 好憎人者 亦爲人所憎. (說苑)
: 다른 사람의 악을 말하기를 좋아하면 남도 또한 그의 악을 말하
고 남을 미워하기를 좋아하는 자는 또한 남에게서 미움을 받는다.

01-07-11

曰不爲者與不能者之形 何以異 曰挾太山以超北海 語人曰 我不能
是誠不能也 爲長者折枝 語人曰 我不能 是不爲也 非不能也 故王之
不王 非挾太山以超北海之類也 王之不王 是折枝之類也.

<하지 않는 것과 할 수 없는 것이 어떻게 다릅니까?> <태산(太山)
을 옆에 끼고 북해(北海)를 뛰어넘는 것을 사람들에게 말하기를
'나는 도저히 할 수 없다.'라고 한다면 이는 진실로 할 수 없는 것
이지만, 어른을 위하여 나뭇가지를 꺾는 것을 사람들에게 말하기
를 '나는 도저히 할 수 없다.'라고 한다면 이는 하지 않는 것이지
할 수 없는 것은 아닙니다. 그러므로 왕께서 왕도정치를 행하지
않는 것은 태산을 옆에 끼고 북해를 뛰어넘는 것과 같은 종류가
아니라, 바로 나뭇가지를 꺾는 것과 같은 종류입니다.

〈단어 및 어휘〉

• 何以(하이): 어떻게, 왜, 어찌하여, 何以之(그것을 어떻게)에서
  之가 생략된 형태임. 何以異. 何以 어떻게. 일종의 부사화 된 말.
• 挾(낄 협): 끼다, 끼우다, 끼어 넣다, 두루 미치다(영향이나 작용
  따위가 대상에 가하여지다), 두루 통하다, 몸에 지니다, 믿고 의
  지하다.
• 太山(태산): 泰山을 말한다. 山東省에 있는 名山으로 五岳 중의
  하나이다. 東岳에 該當한다.

· 北海(북해): '북쪽에 있는 바다'라는 뜻인데, 여기서는 *渤海*를 가리킨다.

· 折枝(절지): 가지를 꺾음, 사지를 안마함, 팔다리를 구부림.

〈문법연구〉

· 非挾太山以超北海之類也.

: '태산을 끼고 북해를 건너는 것과 같은 것(류, 종류)이 아니다.' 문장 앞에 있는 非는 문장 전체를 부정하는 경우가 많다. ~之類는 '~과 같은 종류/~과 같은 것들/~따위' 정도로 해석하면 된다.

예) 蟣虱之類.
: '서캐와 이의 무리'라는 뜻으로, '보잘것없는 비천(卑賤)한 사람'을 업신여겨서 이르는 말. '서캐와 이 같은 것'이라고 해석하면 무난하다.

예) 不同 如善惡邪正之類. (論語集註)
: 다른 것은 善과 惡, 邪와 正과 같은 종류이다.

예) 下詔禁殺生 放民家所養鷹之類 焚漁獵之具 一切禁止. (三國遺事)
: 조서를 내려 살생을 금지하고 민가에서 기르는 사냥하는 새들 따위를 놓아주고 또 물고기를 잡는 기구를 불살라서 일체 금지했다.

01-07-12

老吾老以及人之老 幼吾幼以及人之幼 天下可運於掌 詩云 刑于寡妻 至于兄弟 以御于家邦 言擧斯心 加諸彼而已 故推恩足以保四海 不推恩無以保妻子 古之人所以大過人者無他焉 善推其所爲而已矣 今恩足以及禽獸而功不至於百姓者 獨何與.

우리 집 부형(父兄)을 공경하여 남의 부형에게까지 미치며, 우리

집 자제(子弟)를 사랑해서 남의 자제에게까지 미친다면, 천하를 손바닥에 놓고 움직일 수 있을 것입니다. ≪시경≫에 이르기를 '내 아내에게 모범이 되어 형제에게 이르러서 집과 나라를 다스린다.' 하였으니, 이 마음을 들어서 저기에 베풀 뿐임을 말한 것입니다. 그러므로 은혜를 미루어 가면 천하를 보전할 수 있고, 은혜를 미루어 가지 못하면 처자식도 보호할 수 없습니다. 옛사람이 지금 사람들보다 크게 뛰어난 까닭은 딴 것이 없습니다. 해야 할 것을 잘 미루어나갔기 때문일 뿐입니다. 지금 왕의 은혜가 금수에게 미쳤으면서 그 효과가 백성들에게 이르지 않음은 유독 어째서입니까?

〈단어 및 어휘〉

• 老(늙을 로): 늙다, 익숙하다, 노련하다, 숙달하다, 대접하다, (노인을) 공경하다, 노인으로 잘 모시는 것.
• 幼(어릴 유): 어리다, 작다, 사랑하다, 어린아이.
• 刑(형벌 형): 모범이 된다.
• 于(어조사 우): ~에, ~을, ~보다, ~인가, ~로다, 가다, 굽히다, 탄식하다.
• 御(거느릴 어/막을 어): 다스림을 이룬다.
• 諸(모든 제/어조사 저): 제/모든, 여러, 저/~은, 이에, 이를, 그야말로, ~에, 之於의 준말.
• 足以(족이): ~하기에 족하다, 충분히 ~할 수 있다, 足以之(그것에 충분하다)의 준말.
• 所以(소이): 까닭, 연유, 所以之(그것으로서의 까닭)의 준말.
• 而已矣(이이의): ~일 뿐이다.

· 而已(이이): ~할 따름, ~뿐임.

〈문법연구〉

· 老吾老以及人之老 幼吾幼以及人之幼.

: 한문의 특징 가운데 하나는 품사가 정해져 문장에서 그 역할을 실행하는 것이 아니라 문자 속의 위치에 따라 품사가 정해진다는 점이다. 老나 幼는 원래 '늙다', '노인', '어리다', '어린이' 등의 의미가 있으나 論語의 君君臣臣父父子子(임금은 임금다워야 하고, 신하는 신하다워야 하고, 아비는 아비다워야 하고, 아들은 아들다워야 한다.)라는 문장에서 보듯이 같은 단어이지만 문장 속의 위치나 역할에 따라 품사가 정해짐을 알 수 있다. 예문처럼 형용사가 동사로 사용되는 경우 대개 '형용사로 여기다/형용사로 생각하다/형용사화 하다' 등으로 해석된다.

예) 君子正其衣冠尊其瞻視. (論語)
: 군자는 그 의관을 바르게 하며, 그 보는 것을 존경하게 한다. (正과 尊이 형용사이나 동사화)

예) 孰能一之 對曰不嗜殺人者能一之. (孟子)
: '누가 능히 통일시키겠습니까?' 대답하기를, '사람 죽이기를 좋아하지 않는 자가 능히 통일할 수 있습니다'라 했다.

예) 旣數月矣 未可以言與. (孟子)
이미 서너 달이 지났는데 아직 왕에게 간언할 수 없단 말인가. (數月이 동사화)

· 以御于家邦.

: 以는 접속사로 앞의 말들을 받아서 이어간다. 즉 '그래서 ~한다'

는 의미를 이룬다. 여기서 于는 於와 마찬가지로 동사의 대상이 되는 것을 나타낼 때 사용한다. 생략이 가능하다.

· 加諸彼而已.

: 거기(彼)에 그것(之)을 얹히다(加). 여기서 之는 諸 안에 포함되어 있다. 諸는 之於의 준말이다. 而已는 ~뿐이다, ~ㄹ따름이다.

· 不推恩無以保妻子.

: '은혜를 밀고 나가지 않으면 처자도 보호할 수 없다' 여기서 無以는 '할 수 없다'로 해석되지만 之가 생략되었다고 볼 수 있다. 之는 不推恩을 나타내며 以之(以不推恩) 즉 '不推恩하기 때문에'라는 의미가 들어있다고 볼 수 있다.

01-07-13

權然後知輕重 度然後知長短 物皆然心爲甚 王請度之.

저울질한 뒤에야 무게를 알며, 자로 재어본 뒤에야 길이를 알 수 있습니다. 어떤 사물이든 다 그렇지만 그중에도 마음이 더욱 심하니 왕께서는 이 점을 헤아리소서.

〈단어 및 어휘〉

· 權(권세 권): 권세, 권력, 저울, 저울추, 저울질하다, 꾀하다, 당분간, 임기응변.
· 度(법도 도/헤아릴 탁): 도/법도, 자, 바로잡다, 기준으로 삼다, 탁/헤아리다, 재다, 살다.

- 甚(심할 심): 심하다, 정도가 지나치다, 지나치다, 깊고 두텁다, 초과하다(超過). 程度가 심하다.

01-07-14

抑王興甲兵 危士臣構怨於諸侯然後快於心與.

혹시(설마/아니면), 왕께서는 전쟁을 일으켜 군사와 신하들을 위태롭게 하고, 제후(諸侯)들과 원한을 맺은 뒤에야 마음이 유쾌하시겠습니까?>

〈단어 및 어휘〉

- 抑(누를 억): 누르다, 굽히다, 물리치다. 發語詞로 '아마도, 또한, 혹시, 설마' 등으로 해석하면 된다.
- 構(얽을 구/닥나무 구): 얽다, (생각을) 얽어 짜내다, (거짓을) 꾸 며대다, 음해하다(陰害).
- 構怨(구원): 원한을 품다, 원한을 만들다.

〈문법연구〉

- 構怨於諸侯.

: 構는 '만들다', '얽다' 등의 의미로 構怨은 怨을 만들다. 직역하면 '제후들에게 원한을 사다.'

01-07-15

王曰否 吾何快於是 將以求吾所大欲也.

<아닙니다. 내 어찌 그런 일을 유쾌하게 여기겠습니까? 장차 내가 가장 원하는 것을 이루려고 해서입니다.>

〈문법연구〉

· 將以求吾所大欲也.

: 以 다음에 之가 생략된 꼴이다. 즉 그것(以之)으로 나의 크게 하고자 하는 바를 구한다. 그것은 앞 문장의 是이며 이 是는 군사를 일으키는 것(興甲兵)이다.

해석은 '장차 나의 크게 하고자 하는 바를 구하고자 합니다.' 그런데 將을 동사의 의지나 가까운 미래에 일어날 사건을 서술하는 '~하려 하다'로 해석하면 '내가 크게 하고자 하는 것을 구하려 하다.'

예) 夫讀書者 將以何爲也. → 夫讀書者 將以(之)何爲也.
: 무릇 글을 읽는 것은 그것(之)으로써(以/그것을 가지고) 무엇(何)을 하려(爲)는 것인가(也). 책은 읽어서 무엇을 하려고 합니까?

예) 子將安之.
: 너는 장차 어디에 가는가. → 너는 어디로 가려는가.

01-07-16

曰王之所大欲 可得聞與 王笑而不言 曰爲肥甘 不足於口與 輕煖不足於體與 抑爲采色不足視於目與 聲音不足聽於耳與 便嬖不足使令於前與 王之諸臣 皆足以供之 而王豈爲是哉 曰否吾不爲是也 曰然則王之所大欲 可知已 欲辟土地 朝秦楚 莅中國而撫四夷也 以若所爲 求若所欲 猶緣木而求魚也.

孟子께서 말씀하셨다. <王께서 크게 하고자 하시는 것을 들을 수 있겠습니까?> 왕께서 웃으며 말씀하지 않자, 孟子께서 말씀하셨다. <살찌고 단 음식이 입에 부족해서입니까? 가볍고 따뜻한 옷이 몸

에 부족해서 입니까? 아니면 采色이 눈으로 보기에 부족해서 입니까? 음악이 귀에 듣기에 부족해서 입니까? 편하고 총애하는 사람이 目前에서 시키기에 부족해서 입니까? 王의 여러 신하들이 모두 풍족하게 공급하고 있으니, 王께서 어찌 이 때문이겠습니까?> 王이 말씀하였다. <아닙니다. 나는 이 때문이 아닙니다.> 孟子께서 말씀하셨다. <그렇다면 王께서 크게 하고자 하시는 바를 알 수 있겠습니다. 땅을 넓혀서 秦나라와 楚나라가 朝會하게 하고 中國에 임하여 四夷를 주무르려 함이니, 이와 같은 행위로써 이와 같은 원하는 것을 구함은 나무에 올라 고기를 구하는 것과 같습니다.>

〈단어 및 어휘〉

- 與(더불 여): 더불어, 같이하다, 참여하다, 주다, 허락하다, 돕다, ~및, ~인가, 이구나.
- 爲(할 위): 하다, 위하다, ~하려고 하다, 당하다, 있다, ~라 생각하다, 이다, ~이 되다, ~때문이다.
- 肥(살찔 비): 살찌다, 기름지다, 살지게 하다, 비옥하게 하다, 넉넉해지다, 두텁게 하다, 거름, 비료, 기름기, 기름진 고기.
- 甘(달 감): 달다(꿀이나 설탕의 맛과 같다), 달게 여기다, 맛 좋다, 익다, 느리다, 느슨하다, 간사하다, 단 음식.
- 肥甘(비감): 살지고 맛이 좋음, 살지고 맛 좋은 음식.
- 輕煖(경난): 가볍고 따뜻한 옷. 煖은 暖과 같은 뜻.
- 抑(누를 억): 누르다, 억누르다, 굽히다, 숙이다, 물러나다, 물리치다, 가라앉다, 막다, 다스리다, 또한. 아니면.
- 嬖(사랑할 폐): 사랑하다, 총애하다, 애첩.

- 便嬖(편폐): 군주가 총애하는 사람.
- 令(영 령/하여금 영): 하여금, 가령, 이를테면, 법령, 규칙, 벼슬(관아에 나가서 나랏일을 맡아 다스리는 자리. 또는 그런 일), 남을 높이는 말, 장관, 관아의 우두머리, 방울 소리.
- 供(이바지할 공): 이바지하다, 받들다, 모시다, 베풀다(일을 차리어 벌이다, 도와주어서 혜택을 받게 하다), 갖추어지다, 바치다, 설비하다.
- 哉(어조사 재): ~도다(감탄), ~인가(의문), 비로소.
- 然則(연즉): 그러면, 그렇다면.
- 已(그칠 이): 그치다, 이미, 매우, ~뿐이다, 이도다, ~로써.
- 辟(임금 벽/피할 피): 벽/임금, 천자, 제후, 법률, 다스리다, 열다, 편벽되다, 피/피하다, 숨다. 辟: 文脈에 따라 僻(궁벽할 벽), 譬(비유할 비), 避(피할 피), 闢(열 벽) 등으로 쓰인다. 여기서는 闢의 의미이다. '開拓한다'라는 뜻.
- 朝(아침 조): '배알하다, 문안하다'의 뜻도 있지만 부르다, 소견하다(召見: 윗사람이 아랫사람을 불러서 만나 보나). '조회(朝賀)를 받다'의 의미도 가진다. 여기서는 조하를 받다.
- 莅(다다를 리): 다다르다, 지위, 녹, 여기서는 '臨한다'라는 뜻이다.
- 中國(중국): 天下의 中央이란 뜻이므로, 지금의 中國으로 보면 안 된다.
- 撫(어루만질 무): 어루만지다, (손으로) 누르다, (손에) 쥐다, 치다, 두드리다, 위로하다, 기대다, 사랑하다, 좇다, 따르다, 돌다.
- 緣(인연 연): 인연, 가장자리, 겉, 장식, 까닭, ~에 연유하다, 꾸미다, 두르다.
- 若(같을 약): 같다, 만약, 어쩌면, 이러한, 이와 같은, 이러한 것, 이것.

· 所爲(소위): '하는 짓(것)', 즉 '興甲兵 危士臣 構怨於諸侯'를 말한다.

〈문법연구〉

· 爲肥甘 不足於口與.
: '기름지고 단 것이 입에 부족하기 때문입니까.' 爲는 전체문장을
받아 '〜때문'으로 해석한다.

· 皆足以供之 而王豈爲是哉.
: '모두 충분하게 받들어 올리는데 왕께서는 어찌 이 때문이겠습
니까.' 而는 역접 '〜인데'

· 否吾不爲是也.
: '아니오, 나는 이것 때문이 아닙니다.' 여기서 爲는 동사로 쓰여
'〜때문이다'로 사용되었다. 따라서 부정은 不로 하며 '〜때문이 아
니다'가 된다. 여기서도 한문의 특징이 있다. 즉 爲가 '〜때문'이라는
개사로 사용된 경우인데 이것(개사)을 不를 이용하여 부정한다는 것
은 모순이기 때문이다.

예) 言多語失 皆因酒 義斷親疎 只爲錢. (明心寶鑑)
: 말이 많아서 말을 실수하는 것은 모두 술에 원인이 있고 의리가
끊어지고 친분이 서먹해지는 것은 다만 돈 때문이다.

예) 天行有常 不爲堯存 不爲桀亡. (荀子)
: 하늘의 운행은 일정함이 있어 요임금 때문에 존재하는 것도 아
니고 걸 임금 때문에 없어지는 것도 아니다.

・以若所爲 求若所欲.

: '행하는 것과(바와) 같은 것으로서 하고자 하는 것을 구하다.' 所爲는 이전의 일반적인 행동으로 병사를 일으키고(興甲兵), 군사와 신하들을 위태롭게 하고(危士臣), 제후들에게 원한을 만드는 것(構怨於諸侯)을 말한다.

01-07-17

王曰若是其甚與 曰殆有甚焉 緣木求魚 雖不得魚 無後災 以若所爲 求若所欲 盡心力而爲之 後必有災 曰可得聞與 曰鄒人 與楚人戰 則王以爲孰勝 曰楚人勝 曰然則 小固不可以敵大 寡固不可以敵衆 弱固不可以敵彊 海內之地 方千里者九 齊集有其一 以一服八 何以異於鄒敵楚哉 蓋亦反其本矣.

<그토록 심합니까?> <그보다도 더 심하니, 나무에 올라가서 물고기를 구하는 것은 물고기는 얻지 못해도 후환은 없지만, 이와 같은 소행으로 이와 같온 소원을 이루기를 구한다면, 마음과 힘을 다해서 구하더라도 얻지 못하고 뒤에 반드시 후환이 있을 것입니다.> <왜 그런지 말씀해주실 수 있겠습니까?> <추(鄒)나라 사람들과 초(楚)나라 사람들이 전쟁을 한다면 누가 이기리라고 여기십니까?> <초나라 사람들이 이길 것입니다> <그렇다면 작은 나라는 진실로 큰 나라를 대적할 수 없으며, 적은 사람으로는 많은 사람을 대적할 수 없으며, 약한 자는 강한 자를 대적할 수 없습니다. 천하의 땅에 사방 천 리 되는 나라가 아홉인데, 제(齊)나라 땅을 다 합치면 천 리로 그중에 하나를 소유하였을 뿐이니, 하나를 가지고 여덟을 복종시키려 하는 것이 추나라가 초나라를 대적하는 것과 무엇이 다르겠습니까? 그러하니 역시 근본으로 돌아가야 합니다.

〈단어 및 어휘〉

· 若是(약시): 이처럼(若此)/若是若是=若此若此=如此如此; 이러이러한

· 殆(거의 태): 거의, 아마, 대개, 장차, 반드시, 위태하다, 위험하
다, 해치다.

· 固(굳을 고): 굳다, 견고하다, 굳건히, 본래, 당연히, 원래.

· 蓋(덮을 개/어찌 합): 덮다, 뛰어나다, 덮개, 모두, 대략, 대개, 아
마도, 그래서. ~어찌 ~하지 않겠는가.

예) 聞文王作興曰 盍歸乎來. (孟子)
: 문왕이 일어났다는 말을 듣고서 '어찌 돌아가지 않겠는가.'라 말했다.

〈문법연구〉

· 殆有甚焉.

: '殆+A' 형태로 '아마(거의) A일(할) 것이다' 유사 문형으로 '其 A
乎', '庶幾+A/거의 A일 것이다/A에 가깝다' 등이 있다.

예) 妻曰 得此奇物 殆兒之福 埋之不可. (明心寶鑑)
: 아내가 말하기를, '이 기이한 물건을 얻은 것은 아마 아이의 복
이니 땅에 묻는 것은 옳지 못하다.'라고 하였다.

예) 百濟溫祚之言曰 東有樂浪 北有靺鞨 則殆古漢時樂浪郡之屬縣
之地也. (三國遺事)
: 백제의 온조왕이 말하기를, '동으로는 낙랑이 있고 북으로는 말
갈이 있다고 하였다. 이는 아마도 옛 한나라 때에 낙랑군의 속현
인 땅일 것이다.'라고 하였다.

예) 耳不聞人之非 目不視人之短 口不言人之過 庶幾君子. (明心寶鑑)
: 귀로는 남의 나쁜 점을 듣지 말고, 눈으로는 남의 단점을 보지

말고, 입으로는 남의 허물을 말하지 말아야 아마 군자에 거의 가까울 것이다. (아마 군자라 할 수 있을 것이다.)

·鄒人 與楚人戰 則王以爲孰勝.
: 與, ~와, ~와 더불어. 與楚人戰, '초나라 사람과 전쟁을 하다.' 孰勝, '누가 이기다.' 孰은 주어로 사용되었다. 以爲, '생각하다', '여기다', '알다', '말하다'이고 '以 A 爲 B'는 A를 B로 여기다(삼다, 말하다).

예) 妻曰 得此奇物 殆兒之福 埋之不可 順以爲然 將兒與鐘還家. (明心寶鑑)
: 처가 말하길, '이 기이한 물건을 얻은 것은 아마 아이의 복일 듯하니 땅에 묻는 것은 옳지 못합니다.'라고 하자, 손순도 그렇게 생각하여 아이와 종을 가지고 집으로 돌아왔다.

예) 父母愛子之心 無所不至 惟恐其有疾病 常以爲憂也. (論語)
: 부모께서 자식을 아끼는 마음이 이르지 않음이 없으니, 오직 자식이 질병이 있을까 두려워하는 것으로 항상 근심을 삼으신다.

예) 夫以銅爲鏡 可以正衣冠 以古爲鏡 可以知興替 以人爲鏡 可以明得失. (貞觀政要)
: 무릇 동을 거울로 삼으면 의관을 바로 할 수 있고, 옛날을 거울로 삼으면 흥망을 알 수 있으며, 사람을 거울로 삼으면 득실을 분명하게 할 수 있다.

예) 世人無道以照之 則以直爲枉 以枉爲直者 多矣. (孟子)
: 세상 사람들에게 도가 없이 이를 밝히라 하면, 곧은 것을 굽었다고 하며, 굽은 것을 곧은 것이라 하는 자가 많다.

·齊集有其一.
: 제나라가 모여도 그중의 하나가 된다. 有는 숫자 앞에서 '~이 되다.'

예) 有200人.
: 200명이 있다(되다).
: '有天下九分之一也'는 '천하의 구분의 일이 되다.'라는 의미.

01-07-18

今王發政施仁 使天下仕者 皆欲立於王之朝 耕者皆欲耕於王之野 商
賈皆欲藏於王之市 行旅 皆欲出於王之塗 天下之欲疾其君者 皆欲赴
愬於王 其如是孰能禦之.

지금 왕께서 훌륭한 정치를 펴고 인정(仁政)을 베풀어 천하의 벼
슬하는 자들로 하여금 모두 왕의 조정에서 벼슬하고 싶게 하며,
경작(耕作)하는 자들로 하여금 모두 왕의 들판에서 경작하고 싶게
하며, 장사꾼들로 하여금 모두 왕의 시장(市場)에 물건을 저장하
고 싶게 하며, 여행하는 자들로 하여금 모두 왕의 길에 나가고 싶
게 한다면, 자기 임금을 미워하는 천하의 백성들이 모두 왕에게
달려와 호소하려 할 것이니, 그 형세가 이와 같다면 누가 이것을
막을 수 있겠습니까?>

〈단어 및 어휘〉

· 天下仕者(천하사자): 天下의 벼슬하는 사람. 즉, '벼슬하는 天下
  의 모든 사람' 또는 '벼슬하는 사람이면 누구나'란 뜻이다.
· 賈(값 가/장사 고): 가/값, 가격, 명성, 값있다, 고/상인, 상품, 장
  사하다, 사다, 구하다.
· 商賈(상고): 상인. 商은 行商으로 물건을 파는 사람을 말하고,
  賈는 店鋪에서 물건을 파는 사람을 말한다.
· 藏(저장할 장/감출 장): 감추다, 숨다, 곳집(곳간(庫間)으로 지은

집), 광, 저장하다.

- 疾(병 질): 미워하다. 병, 괴로움, 아픔, 흠, 결점, 불구자, 빨리, 급히, (병을) 앓다, 걸리다, 괴롭다, 괴로워하다.
- 赴(갈 부): 나아가다, 향하다, 이르다, 알리다.
- 愬(하소연할 소): 하소연하다, 참소하다, 비방하다.
- 赴愬(부소): 달려가서 하소연하다.

〈문법연구〉

- 使天下仕者 皆欲立於王之朝.
: '使(令, 敎)+명사+동사' 형태로 '명사를 동사 하게 하다.' 모든 벼슬하는 사람들을 왕의 조정에 서고 싶게 하다.

　　예) 欲使人人易習便於日用耳. (訓民正音諺解)
　　: 사람마다(들로) 하여금 쉽게 익혀 날마다 씀에 편하게 하고자 할 따름이다.

　　예) 從許子之道則 市賈不貳 國中 無僞 雖使五尺之童 適市 莫之或 欺. (孟子)
　　: '許子(허행)'의 도를 따르게 되면, 곧 시장의 상품 가격이 둘이 아니게 되어 나라 안에 거짓이 없게 되며, 비록 '五尺之童(어리고 작은 아이)'를 시켜 시장에 물건을 사러 가더라도 혹이라도 속이는 일은 없을 것이다.

- 天下之欲疾其君者.
: 해석은 '천하 사람들 가운데 그 임금을 미워하고자 하는 자'이다. 여기서 天下之는 일종의 관용구로 '천하에서', '천하 사람들 가운데서', '천하', '천하 사람' 등의 의미로 사용된다. 疾은 문장의 동사로 '싫어하다'이다.

예) 此四者 天下之窮民而無告者. (孟子/梁惠王下)
: 늙은 홀아비와 홀어미, 고아(孤兒) 및 늙어서 의지할 데 없는 사람(자식 없는 이)을 이르는 말로, 천하에서 외롭고 의지할 곳이 없는 사람을 이르는 말이다.

예) 先天下之憂而憂 後天下之樂而樂. (范仲淹/岳陽樓記)
: 천하 사람들이 근심하기에 앞서 근심하고, 천하 사람들이 즐긴 후에 즐긴다.

예) 天下之至柔 馳騁天下之至堅 無有入無間 吾是以知無爲之有益.
(老子)
: 세상에서 가장 부드러운(至柔) 것이 세상에서 가장 단단한(至堅) 것을 부리(馳騁)고, 형체가 따로 없는(無有) 것이 틈 없는 사이(無間)에 들어가나니, 나는 이런 까닭에 무위의 유익함(無爲之有益)을 안다.

예) 子曰 好勇疾貧 亂也 人而不仁 疾之已甚 亂也. (論語)
공자께서 말씀하셨다. '용맹을 좋아하면서 자신의 빈곤한 처지를 증오하는 자들이 난을 일으킨다. 사람이 불인(不仁)하다고 해서, 그를 너무 심하게 미워하면 난을 일으킨다.'

01-07-19

王曰吾惽 不能進於是矣 願夫子輔乎吾志 明以教我 我雖不敏 請嘗試之 曰無恒產而有恒心者 惟士爲能 若民則無恒產因無恒心 苟無恒心 放辟邪侈 無不爲已 及陷於罪然後 從而刑之 是罔民也 焉有仁人在位 罔民而可爲也.

왕이 말씀하였다. <내가 혼매하여 여기에 나아갈 수 없으니, 원컨대 夫子께서는 나의 뜻을 도와서 밝게 나를 가르쳐주소서. 내 비록 不敏하지만 청컨대 한번 시험해보리다> 孟子께서 말씀하셨다. <일정한 생업이 없으면서 恒心을 가진 자는 오직 선비만이 할 수 있으며, 백성으로 말하자면 일정한 생업이 없으면 인하여 항심이

없어집니다. 만약 항심이 없어진다면 방벽함과 사치함을 하지 않음이 없을 것이니, 죄에 빠진 연후에 따라서 벌주면 이는 곧 백성들에게 그물질하는 것입니다. 어찌 인인의 자리에 있으면서 백성들에게 그물질할 수 있겠습니까?

〈단어 및 어휘〉

· 惛(惛)(어리석을 혼): 마음이 어둡고 蒙昧한 것.

· 嘗(맛볼 상): 맛보다, 경험하다, 겪다, 이전에.

· 嘗試(상시): 試驗해 보는 것. 嘗試는 두 글자 모두 시험해 본다는 뜻을 지닌다.

· 敏(민첩할 민): 민첩하다, 재빠르다, 영리하다, 총명하다, 공손하다, 힘쓰다, 애써 일하다, 자세하다, 소상하다.

· 不敏(불민): 여기서는 '현명하지 못하다'라는 뜻으로 자신을 낮추어 하는 말이다.

· 恆(항상 항): 恒의 본자, 항상, 변하지 아니하다.

· 恒産(항산): 一定한 財産과 收入.

· 恒心(항심): 恒常된 마음. 狀況이 바뀌더라도 變하지 아니하는 一定한 마음.

· 苟(진실로 구): 진실로, 참으로, 다만, 겨우, 구차하게, 구차하다, 탐하다.

· 放(놓을 방): 놓다, 내쫓다, 추방하다, 내놓다, 꾸어주다, (꽃이) 피다, (빛을) 발하다,

· 辟(임금 벽/피할 피): 벽/임금, 제후, 하늘, 법률, 다스리다, 편벽되다, 허물, 피/피하다, 벗어나다.

- 放辟(방벽): 아무 거리낌 없이 제멋대로 함.
- 邪: 간사할 사 / 侈: 사치할 치.
- 從而(종이): 따라서, 그리하여, 함으로써.
- 罔(그물 망): 그물, 그물질하다, 굴레, 어둡다, 속이다, 덮다. 罔
  은 網(그물 망)의 본 글자. 罔民은 고기를 그물질하듯이 사람을
  그물질하여 罪에 빠뜨리는 것을 말한다. 罔을 '속이는 것'으로
  보고 罔民을 '百姓을 속이는 것'으로 해석할 수도 있다.
- 爲(할 위): 여기서는 '왕도정치를 한다'라는 뜻.

〈문법연구〉

- 不能進於是矣.
  : 進於是의 是는 대명사로 앞의 發政施仁을 받는다. 不能進於是矣
는 仁政을 실행하는 수준까지 나갈 수가 없다는 말이다.

- 無不爲已.
  : '無不(罔弗)+서술어' 형태로 '~하지 않는 것이 없다.'는 '뿐'
  이중부정 <非不, 莫不, 無不, 無~ 不, 不~ 不, 非~ 不> 등은 모두 뒤
에 서술어가 오고 의미상으로는 부정이 아닌 '강한 강조/긍정'이 된다.

  예) 無不以一當千 羅兵乃走. (三國史記)
  : 한 명이 천 명을 당해내지 않음이 없으니 신라 병사가 도망갔다.

  예) 人莫不盡其力而地無不盡其利. (閭田論/丁若鏞)
  : 사람은 그 힘을 다하지 않음이 없고, 땅은 그 이로움을 다하지
  않음이 없다.

  예) 故若有聞者 無不成佛. (法華經)

: 그렇기에 만약 듣는 자가 있다면 성불하지 않은 자가 없을 것이다.

〈참고〉

• 無處不飛花: 꽃이 날리지 않는 곳이 없다. /無日不思君: 그대를 생각하지 않는 날이 없다. /無日不霑衣: 옷을 적시지 않는 날이 없다. 이 구문들의 특징은 '~하지 않는 ~이 없다'로 不 이하를 먼저 해석하고 '서술어가 아닌 명사가 없다'라는 식으로 해석하면 해석이 용이하다.

또 이중부정 중에 <無+명사(동사)+不+서술어> 형태의 경우, '無' 다음에 '아무리, 어느 (때, 곳)이든, 어디라도, 아무도' 등을 적당하게 활용하여 해석해 주면 용이한 경우가 있다.

예) 無時(無往)不然.
: 어느 때이든(어디를 가든) 그러지 아니함이 없다.

예) 皆性之德而具於心 無物不有 無時不然 所以不可須臾離也. (中庸)
: 모두가 성품의 덕이요, 그것이 마음에 다 갖추어져 물건마다 (도를) 두지 않음이 없고 때로 그렇지 않음이 없으니 가히 잠깐이라도 떠나지 않음이 없느니라.

예) 蓋皆此理之流行, 無所適而不在. (朱子語類)
: 대개 이 모든 것에는 이 理가 流行하여 있지 않은 곳이 없다.

예) 遊娛山水. 無遠不至. 因此知其人邪正, 擇其善者, 薦之於朝(三國史記/新羅本紀)
: 산과 물에서 놀면서 즐기니 아무리 멀어도 이르지 않은 곳이 없었다. 이로 인하여 사람의 사악함과 정직함을 알게 되었으므로 착한 사람을 택해 조정에 천거하였다.

예) 故無一席無理之地, 何地而可輟工夫. (聖學十圖)

: 그러므로 어느 한 자리라도 이기 없는 곳이 없으니, 어느 곳에서 인들 공부를 그만둘 수 있겠는가.

01-07-20

是故明君制民之産 必使仰足以事父母 俯足以畜妻子 樂歲終身飽 凶年免於死亡然後 驅而之善 故民之從之也輕.

그러므로 현명한 군주는 백성의 생업을 제정해주되, 반드시 위로는 부모를 충분히 섬길 수 있고 아래로는 처자식을 충분히 기를 수 있어서, 풍년에는 1년 내내 배부르고 흉년에는 죽음을 면할 수 있게 해줍니다. 그런 뒤에야 백성들을 몰아서 선(善)으로 나아가게 하므로 백성들이 따르기가 쉬운 것입니다.

〈단어 및 어휘〉

• 是故(시고): 이런 까닭으로, 그러므로.
• 制(절제할 제/지을 제): 절제하다, 억제하다, 금하다, 마름질하다, 짓다, '주관한다' 또는 '관할한다'라는 뜻.
• 仰(우러를 앙): 우러러보다, 경모하다, 앙모하다, 의지하다, 의뢰하다, 머리를 쳐들다, 높다, 마시다, 명령, 높을 앙.
• 俯(구부릴 부): 구부리다, 숨다, 드러눕다.
• 畜(가축 축/기를 휵): 축/가축, 쌓다, 비축하다, 휵/기르다, 사육하다, 효도하다. 동사로서 '기르다'라는 뜻이 될 때는 음이 '휵'이 된다.
• 樂歲(낙세): 풍년이 든 해.

〈문법연구〉

• 必使仰足以事父母.

: 使는 '~로 하여금~하게 하다.', '~시키다.' 使는 사역동사로 조동사이다. 따라서 동사에 걸린다. 예문에서는 동사가 事(섬기다)로 使事는 '섬기도록 시키다'이다. 足以의 以 다음에는 之, 즉 앞에 나오는 백성이 생략되었다.

・驅而之善.
: 而는 이 경우 일종의 복합 동사를 만드는 而(말 이을 이)이다. 驅而之 몰아가다. 之는 동사로 사용되었다.

・故民之從之也輕.
: 앞의 之는 주격조사. 뒤의 之는 대명사로 善으로 가는 것(之善)을 받는다.

01-07-21
今也制民之産 仰不足以事父母 俯不足以畜妻子 樂歲終身苦 凶年不免於死亡 此惟救死而恐不贍 奚暇治禮義哉.

그런데 지금에는 백성의 생업을 제정해주되, 위로는 부모를 섬길 수 없고 아래로는 처자식을 기를 수 없어서, 풍년에는 1년 내내 고생하고 흉년에는 죽음을 면치 못하게 합니다. 만약 이와 같다면 오직 죽음을 모면하기에도 부족할까 두려운데, 어느 겨를에 예의(禮義)를 차리겠습니까?

〈단어 및 어휘〉

・救(구원할 구): 구원하다, 건지다, 돕다, 고치다, 도움, 구원.
・贍(넉넉할 섬): 넉넉하다, 풍부하다, 구휼하다, 돕다.

• 奚(어찌 해): 어찌, 왜, 무슨, 어떤, 어디, 어디에서, 무엇, 어
  느 곳.
• 奚暇(해가): 어느 사이, 어느 틈.
• 暇(겨를 가): 겨를, 틈, 느긋하게 지내다.

〈문법연구〉

• 此惟救死而恐不贍.
 : 救死는 '죽음을 구제함', '죽음을 벗어남'. 恐은 '아마 ~일 것이
다./~일까 두렵다.' 不贍은 不足과 같다. 해석은 '이것(此)은 오직(惟)
죽음을 구제(救死)하기에도(而) 넉넉하지 못할(不贍)까 두려우니(恐)'

  예) 以力服人者, 非心服也, 力不贍也. (孟子)
  : 힘으로써(以力) 사람을 복종시키(服人)는 것(者)은 마음의
  복종(心服)이 아니(非)다(也). 힘(力)이 넉넉하지 못함(不贍)이
  다(也)

• 奚暇治禮義哉.
 : 奚暇는 '어느 틈에', '무슨 겨를에'로 奚는 '어떤, 무슨'의 뜻을 지
닌 의문형용사(의문사가 관형어로 쓰이는 경우)이다. 또 治禮義의
주어는 民인데, 생략되어 있다. 이 밖의 의문형용사로는 何, 惡, 誰,
安 등이 있다.

  예) 是誠何心哉. (孟子)
  : 이것이 진실로 무슨 마음입니까.

  예) 旣見君子 其樂如何. (詩經)
  : 이미 군자를 보았으니 그 즐거움이 어떠한가.

예) 何天不可翶翔 而飛蛾獨投夜燭. (菜根譚)
: 어느 하늘인들 날 수 없겠는가, 그러나 부나비는 유독 밤 촛불에
날아든다.

01-07-22

王欲行之則 盍反其本矣.

왕께서 왕도정치를 행하고자 하신다면 어찌하여 그 근본으로 돌
아가지 않으십니까?

〈단어 및 어휘〉

・盍(어찌 아니할 합/덮을 합): 덮다, 합하다, 모이다, 어찌 아니하
다. 何不'과 같다.

〈문법연구〉

・盍反其本矣.
: 盍은 어찌 아니할 합으로 何不의 뜻. '어찌 ~하지 아니하는가?

　　예) 盍各言爾志. (論語)
　　: 어찌 각자 너희들의 뜻을 말하지 않느냐?

　　예) 孔子在陳曰 盍歸乎來 吾黨之士. (孟子)
　　: 공자께서 진나라에 계시면서 '우리 고을의 선비들이 어찌 돌아
　　가지 않겠는가'라고 말씀하셨다.

01-07-23

吾畝之宅 樹之以桑 五十者可以衣帛矣 鷄豚狗彘之畜 無失其時 七
十者可以食肉矣 百畝之田 勿奪其時 八口之家可以無飢矣 謹庠序之

敎 申之以孝悌之義 頒白者不負戴於道路矣 老者衣帛食肉 黎民不飢
不寒 然而不王者未之有也.

5묘(畝)의 집 주변에 뽕나무를 심게 한다면 50세 된 자가 비단옷
을 입을 수 있으며, 닭과 돼지, 개와 큰 돼지를 기르되 새끼 칠 때
를 놓치지 않게 한다면 70세 된 자가 고기를 먹을 수 있으며, 100
묘의 토지를 경작함에 농사철을 빼앗지 않는다면 여덟 식구인 집
이 굶주리지 않을 수 있으며, 학교의 가르침을 신중히 행하여 효
제(孝悌)의 의리(義理)로써 거듭 가르친다면 머리가 희끗희끗한
늙은이가 길에서 짐을 지거나 이지 않을 것입니다. 70세 된 노인
이 비단옷을 입고 고기를 먹으며 백성이 굶주리거나 춥지 않게 하
고서도 왕도정치를 행하지 못하는 자는 있지 않습니다.>

〈단어 및 어휘〉

· 畝(이랑 무/이랑 묘): 이랑, 밭두둑, 면적의 단위.
· 帛(비단 백): 비단(緋緞), 견직물(絹織物), 명주(明紬: 명주실로
  무늬 없이 짠 피륙), 폐백(幣帛).
· 彘(돼지 체): 돼지.
· 庠序(상서): 庠(학교 상) 序(차례 서) 서민의 교육을 담당하는 학
  교. 殷代에는 序라고 하였고 周代에는 庠이라 하였다.
· 頒(나눌 반): 班, 半 등과 통용. '머리털이 반쯤 희다'라는 뜻.
· 黎民(여민): 黎(검을 여) 黎民은 '머리가 검은 百姓'이므로 '젊은
  百姓'이란 뜻으로도 사용되나 一般的으로는 黎가 衆이라는 뜻이
  되므로 '一般 百姓'을 意味한다.
· 然而(연이): 그렇지만, 그러나, 그런데.

〈문법연구〉

· 樹之以桑.

: 만약 樹之以桑을 樹桑이라고 하여도 뽕나무를 심는다는 의미가
된다. 그러나 之以를 넣는 이유는 거기(之-吾畝)에 뽕나무를 심다가
된다.

· 吾十者可以衣帛矣.

: 可以의 以 다음에는 之가 생략되어 있다. 50되는 사람이 그것으
로(뽕나무를 심는 것으로) 帛을 입는 것이 가능하다는 뜻이다. 衣는
동사로 전용되어 '옷을 입다'이다.

· 無失其時.

: 해석은 '때를 잃지 않다'이다. 그런데 無는 조건절을 이끄는 경
우가 많다. 즉 '때를 잃지 않으면.' 여기서 無失其時則七十者可以食
肉矣에서 則이 생략되었다고 볼 수 있다. 한문에는 처음에 오는 부
정어구 조건절을 이루는 경우가 많다. 계속되는 勿奪其時 八口之家
可以無飢矣도 마찬가지이다.

· 不王者未之有也.

: 非가 名詞를 否定하는데 비하여 不은 動詞나 形容詞를 否定하는
役割을 한다. 따라서 '不王'은 王을 動詞로 해석하여 '왕 답지 못하
다, 또는 왕의 역할을 하지 못하다'라고 해석하여야 한다.

· 未之有也.

: 본래 어순은 '之未有也(그것이 있지 않았다)'이나 부정사 '未'가 앞으로 나아간 것이다. 否定을 나타내는 말, 타동사, 목적어가 이어질 때는 타동사와 목적어가 도치되는 境遇가 많다. 즉, 부정하는 말 未, 無, 莫 등이 앞에 있고, 之가 대명사일 때에는 서술어 앞으로 나간다. 未之: 아직 ~한 적이 없다. '未之有也'는 아직 ~한 적이 없다.

예) 躬行君子, 則吾未之有得. (論語)
: 몸소 군자의 도를 행하는 것은 내 아직 깨달은 것이 없다.

梁惠王章句 下

凡十六章

下 1장

02-01-01

莊暴見孟子曰 暴見於王 王語暴以好樂 暴未有以對也 曰好樂 何如
孟子曰 王之好樂 甚則齊國 其庶幾乎.

제(齊)나라 선왕(宣王)의 신하 장포(莊暴)가 孟子를 뵙고 말하였
다. <제가 왕을 뵈니, 왕께서 제게 음악(音樂)을 좋아한다고 말씀
하셨는데, 저는 대답하지 못했습니다. 음악을 좋아하는 것은 어떻
습니까?> 孟子께서 말씀하셨다. <왕께서 음악을 좋아하시면 제나
라는 아마도 잘 다스려질 것이다.>

〈단어 및 어휘〉

· 暴(사나울 폭/사나울 포): 폭/사납다, 악하다, 드러내다, 포/사납
다, 난폭하다.

· 莊暴(장포): 齊宣王의 臣下.

· 樂(풍류 악/즐길 락/좋아할 요): 악/음악, 풍류, 악기, 연주하다, 락/즐거워하다, 즐기다, 요/좋아하다, 바라다.

· 見(볼 견): 뵙다, 謁見하다. 음은 현.

· 庶(여러 서): 여러, 거의, 아주 많다, 백성, 어쩌면.

· 幾(몇 기): 몇, 거의, 어찌, 자주, 기미, 기회, 가깝다, 위태하다.

· 庶幾(서기): 서기(庶幾)란 장차 어떤 정해진 방향(方向)으로 움직이거나 변화(變化)하려는 조짐(兆朕)을 의미하는데 해석이 매우 애매하다. 굳이 해석하려면 거의, 바라건대, 원하는, 바람, 어쩌면, 비슷하다 등으로 해석하나 어느 것도 정확한 것은 아니다. 예문의 경우 其庶幾乎는 '아마 잘 다스려질 것'이라는 의미 정도가 된다. 여기서 其는 아마. 乎는 추정의 의미를 지닌 종결사이다. 특히 庶幾乎 A 矣는 '거의 A에 가깝다'로 번역할 수 있다.

예) 天下之民 擧安 王庶幾改之 予日望之. (孟子)
: 천하의 백성이 모두 편안하리니, 왕이 혹시라도 이 점을 고치시기를 나는 날마다 그 일을 바라노라.

예) 吾王庶幾無疾病與 何以能田獵也. (孟子)
: 아마 우리 왕이 질병이 없으신가 보다. (그렇지 않다면) 어찌 사냥하실 수 있겠는가.

예) 中庸 不偏不倚無過不及而平常之理 人所難能 而亦庶幾勉而至也. 勤勞謙遜 畏謹勅勉 則可以戒愼恐懼 而庶幾中庸也. (中庸)
: 中庸은 치우치지 않고 기울지 않으며 지나치거나 못 미침이 없어서 평상의 이치이니, 사람이 능하기 어려우나 또한, 거의 힘써 (또는 바라건대) 이르도록 해야 할 것이다. 힘써 노력하고 겸손하며 삼가면 戒愼恐懼(경계하고 조심함)하여 中庸에 가까워질 수 있을 것이다.

예) 耳不聞人之非 目不視人之短 口不言人之過 庶幾君子. (明心寶鑑)
: 귀로 남의 그릇됨을 듣지 않고, 눈으로 남의 단점을 보지 않고,
입으로 남의 허물을 말하지 않아야 거의 군자에 가까우니라.

〈문법연구〉

· 暴見於王.

: 暴는 莊暴 자신을 말한다. 한문에서는 대화 시 '나'라는 표현을
자신이 이름을 말하여 겸양과 상대방에 대한 존중의 뜻을 표한다.
따라서 번역 시 '저'로 표현하는 경우가 많다. 於 동사의 대상을 이
끄는 개사이다. 해석은 <～을, ～를, ～에서, ～에게, ～에 대해서> 등으
로 다양하게 해석된다. 생략이 가능한 경우도 많지만 어의를 뚜렷하
게 할 필요성이 있는 경우 생략하지 않는다. 따라서 앞에서는 莊暴
見孟子라고 표현했으나 뒤에서는 暴見於王이라고 표현했다.

· 王語暴以好樂.

: 語 A 以 B, 'A에게 B를 이야기하다.' 여기서 以는 생략이 가능하
기도 하지만 의미가 애매해진다. 따라서 한문에서는 위와 같이 以를
사용하여 직접목적어를 이끌게 하는 경우가 많다. 이 경우 목적어임
을 분명하게 드러내는 역할을 한다. 위에서 만약 以를 생략하면 王
語暴好樂 '왕은 포가 음악을 좋아한다고 말했다'로 해석될 수도 있
기 때문이다. 아래서 다시 문법적 설명을 하기로 하자.

· 王語暴以好樂.

: '왕이 暴에게 음악을 좋아한다고 말했다.' 語는 '말하다'로서 이
경우 말을 하는 상대와 말의 내용이 있다. 이 경우 대화 상대를 일반
적으로 간접목적어라고 표현하기도 한다. 또 말하는 내용을 직접목

적어라고 표현하기도 한다. 이 경우 한문에서는 직접목적어 앞에 허사 以를 넣어주어 뚜렷하게 그 의미 전달을 할 수 있게 한다. 이 경우 직접목적어는 동사 앞으로도 나올 수 있다.

예) 具以沛公言報項王. (史記/項羽本紀)
: '沛公의 말을 모두 項王에게 알렸다'. 문장을 살펴보면 報라는 동사는 위의 語와 같은 상대와 보고 내용이 따른다. 그런데 직접목적어인 '패공의 말'이 보고하는 내용인데 도치가 되어 앞으로 나왔음을 알 수 있다. 이 경우 具以沛公言報項王는 報項王具以沛公言이라고 할 수 있다.

예) 公語之故, 且告之悔. (左傳/隱公元年)
: 장공(莊公)이 그에게 까닭을 이야기하고 또한 후회한다고 말했다.

예) 子語魯大師樂. (論語)
: 공자가 노나라 태사에게 음악을 이야기하다.

예) 陽貨欲見孔子 孔子不見 歸(=饋)孔子豚. (論語)
: 양화가 공자를 만나고자 하였으나, 공자께서 만나주지 않으시자, 공자에게 삶은 돼지를 선물로 보냈다.

이렇게 두 개의 목적어를 취하는 한자로는 대개 수여, 증정, 발송, 기탁, 지도 등의 의미를 갖는 與, 遺, 賜, 妻, 贈, 稟, 讓 寄, 敎, 請 등이 있지만 앞의 예문들에서처럼 語나 報, 告 등에서도 알 수 있듯이 '~에게 ~을 하다.' 형식의 구문에서는 거의 공통되는 문법형식이라고 볼 수 있다.

〈참고〉

간접목적어 앞에 개사 於를 사용한 '주・술・목・보' 구조는 보어 앞에 있는 개사를 생략하여 '주어+동사+간접목적어+직접목적어' 구조로 바꿀 수 있다.

　예) 孔子問禮於老子(史記) → 孔子問老子禮.
　: 공자가 老子에게 예를 물었다.

　예) 趙氏求救于齊(戰國策) → 趙氏求齊救.
　: 조나라는 제나라에 구원을 청하였다.

・未有以對.
　: '대답할 수가 없었다.' 이 말은 나라의 政治와 音樂이 어떠한 相
關이 있는지 몰라서 대답할 수 없었다는 말이다. 有 다음에는 원칙
적으로 명사가 와야 한다. 즉 '有'는 '~가 있다/~을 가지다'라는 의
미를 갖는 동사이므로 다음에는 당연히 명사가 와야 한다. 그런데
有以對에서 有+對는 동사가 온 형태이다. 따라서 동사 對가 명사형
이 되어야 한다. 만약 對가 명사로 쓰인다면 '대답'이 되고 '未有對'
는 '아직 대답이 없다'가 된다. 그런데 '방법, 이유 까닭, 수'를 나타
내는 以를 사용함으로씨 '未有以對' '대답할 수가 없었다'가 되는 것
이다. 이처럼 '有+以+동사'는 '~할 방법, 이유 까닭, 수' 등으로 해석
하면 편리하다.

・好樂 何如.
　: 何如 '어떻습니까?' 상대방의 의향을 묻는 것. 이에 반해 '如何는
어떻냐?'라는 말로 자신의 의사를 상대방에게 전달하는 것. 또는 전
자는 상태를 후자는 방법을 묻는 말로도 볼 수 있다.

　예) 貧而無諂 富而無驕, 何如. (論語)
　: 가난하나 아첨하지 않고 부자이나 교만하지 않으면 어떻습니까?

예) 父母之恩爲如何哉.
: 부모의 은혜는 어떠한가.

예) 近來安否問如何.
: 요사이 안부를 묻노니 어떠하십니까?

예) 武王曰 家無十盜而不富者 何如(明心寶鑑)
: 무왕이 말하길. '집에 열 가지 도둑이 없는데도 부유하지 못한
것은 어째서 입니까.'

· 王之好樂 甚則齊國 其庶幾乎.
: 之 주격조사 용법으로 사용되었다. 之의 주격조사 용법으로는
다음과 같은 것들이 있다.

예) 聖人之所以爲聖 愚人之所以爲愚 其皆出於此乎. (韓愈/師說)
: 성인이 성스러워지고 우인이 어리석게 되는 것은, 그 모두가 여
기에서 나오는구나.

예) 子曰 不患人之不己知 患不知人也. (論語/學而)
: 공자 가로되, 남이라는 게 자기를 알아주지 않음을 근심하지 않
으며, 남을 알아주지 않음을 근심해야 한다.

예) 孤之有孔明 猶魚之有水也. (史記)
: 내게 공명이 있음은 물고기가 물에 있음과 같다.

02-01-02
他日見於王曰 王嘗語莊子以好樂 有諸 王變乎色曰 寡人 非能好先
王之樂也 直好世俗之樂耳.

후일에 孟子께서 왕을 뵙고 말씀하셨다. <왕께서 일찍이 장포에게
음악을 좋아한다고 말씀하셨다 하는데, 그러한 일이 있습니까?>
왕이 얼굴빛을 바꾸고 말하였다. <과인은 능히 先王의 음악을 좋
아하는 것이 아닙니다. 다만 世俗의 음악을 좋아할 뿐입니다.>

<단어 및 어휘>

· 嘗(맛볼 상/일찍이 상): 맛보다, 음식을 맛보다, 경험하다(經驗),
  시험하다(試驗), 체험하다(體驗).

· 耳(귀 이): 귀, 듣다, 싹 나다, ~뿐. 述語의 뒤에 붙어서 주로
  '~일 뿐이다'라는 뜻으로 쓰인다.

· 諸(모두 제/어조사 저): 제/모두, 모든, 무릇, 이, 저(대명사), 저/
  ~은, ~이, ~인가, ~이여.

· 有諸(유저): '그런 일이 있었습니까?' 일반적으로 諸는 문장 끝에
  나올 때는 之乎의 준 말이다.

· 直(곧을 직): 곧다, 바르다, 곧, 즉시, 다만.

02-01-03

曰王之好樂 甚則齊其庶幾乎 今之樂 由古之樂也.

孟子께서 말씀하셨다. <王께서 음악을 좋아하심이 심하면 齊나
라는 거의 잘 다스러질 것입니다. 지금의 음악이 옛 음악과 같습
니다.>

<단어 및 어휘>

· 由(말미암을 유): 말미암다, 쓰다, 같다, 여기서는 猶(오히려 유/
  같을 유)와 通用. 해석은 'A 由 B' 형태로 'A와 B는 같다'이다.
  由는 似, 若, 如, 猶 등과 바꿔 쓸 수 있다.

  예) 其自反而仁矣 自反而有禮矣 其橫逆 由是也 君子必自反也 我必
  不忠. (孟子)
  : 그가 스스로 돌이켜도 어질고 스스로 돌이켜도 예가 있는데, 그

함부로 함이 이와 같다면, 군자는 반드시 스스로 반성하여, 자신이 틀림없이 진실하지 못했다고 여긴다.

예) 出語人曰 望之不似人君 就之而不見所畏焉. (孟子)
: 나와서 사람들에게 일러 말씀하시길, 그를 바라보아도 군주 같지 않고, (그에게) 나아가도 그에게서 두려워할 바를 보지 못했다.

02-01-04

曰可得聞與 曰獨樂樂 與人樂樂 孰樂 曰不若與人 曰與少樂樂 與衆樂樂孰樂 曰不若與衆.

<그 이유를 들을 수 있겠습니까?> <혼자서 음악을 즐기는 것과 다른 사람과 함께 음악을 즐기는 것 중에 어느 것이 더 즐겁습니까?> <혼자서 음악을 즐기는 것이 다른 사람과 함께 즐기는 것만 못합니다.> <적은 사람과 음악을 즐기는 것과 많은 사람과 음악을 즐기는 것 중에 어느 것이 더 즐겁습니까?> <적은 사람과 음악을 즐기는 것이 많은 사람과 함께 즐기는 것만 못합니다.>

〈단어 및 어휘〉

· 孰(누구 숙): 누구, 무엇, 어느, 익다, 익숙하다. 앞에 몇 가지 예를 나열하고 '그중에서 어느 것이 더~한가'

예) 禮與食孰重(孟子) 예와 음식 중에 어느 것이 (더) 중요한가.

〈문법연구〉

· 可得聞與.
: 해석은 '~을 들려주실 수 있겠습니까?'라는 의미를 가진다. 위

문장에서는 목적어는 생략되었고 의미상으로는 '계속해서 말씀해주실 수 있겠습니까?'라고 해석할 수 있다.

예) 王之所大欲 可得聞與. (孟子)
: 왕께서 크게 하고자 하는 것을 들려주시겠습니까?

· 獨樂樂 與人樂樂 孰樂.

: '혼자 음악을 즐기는 것과 사람들과 음악을 즐기는 것 중에 어느 것이 더 즐겁습니까.' 樂樂은 앞에서부터 각각 동사 명사이다. 孰은 의문사로 '~중에 누가 더 ~하다'라는 의미를 내포한 의문사이다. 즉, 孰은 누구, 어느 것 등으로 주어진 범위 내에서 선택하게 하는 의문문에 사용하는 의문대명사이다.

예) 子謂子貢曰 女與回也孰愈. (論語)
: 공자께서 자공에게 일러 말하길, 너와 회를 비교하면 누가 더 잘하겠느냐?

예) 起曰 將三軍 使士卒樂死 敵國不敢謀 子孰與起. (史記列傳)
: 오기가 말했다. '삼군을 거느려 군사로 하여금 기꺼이 필사적으로 싸우게 하여 적국이 감히 (위를) 넘보지 못하게 하는 것이, 그대하고 나하고 (공이) 누가 더 나은가.' <A 孰與 B (=孰若): A, B 어느 쪽인가./A, B 중에 어느 쪽이 더 ~한가.>

예) 虱乃謂鼠曰 履與甕 孰大.
: 이가 곧 쥐에게 일러 말했다. '신과 항아리, 어느 것이 크냐?'

예) 嘗問侍臣 創業守成 孰難. (十八史略)
: 일찍이 시신들에게 물은 적이 있다. '창업'과 '수성'은 어느 것이 더 어려운가?

예) 雍姬知之, 謂其母曰 父與夫孰親. (左傳)

: 옹규(雍糾)의 아내가 이 사실을 알고 그녀의 어머니에게 '아버지
와 남편 가운데 누가 더 친합니까?'라고 말했다.

· 不若與人.

: '사람들과 함께하는 것만 못하다', '사람들과 함께하는 것이 낫
다.' 'A 不若(不如) B~'형태로, B가 A보다 낫다.

　예) 不若投諸江而忘之. (高麗史)
　: 강에다가 던져서 그것을 잊는 것만 같지 못하다.

　예) 知之者不如好之者, 好之者不如樂之者. (論語)
　: 아는 것은 좋아하는 것만 못하고 좋아하는 것은 즐기는 것만 못
하다.

　예) 興一利不若除一害. (元史/耶律楚材傳)
　: 하나의 이익(利益)을 일으키는 것이 하나의 폐단(弊端)을 없애는
것만 못하다.

02-01-05

臣請爲王言樂.

<제가 왕을 위하여 음악에 대해 말씀드리겠습니다.

02-01-06

今王鼓樂於此 百姓聞王鐘鼓之聲 管籥之音 舉疾首蹙頞而相告曰 吾
王之好鼓樂 夫何使我至於此極也 父子不相見 兄弟妻子離散 今王田
獵於此 百姓聞王車馬之音 見羽旄之美 舉疾首蹙頞而相告曰 吾王之
好田獵 夫何使我至於此極也 父子不相見 兄弟妻子離散 此無他 不
與民同樂也.

지금 왕께서 이곳에서 음악을 연주하시면 백성들이 왕의 종소리와 북소리, 생황 소리와 피리 소리 등을 듣고는 모두 골치 아파하고 이마를 찌푸리며 서로 말합니다. '우리 임금께서 음악을 좋아하시는구나! 그런데 어찌 우리로 하여금 이처럼 곤궁한 지경에 이르게 해서 부자간(父子間)이 서로 만나보지 못하고 형제와 처자식이 흩어지게 한단 말인가?' 지금 왕께서 이곳에서 사냥을 하시면 백성들이 왕의 수레 소리와 말 소리를 듣고 아름다운 깃발을 보고는 모두 골치 아파하고 이마를 찌푸리며 서로 말합니다. '우리 임금께서 사냥을 좋아하시는구나! 그런데 어찌 우리로 하여금 이처럼 곤궁한 지경에 이르게 해서 부자간이 서로 만나보지 못하고 형제와 처자식이 서로 흩어지게 한단 말인가?' 그렇다면 이는 다름이 아니라 임금께서 백성들과 즐거움을 함께하지[與民同樂] 않기 때문입니다.

〈단어 및 어휘〉

· 鼓樂(고락): 북을 울리며 연주하는 것. 여기서는 동사로 '음악을 연주하다.'

· 擧(들 거): 들다, 일으키다, 선거하다, 제시하다, 행위, 모든, 온통.

· 管(대롱 관/주관할 관): 대롱, 관, 피리(악기의 하나), 붓대, 붓자루, 가늘고 긴 대.

· 籥(피리 약): 피리, 열쇠, 뛰다.

· 疾首(질수): 골치 아파하다. 머리를 앓다.

· 蹙(닥칠 축/줄어들 척): 축/닥치다, 긴박하다, 찡그리다, 삼가다, 척/줄어들다, 쭈그러지다.

· 頞(콧대 알): 콧대, 콧마루, 안장.

- 蹙頞(축알): 눈살을 찌푸림.
- 疾首蹙頞(질수축알): 몹시 싫어서 이마를 찡그림.
- 田(밭 전/사냥 전): 밭, 경작지(耕作地), 봉토(封土), 사냥, 농사
  일. 사냥하다.
- 獵: 사냥 렵.
- 羽(깃 우): 여기서는 깃발의 一種. 특히 꿩의 깃털이나 꼬리털로
  裝飾한 깃발.
- 旄(깃대장식 모): 깃대장식, 긴 털을 가진 소.
- 羽旄(우모): 새의 깃으로 꾸며 깃대에 꽂는 장식.
- 無他(무타): 일종의 숙어로서 '다른 게 아니다.'

  예) 學文之道 無他 求其放心而已矣. (孟子)
  학문의 방법은 다른 곳에 있는 것이 아니다. 그 흩어진 마음을 잡
  는 데 있다.

  예) 學問之道 無他 有不識 執途之人而問之 可也. (北學議序)
  : 학문하는 방법은 다른 것이 없다. 모르는 것이 있으면, 길 가는
  사람을 붙잡고라도 묻는 것이 옳다.

〈문법연구〉

- 夫何使我至於此極也.
: 夫何는 대저 무엇이. 使我至/우리를 이르게 하다. 至於此極也/
이 극한 곳에 이르다.

02-01-07
今王鼓樂於此 百姓聞王鐘鼓之聲 管籥之音 舉欣欣然 有喜色而相告
曰 吾王庶幾 無疾病與 何以能鼓樂也 今王田獵於此 百姓聞王車馬

之音 見羽旄之美 擧欣欣然有喜色而相告曰 吾王庶幾 無疾病與 何
以能田獵也 此無他 與民同樂也.

지금 왕께서 이곳에서 음악을 연주하시면 백성들이 왕의 종소리
와 북소리, 생황 소리와 피리 소리 등을 듣고는 모두 기뻐하는 기
색을 띠면서 서로 말합니다. '우리 왕께서 아마도 질병(疾病)이 없
으신가 보다. 그렇지 않으면 어떻게 저렇게 음악을 잘 연주하실
수 있겠는가?' 지금 왕께서 이곳에서 사냥을 하시면 백성들이 왕
의 수레 소리와 말 소리를 듣고 아름다운 깃발을 보고는 모두 기
뻐하는 기색을 띠면서 서로 말합니다. '우리 왕께서 아마도 질병
이 없으신가 보다. 그렇지 않다면 어떻게 저렇게 사냥을 잘하실
수 있겠는가?' 그렇다면 이는 다름이 아니라 백성들과 즐거움을
함께하기 때문입니다.

〈단어 및 어휘〉

• 鼓(북 고): 북, 북을 치다, 악기를 타다, 부추기다.

• 欣欣(흔흔): 기뻐하는 모양, 초목이 무성한 모양.

• 庶幾(서기): 거의, 바라건대, 원하는, 바람, 어쩌면, 비슷하다.

예) 予三宿而出晝 於予心猶以爲速 王庶幾改之. (孟子)
: 나는 사흘을 유숙한 뒤 주 땅을 나가면서도 오히려 빠르다고 생
각했었다. 나는 왕이 그 마음을 고치기를 바랐다.

예) 在彼無惡 在此無射 庶幾夙夜 以永終譽. (詩經)
: 저기에 있더라도 미워하는 자가 없고, 여기에 있더라도 싫어하
는 자가 없으니, 거의 일찍 일어나고 밤늦게 잠이 드니 길이 명예
로써 마친다.

위 본문 속의 庶幾는 어떤 쪽으로 해석해도 문맥에는 지상은 없다. 즉, '우리 왕께서 거의 疾病이 없으시구나'로 해석해도 전체의 뜻은 통한다. 또는 '아마 병이 없으시구나. (그렇지 않으면) 何以能鼓樂也/어떻게 음악을 연주할 수 있겠는가.'

02-01-08
今王與百姓同樂則王矣.

지금 왕께서 백성들과 즐거움을 함께하신다면 왕도정치를 행하실 수 있을 것입니다.

下 2장

02-02-01
齊宣王問曰 文王之囿 方七十里有諸 孟子對曰 於傳有之.

제나라 선왕이 물었다. <문왕(文王)의 동산이 사방 70리였다고 하는데, 그렇습니까?> 孟子께서 대답하셨다. <옛 책에 그런 말이 있습니다.>

〈단어 및 어휘〉

· 囿(동산 유): 동산, 구역, 담, 국한되다, 모이다. 苑也. 일정한 지역을 막아 놓고 鳥獸를 기르는 곳으로 나라 동산을 말한다.
· 諸(모두 제/어조사 저): 제/모두, 간수하다, 저/~는, 이(대명사), 之於(~에 그것), 之乎(그것인가)의 약자, ~이여, ~에서.

· 有諸(유저): 그런 일이 있습니까? '有之乎'의 준말.

· 傳(전할 전/오로지 전): 옛 記錄을 말한다.

02-02-02

曰若是其大乎 曰民猶以爲小也 曰寡人之囿 方四十里 民猶以爲大
何也 曰文王之囿 方七十里 芻蕘者往焉 雉兎者往焉 與民同之 民以
爲小不亦宜乎.

<그렇게 컸습니까?> <백성들은 오히려 작다고 여겼습니다.> <과
인의 동산은 사방 40리에 불과한데도 백성들이 오히려 크다고 여
기는 것은 어째서입니까?> <문왕의 동산은 사방 70리였으나 꼴
베고 나무하는 자들도 그곳에 가며, 꿩을 잡고 토끼를 잡는 자들
도 그곳에 가서 백성과 함께 동산을 이용하셨으니, 백성들이 작다
고 여기는 것이 당연하지 않겠습니까?

〈단어 및 어휘〉

· 以爲(이위)~: ~라고 생각하다. ~로 여기다. ~로 삼다.

> 예) 孟嘗君 客無所擇 皆善遇之 人人各自 以爲 孟嘗君親己. (史記)
> : 맹상군은 객을 가리지 않고 모두 잘 대우하였으므로 사람마다
> 각자 스스로 맹상군이 자기와 친하다고 생각했다.

> 예) 積書以遺子孫 未必子孫能盡讀 不如積陰德於冥冥之中 以爲子
> 孫之計也. (明心寶鑑)
> : 책을 모아서 자손에게 남겨 주더라도 자손이 반드시(必) 다(盡)
> 읽지 못할 것이니 남 모르는 가운데(冥冥之中) 음덕(陰德)을 쌓아
> 서 자손을 위한 계교로 삼는 것만(以爲) 못하느니라(不如).

- 芻(꼴 추): 꼴, 짚, 풀 먹는 짐승, 기르다. 여기서는 '꼴을 베다'는 뜻의 動詞로 쓰였다.
- 蕘(땔나무 요): 땔나무, 약초 이름, 나무 이름. 여기서는 '땔나무를 한다'라는 뜻의 動詞로 쓰였다.
- 芻蕘者(추요자) 꼴을 베고 땔나무를 하는 사람.
- 雉(꿩 치): 여기서는 '꿩을 잡는다'라는 뜻의 動詞로 쓰였다.
- 兎(토끼 토): 여기서는 '토끼를 잡는다'라는 뜻의 動詞로 쓰였다.
- 焉(어찌 언): 어찌, 이에, 곧, 그래서, ~인가? ~인 것이다(단정), ~이다, 어떻게, 於之, 於此, 於是와 같다.
- 不亦~乎(불역~호): 또한 ~하지 아니한가.

〈문법연구〉

• 芻蕘者往焉 雉兎者往焉.

: 芻蕘者/꼴 베고 나무하는 자, 雉兎者/꿩을 잡고 토끼를 잡는 자. 일반적으로 명사로 보이는 단어가 동사화한 경우이다. 특히 雉兎는 '꿩과 토끼'로 여기서 동사를 유추해내기란 어렵다. 전체 문맥에서 찾아야 하며 문법적으로는 '관형어+者'의 구조에서 '者'가 관형어의 후치사(後置詞)로 쓰이면서~하는 사람(것, 곳) 등으로 해석된다는 점을 알면 좀 더 유추가 용이하다. 한편 焉은 於之, 於此, 於是와 같다. '거기에서', '그곳에서'로 해석할 수 있다.

예) 孟子曰 自暴者 不可與有言也 自棄者 不可與有爲也. (孟子)
: 孟子께서 말씀하시길, '스스로 해치는 자와는 더불어 말할 수 없고 스스로 버리는 자와는 더불어 일할 수 없다'라고 하셨다.

예) 欲修其身者 先正其心 欲正其心者 先誠其意 欲誠其意者 先致其

知. (大學)
: 그 몸을 닦고자 하는 자는 먼저 그 마음을 바르게 하고(正心),
그 마음을 바르게 하고자 하는 자는 먼저 그 뜻을 성실히 하고(誠
意), 그 뜻을 성실히 하고자 하는 자는 먼저 그 앎을 지극하게 하
였다.

한편 '~者'가 '관형어+者' 형태로만 나타나는 것은 아니다. '명사
어+者'의 형태로 일종의 동격으로 해석해야 하는 경우도 있다.

예) 農者天下之大本也 民所恃以生也. (漢書)
: 농사는 하늘 아래에서 가장 큰 근본적인 일이다. 백성들은 이에
의지하여 살아가고 있는 것이다.

예) 中也者 天下之大本也 和也者 天下之達道也. (中庸)
: 중이라는 것은 천하의 대본이고, 화라는 것은 천하의 달도이다.

·焉: 於此, 於是와 같다.

예) 昔舅死於虎 吾夫又死焉 今吾子又死焉. (禮記)
: 전날 시아버지가 호랑이에게 물려 죽고 제 남편이 또 호랑이에
게 죽었는데, 오늘은 내 자식마저 또 죽었습니다.

예) 制岩邑也 虢叔死焉. (春秋左氏傳)
: 제읍은, 지세가 험한 고을이어서, 괵숙(虢叔)이 그곳에서 죽었다.

02-02-03
臣始至於境 問國之大禁然後 敢入 臣聞郊關之內 有囿方四十里 殺其
麋鹿者 如殺人之罪 則是方四十里 爲阱於國中 民以爲大 不亦宜乎.

신(臣)이 처음 국경에 이르러 제나라에서 크게 금하는 일이 무엇
인지 물은 뒤에야 감히 들어왔습니다. 신이 그때 들으니, 교외의

관문(關門) 안에 사방 40리 되는 동산이 있는데, 동산의 사슴을 죽인 자를 살인죄(殺人罪)와 똑같이 처벌한다고 하였습니다. 정말 그렇다면 이는 나라 가운데에 사방 40리 되는 함정을 만들어놓은 것이니, 백성들이 크다고 여기는 것이 또한 당연하지 않겠습니까?>

〈단어 및 어휘〉

· 國之大禁(국지대금): 여러 禁令 가운데에서도 특히 重大한 것.
· 麋(큰 사슴 미): 큰 사슴, 궁궁이, 물가.
· 麋鹿(미록): 고라니와 사슴.
· 阱(함정 정): 함정(陷穽·檻穽), 허방다리, 구덩이(땅이 움푹하게 파인 곳). '百姓을 죽음의 구렁텅이에 빠트린다'라는 의미로 사용되었다.

〈문법연구〉

· 問國之大禁然後.
: 問~, '~을 묻다.' 따라서 다음은 명사에 상당하는 단어나 문장이 와야 한다. 國之大禁: 之는 목적어절 안에서 사용된 주격조사로서 '나라가 크게 금하는 것'으로 해석할 수 있다. 주격조사 之는 '~이(가)'로 해석된다.

예) 人性之善也 猶水之就下也. (孟子)
: 인성이 선한 것은, 물이 아래로 내려가는 것과 같다.

예) 人之愛正士 好虎皮相似 生前欲殺之 死後還稱美. (曹植/偶吟)
: 사람이 선비를 사랑하는 것은 호피를 사랑하는 것과 유사하다. 살아 있으면 죽이고 싶어 하고 죽은 후는 도리어 칭송한다.

예) 天之將喪斯文也 後死者不得與於斯文也. (論語)
: 하늘이 장차 이 문물을 없애고자 하셨다면 뒤에 죽는 사람이 이
문물에 참여하지 못했을 것이다.

下 3장

02-03-01

齊宣王問曰 交隣國有道乎 孟子對曰 有 惟仁者 爲能以大事小 是故
湯事葛 文王事昆夷 惟智者 爲能以小事大 故大王事獯鬻句踐事吳.

제나라 선왕이 물었다. <이웃 나라와 사귀는 데에 방법이 있습니
까?> 孟子께서 대답하셨다. <있습니다. 오직 인자(仁者)만이 대국
으로서 소국을 사랑할 수 있습니다[以大事小]. 그러므로 탕왕(湯
王)께서 갈(葛)나라를 사랑하시고, 문왕(文王)께서 곤이(昆夷)를
사랑하신 것입니다. 오직 지자(智者)만이 소국으로서 대국을 섬길
수 있습니다[以小事大]. 그러므로 문왕의 조부(祖父)인 태왕(太王)
께서 훈육(獯鬻)을 섬기시고, 구천(句踐)이 오(吳)나라를 섬긴 것
입니다.

〈단어 및 어휘〉

· 惟(생각할 유): 생각하다, 마땅하다, ~이 되다, 오직, 생각건대,
  ~로써.
· 湯(탕): 殷나라 始祖. 革命을 일으켜 夏 王朝를 滅亡시키고 殷
  王朝를 세운 임금.
· 葛(갈): 나라 이름. 葛나라의 임금을 葛伯이라 한다.

- 昆夷(곤이): 西方에 있는 異民族의 國家 중의 한 나라.
- 大王(태왕): 周나라 文王의 祖父인 古公亶父를 가리킴. 大는 太 와 通用되므로 '大王'은 '태왕'으로 發音한다.
- 獯(오랑캐 이름 훈): 오랑캐 이름, 흉노의 다른 이름.
- 鬻(죽 죽/팔 육): 죽/죽, 육/팔다, 기르다.
- 獯鬻(훈육): 하나라 시기의 북쪽 오랑캐, 한나라의 흉노에 해당함.
- 句踐(구천): 월나라 왕(재위 BC 496 – 465), 春秋時代의 越나라 의 임금.

〈문법연구〉

- 交隣國有道乎.
: 존재 동사 有 앞에는 장소나 위치를 나타내는 부사구가 오는 경 우가 많다. '옆 나라와 관계를 맺는데'

- 爲能以大事小.
: 爲는 '~이기 때문에', '큰 것으로 작은 것을 섬길 수 있기 때문 에' 또는 '爲+동사'는 '동사 하게 되다'로 해석될 수 있으므로 '섬길 수 있게 되다'로도 해석할 수 있다. 이 경우 생략해도 惟仁者 能以大 事小 是故湯事葛로 문맥은 통한다.

02-03-02
大事小者 樂天者也 以小事大者 畏天者也 樂天者保天下 畏天者保其國.

큰 나라이면서 작은 나라를 사랑하는 자는 하늘의 이치를 즐거워 하는 자이고, 작은 나라이면서 큰 나라를 섬기는 자는 하늘의 이치

를 두려워하는 자이니, 하늘의 이치를 즐거워하는 자는 천하를 보
전하고, 하늘의 이치를 두려워하는 자는 자기 나라를 보전합니다.

〈단어 및 어휘〉

· 樂天(낙천): 하늘의 뜻(道理)을 즐거이 따르는 것.
· 畏(두려워할 외): 두려워하다, 경외하다, 꺼리다, 심복하다(心服:
  마음속으로 기뻐하며 복종하다).

02-03-03

詩云畏天之威 于時保之.

≪시경≫ <아장(我將)>에 이르기를 '하늘의 위엄을 두려워하여 이
에 나라를 보전한다.' 하였습니다.>

〈단어 및 어휘〉

· 于時(우시): 于는 어조사 於와 같다. 時는 是也로 '이것 또는 이
  때'로 새긴다. 즉 于時는 於是이다.

02-03-04

王曰 大哉言矣 寡人有疾 寡人好勇.

<선생의 말씀이 훌륭합니다. 그러나 과인은 병통이 있으니, 과인
은 용기를 좋아합니다.>

〈단어 및 어휘〉

· 大哉言矣(대재언의): 哉와 矣는 둘 다 감탄을 나타내는 助詞이다.

02-03-05

對曰王請無小勇 夫撫劍疾視曰彼惡敢當我哉 此匹夫之勇 敵一人者也 王請大之.

孟子께서 대답하셨다. <王께서는 청컨대 작은 勇猛을 좋아하지 마소서. 칼을 어루만지고 노려보며 말하기를, '네가 어찌 감히 나를 당할 수 있겠는가?' 하면, 이는 필부의 용맹이니, 한 사람을 대적하는 자입니다. 王께서는 청컨대 용맹함을 크게 하소서.

〈단어 및 어휘〉

· 無(없을 무/말 무): ~하지 말라. 이 경우 동사를 부정한다.
· 撫(어루만질 무): 어루만지다, (손으로) 누르다, (손에) 쥐다, 치다, 두드리다, 위로하다, 기대다, 사랑하다, 좇다, 따르다, 덮다, 돌다.
· 疾(병 질): 질병, 괴로움, 아픔, 흠, 빨리, 신속하게, (병을) 앓다, 걸리다, 괴롭다, 괴로워하다, 싫어하다, 꺼리다, 증오하다, '원망하다' '미워하다' 등의 뜻. 疾視는 미워하여 노려본다는 뜻.
· 彼(저 피): 저, 그, 저쪽.
· 惡(악할 악/미워할 오): 악/악하다, 나쁘다, 추악하다, 재난, 오/미워하다, 싫어하다, 어찌, 어느.
· 匹(짝 필): 짝, 상대, 천한 사람, 비교하다, 필(천 길이 단위)
· 匹夫(필부): 平凡한 한 男子.
· 敢(감히 감): 감히, 구태여, 함부로, 감행하다, 굳세다, 용맹스럽다, 결단성 있다, 감히 하지 아니하랴.

〈문법연구〉

・對曰王請無小勇.

: 無는 '~하지 말라'라는 동사를 부정하는 말이다. 따라서 小勇을 동사로 보고 해석해야 한다. 小勇은 '작은 용기를 부리다./작은 용기를 좋아하다.' 정도로 해석될 수 있다. 즉 '작은 용기를 부리지 말라', 또는 '작은 용기를 좋아하지 말라.' 정도로 해석될 수 있다. 후자가 더 자연스럽다.

・王請大之.

: '명사/형용사+之'는 '명사/형용사'를 동사화한다. 일반적으로 명사가 동사로 쓰일 때는 바로 그 뒤에 다른 명사나 명사어 또는 대명사 '之'가 그 빈어로서 뒤따라온다.

  예) 徐庶見先主, 先主器之. (三國志)
  : 서서가 선주 유비를 뵈었는데, 유비는 그를 비범한 인물로 여겼다.

  예) 去邠 踰梁山 邑于岐山之下 居焉. (孟子)
  : 빈 지방을 떠나서 양산을 넘어, 기산의 아래(岐山之下)에(于) 도읍하고(邑) 머물렀다(居焉)(邑이 명사이나 동사로 전용되었다)

  예) 火燭一隅. (呂氏春秋)
  : 불빛으로 한쪽 모퉁이를 비추어 보았다. 火燭(명사)이 뒤에 一隅(명사)를 수반하여 火燭이 동사로 사용되었음을 알 수 있다.

  예) 范增數目項王. (史記)
  : 범증이 몇 번 항우를 쳐다보았다. 目이 명사 項王를 수반하여 동사임을 알 수 있다.

한편 동사+之는 명사형을 만들기도 한다. 일반적으로 한문에서 타동사는 목적어를 생략할 수 없다. 그래서 之를 넣어주기도 하지만 동사를 명사화하는 경우도 많이 사용된다.

예) 바로 앞의 字之之心(자애로운 마음)에서 字는 '사랑하다', '기르다'이다. 이처럼 동사가 명사를 꾸밀 때는 동사 다음에 之를 붙여 동사를 명사화했다. 아래 事之之禮(섬기는 예)도 이와 같다.

예) 蓋深疾之之辭.
: 대개 매우 싫어하는 말.

예) 有之以爲利 無之以爲用. (老子)
: 소유한 것으로 이롭게 할 수 있으며, 없는 것으로 쓰는 것을 삼는다.

예) 迎之致敬以有禮 言將行其言也. (孟子)
: 대우함이 예로서 공경을 다하며 (군주의) 말은 장차 그 말대로 행하려 하다./迎之: 대우함, 또는 대우하는 것.

02-03-06

詩云王赫斯怒 爰整其旅 以遏徂莒 以篤周祜 以對于天下 此文王之勇也 文王一怒而安天下之民.

『詩經』에 이르기를, '王께서 혁연히 노하시어 이에 그 군대를 정돈하여 침략하는 무리를 막아서 周나라의 福을 돈독히 하여 天下에 보답하였다.' 하니, 이것은 文王의 勇猛이니, 文王께서 한 번 노하시어 천하의 백성들을 편안히 하셨습니다.

〈단어 및 어휘〉

·赫(빛날 혁): 빛나다, 성대하다, 붉다.
·斯(이 사): 이, 이것, 잠시, 곧, 잠시.

- 赫(빛날 혁/꾸짖을 하): 빛나다, 밝다, 나타나다, 드러나다, 성대하다, 붉다, 몹시 화내다.
- 赫斯(혁사): 크게 화를 내는 模樣.
- 爰: 이에 원.
- 旅: 군대 려.
- 遏(막을 알): 막다, 저지하다, 가리다, 끊다.
- 徂(갈 조): 가다, 나아가다, 이르다, 막다, 저지하다.
- 莒(감자 거): 감자, 나라 이름. '軍隊' '무리'라는 뜻으로 음은 '거'. 徂莒는 '密나라의 軍隊가 阮나라를 侵略하기 위하여 共이라는 곳을 지나가는 軍隊'를 말한다.
- 祜(복 호): 복, 행복.

02-03-07

書曰 天降下民 作之君作之師 惟曰其助上帝 寵之四方 有罪無罪 惟我在 天下曷敢有越厥志 一人衡行於天下 武王恥之 此武王之勇也 而武王亦一怒而安天下之民.

≪서경≫ <태서(泰誓)>에 이르기를 '하늘이 백성을 내면서 그들에게 임금을 만들어주고 스승을 만들어준 것은, 상제(上帝)를 돕기 때문에 사방의 사람들 중에서 특별히 총애한 것이다. 제후가 죄가 있든 죄가 없든 내가 여기에 있으니, 천하에 어찌 감히 분수를 어기고 제멋대로 행동하는 자가 있겠는가?' 하였습니다. 폭군(暴君)인 주왕(紂王) 한 사람이 천하에 횡행(橫行)하자 무왕(武王)이 이를 부끄러워하셨으니, 이는 무왕의 용기입니다. 무왕 역시 한 번 성을 내시어 천하의 백성을 편안하게 하셨습니다.

〈단어 및 어휘〉

· 書(글 서): 書經.
· 其(그 기): 命令文 앞에 놓여서 命令하는 뜻을 부드럽게 하는 調
  音素의 役割을 한다.
· 上帝(상제): '하늘'이란 뜻으로 殷 이전에는 '上帝'라는 말을 많
  이 썼고, 周 이후에는 '天'이라는 말을 많이 썼다.
· 寵(사랑할 총): 사랑하다, 높이다, 교만하다, 영화.
· 曷(어찌 갈): 어찌, 어찌하여, 언제, 누가, 어찌 ~하지 아니한가?
  그치다.
· 越(넘을 월): 넘다, 건너가다, 넘기다, 넘어가다, 초과하다, 지나
  다, 빼앗다, 멀다, (물정에) 어둡다, 어기다(지키지 아니하고 거
  스르다), 흐트러지다, 떨어뜨리다, 하늘의 뜻을 無視한다는 의미
  이다.
· 厥(그 궐): 그, 그것, 오랑캐의 이름, 상기(上氣: 피가 머리로 몰
  리는 병), 병명(病名), 그, 其와 같은 뜻.
· 衡(저울대 형/가로 횡): 衡(횡): 橫. 세상을 어지럽힌다. 저울대
  형, 가로 횡. 橫과 通用. 따라서 음은 '횡', 衡行(橫行)은 바로 가
  는 것이 아니라 옆으로 간다는 뜻이므로 '世上을 어지럽힌다'라
  는 뜻이 된다. 衡行은 橫行과 같다.

〈문법연구〉

· 作之君作之師.
: 作은 일종의 수여동사로 '~에게~을 만들어주다'라는 의미를 갖
는다. 之: '그것/그'라는 뜻의 指示代名詞이므로 여기서는 앞의 '下民'

을 가리킨다.

・武王亦一怒而安天下之民.

: 而는 앞뒤 내용이 원인과 결과가 되는 방식으로 유사하게 말을 이어, '~하면'으로 해석되기도 한다. '왕께서 또 한 번 노하시면.'

예) 吾何修而可以比於先王觀也. (孟子)
: 내가 어찌 준비하면 가히 선왕의 유람과 견줄 수 있습니까.

02-03-08
今王亦一怒而安天下之民 民惟恐王之好不勇也.

지금 왕께서도 한 번 성을 내시어 천하의 백성을 편안하게 하신다면, 백성들은 왕께서 용기를 좋아하지 않으실까 염려할 것입니다.>

〈단어 및 어휘〉

・惟恐(유공): 다만 ~할까 두렵다. 현대 중국어에서노 이 단어는 같은 의미로 사용되고 있다.

・惟恐王之好不勇也.

王之好不勇. 왕이 용감하지 않는 것을 좋아하다. → 왕이 용기를 내기를 꺼리다. 恐은 '~일까 의심하다', '~일지도 모르겠다' 惟恐王之好不勇也 '왕이 용기를 내지 않을까 두려워하다.'

예) 學如不及惟恐失之. (論語)
배울 것은 한이 없으니 오직 배운 것은 잊을까 걱정하라.

下 4장

齊宣王 見孟子於雪宮 王曰 賢者亦有此樂乎 孟子對曰有 人不得則
非其上矣.

齊宣王이 雪宮에서 孟子를 뵈었는데, 王이 말씀하였다. <賢者도 또
한 이러한 즐거움이 있습니까?> 孟子께서 대답하셨다. <있습니다.
사람들은 (그런 즐거움을) 얻지 못하면 그 윗사람을 비난합니다.

〈단어 및 어휘〉

· 雪宮(설궁): 齊나라의 離宮 이름. 離宮이란 임금이 遊覽하기 위
  하여 宮城에서 떨어진 곳에 지은 宮殿.
· 樂(즐길 락/노래 악/좋아할 요): 락/즐기다, 즐거움, 즐거워하다,
  악/음악, 연주하다, 요/좋아하다.
· 乎(어조사 호): ~인가? ~하면, ~도다, ~에서, ~보다도, ~이여.
· 非(아닐 비/비방할 비): 아니다, 그르다, 나쁘다, 옳지 않다, 등지
  다, 배반하다, 어긋나다, 나무라다, 꾸짖다, 비방하다, 헐뜯다,
  아닌가, 아니한가, 없다. 여기서는 動詞로 쓰여 '非難하다'
· 矣(어조사 의): ~이다, 리라, ~도다, ~느냐? ~뿐이다.

〈문법연구〉

· 孟子對曰有 人不得則 非其上矣.
: 이 제시문은 원래 한문에서는 띄어쓰기가 없으므로 '孟子對曰有
人不得則非其上矣'일 것이다. 이 경우 어디서 끊어 읽어야 하는지

바로 알 수 없다. '孟子對曰 有人不得則非其上矣'로 끊어 읽기 쉽다. 즉 孟子가 '有人不得則非其上矣'라고 대답했다고 생각하기 쉽다. 이렇게 되면 '그런 즐거움을 얻을 수 없는 사람은 윗사람을 비난한다.', 또는 '어떤 사람은 얻을 수 없으면 윗사람을 비난한다'가 된다. 이렇게 해석해도 사실상 큰 무리는 없다. 그러나 앞 문장에서 제시된 질문 즉 '王曰 賢者亦有此樂乎'에서 '현자에게도 이런 즐거움이 있었느냐'를 묻고 있기 때문에 대답은 '그렇다' 즉 '있었다'라고 대답해야 하는 것이 문맥상 당연하다. 따라서 '孟子對曰 有 人不得則非其上矣'로 끊어 읽는 것이 당연하다.

· 人不得則 非其上矣.

: 不得은 크게 세 가지로 사용된다.

1. 얻을 수 없다, 얻지 못하다, 터득하지 못하다, (어떤 압력이나 제한 때문에) 불가능하다.

2. 또는 조동사로서 사용되어 …할 수 없다. …해서는 안 된다. 할 수 없나는 말이나. 그런네 무엇을 할 수 있는지 애매하지만 한문에서는 본동사가 없이 이런 형태로 종종 사용된다. 이 경우 <원하는 것을 할 수 없다.>로 해석하는 것이 좋다. 그 원하는 것은 문맥에서 찾아봐야 한다.

3. 금지형(禁止形)으로 불가(不可)의 뜻을 나타낸다. 즉 不得은 '하지 말라'라는 의미로도 사용된다.

예) 不得 不可以爲悅 無財 不可以爲悅. 得之爲有財 古之人皆用之 吾何爲獨不然. (孟子)
: 할 수 없으면 기뻐할 수 없고, 재물이 없으면 기뻐할 수가 없다. 할 수 있고 재물이 있으면 옛날 사람은 모두 사용하였으니 내가

홀로 그렇게 하지 않을 수 있겠느냐?

예) 終不得伸其情者多矣. (訓民正音創製序文)
: 마침내 그 뜻을 펼칠 수 없는 사람이 많았다.

예) 不得貪勝.
: 이기려고만 하지 말라.

예) 不得胡思亂想
: 어지러운 일을 생각하지 말라.

예) 不得向擧起處承當 不得文字中引證(看話決疑論)
: 화두를 들어 일으킨 곳을 향하여 알려 하지 말며, 문자로서 이끌
어 증명하지 말라.

02-04-02

不得而非其上者非也 爲民上而不與民同樂者 亦非也.

이러한 즐거움을 얻지 못했다 하여 그 윗사람을 비난하는 것도 잘
못이고, 백성의 윗사람이 되어 백성과 즐거움을 함께하지[與民同
樂] 않는 것도 잘못입니다.

〈단어 및 어휘〉

· 非(아닐 비/비방할 비): 앞의 非는 원망하다. 비난하다. 뒤의 非
는 옳지 않다.
· 爲民上(위민상): '爲+명사' 爲가 동사인 경우, '～명사가 되다.'
爲가 개사인 경우 '명사를 위하여.'

〈문법연구〉

· 爲民上而不與民同樂者.

: 而는 순접, 不는 동사를 부정하여 樂을 부정한다. 與民同은 부정
어와 동사 사이에 위치한 부사구로 기능한다. 해석은 '백성과 함께
즐기지 않는 자'이다.

02-04-03

樂民之樂者 民亦樂其樂 憂民之憂者 民亦憂其憂 樂以天下 憂以天
下 然而不王者 未之有也.

임금이 백성의 즐거움을 즐거워하면 백성들도 임금의 즐거움을 즐
거워하고, 임금이 백성의 근심을 근심하면 백성들도 임금의 근심을
근심합니다. 온 천하 백성들과 함께 즐거워하며 온 천하 백성들과
함께 근심하고도 왕도정치를 하지 못하는 자는 아직 있지 않습니다.

〈단어 및 어휘〉

・然而(연이): 그러나, 그리고 나서.

〈문법연구〉

・樂民之樂者 民亦樂其樂.

: 군주는 백성의 즐거움을 즐기고, 백성은 그(군주)의 즐거움을 즐
긴다. 其樂은 군주의 즐거움을 말한다. 樂以天下 憂以天下. '천하로
서 즐거워하다.'보다는 以를 목적어를 이끄는 개사로 보고, '천하를
즐거워하고 천하를 걱정하다.'로 해석하는 것이 자연스럽다.

02-04-04

昔者 齊景公 問於晏子曰 吾欲觀於轉附朝儛 遵海而南 放於琅邪 吾

何修而可以比於先王觀也.

옛적에 齊景公이 晏子에게 묻기를, '내가 전부산(轉附山)과 조무산 (朝儛山)을 구경하고서 바닷가를 따라 남쪽으로 가서 낭야(琅邪) 에 이르고자 하는데, 내가 어떻게 나의 행실을 닦아야 선왕(先王) 들의 순방에 견주어질 수 있겠소?' 하니,

〈단어 및 어휘〉

· 昔者(석자): 오래 전에, 예전에.
: '者'가 시기, 시간을 나타내는 말 뒤에 붙어서 명사 및 부사어를 만든다.

> 예) 今者 / 지금에, 현재에, 오늘날에.
> · 近者 / 최근, 근래에.
> · 日者 / 지난날, 지난번. 일전에.
> · 前者 / 앞엣것, 요전 날, 일전에,
> · 乃者 / 먼젓번, 전번, 이전에.
> · 向(嚮)者 / 이전, 종전, 그전에.
> · 昔者 / 옛날에, 오래전에.
> · 間者 / 요즘에.
> · 古者 / 옛날에.
> · 莫春者 / 늦봄에.

· 齊景公(제경공): 名은 杵臼, 春秋時代 齊나라의 王.
· 晏子(안자): BC 578 - BC 500): 이름 영(嬰), 字는 平仲, 안평중 (晏平仲)이라 부르기도 한다.
· 轉附(전부)/朝儛(조무): 中國 山東省 境內에 있는 山 이름이다. 바다를 내려다볼 수 있다고 전해지고 있다.

- 遵(좇을 준): 좇다, 따르다, 따라가다, 거느리다, 지키다, 높이다, 공경하다(恭敬).
- 遵海(준해): 遵은 循也, 즉 遵海는 '海邊을 따라서'라는 의미이다.
- 放(놓을 방): 놓다, 석방하다, 그만두다, 의지하다, 이르다, 어긋나다.
- 脩(포 수/닦을 수): 포(脯), 포육(脯肉: 얇게 저미어서 양념을 하여 말린 고기), 건육(乾肉), 닦다(=修), 포, 말린 고기, 닦다, 익히다, 힘쓰다, 삼가다.
- 何修(하수): 어떻게 하면.

〈문법연구〉

· 吾欲觀於轉附朝儛.

: 於는 동사 觀의 목적어인 轉附朝儛 앞에 두어 목적어를 뚜렷하게 하는 역할을 한다. 다음에 나오는 諸侯朝於天子에서도 같은 용법이다.

· 遵海而南.

: 제나라 해변을 따라 남쪽으로 향한다는 말이다. 而는 '술어+而+술어' 형태나 '문장+而+문장' 형태를 이루어야 한다. 따라서 而 앞의 遵이 동사이므로 南도 동사로 전성되어 사용되었음을 알 수 있다.

· 吾何修而可以比於先王觀也.

: 而는 때때로 앞의 내용을 받아서 '~하면'으로 해석하기도 한다. 동시에 생략도 가능하다.

예) 家貧親老 應擧求仕 不免有得失之累 何修可以免此. (近思錄)
: 집이 가난하고 어버이가 연로하여, 과거에 응시하고 벼슬을 구하려 하는데, 반드시 녹(祿)을 받게 될지 못 받게 될지 걱정을 면할 수 없습니다. 어떻게 하면 이 걱정을 면할 수 있을까?

· 比於~, ~에 비교하다. ~에 비유하다.

예) 淸國物重地大 比於日本 足可爲數十倍. (東洋平和論/安重根)
: 청나라는 물물의 많음과 나라의 크기가 일본에 비하여(비교하여, 견주어) 족히 수십 배가 된다.

예) 因而張大 比於湯之伐桀 又有光焉. (孟子集註)
: 인하여 크게 베풀어지니, 탕왕이 걸을 정벌한 것에 비하여 더욱 빛이 있음을 말한 것이다.

02-04-05

晏子對曰 善哉問也 天子適諸侯曰 巡狩 巡狩者巡所守也 諸侯朝於天子曰 述職 述職者述所職也 無非事者 春省耕而補不足 秋省斂而助不及 夏諺曰 吾王不遊 吾何以休 吾王不豫 吾何以助 一遊一豫 爲諸侯度.

晏子가 대답하길, '좋은 질문입니다. 天子가 諸侯에게 감을 巡狩라 하니, 순수란 지키는 바를 巡行함이요, 諸侯가 天子에게 朝會 감을 述職이라 하니, 술직이란 맡은 바를 上述함이니, 일이 아닌 것이 없습니다. 봄에 밭갈이를 살펴서 부족한 것을 보태주며, 가을에 수확을 살펴서 부족한 것을 돕습니다. 夏나라 속담에 「우리 王께서 유람하지 않으시면 우리가 어떻게 쉬며, 우리 王께서 즐기지 않으시면 우리가 어찌 도움을 받을까?」 하였습니다. 한번 遊覽하고 한번 즐김이 모두 제후의 법도가 되는 것입니다.

〈단어 및 어휘〉

· 巡(돌 순): 돌다, 영토 안을 돌다, 어루만지다.
· 狩(순행할 수/사냥 수): 사냥하다, 정벌하다, 토벌하다, 순시하다.
· 巡狩(순수): 諸侯가 가지고 있는 領土 또는 土地를 天子가 그 政
  治의 良否를 알고자 巡行하는 것을 말한다.
· 述職(술직): 中國에서 諸侯가 朝會에 나아가 天子에게 職務에
  대한 狀況을 아뢰던 일을 말한다. 述은 陳也.
· 省(살필 성/덜 생): 성/살피다, 깨닫다, 명심하다, 관청(官廳), 관
  아(官衙), 마을, 대궐(大闕). '살핀다'라는 뜻으로 음은 '성', 생/
  덜다, 허물, 줄이다.
· 斂(거둘 렴): 거두다, 모아들이다, 긁어모으다, 간직하다.
· 給(넉넉할 급/줄 급): 주다, 대다, 공급하다, 넉넉하다, 두루 미치
  다(영향이나 작용 따위가 대상에 가하여지다), 갖추어지다.
· 夏(여름 하): 禹임금이 세운 나라 이름.
· 諺(속담 언/상말 언): 언문(한글을 속되게 이르는 말), 상말, 속담.
· 豫(미리 예): 미리, 사전에 대비하다, 즐기다, 기뻐하다, 놀다, 행
  락, 진심으로.
· 度(법도 도/헤아릴 탁): 법도, 본보기. 자, 도구.

〈문법연구〉

· 無非事者.
: 이중부정으로 '일 아닌 것이 없다', '모든 것이 일이다' '無非+명
사형' 구문이다. 無非~, 그러하지 않은 것이 없이, 모두.

예) 然則萬物之所以生長收藏 無非四時之功也. (啓蒙篇/天篇)
: 그렇다면 만물이 자라나기 시작하고 자라나게 하고 수확하고,
저장하는 것이 사계절의 효과가 아닌 것이 없다.

예) 但推所能 達之於所不能 則無非仁義矣. (孟子集註)
: 다만 능한 것을 미루어 능하지 못한 것에 이르게 하면 어질고
의롭지 않음이 없을 것이다.

02-04-06

今也不然 師行而糧食 飢者弗食 勞者弗息. 睊睊胥讒 民乃作慝 方命
虐民 飮食若流 流連荒亡 爲諸侯憂.

지금은 그렇지 않아 군대를 데리고 다니면 양식이니(양식이 드니),
백성들이 굶주려도 먹지 못하고 수고로워도 쉬지 못해 눈을 흘겨
보며 서로 비방하여 마침내는 원망을 하는데도, 왕명(王命)을 거역
하고 백성을 학대하며 마시고 먹는 것을 물 쓰듯이 낭비하며 뱃놀
이와 사냥과 음주에 빠져 제후들의 걱정거리가 되고 있습니다.

〈단어 및 어휘〉

· 今也(금야): 也는 말을 어떤 말을 提示하여 글을 始作할 때 쓰는
語尾助詞이다.
· 師(스승 사): 스승, 군사(軍士), 군대(軍隊), 벼슬아치, 벼슬, 뭇 사람.
· 睊(흘겨볼 견): 흘겨보다.
· 睊睊(견견): 側目. 흘겨보는 것을 말한다. 힐끔힐끔.
· 胥(서로 서): 서로, 함께, 모두, 아전, 재주꾼, 게장.
· 讒(참소할 참): 참소하다, 헐뜯다, 속이다.
· 慝(사특할 특/숨길 닉): 사특하다, 간특하다, 간사하다, 악하다,

못되다, 더럽다, 더럽혀지다, 어긋나다, 변경되다, 간특하고 나쁜 일(도둑질, 탈세).

- 方(모 방): 모, 각, 사방, 방위, 견주다, 거스르다, 거역하다, 바야흐로. 方命虐民에서 方은 放과 같이 사용되었다. 放棄 또는 逆也. 버려 버리고 쓰지 않는다는 뜻이다.
- 乃(이에 내): 마침내, 於是, 然後, 始(비로소) 또는 由是 등의 뜻과 같은 副詞이다.
- 流連(유련): 놀이에 빠져 집에 돌아가지 않음.
- 荒亡(황망): 사냥이나 주색에 빠짐.

〈문법연구〉

- 師行而糧食, 飢者弗食 勞者弗息.

: 而는 假定을 나타내는 介辭로 '군사가 가면 양식이 드니, 굶주린 자는 먹지 못하고 일하는 자는 쉬지 못한다.' 師行而糧食은 해석하면 '군사가 움직이면 양식이 들어간다(필요하다).'이다. 그런데 師行는 동사임을 추측할 수 있지만 糧食은 일반적으로 명사로만 접근하기 쉽고 동사로 파악하기가 간단하지 않다. 그러나 문맥상으로도 그렇고 '술어+而+술어'형식에서도 판단할 수 있듯이 동사이어야만 한다. 이렇듯 한문은 위치에 따라 품사가 변화되는 점을 잘 고려하여 해석할 필요가 있다.

예) 上下交征利而國危矣. (孟子/梁惠王)
: 윗사람과 아랫사람이 서로 이익을 다투면 나라가 위태로워진다.

예) 日出而作日入而息.. (史記)
: 해가 뜨면 일을 하고, 해가 지면 휴식을 취한다.

·飮食若流.

: 먹고 마시는 것이 흐르는 물과 같다.

02-04-07

從流下而忘反謂之流 從流上而忘反謂之連 從獸無厭謂之荒 樂酒無
厭謂之亡.

뱃놀이에 빠져 물길을 따라 아래로 내려가서 돌아올 줄 모르는 것
을 '유(流)'라 하고, 물길을 거슬러 위로 올라가서 돌아올 줄 모르
는 것을 '연(連)'이라 하고, 사냥에 빠져 만족함이 없는 것을 '황
(荒)'이라 하고, 술에 빠져 만족함이 없는 것을 '망(亡)'이라 합니다.

〈단어 및 어휘〉

· 從(좇을 종): 좇다, 따르다, 나아가다, 다가서다, 모시다, 시중들
  다, 일하다, 놓다, 모이다, 근심하다(속을 태우거나 우울해하다),
  높고 크다, 조용하다, 느릿하다, 방종하다, 제멋대로.
· 忘反(망반): 反은 '返也로 돌아가다.'라는 뜻이다.
· 從~下(종~하): ~을 좇아 내려가다. 從流下: 흐름을 따라 내려가다.

〈문법연구〉

· 從流下而忘謂之反謂之流.
  : 'A+之謂+B', 'A+謂之+B' 두 가지 형식이 있다. 모두 'A는 B이다'
로 해석할 수 있으나 구체적으로는 'A+之謂+B' 구문은 'A를 B라고
한다', 'A+謂之+B'는 'A 이것을 B라고 한다/A 이것이 B이다.'로 해석
한다. 예문을 從流下而忘反之謂流라고 표현한다면 之 앞의 문구를 강

조하여 從流下而忘反 '아래로 흐르는 것을 쫓아 돌아오는 것을 잃어
버리는 것, 이것을 流라고 한다.' 정도가 될 것이다. 한편, 從流下而忘
反謂之流 '아래로 흐르는 것을 쫓아 돌아옴을 잊어버리는 것, 이것을
流라 한다.'

〈참고〉

•A 之謂 B는 목적어가 謂 앞에 도치되면서 그 사이에 之가 삽입
된 형태라고 볼 수 있다. 이 경우 문법적으로는 '목적어+之+謂+보어'
의 형식으로 '~을(목적격 어기사) ~이라 부르다'로 해석한다. 또 謂
자 뒤에 쓰여서 '謂之'라고 하면 '주어+謂+之+보어'의 형식으로 그것
(대명사)을 '그것을 ~이라 이른다'라고 해석한다. 의미상에는 아무
런 변화가 없다. 단 수사적으로는 약간의 차이가 있다. 이에 대해서
는 아래 <謂之와 之謂의 차이> 참조.

> 예) 天命之謂性. 천명을 성이라 이른다./此之謂物化. 이것을 물화라
> 이른다./今我之謂矣. 지금의 우리를 이른 것이다./修道之謂敎 도를
> 닦는 것을 교라 이른다. (모두 中庸)

> 예) 可欲之謂善 有諸己之謂信 充實之謂美 充實而有光輝之謂大 大
> 而化之之謂聖 聖而不可知之之謂神. (孟子)
> : 우러를 만한 가치가 있는 것을 善이라 한다. 善이 실제로 자기
> 속에 존재하는 것을 信이라 한다. 善이 자기 속에 충만해 있는 것
> 을 美라고 한다. 善이 충만해 있을 뿐 아니라 눈부시게 밖으로 드
> 러나는 것을 大라고 한다. 善이 눈부시게 드러난 뒤에 다시 온갖
> 사리(事理)에 통달하는 것을 聖이라 한다. 온갖 사리에 통달한 뒤
> 에 (신통하고 오묘하여) 감히 헤아릴 수 없는 경지에 도달한 것을
> 神이라 한다.

〈謂之와 之謂의 차이〉

謂之는 앞에서 내용을 전개하고 이를 정의하는 경우에 곧잘 사용
된다. 之謂는 목적어를 도치시키고 이를 강조하는 용법에서 사용된
다. 즉 '목적어+之+謂+보어' 꼴로 之를 목적격 개사라고 부르기도 한
다. 이 경우 '~을 ~라고 부르다(이른다, 하다)'라고 해석하면 편하
다. 謂之의 경우는 '목적어+謂+보어'의 경우는 之가 대명사로 '그것
을 ~라고 부른다' 또는 '그것이 ~이다'로 해석된다. 일반적으로는
혼용해서 해석해도 의미는 다르지 않다.

· 謂之.

예) 賊仁者謂之賊 賊義者謂之殘. (孟子)
: 仁을 해치는 자를 賊이라 하고 義를 해치는 자를 殘이라 한다.

예) 孔子曰 侍於君子 有三愆 言未及之而言 謂之躁 言及之而不言
謂之隱 未見顔色而言 謂之瞽. (論語)
: 공자 말씀하시기를, '군자를 모심에 세 가지 잘못이 있으니, 말
씀이 미치지 않았는데 먼저 말하는 것을 조급함이라 이르고, 말씀
이 미쳤는데 말하지 않는 것을 숨김이라 이르고, 안색을 보지 않
고 말하는 것을 소경이라 이른다.'

예) 言非禮義 謂之自暴也 吾身不能居仁由義 謂之自棄也. (孟子)
: 이르건대 예의(禮義)를 범하는 것을 스스로를 해치는 것이라 하
고, 내 인(仁)에 살고 의(義)를 따라 행하지 않는 것을 스스로를
버리는 것이라 한다.

· 之謂.

예) 此之謂大丈夫. 이것을 대장부라고 한다.

〈비교〉

・天子適諸侯曰巡狩.

: 천자가 제후에게 가는 것을 巡狩라고 한다. A 謂之 B = A 曰 B.

〈참고〉

・或謂寡人勿取, 或謂寡人取之. (孟子)

: 어떤 사람은 寡人에게 燕나라를 빼앗지 말라고 하고, 어떤 사람은 寡人에게 그것을 빼앗아 버리라고 합니다. 여기서 보듯 '주어+謂+A+B'는 'A에게 B를 말하다.'라는 형식이 된다.

02-04-08

先王無流連之樂 荒亡之行 惟君所行也.

선왕들께서는 뱃놀이에 빠지거나 사냥과 술에 빠지는 행실이 없으셨으니, 오직 君主가 행하실 바입니다.

02-04-09

景公說 大戒於國 出舍於郊 於是始興發 補不足 召太師曰 爲我作君臣相說之樂 蓋徵招角招是也 其詩曰 畜君何尤 畜君者好君也.

그러자 경공이 기뻐하여 나라 안에 크게 명령을 내리고 교외로 나가 머물면서 이에 비로소 창고를 열어 부족한 백성들을 보조해주었습니다. 그리고 태사(太師)(악관(樂官))를 불러 말하기를 '나를 위하여 군신(君臣)이 서로 기뻐하는 음악을 만들라.' 하였으니, 지금의 치소(徵招)와 각소(角招)가 바로 이것입니다. 그 가사에 이르기를 '임금의 욕심을 저지함이 무슨 잘못이랴?' 하였으니, 임금의

욕심을 저지한 것은 임금을 사랑한 것입니다.>

〈단어 및 어휘〉

· 戒(경계할 계): 경계하다, 막아 지키다, 경비하다, 조심하고 주의
  하다, 삼가다(몸가짐이나 언행을 조심하다), 타이르다, 알리다,
  이르다, 분부하다, 재계하다.
· 大戒(대계): 널리 訓令을 내리는 것을 말한다.
· 舍(머물 사): 出舍於郊에서 舍는 宿의 뜻으로 여기에서는 宮闕
  이다. 즉 民生苦를 살피려고 大闕을 나와 들 밖 民家에 머무는
  것을 말한다.
· 興發(흥발): 나라의 倉庫를 열어 保有米를 百姓들에게 放出하는
  것을 말한다.
· 大師(대사): 태사(太師), 당대 음악을 맡은 악관(樂官).
· 君臣(군신): 여기서는 景公과 晏子를 말한다.
· 徵(부를 징/음률 이름 치): 징/부르다, 거두다, 증거를 세우다,
  조짐, 치/음률 이름.
· 招(부를 초/악곡 이름 소): 초/부르다, 초래하다, 오게 하다, 소/
  악곡 이름, 순(舜)의 음악.
· 徵招(치소), 角招(각소): 宮商角徵羽 五音 가운데 徵調와 角調에
  따른 韶의 音樂.
· 畜(가축 축/기를 휵): 축/가축, 짐승, 비축, 쌓다, 제지하다, 말리
  다, 휵/먹이다, 기르다, 양육하다. 畜君은 '임금의 慾心을 그치게
  하다'라는 뜻이 있는 것이다.
· 尤(허물 우/더욱 우): 더욱, 한층 더, 오히려, 도리어, 허물, 과실,

결점, 원한, 원망, 훌륭한 사람, 뛰어난 것, 으뜸, 탓하다, 원망하다, 원한을 품다, 힐책하다.

〈문법연구〉

· 大戒於國.

: 大戒는 명사이나 여기서는 동사로 전성되어 '大戒를 내리다'로 쓰였다. 문맥상 앞에 주어인 景公이 있고 뒤에 대상을 나타내는 於가 있어 주어가 '~에'라는 구조가 형성되므로 이 경우 앞의 명사를 동사로 해석하는 실마리를 잡을 수 있을 것이다.

> 예) 子曰 視其所以 觀其所由 察其所安 人焉廋哉 人焉廋哉. (論語)
> : 공자께서 말씀하셨다. 그 사람이 하는 짓을 보고 그 사람이 걸어온 길을 살피고 그 사람이 어떤 것에 만족을 느끼는지를 관찰한다면 그의 사람 됨됨이를 어디다 숨기랴. 여기서는 以가 '하다'라는 뜻의 동사, 由가 '지나다, 경유하다'라는 뜻의 동사, 安이 '편안하다'라는 형용사에서 '편안하게 여기다'라는 의동사(意動詞)로 전용된 것으로 볼 수 있다.

> 예) 是以聖人處上而民不重 處前而民不害. (道德經/老子)
> : 그래서 성인이 위에 있어도 백성들이 무겁게 여기지 않고, 앞에 있어도 해롭게 여기지 않는 것이다. (重/형용사→동사)

> 예) 無友不如己者 過則勿憚改. (論語)
> : 자기보다 못한 자를 친구 삼지 말고 잘못이 있으면 고쳐라. (友/명사→동사)

· 於是始興發.

: 於是는 '여기에서', 또는 시간으로 해석하여 '이때' 始는 부사로서 '비로소', 또는 '처음으로'

下 5장

02-05-01

宣王問曰 人皆謂我毀明堂 毀諸已乎.

제나라 선왕이 물었다. <사람들이 모두 나더러 천자가 제후들에게 조회 받는 명당(明堂)을 부수라 하니, 부수어야 합니까? 부수지 말아야 합니까?>

〈단어 및 어휘〉

· 明堂(명당): 본래 王이 政治를 行하던 곳을 말하며, 古代 中國에서 天子가 巡行할 때 諸侯들을 모아 놓고 政令을 펴던 宮殿을 말한다.
· 諸(어조사 저): 指示辭(지시사) 之와 종결사 乎를 결합한 어사이다.
· 已(이미 이): 이미, 매우, 반드시, 뿐, 이것, 말다, 그치다, 버려두다.

예) 日夜相代乎前, 而莫知其所萌. 已乎 已乎 旦暮得此 其所由以生乎. (莊子)
밤낮이 우리 앞에 서로 바뀌어 나타나지만, 그러나 그 싹이 튼 곳은 알지 못한다, 그만두자, 그만두자. 아침저녁으로 이것들이 나타나는 것은 그 원인이 있어서 생기는 것이다.

〈문법연구〉

· 毀諸已乎.

: 已는 '그치다'로 전체 해석은 '헐어야 할까요, (아니면) 말아야 할까요.' 원래는 '헐까요, 그만둘까요.'이지만 우리말로는 '헐까요, 말까요.'가 적당하다. 諸(저)는 지시사 之와 종결사 乎를 결합한 어사이다.

02-05-02

子對曰 夫明堂者 王者之堂也 王欲行王政則 勿毁之矣.

孟子께서 대답하셨다. <명당이란 천자의 집이니, 왕께서 왕도정치를 행하고자 하신다면 헐지는 마십시오.>

〈문법연구〉

·夫明堂者 王者之堂也.
:~者~也, '~라고 하는 것은 ~이다.'

02-05-03

王曰 王政可得聞與 對曰 昔者文王之治岐也 耕者九一 仕者世祿 關市 譏而不征 澤梁無禁 罪人不孥 老而無妻曰鰥 老而無夫曰寡 老而無子曰獨 幼而無父曰孤 此四者 天下之窮民而無告者 文王發政施仁 必先斯四者 詩云 哿矣富人 哀此煢獨.

왕이 말하길, <왕도정치에 대하여 들을 수 있겠습니까?> 孟子께서 대답하시되, <옛날 문왕(文王)께서 기주(岐周)를 다스리실 때에 경작하는 자들에게는 9분의 1의 세금을 받으셨으며, 벼슬하는 자들에게는 대대로 녹(祿)을 주셨으며, 관문(關門)과 시장(市場)을 순찰하기만 하시고 세금을 징수하지 않으셨으며, 못에서 고기 잡는 것을 금하지 않으셨으며, 죄인을 처벌하시되 처자식에게까지 미치지 않게 하셨습니다. 늙고 아내가 없는 것을 '홀아비[鰥]'라 하고, 늙고 남편이 없는 것을 '과부[寡]'라 하고, 늙고 자식이 없는 것을 '무의탁자[獨]'라 하고, 어리고 부모가 없는 것을 '고아[孤]'라 하니, 이 네 부류는 세상에서 가장 곤궁한 백성으로서 하소연할

곳이 없는 자들입니다. 문왕은 선정(善政)을 펴고 인정(仁政)을 베
푸시되, 빈드시 이 네 부류의 사람들을 가장 먼저 배려하셨습니
다. ≪시경≫ <정월(正月)>에 이르기를 '부자(富者)들은 괜찮지만
이 외롭고 고독한 사람들이 가엾다.' 하였습니다.>라 하였다.

〈단어 및 어휘〉

· 岐(산 이름 기/갈림길 기): 地名. 岐山 주변의 땅.

· 耕者(경자): 원래는 九一의 뒤에 놓여 九一於耕者이다. 그런데
耕者가 强調되어 앞으로 나오고 於가 생략된 것으로 볼 수 있
다. 뒤 文章의 仕者, 關市, 澤梁, 罪人도 같은 용례이다. 한편 耕
者九一이란 수확의 九分의 一을 稅로 바치게 하는 것을 말한다.

· 仕(섬길 사): 섬기다, 일하다, 종사하다, 벼슬하다, 벼슬.

· 關(빗장 관/관계할 관): 관계하다(關係), 닫다, 끄다, 가두다, 감
금하다(監禁), 주다, 받다, 관문.

· 市(저자 시): 저자, 상품을 팔고 사는 시장, 시가(市街), 인가가
많은 번화(繁華)한 곳, 장사.

· 譏(비웃을 기): 비웃다, 나무라다, 살피다, 기찰하다, 원망하다,
조사하다, 책하다.

· 征(칠 정/부를 징): 정/치다, 정벌하다, 취하다, 세금 받다, 구실
(세납), /징/징집하다. 여기서는 '稅金을 걷는다'라는 뜻. 徵也,
租稅. 여기에서는 通行稅나 物品稅를 徵收하는 것을 말한다.

· 孥(자식 노/종 노/처자식 노): 자식, 종, 처자. 여기서는 '不孥'로
사용되어 동사임을 알 수 있다. 즉 '종으로 만들다'

· 梁(들보 량/다리 량/통발(고기 잡는 발) 량): 여기서는 '통발이나

발로 고기를 잡을 수 있는 도랑이나 개울'

- 澤梁(택량): 물이 괸 곳은 澤이라 하고 물을 막아 고기를 잡을 수 있는 곳은 梁이라 한다.
- 罪(허물 죄): 動詞로서 '죄를 다스린다'라는 뜻이다.
- 鰥(환어 환): 환어, 홀아버지, 앓다, 병들다.
- 詩(시 시): 詩經 小雅 節南山之什 중의 正月 篇.
- 哿(옳을 가): 옳다, 좋다, 아름답다, 머리꾸미개, 돌, 돌팔매, 맷돌. 可와 通用. 可也. 善也.
- 煢(외로울 경): 외롭다, 근심하다, 주사위, 시름에 겨워하는 모양.
- 如(같을 여): 같다, 같게 하다, ~와 같다, ~라면, ~혹은, 또는.

〈문법연구〉

- 王政可得聞與.

: 왕정에 대해서 들을 수 있을까요? 이 경우 可得聞王政與라고 말하지 않는다. 현재 중국어에서는 '~에 대해서'라는 개사 '對'를 사용하는 문장으로 '~에 대해서'라고 부사적으로 해석해야 한다. 이 문장에서도 개서 於가 생략되었다고 볼 수 있다. 한편 다른 문법적 해석으로는 여기서 得은 '할 수 있다'라는 뜻이고 앞의 王政은 於가 생략된 목적어이다. 이런 경우 可를 사용한다. 앞에 주어가 올 때는 可以를 쓴다. 可得聞與는 '말씀해주시기를 청한다'라는 뜻을 나타내는 표현이다.

예) 王之所大欲 可得聞與. (孟子)
: 왕이 크게 하고자 하는 것에 대해서 들을 수 있겠습니까?

예) 敢問夫子之不動心 與告子之不動心. 可得聞與. (孟子)
: 감히 묻겠습니다. 선생님의 부동심과 고자의 부동심에 대해서
들을 수 있겠습니까?

· 耕者九一, 仕者世祿.

: 예문은 보기에는 명사구이다. 따라서 간략하게 말하는 효과가
있다. 의미는 '경작하는 자들에게는 9분의 1의 세금을 받았으며, 벼
슬하는 자들에게는 대대로 녹(祿)을 주었다.'이다. 한문에서 이처럼
명사구로 뜻은 통하되 표현을 간단명료하게 하는 경우가 많다.

· 老而無妻曰鰥.

: 而는 '~인데', '~이지만', '~이나', '~해서', 또는 시간을 의미하
는 단어 뒤에서 '~서', 즉 '어려서', '늙어서', '어른이 되어서' 등으로
해석.

예) 師曠有言 幼而學之 如日初昇 壯而學之 如日中天 老而學之 如
夜秉燭. (老學箴/鄭澔)
: 사광이 말하였네. 어려서 배우는 것은 해가 막 떠오르는 것과 같
고 젊어서 배우는 것은 해가 중천에 떠 있는 것과 같고 늙어서 배
우는 것은 밤에 촛불을 들고 있는 것과 같다고.

· 天下之窮民而無告者.

: 세상의 곤궁한 백성인데 하소연할 데가 없다. 者는 장소나 사람:
~한 곳. ~한 자.

예) 水淺者 大魚不遊 地薄者 大物不産. (黃石公素書)
: 물이 얕은 곳은 큰 물고기가 놀지 않고, 땅이 박한 곳은 큰 물건
이 나지 않는다.

예) 舟止 從其所刻者 入水求之. (呂氏春秋)
: 배가 멈추자 그 새긴 곳으로부터 물에 들어가 그것을 찾았다.

• 한문 해석에서 다음 두 가지는 매우 중요하다. 하나는 명사나 형용사로 여겨지는 단어가 동사로 활용되는 경우이고, 다른 하나는 부사적으로 사용되는 어귀를 파악하는 것이 중요하다.

예) 禹吾無間然矣. (論語)
: 우임금에 대해 나는 아무 흠잡을 것이 없다. 間: 원래 '다르다'라는 뜻의 형용사인데 의동사로 전용되면 '다르게 여기다, 이의를 제기하다, 나무라다, 흠잡다'라는 뜻이 되었다.

예) 是九分而税其一也.
: 명사적으로 해석하면- '아홉 등분해서 세는 그 하나이다.'이다. 명사를 동사화하는 해석을 가미하면, '이는 아홉으로 나누어 그 하나를 세금으로 낸다.' ← 여기에서 부사적인 어귀는 九이다. 九分에서 분은 '나누다'이다. '나누다'라는 동사 앞에는 숫자는 결국 '그것으로 나누다'라는 의미가 될 수 있을 것이다. (또 문법적으로도 동사 앞에는 부사가 위치하는 경우가 많다) 즉 우리말 해석을 가미하게 된다면 '아홉으로'가 된다.

예) 惡惡止其身.
止其身: '그 몸에 멈추다.'이다. 동사는 '止'이다 이 동사를 수식하는 것은 부사인 경우가 많다. 따라서 앞의 惡惡에는 부사적인 내용이 포함되어 있을 것이다. → '악을 싫어하더라도', 또는 '악은 밉지만'이라는 부사구로 해석하면, 즉 '惡惡而止其身'에서 而가 생략되었다고 간주하면 훨씬 해석이 용이하다.

02-05-04

王曰 善哉言乎 曰王如善之則何爲不行 王曰 寡人有疾 寡人好貨 對曰 昔者公劉好貨 詩云 乃積乃倉 乃裹餱糧 于橐于囊 思戢用光 弓矢斯張 干戈戚揚 爰方啓行 故居者有積倉 行者有裹糧也然後 可以

爰方啓行 王如好貨 與百姓同之 於王何有.

王이 말씀하였다. <훌륭하십니다. 말씀입니다!> 孟子께서 말씀하셨다. <王께서 만일 좋게 여기신다면 어째서 행하지 않으십니까?> 王이 말씀하였다. <寡人은 병통이 있으니, 寡人은 財貨를 좋아합니다> 孟子께서 대답하셨다. <옛적에 公劉께서 재화를 좋아하셨습니다. 『詩經』에 이르기를, '노적에 쌓고 창고에 쌓거늘 마른 양식을 싸되, 전대에 넣고 자루에 넣어 (백성을) 편안히 하여 이로써 (나라를) 빛낼 것을 생각하여 활과 화살을 펼쳐 놓으며 창과 방패와 도끼를 가지고 이에 비로소 길을 떠났다.' 하였으니, 그러므로 집에 남아있는 자들은 노적과 창고가 있으며, 길을 떠난 자들은 싼 양식이 있은 연후에 이에 비로소 길을 떠날 수 있는 것입니다. 王께서 만약 재화를 좋아하신다면 백성과 더불어 하신다면 王 노릇함에 무슨 어려움이 있겠습니까?>

〈단어 및 어휘〉

· 善(착할 선): 착하다, 좋다, 훌륭하다, 잘하다, 옳게 여기다, 아끼다, 친하다(親).
· 疾(병 질): 좋지 못한 性癖을 말한다.
· 劉(죽일 류): 죽이다, 벌여놓다, 베풀다, 예쁘다, 도끼, 칼, 성씨의 하나.
· 公劉(공류): 周나라 祖上으로 始祖 后稷의 曾孫이라고 함.
· 乃(이에 내): 이에, 그리하여, 오히려, 이야말로(강조), 참으로.
· 積(쌓을 적/저축할 자): 쌓다, 많다, 머무르다, 울적하다(鬱寂), 병이 들다, 심하다. 노적. 곡식 따위를 한 곳에 쌓아둠.

- 裹(쌀 과): 싸다, 얽다, 그치다, 꾸러미.
- 餱(말린 밥 후): 餱糧(후량)에서 餱는 乾糧을 말하고, 따라서 餱糧은 마른 양식이다.
- 橐(전대 탁): 밑이 없는 주머니. 전대.
- 囊(주머니 낭): 밑이 있는 주머니.
- 戢(거둘 집): 거두다, 보관하다, 그치다, 온화하다, 단속하다, 모으다.
- 戚(친척 척): 친척, 도끼, 가깝다, 친하게 지내다, 근심하다.
- 揚(날릴 양): 날리다, 오르다, 쳐들다, 명백하게 하다, 칭찬하다, 큰 도끼.
- 斯(이 사): 則也. 곧, ~하면.
- 爰(이에 원): 이에, 곧, 여기에서, 끌다, 성내다, 바꾸다, 속이다, 미치다(영향이나 작용 따위가 대상에 가하여지다), 이르다(어떤 정도나 범위에 미치다), 느즈러지다.
- 爰方啓行(원방계행): 爰은 於是, 乃也. 方은 始也. 그리고 啓行은 出發을 의미한다.
- 啟(열 계): 열다, 열리다, 일깨워주다, 안내하다, 여쭈다.

〈문법연구〉

- 善哉言乎.
: '형용사+哉+명사 乎', '형용사 한 명사로군요!'라고 표현되는 감탄구이다. 해석은 '좋은 말씀이로군요!'

- 干戈戚揚(간과척양).
: 이 문장은 명사만을 나열한 문장이다. 즉 직역하면 '방패, 창, 도

끼, 큰 도끼'이다. 결국 한문에서는 명사구이지만 문맥상 적당한 동사를 붙여서 해석해야 한다. 그래서 '방패, 창, 도끼, 큰 도끼를 가지고(들고, 잡고)'라고 해석한다.

· 思戢用光(사집용광).
: 해석은 '(백성을)편안히 하여 이로써 (나라를) 빛낼 것을 생각하다.'이다. 이 문장은 主語가 생략된 형태의 文章이다. 즉 公劉가 주어이다. 思는 타동사로 戢用光은 목적어 역할을 한다. 이때 戢은 '安定시킨다'라는 뜻으로 '백성들의 삶을 안정시키다.'라는 뜻이며, 用은 以의 뜻이고 光은 光大로 國家를 빛나게 키운다는 뜻으로 해석한다. 해석은 '(백성을) 편안히 하여 이로써 (나라를) 빛낼 것을 생각하다.'이다.

· 於王何有.
: 何有는 何難之有(무슨 어려움이 있겠느냐)의 뜻이다. 於王何有. 하유는 '무엇이 있겠느냐'는 말이지만 '무슨 문제가 있겠느냐'는 말이다. 何有는 현대 중국어에서도 같은 의미로 사용되고 있다. 특히 '~之有' 형태로 '~함이 있으랴', '~함이 있겠는가'라는 표현으로 주로 사용된다.

예) 苟正其身矣 於從政乎 何有. (論語)
: 자기 몸가짐을 바르게 한다면 정사를 다스리는 데에 어떤 어려움이 있겠는가.

예) 子曰 能以禮讓爲國乎 何有 不能以禮讓爲國 如禮何. (論語)
: 공자께서 말씀하셨다. '예와 겸양으로 나라를 다스린다면 무슨 어려움이 있으며, 예와 겸양으로 나라를 다스리지 못한다면 예와 같은 것은 무엇 하겠는가?

예) 何以爲之而曰不爲之之有乎.
 : 어찌 하고도 하지 않았다고 함이 있으리오.

02-05-05

王曰 寡人有疾 寡人好色 對曰 昔者大王好色 愛厥妃 詩云 古公亶
父 來朝走馬 率西水滸 至于岐下 爰及姜女 聿來胥宇 當是時也 內
無怨女 外無曠夫 王如好色 與百姓同之 於王何有.

王이 말씀하였다. <寡人은 병통이 있으니, 寡人은 色을 좋아합니
다> 孟子께서 대답하셨다. <옛적에 太王께서 색을 좋아하시어 그
后妃를 사랑하였습니다. 『詩經』에 이르기를, '古公亶父께서 아침
에 말을 달려와 서쪽 물가를 따라 岐山 아래에 이르러 이에 姜女
와 더불어 집터를 보았다.' 하였으니, 이때에 이르러 안으로 원망
하는 여자가 없으며, 밖으로 홀아비가 없었으니, 王께서 만약 色
을 좋아하신다면 백성들과 더불어 같이 하시면 王 노릇 하는 데
무슨 어려움이 있겠습니까?>

〈단어 및 어휘〉

· 大王(태왕): 公劉의 九世孫이며, 周文王의 祖父를 말한다.

· 厥(그 궐): 그, 그것, 꼬리 짧은 개, 흔들리는 모양, 숙이다.

· 滸(물가 호): 물가, 물 이름, 물가 평지.

· 率西水滸(솔서수호): 率은 循也, 즉 강이나 산줄기를 따라가는
  것을 말한다. 西水는 개울 이름이다.

· 岐(갈림길 기): 갈림길, 산 이름.

· 爰(이에 원): 이에, 곧, 여기에서, 바꾸다, 속이다.

· 及(미칠 급): 미치다, 도달하다, 더불어 하다, 및, ～와, ～하는 틈에.

- 聿(붓 율): 붓, 마침내, 이에, 몸소.
- 胥(서로 서): 서로, 모두, 돕다, 보다, 기다리다, 아전.
- 胥宇(서우): 胥는 相也, 宇는 居也.
- 曠(빌 광): 비다, 공허하다, 황량하다, 넓다, 너그럽다.
- 曠夫(광부): 독신 남자, 노총각.
- 怨女曠夫(원녀광부): 남편이나 아내가 없는 여인과 사내를 말한다.

下 6장

02-06-01

孟子謂齊宣王曰 王之臣 有託其妻子於其友而之楚遊者 比其反也 則
凍餒其妻子 則如之何 王曰 棄之.

孟子께서 제나라 선왕에게 말씀하셨다. <왕의 신하 중에 자기
처자식을 친구에게 맡기고 초(楚)나라로 놀러 간 자가 있었는
데, 돌아와서 보니 친구가 자기 처자식을 추위에 떨고 굶주리게
하였다면 어떻게 하시겠습니까?> 왕이 말하였다. <절교하겠습
니다.>

〈단어 및 어휘〉

- 託(부탁할 탁): 寄也, 委託. 衣食에 대한 보살핌을 付託하는 것
  을 말한다.
- 比(견줄 비): 견주다, 따르다, 자주, 돕다, 미치다, 이르다, 나란
  히 하다, 쯤해서, 미쳐서, 즈음하여.
- 凍(얼 동): 얼다, 춥다, 추위.

- 餒(주릴 뇌): 굶주리다, 썩다, 굶주림.
- 則(법칙 칙/곧 즉): 칙/규범, 모범, 이치, 즉/곧, 다만, ~하면 ~하다, ~는 ~인데, 그러나.
- 何(어찌 하): 어찌, 어디, 무엇.
- 如~何(여하): 어찌할까? ~을 어찌하면 좋을까? 如之何(여지하): 어떻게, 어찌, 어떠한가.
- 棄(버릴 기): 絕也, 絕交이다.

〈문법연구〉

- 王之臣 有託其妻子於其友而之楚遊者.
: '~한 사람이 있다', 예문처럼 有, 無 등 존재를 나타내는 동사는 가장 나중에 해석한다. 또 존재동사 앞은 대부분 위치를 나타내는 부사가 온다. 즉 王之臣은 해석 시 '왕의 신하 가운데서'로 해석하면 좋다. 之楚遊의 之는 '가다'로 之가 동사로 사용될 경우에는 반드시 뒤에 분명한 목적지가 와야 한다.

> 예) 孔子謂弟子 以我爲隱乎 吾無隱乎爾 吾無行而不與二三子者 是丘也. (論語)
> : 공자가 제자에게 이르기를 '내가 숨긴다고 생각하느냐? 나에게는 너희들에게 숨기는 것이 없다. 나는 행하되 너희와 함께하지 않은 것이 없다. 이것이 나다.' 吾無~者 '나에게는~하는 것이 없다.'

- 凍餒其妻子.
: '그 처자식을 추위에 떨며 굶주리게 하다.' 凍餒는 원래 명사로 '춥고 굶주림'인데 목적어를 가지는 경우 타동사화 되어 '~하게 하다'로 해석한다.

· 如之何.

: 如何는 '어떠하다'라는 뜻을 가진다. 如之何는 '그를 어떻게 할 것인가'라는 질문이 되고 한문에서 많이 사용된다.

예) 不曰如之何如之何者 吾末如之何也已矣. (論語)
: 어떻게 할까 어떻게 할까 하지 않는 자는 나도 어찌할 수 없다. 여기서 如之何는 무슨 일에 심사숙고하며 애쓴다는 말이다.

예) 漢兵雖衆 無如我何 請出師禦之. (三國史記)
: 한나라 군사가 비록 많다고 하지만 우리를 어떻게 할 수는 없을 것이니 청컨대 군사를 내어 이를 막게 하소서.

예) 如之何其聞斯行之. (論語)
: 어떻게 들으면 곧 행하겠느냐.

예) 若文人才子之所有者 則一有之後 雖造物 無可如何 是卽眞有也. (惠寰雜著)
: 그러나 문인재자가 소유한 것은 한번 소유한 후에는 비록 조물주라도 어떻게 할 수 없으니, 이것이야말로 진정한 소유이다.

02-06-02

曰士師不能治士 則如之何 王曰已之.

<옥(獄)을 맡은 관원이 소속 관원들을 제대로 다스리지 못하면 어떻게 하시겠습니까?> <그만두게 하겠습니다.>

〈단어 및 어휘〉

· 士師(사사): 소송, 형벌의 일을 하는 관리다.
· 已(그칠 이): 그치다, 이미, 매우, ~뿐이다, ~여, ~로써. 여기서는 罷免을 말한다.

〈문법연구〉

· 王曰已之.

: 已之의 已는 '말다, 그치다, 그만두다, 끝나다' 등의 뜻이 있다. 그런데 문법상으로 보면 모두 자동사로 '~을 그만두게 하다'라는 의미는 없는 것처럼 보인다. 그러나 이 경우 동사 뒤에 之를 붙이면 타동사화 되어 '~을 버리다.', '~을 그만두게 하다'라는 의미가 된다. 양혜왕 하 9장의 匠人斲而小之(장인이 깎아서 작게 하다)도 같은 쓰임이다. 앞의 凍餒其妻子(그 처자식을 추위에 떨고 굶주리게 하다)도 이와 같다.

> 예) 四月一日 惠藏至 欲偕游白蓮社 爲念供具 已之 悵然有作. (與猶堂全書)
> : 사월 초하룻날 혜장이 와서 함께 백련사에 노닐려고 했으나 음식과 행장을 갖추는 것이 염려되어 그만두었으므로 섭섭한 마음에서 짓다.

> 예) 心安 則理所許也 爲之 不安 則所不許也 已之. (惠寰雜著)
> : 마음에 거리낌이 없으면 이치가 허락한 것이니 행하고 마음에 거리낌이 있으면 이치가 허락하지 않은 것이니 그만둔다.

02-06-03
曰四境之內不治 則如之何 王顧左右而言他.

<사방의 나라 안이 다스려지지 않으면 어떻게 하시겠습니까?> 이에 왕이 좌우를 돌아보며 다른 말을 하였다.

〈단어 및 어휘〉

· 四境之內(사경지내): 사방의 국경 안, 온 나라.

· 顧(돌아볼 고): 돌아보다, 지난날을 생각하다, 돌아가다, 생각건
   내, 도리어.

〈문법연구〉

· 王顧左右而言他.
: 他는 다른 것(말, 일), 無他: 다른 것이 없다.

   예) 學文之道 無他 求其放心而已矣. (孟子)
   : 학문의 방법은 다른 곳에 있는 것이 아니다. 그 흩어진 마음을
   잡는 데 있다.

   예) 自非生知者 必資學問而知之 學問之道 無他 將欲通古今 達事理
   存之於心 體之於身 可不勉其學問之力哉. (童蒙先習)
   : 스스로가 나면서부터 아는 자가 아니거든 반드시 학문에 힘써서
   알아야 한다. 학문의 길은 다름이 아니라 장차 고금의 일에 통하
   고 사물의 이치에 통달하여서 이것을 마음에 간직하여 몸에 받고
   자 하는 것이니 어찌 학문에 힘쓰지 않으랴.

下 7장

02-07-01
孟子見齊宣王曰 所謂故國者 非謂有喬木之謂也 有世臣之謂也 王無
親臣矣 昔者所進 今日不知其亡也.

孟子께서 제나라 선왕을 보시고서 말씀하셨다. <이른바 역사가 오
랜 나라라는 것은 큰 나무가 있음을 말하는 것이 아니고, 대를 이
어서 벼슬하는 신하가 있음을 말하는 것인데, 왕께서는 (대를 이
어서 벼슬하는 신하는커녕) 친한 신하도 없습니다. 전일에 등용한

사람이 오늘 없어진 것도 모르고 계십니다.>

〈단어 및 어휘〉

· 故(옛 고): 舊의 뜻. 故國은 '오래된 나라'라는 뜻.
· 喬(높을 교): 높다, 솟다, 뛰어나다, 교만하다. 高의 뜻. 오래된
  나라의 王宮에는 크고 오래된 나무가 있으므로 權威의 象徵이
  되기도 한다.
· 世臣(세신): 代代로 나라에 功勳을 세워 온 臣下.
· 進(나아갈 진): 나아가다, 오르다, 벼슬하다, 드리다, 인재를 추
  천하다.
· 亡(망할 망/없을 망): 無也.

〈문법연구〉

· 昔者所進 今日不知其亡也.
: '옛날에 벼슬한(신하인데) 오늘은 그가 죽은(없어진) 것도 알지
못하다.' 所進을 사용한 이유는 동사로 명사를 수식할 때 '所+동사+
之+명사' 꼴이다. 그런데 여기서 앞에서 臣이 나왔으므로 생략했다,
한편 進은 '쓰다', '사용하다', '진용하다'의 의미로 '관리로 등용하여
쓰다'라는 의미로 사용되었다.

  예) 牛所耕之田.
  : 해석은 '소가 갈고 있는 밭'으로 여기서 일반적으로 之는 생략하
  기도 한다.

  예) 前所見(之)村落.
  : (내가) 전에 보았던 촌락.

02-07-02

王曰 吾何以識其不才而舍之.

왕이 말하였다. <내 어떻게 하면 (등용하기 전에) 그들이 재주가 없음을 알고 그들을 버릴 수 있겠습니까?>

〈단어 및 어휘〉

· 何以(하이): 무엇으로, 어떻게, 왜.

· 舍(집 사/버릴 사): 집, 가옥(家屋), 여관, 버리다, 포기하다(抛棄), 폐하다(廢), 내버려 두다, 捨와 通用. '놓아둔다, 버린다' 등의 뜻.

〈문법연구〉

· 何以識其不才而舍之.

: '어떻게 그가 재주가 없다는 것을 알고 그를 버리다(기용하지 않다).' 何以識~, '어떻게 ~을 알겠는가.' 여기서 보면 알 수 있듯이 何以는 부사구로서 뒤에 오는 동사를 수식한다.

　　예) 安用同居 宜從汝所適矣. (三國史記)
　　: 어찌 (무엇으로) 더불어 살 수가 있겠느냐? 마땅히 너는 네가 가고자 하는 곳으로 가거라. (여기서 安用은 何以와 같다)

　　예) 公怪之曰, 何以附耳相語. (芝峰類說)
　　: 공이 이상하게 여기며 이르기를, '어찌하여 귀에 대고 서로 말씀하십니까.'

02-07-03

曰國君進賢 如不得已 將使卑踰尊 疏踰戚 可不愼與.

<나라의 임금은 현자(賢者)를 등용하되 부득이한 것처럼 매우 신중히 해야 합니다. 장차 신분이 낮은 자로 하여금 높은 자의 위에 있게 하며, 소원한 사람을 친척의 윗자리에 있게 하는 것이니, 신중히 하지 않을 수 있겠습니까?

〈단어 및 어휘〉

· 進(나아갈 진): '발탁하다'라는 뜻이고, 賢은 어진 사람, 현명하고 능력 있는 사람이다.
· 得(얻을 득): 얻다, 손에 넣다, ~할 수 있다, 이익, 적당한.
· 己(이미 이): 이미, 벌써, 너무, 그치다, ~써, 이것.
· 不得己(부득이): 부득이와 같은 의미로, '마지못해', '하는 수 없이'라는 뜻이다. 여기서는 '어쩔 수 없이'라는 의미로 한다면 '최선을 다해서'라는 의미이다.
· 踰(넘을 유): 넘다, 물가언덕, 지나가다, 뛰다, 멀다.
· 疏踰戚(소유척): 疏는 疏遠한 他人, 踰(유) 넘다. 더, 좀 더. 더욱. 오히려. 여기서는 '훨씬', '더욱'이라는 의미를 가진다. 즉 비천한 자를 더욱 높이고, 소원한 자를 더욱 가까이한다는 의미다.
· 愼(삼갈 신): 삼가다(몸가짐이나 언행을 조심하다), 근신하다, 두려워하다, 근심하다(속을 태우거나 우울해하다), 따르다, 삼감(몸가짐이나 언행을 조심함), 진실로.
· 可不愼(가불신): 신중하지 않을 수 있다. 不可不愼-신중해야 한다. 不可愼-신중해서는 안 된다.
· 與(줄 여): 주다, 허락하다, 같이하다, 참여하다, ~와, ~하는 편이 낫다, ~보다도, ~인가?

〈문법연구〉

· 如不得已.

: 如는 '만일', '만약'으로 볼 수도 있고 '~같이'로도 볼 수 있다.
不得은 '할 수 없다' 已는 '그만두다', '그치다'로 볼 수 있다.

　예) 杜遣座客達意 願與斯會 李不得已邀之. (靑莊館全書)
　　: 두목이 좌객을 보내 이 모임에 참여하고 싶다는 뜻을 전하자, 이
　　원이 어쩔 수 없이 그를 초청했다.

　예) 如不得已 當審其要害 省其戍所 則民力舒而軍餉節矣. (高麗史)
　　: 만약 부득이하다면 전략적 요충지를 상세히 조사한 다음 수비대
　　의 수를 줄인다면 백성들의 힘이 안정되고 군량도 절약될 것입니다.

　예) 禑曰 備禦事劇不獲已 以卿兼之 其無固辭. (高麗史)
　　: 우가 이르기를 '방비하고 막는 일이 급하므로 부득이 경으로 겸
　　하게 하는 것이니 굳이 사양하지 말라.'

· 將使卑踰尊 疏踰戚.

: 將은 '~하려는' 의지를 나타낸다. 使는 사동의 의미로 '하여금'
으로 해석한다. 使卑踰尊의 使는 疏踰戚까지 받는다. 可는 부사로
'가히'라고 해석한다. '卑踰尊 疏踰戚'에서 疏는 疏遠한 他人, 踰(유)
넘다. 더, 좀 더. 더욱. 오히려. 여기서는 '더욱'이라는 의미를 가진
다. 즉 비천한 자를 더욱 높이고, 소원한 자를 훨씬 가까이한다는
의미다.

· 可不~ 與.

'~하지 않을 수 있겠습니까', '~ 해야만 합니다' 반문법.

02-07-04

左右皆曰賢 未可也 諸大夫皆曰賢未可也 國人皆曰賢然後 察之 見
賢焉然後用之 左右皆曰不可 勿聽 諸大夫皆曰不可 勿聽 國人皆曰
不可然後 察之 見不可焉然後去之.

좌우의 신하가 모두 그를 현명하다고 하더라도 등용하지 마시고,
여러 대부들이 모두 현명하다고 하더라도 등용하지 마시고, 나라
사람이 모두 현명하다고 말한 뒤에 그를 살펴서 현명한 점을 발견
한 뒤에 등용하십시오. 그리고 좌우의 신하들이 모두 불가(不可)
하다고 말하더라도 듣지 마시고, 여러 대부들이 모두 불가하다고
말하더라도 듣지 마시고, 나라 사람들이 모두 불가하다고 말한 뒤
에 그를 살펴서 불가한 점을 발견한 뒤에 버려야 합니다.

〈단어 및 어휘〉

· 可(옳을 가): '~할 수 있다'라는 뜻으로도 쓰이지만, '~해야 된
  다'라는 뜻으로도 쓰인다.
· 未可(미가): 未可進用(아직 벼슬을 줄 수 없다)의 생략이다.
· 察(살필 찰): 살피다, 알다, 살펴서 알다, 밝고 자세하다, 조사하
  다, 깨끗하다.
· 焉(어찌 언): 어찌, 어떻게, ~느냐, ~도다, 그러하다, ~와 같
  다, 이, 이에/그곳에서(於之), 그래서/여기서(於是).
· 勿(말 무): ~하지 말라.

〈문법연구〉

· 見賢焉然後用之.

: 그로부터 현명함을 발견한 연후에 그를 쓰다. 焉은 '於之'의 준
말로 쓰이는 경우가 있음. 於之가 '거기에서'라는 의미임.

예) 子曰 見賢思齊焉, 見不賢而內自省也. (論語)
: 공자께서 말씀하셨다. '현명한 사람을 보면 그와 나란히 될 것을
생각하고, 현명하지 못한 사람을 보면 속으로 자신을 돌아본다.'
이 문장에서 '焉'은 '於之(於是)'의 준말 '之(是)'는 대명사로서
'賢'을 가리킨다.

예) 三人行 必有我師焉. (論語)
: 세 사람이 길을 가더라도 반드시 거기에는 나의 스승이 있다. 여
기에서의 '焉' 역시 '於之'의 준말로 '之'에 해당하는 부분이 '거
기'로 '三人行'을 가리킨다.

02-07-05

左右皆曰可殺 勿聽 諸大夫皆曰可殺 勿聽 國人皆曰可殺然後 察之
見可殺焉然後殺之 故曰國人殺之也.

좌우의 신하들이 모두 죽여야 한다고 말하더라도 듣지 마시고, 여
러 대부들이 모두 죽여야 한다고 말하더라도 듣지 마시고, 나라
사람이 모두 죽여야 한다고 말한 뒤에 그를 살펴서 죽일 만한 점
을 발견한 뒤에 죽이셔야 합니다. 그러므로 나라 사람들이 그를
죽였다고 말하는 것입니다.

02-07-06

如此然後 可以爲民父母.

이처럼 한 뒤에야 백성의 부모(父母)가 될 수 있습니다.>

〈문법연구〉

· 可以爲民父母.

: 可以(가능하다)는 可以之(그것으로 가능하다)에서 之가 생략되어 사용되었다.

下 8장

02-08-01
齊宣王問曰 湯放桀 武王伐紂 有諸 孟子對曰 於傳有之.

제나라 선왕이 물었다. <탕왕(湯王)께서 폭군 걸왕(桀王)을 추방하시고, 무왕(武王)께서 폭군 주왕(紂王)을 정벌하셨다고 하니, 그러한 사실이 있습니까?> 孟子께서 대답하셨다. <옛 책에 있습니다.>

〈단어 및 어휘〉

· 湯(끓일 탕): 끓이다, 끓인 물, 온천, 목욕하다, 데우다. 中國 古代 商 王朝의 初代 왕.

· 桀(홰 걸): 홰, 닭의 홰, 하나라 왕, 특출하다, 뛰어나다. 中國 古代 夏나라 最後의 왕.

· 紂(껑거리끈 주): 껑거리끈, 말고삐, 주 임금. 中國 古代 商 王朝 최후의 왕.

· 諸(모두 제/어조사 저): 제/모두, 여러, 저/만약 ～한다면, ～에서, ～이여, 지어(之於), 지호(之乎)의 축약형.

· 傳(전할 전): 전하다, 펴다, 널리 퍼뜨리다, 전해 내려오다, 퍼지

다, 옮기다, 알리다, 전기(사람의 일대기), 현인의 저서, 고서, 경서, 傳承. 또는 傳承되어 오는 말을 記錄한 冊.

02-08-02

曰臣弑其君可乎.

말하기를, <신하가 그 임금을 시해(弑害)해도 됩니까?>

〈단어 및 어휘〉

· 弑(죽일 시): 윗사람을 죽이다, 죽이다.

〈문법연구〉

· 臣弑其君可乎.

: '신하가 그 군주를 죽여도 됩니까?' 可乎, '괜찮은가?' '문제가 없나요?', '가합니까?' 등의 의미이다. 이를 같은 내용이지만 以를 사용해 '臣可以弑其君乎'로 조동사로 사용해도 의미는 변하지 않는다. 본문의 可는 '~해도 되다'는 의미로 본동사로 사용되었다.

02-08-03

曰賊仁者謂之賊 賊義者謂之殘 殘賊之人謂之一夫 聞誅一夫紂矣 未聞弑君也.

<인(仁)을 해치는 자를 '적(賊)'이라 이르고, 의(義)를 해치는 자를 '잔(殘)'이라 이르고, 잔적(殘賊)한 사람을 일개 지아비인 '일부(一夫)'라 이르니, 일부인 주(紂)를 죽였다는 말은 들었으나, 임금을 시해하였다는 말은 듣지 못했습니다.>

〈단어 및 어휘〉

· 賊(도둑 적): 도둑, 훔치다, 해치다, 죽이다, 역적, 학대하다.
· 殘(남을 잔/잔인할 잔): 잔인하다(殘忍), 흉악하다(凶惡·兇惡),
  해치다(害), 멸하다(滅), 없애다.
· 誅(벨 주): 베다, 치다, 형벌.
· 一夫紂(일부주): 한 사내인 紂, 한 남정네인 紂, 일개의 平民인 紂.

〈문법연구〉

· 賊仁者謂之賊.

: '인을 해치는 자는 적이라고 한다.' ~者, '~하는 사람', '~하는
것'으로 해석된다. 즉 앞말의 수식을 받아 전체를 명사구로 만들어
주는 특수대명사이다.

예) 無非事者.
: 일이 아닌 것이 없다.

예) 知之者不如好之者 好之者不如樂之者. (論語)
: 아는 것은 좋아하는 것만 못하고 좋아하는 것은 즐기는 것만 못
하다. (여기서 동사 뒤의 之는 일반적인 사실이나 사물, 사람을 가
리키는 인칭대명사이다)

예) 歸市者不止. (書經)
시장으로 돌아가는 자가 그치지 않다.

예) 君子不以其所以養人者害人. (孟子)
: 군자는 사람을 기르는 것 (때문에) 사람에게 해를 주지 않는다.

예) 蓋遷國以圖存者 權也 守正而俟死者 義也. (孟子)
: 대개 나라를 옮김으로써 존립하기를 도모하는 것은 권도(權度)

요, 바름(正)을 지키고 죽음을 기다리는 것은 의로움(義)이다.

예) 夫爲天下者 亦奚以異乎牧馬者哉. (莊子/徐無鬼)
: 저 천하를 다스리는 사람도 또한 어찌 말을 먹이는 사람과 다르리오?

· 聞誅一夫紂矣 未聞弑君也.

: '일개 사내인 주를 주살한 것은 들었지만 아직 그 주군을 죽였다는 것은 들어보지 못했다.' 원칙적으로 생각하면 弑君은 동사 聞의 목적어로 명사이다. 하지만 원래는 '군주를 시해하다'로 동사이다. 한문에서는 이처럼 명사와 동사가 문장의 위치와 문맥에 의해서 결정된다. 만약 '未聞所弑君也.'라고 분명하게 명사화시켜 동사의 목적어로 사용해도 무방하다. 그러나 이런 경우가 너무 번거롭기 때문에 군이 의사를 전달하는 데 혼란을 초래하지 않는 경우 명사화시킬 필요가 없다.

下 9장

02-09-01

孟子見齊宣王曰 爲巨室則 必使工師求大木 工師得大木 則王喜以爲能勝其任也 匠人斲而小之 則王怒以爲不勝其任矣 夫人幼而學之 壯而欲行之 王曰 姑舍女所學而從我則何如.

孟子께서 제나라 선왕을 보고 말씀하셨다. <왕께서 큰 궁궐을 지으려 하시면 반드시 도목수(都木手)로 하여금 큰 나무를 구하게 하실 것이니, 도목수가 큰 나무를 찾으면 왕께서 기뻐하시면서 능

히 자신의 임무를 완수했다고 여기실 것이고, 목수들이 깎아서 작게 만들면 왕께서 화를 내시면서 자신의 임무를 감당하지 못했다고 여기실 것입니다. 사람이 어려서 배우는 것은 자라서 그것을 행하려고 하는 것인데[幼而學之 壯而欲行之], 왕께서 '우선 네가 배운 것을 버리고 나를 따르라.' 하신다면 어떻겠습니까?

〈단어 및 어휘〉

· 爲巨室(위거실): 爲는 作也, 巨室은 宮殿을 말한다.
· 工師(공사): 공장(工匠)의 우두머리, 악기 연주자의 우두머리.
· 以爲(이위): ~을 ~로 삼다, ~을 ~로 여기다, '以之爲'에서 之가 생략됨.
· 勝(이길 승): 이기다, 뛰어나다, 훌륭하다, 좋다. 완수하다, ~을 다하다. 여기서는 '완수하다', '실행하다'라는 의미로 사용됨.
· 斲(깎을 착): 깎다, 쪼개다, 새기다, 연장.
· 姑(시어미 고): 시어머니, 시누이, 고모, 잠시, 잠깐. 且也. 또는 우선, 장차.
· 舍(집사/버릴 사): 舍는 捨也, 女는 汝也와 같다.
· 何如(하여): 어떠냐, 어떤, 어찌 ~만 하겠는가.

〈문법연구〉

· 匠人斲而小之.
: 小之의 之는 양혜왕 하편 2장의 <曰士師不能治士 則如之何 王曰 己之/왕이 말하길 그만두게 하겠다고 말했다>의 己之와 같은 용법이다. 즉 자동사의 뒤에 之를 붙여 '~하게 하다.' 여기서 小는 자동사

는 아니고 형용사이지만 같은 맥락의 문법적 적용이 된다. 즉 小之에서 小는 '작다'라는 형용사에서 '작게 만든다'라는 동사로 전성된 형태이다. 之는 指示代名詞로 구해온 나무를 말한다.

·人幼而學之 壯而欲行之.
: '형용사+而 또는 시간을 나타내는 또는 시간적 요소가 있는 단어+而'는 '~일 때는', '~시에는'으로 해석 '어렸을 때는(어려서는) 배우고, 장성해서는 그것을 행하고자 한다.'

예) 幼而不學 老無所知 春若不耕 秋無所望 寅若不起 日無所辨. (明心寶鑑)
: 어려서 배우지 않으면 늙어서 아는 것이 없을 것이요 봄에 만약 밭을 갈지 아니하면 가을에 거둘 것이 없을 것이요 새벽 일찍이 일어나지 아니하면 그 날의 할 일이 없느니라.

예) 暮而果大亡其財. (韓非子)
: 날이 저물자 과연 그 집 재물을 크게 도둑맞았다.

문법적으로는 幼而, 長而, 老而의 而는 시간부사를 강조하여 제시하는 어조사로 시간을 나타내는 단어 뒤에 붙어서 접미사 기능을 한다. <今而: 지금, 昨而: 어제, 暮而: 저물어서, 晚而: 늦게야, 早而: 일찍> 등과 같은 용법이 있다.

예) 二旬而九食. 스무날에 아홉 번 식사한다.

예) 今而分金 忽生忌兄之心. 지금 금을 나눔에 갑자기 형을 싫어하는 마음이 생기다.

· 姑舍女所學而從我則何如.

: '잠시 그대가 배운 것을 버리고 나를 따르라면 어떻겠습니까.' 舍女所學을 만약 '舍女學'이라 표현하면 '그대의 학문을 버리다.'이다. 舍女所學은 '배운 것을 버리다.'로 좀 구체적이다. '所+동사'는 '동사한 것', '동사한 바'로 명사화 된다.

02-09-02
今有璞玉於此 雖萬鎰 必使玉人彫琢之 至於治國家 則曰姑舍女所學 而從我 則何以異於教玉人彫琢玉哉.

만약 여기에 다듬지 않은 옥(玉) 덩어리가 있으면 아무리 값어치가 많이 나가는 것이라도 반드시 옥공(玉工)으로 하여금 새기고 쪼개게 하실 것입니다. 그런데 국가를 다스림에 있어서는 '우선 네가 배운 것을 버리고 나를 따르라.' 하신다면, 옥공에게 옥을 연마하는 방법을 가르치는 것과 무엇이 다르겠습니까?>

〈단어 및 어휘〉

· 璞(옥돌 박): 옥돌, 옥석, 다듬지 않은 옥, 순박, 소박.
· 璞玉(박옥) 다듬지 않은 자연 그대로의 玉을 말한다.
· 鎰(무게 이름 일): 중량 단위(스무 냥).
· 琢(쫄 탁): 쪼다, 다듬다, 연마하다.
· 彫琢(조탁): 玉을 다듬고 무늬를 아로새긴다는 뜻이나, 여기에서는 璞玉을 손보고 쪼아 고운 玉을 만드는 것을 말한다.
· 至於(지어) ~: '~의 경우에는', '~으로 말하면', '~에 관해서는', '~에 있어서는'

예) 子曰 今之孝者是謂能養 至於犬馬 皆能有養 不敬 何以別乎. (論語/爲政)
: 공자가 말히길 지금의 효라는 것은 단지 능히 부양하는 것으로 이해하나 마소에 대해서도 부양한다 말할 수 있으니 공경스럽지 않으면 어찌 (사람이 마소와) 구별이 되겠는가.

예) 至於大道之要 去健羨 絀聰明 釈此而任術. (史記)
: 대도의 요점에 대해 말하자면 건선(탐욕)을 버리고 총명함을 물리치고 이것을 내려놓고 도술에 맡기는 것이다.

· 姑(시어머니 고): 시어머니, 고모, 잠시, 잠깐.

· 舍(집 사): 집, 여관, 머무르다, 쉬다, 두다, 버려두다, 버리다.

〈문법연구〉

· 必使玉人彫琢之.

: '使+명사+동사' 형태로 '명사에게 동사 하게 하다.' 이어 나오는 '敎+명사+동사'도 '명사에게 동사 하는 것을 가르치다.'

· 何以異於敎玉人彫琢玉哉.

: 異於~, '~과 다르다.'

예) 孔子曰 吾黨之直者 異於是 父爲子隱 子爲父隱 直在其中矣. (論語)
: 내 무리의 정직한 자는 이와 다르다. 아버지가 자식을 위하여 숨겨주고, 자식은 아버지를 위하여 숨겨주나니 (진실로) 정직함이 그 가운데 있다.

예) 今西面交臂 而臣事秦 何異於牛後乎. (戰國策)
이제 서쪽으로 향하여 경의를 표하여 신하로서 진나라를 섬기면 무엇이 소의 꼬리에 다르겠습니까.

下 10장

02-10-01

齊人伐燕勝之.

제나라 사람들이 연나라를 정벌하여 승리하였다.

〈단어 및 어휘〉

· 伐(칠 벌): 치다, 정벌하다, 베다, 찌르다, 찔러 죽이다.
· 燕(제비 연): 北燕이다.

02-10-02

宣王問曰 或謂寡人勿取 或謂寡人取之 以萬乘之國 伐萬乘之國 五旬而舉之 人力不至於此 不取必有天殃 取之何如.

제나라 선왕이 물었다. <어떤 사람은 과인더러 연나라를 취하지 말라고 하고, 어떤 사람은 과인더러 취하라고 합니다. 만승(萬乘)의 우리 제나라가 만승의 연나라를 정벌하여 50일 만에 함락시켰으니, 이는 사람의 힘으로 된 일이 아닙니다. 연나라를 취하지 않는다면 반드시 하늘의 재앙(災殃)이 있을 것이니, 취하는 것이 어떻겠습니까?>

〈단어 및 어휘〉

· 或(혹 혹/나라 역): 혹(或), 혹은(或-: 그렇지 아니하면), 혹시(或是: 그러할 리는 없지만 만일에), 또, 誰也. 何人. 어떤 사람.
· 旬(열흘 순): 열흘, 10년, 만 1년.

· 擧(들 거): 들다, 일으키다, 행하다, 낱낱이 들다, 빼 올리다, 들
  추어 내다, 함락시키다, 해치우다.
· 殃(재앙 앙): 화, 재앙, 해치다, 해를 끼치다.

〈문법연구〉

· 或謂寡人勿取 或謂寡人取之.
: '謂 A, B'는 'A에게 B를 말하다.'로 일종의 수여동사와 유사. 이
전의 'A 謂之 B/A는 그것을(之) B라 이른다(謂).'와는 다르다.

〈참고〉

謂의 동사적 용법
謂는 크게 세 가지 용법이 있다. <1. ~라 이르다(한다), 2. ~평하
다, 3. ~에게 ~을 말하다.>이다.

1. 謂 A+B, A 謂 B, A 謂之 B, A 之謂 B, 이 네 가지는 모두 기본
   적으로 'A를 B라고 한다(이르다).'이다.

: 각각의 예는 다음과 같다.

· 謂 A+B의 경우 A=B로 A는 謂의 목적어이고 B 일종의 목적격
  보어이다. 즉 'A를 B 하다고 이르다(하다)'라는 형태이다.

  예) 國俗謂善射爲朱蒙. (三國遺事)
  :나라의 풍속에 잘 쏘는 자를 일러 주몽이라 한다

예) 孰謂微生高直. (論語)
: 누가 미생고가 정직하다고 하는가?

· A 謂 B

예) 抱朴子曰 迎斧鉞而正諫 據鼎鑊而盡言 此謂忠臣也. (明心寶鑑)
: 포박자가 말하길, 도끼를 맞더라도 바르게 간(諫)하며, 끓는 솥
을 잡으면서도 옳은 말을 다하면 이것을 충신이라 한다.

예) 漢分置三郡 謂玄莵樂浪帶方. (三國遺事)
: 한나라에서는 나누어 3군을 설치했는데 현도, 낙랑, 대방이라고
한다.

예) 所以謂人皆有不忍人之心者. (孟子)
사람이 모두 사람을 차마 해치지 못하는 마음을 가지고 있다고 말
하는 까닭.

예) 子曰 以不教民戰 是謂棄之. (論語)
: 공자께서 말씀하셨다. '가르치지 않은 백성을 가지고 전쟁을 하
는 것은 그들을 내버리는 것이다.'

· A 謂之 B

예) 降於太伯山頂神壇樹下 謂之神市 是謂桓雄天王也. (三國遺事)
: 태백 산정 신단수 아래에 내려오니, 이곳이 신시(神市)이며, 그
가 환웅 (桓雄) 천왕이다.

예) 孔子曰 侍於君子有三愆 言未及之而言 謂之躁 言及之而不言 謂
之隱 未見顏色而言 謂之瞽. (論語)
: 공자께서 말씀하셨다. '군자(어른)를 모시는데 실수하기 쉬운 잘
못이 셋이 있다. 윗사람의 말이 끝나지 않았는데 말하는 것은 조
급함이고, 윗사람이 말했음에도 대꾸를 하지 않는 것은 속을 감추
는 것이며, 윗사람의 안색을 살피지 않고 함부로 떠들면 앞 못 보

는 장님이나 다름없다.'

예) 春秋君弑賊不討 謂之國無人. (三國史記)
: <춘추>에는 임금이 시해되었는데도 역적을 토벌하지 못하면 나
라에 사람이 없다고 한다.

· A 之謂 B

예) 天命之謂性 率性之謂道 修道之謂敎. (中庸)
천명을 성이라 말하고, 성을 따르는 것을 도라 말하고, 도를 닦는
것을 교라 말한다. 여기서 '天命之謂性'은 '謂天命'과 의미가 같
다. 그런데 목적어인 '天命'을 강조시키기 위하여 동사 앞으로 도
치시키고 그 사이에 목적격 후치사를 두었다. 또 '謂天命性'에서
목적어를 앞으로 전치시키고 그 자리에 대명사 之를 둔 것이 天命
謂之性이다.

2. 謂(위): 평하여 말하다.

예) 子謂公冶長 可妻也. (論語)
: 공자께서 공야장을 '사위로 삼을 만하다'라고 평하셨다.

예) 吾必謂之學矣. (論語)
: 내가 반드시 그를 배웠다고 평할 것이다.

3. 謂(위): ~에게 ~을 말하다(~라 말하다). (주로 謂~曰~ 형태
로 사용된다.)

예) 或謂勿稽子曰 子之功莫大 而不見錄 怨乎. (三國史記)
: 어떤 사람이 물계자에게 말하길, '자네의 공이 가장 컸는데 기록
되지 못하였으니 원망하는가?'라고 했다.

예) 萬章問曰 或謂孔子於衛主癰疽 於齊主侍人瘠環 有諸乎. (孟子)
: 만장이 묻기를 <어떤 이가 말하기를 '공자가 위나라에 있을 때
(의사) 옹저를 주인으로 삼아 거처하였고, 제나라에서는 시인인(왕
을 모시는 이) 척환을 주인으로 삼아 거처하였다'라고 하는데 이
런 일이 있습니까?>

・五旬而擧之.
: <시간+而>: '소요된 시간에', 여기서는 '오십일에.'

예) '而'가 시간을 나타내는 단어 뒤에 놓여 접미사로 쓰이는 경우.
・俄而: 갑자기.
・已而, 旣而, 尋而: 오래지 않아, 곧, 얼마 지나지 않아.
・始而: 비로소.
・久而: 오랫동안.
・繼而: (시간상으로) 이어서, 계속해서.
・今而: 이제.
・五十而: 오십에.

예) 今而廢學 是何以異于斷織哉. (列女傳)
: 지금에 학문을 폐하는 것이 어찌 짜던 베를 끊는 것과 다르겠는가.

예) 繼而有師命不可以請. (孟子)
: 곧이어서 전쟁의 명령이 내렸기 때문에 청할 수 없었다. 不可以
請이 다음에 之가 생략되었다. 그것을 청할 수 없었다.

02-10-03

孟子曰 取之而燕民 悅則取之 古之人 有行之者 武王是也 取之而燕
民 不悅則勿取 古之人 有行之者 文王是也.

孟子께서 대답하셨다. <연나라를 취해서 연나라 백성들이 기뻐한
다면 취하십시오. 옛사람 중에 그렇게 한 분이 계셨으니, 무왕이
바로 그러한 분입니다. 연나라를 취해서 연나라 백성들이 기뻐하

지 않으면 취하지 마십시오. 옛사람 중에 그렇게 한 분이 계셨으
니, 문왕이 바로 그러한 분입니다.

〈문법연구〉

· 古之人有行之者.

: 'A+有+B' 형태는 A가 사람인 경우 거의 항상 '~한 사람 중에'로
해석된다. 위는 '옛날 사람 중에~' 꼴이다. 之는 대명사로 앞의 '취
하는 것'을 받는다.

02-10-04

以萬乘之國 伐萬乘之國 簞食壺漿 以迎王師 豈有他哉 避水火也 如
水益深 如火益熱 亦運而已矣.

萬乘의 나라로써 萬乘의 나라를 침에 대바구니에 밥을 담고 병에
장을 담아[簞食壺漿] 王의 군사를 환영한 것이 어찌 다른 것이 있
겠습니까? 환란(水火=폭정)을 피하기 위함입니다. 만일 물이 더욱
깊어지거나, 만일 불이 더욱 뜨거워지면 또한 옮겨갈 뿐입니다.>

〈단어 및 어휘〉

· 乘(탈 승): 타다, 탈 것, 말 4필이 끄는 전차.
· 簞(소쿠리 단): 소쿠리, 대 밥그릇, 상자.
· 食(밥 식/먹이 사): 식/밥, 음식, 먹다, 사/먹이, 밥, 기르다, 먹이
  다, 양육하다.
· 壺(병 호): 술병, 단지, 주전자.
· 漿(즙 장): 즙, 미음, 마실 것.

- 簞食壺漿(단사호장): 도시락밥과 병에 담은 음료수.
- 水火(수화): 여기에서는 虐政에 譬喩한 것이다.
- 運(옮길 운): 운명, 운반, 운송, 운하, 햇무리(해의 둘레에 둥글게 나타나는 빛깔이 있는 테두리), 일훈, 옮기다. 轉也. 옮겨 간다는 뜻이다.
- 而已矣(이이의): ~뿐, 따름.

下 11장

02-11-01
齊人伐燕取之 諸侯將謀救燕 宣王曰諸侯多謀伐寡人者 何以待之 孟子對曰 臣聞七十里爲政於天下者 湯是也 未聞以千里畏人者也.

제나라 사람이 연나라를 정벌하여 취하자, 다른 제후들이 장차 연나라를 구원할 것을 도모하였다. 이에 제나라 선왕이 말하였다. <제후들 가운데 과인을 정벌하려고 모의하는 자가 많으니, 어떻게 대응해야 합니까?> 孟子께서 대답하셨다. <신은 70리의 나라를 가지고 천하에 정사를 하였다는 말을 들었으니, 탕왕(湯王)이 바로 그러한 분입니다. 그러나 천 리나 되는 큰 나라를 가지고 남을 두려워했다는 말은 듣지 못하였습니다.

〈단어 및 어휘〉

- 謀(꾀할 모): 꾀, 지략, 계략, 계책, 본보기, 꾀하다, 도모하다, 모색하다, 묻다, 살피다, 속이다.
- 待之(대지): 待는 準備를 갖추어서 對處한다는 뜻이다.

• 也(어조사 야): ~이다, ~이냐? ~도다, 또한, 역시, ~은, ~라 함은, 잇닿다.

⟨문법연구⟩

• 宣王曰諸侯多謀伐寡人者.

: '제후 중에 과인을 벌하려 도모하는 자가 많다.' 존재를 나타내는 有, 無, 多 등의 용언은 앞은 처소격 '~에'를 나타내고 해당 용언의 뒤는 '~가 있다', '~가 없다', '~가 많다' 등으로 해석된다.

> 예) 孔子謂弟子 以我爲隱乎 吾無隱乎爾 吾無行而不與二三子者 是丘也. (論語)
> : 공자가 제자에게 이르기를 '내가 숨긴다고 생각하느냐? 나에게는 너희들에게 숨기는 것이 없다. 나에게는 행하되 너희와 함께 하지 않은 것이 없다. 이것이 나다.'

• 七十里爲政於天下者.

: '칠십 리로 천하를 다스리다.' 七十里 앞에는 以가 생략되었다고 볼 수 있다. 한문에서는 이처럼 명사구로서 부사적 의미를 갖는 경우가 많다.

02-11-02

書曰 湯一征 自葛始 天下信之 東面而征 西夷怨 南面而征 北狄怨
曰奚爲後我 民望之 若大旱之望雲霓也 歸市者不止 耕者不變 誅其
君而吊其民 若時雨降 民大悅 書曰徯我后 后來其蘇.

『書經』에 이르기를, '湯王이 첫 번째 정벌을 葛나라로부터 시작하자, 천하가 그를 믿고 동쪽으로 향하여 정벌함에 서쪽 오랑캐가 원망하며, 남쪽을 향하여 정벌함에 북쪽 오랑캐가 원망하며 이르기를, 「어찌 우리를 뒤에 하는가.」 하여, 백성들이 바라기를 마치 큰 가뭄에 구름과 무지개를 바라듯이 하여 시장으로 돌아가는 자가 멈추지 않으며, 밭 가는 자가 변동하지 않거늘, 그 군주를 주벌하고 백성들을 위문하니 마치 때마침 비가 내려 백성들이 크게 기뻐하듯 하였다.' 하였습니다. 『書經』에 이르기를, '우리 임금님을 기다렸더니, 임금께서 오시면, 소생하겠지!' 하였습니다.

〈단어 및 어휘〉

· 自(자): 自는 從, 由와 같이 허사로서 '~에서', '~로부터' 종종 '自~至' 호응구로 ~에서 ~에 이르기까지라는 시작과 끝의 고정형식으로 사용되기도 한다.

예) 退之自幼 機智如此. (正祖命撰/人物考)
: 퇴지(한유)가 어릴 때부터 기지가 이와 같았다.

· 葛(칡 갈): 칡, 갈포(칡 섬유로 짠 베), 여기서는 나라의 이름.
· 奚(어찌 해): 어찌, 왜, 무슨, 어떤, 어디, 어디에서, 무엇, 어느 곳, 종, 하인.
· 霓(무지개 예): 무지개, 벼락, 가장자리.
· 雲霓(운예): 구름과 무지개, 비가 올 징조.
· 不變(불변): 不止와 비슷한 의미로 사용되었다.
· 誅(벨 주): 베다, 책하다, 치다, 덜다, 형벌, 罪 있는 자를 죽이는 것을 말한다.
· 弔(조상할 조): 조상하다(슬퍼하는 뜻을 드러내어 상주를 위문

하다), 조문하다, 문안하다, 위문하다, 안부를 묻다, 불쌍히 여기
다. 당한 괴로움에 대해 慰勞하다 정도로 새긴다.

· 徯(샛길 혜): 샛길, 기다리다, 위태하다(危殆), 위태롭다(危殆) 샛
길, 좁은 길.

· 后(뒤 후): 뒤, 딸림, 아랫사람, 뒤떨어지다, 뒤지다, 뒤로 돌리
다, 임금, 왕후, 후비.

· 其(그 기): 그, 그것, 만일, 아마도, 혹은, 어찌, 어째서, 바야흐
로, 이미, 마땅히, 이에, 그래서, 기약하다, 將次, 아마도.

· 蘇(되살아날 소/차조기 소): 되살아나다, 소생하다, 깨어나다,
(잠에서) 깨다, 깨닫다, 찾다, 구하다, 잡다, 취하다, 그르치다,
틀리다, 蘇生으로 復生과 같다.

〈문법연구〉

· 東面而征.

: 문법적으로는 '동쪽으로 향(면)해서 정벌하면', 즉 面은 동사로서
'향하다'이고 東은 부사로 파악하여 '동쪽으로'로 볼 수 있다. 하지만
東을 동사로 파악할 수도 있다. 즉 '東=동쪽으로 향하다'라는 동사로
보고 面을 '얼굴'이라는 명사 목적어로 파악할 수 있다. 그러나 <南
面: 예전에 임금이 남쪽을 향(向)하여 앉아서 신하(臣下)의 조례(朝
禮)를 받음>의 예에서 알 수 있듯이 東을 부사로 파악하는 것이 일
반적이다.

예) 於是信問廣武君曰 僕欲北攻燕 東伐齊 何若而有功. (史記)
: 이에 한신이 광무군에게 물었다. '내가 북쪽으로 연나라를 치고 동
쪽으로 제나라를 치려고 합니다. 어떻게 해야 이길 수 있겠습니까?'

· 奚爲後我.

: 奚 어찌해. 奚爲는 何爲와 같다. 어찌하여.

· 若大旱之望雲霓也.

: '마치 큰 가뭄에 구름과 무지개를 소망하듯이 하였다.' → '원래는 대한(큰 가뭄)이 구름과 무지개를 소망하는 것 같았다.' 즉, 가뭄을 의인화하여 비유한 형태이다. 之는 주격조사이다.

02-11-03

今燕虐其民 王往而征之 民以爲將拯己於水火之中也 簞食壺漿 以迎王師 若殺其父兄 係累其子弟 毁其宗廟 遷其重器 如之何其可也 天下固畏齊之彊也 今又倍地而不行仁政 是動天下之兵也.

지금 燕나라가 백성들을 학대하거늘, 王께서 가서 정벌하니, 백성들은 장차 도탄에서 자기들을 구해줄 것이라 여기고 대바구니에 밥을 싸고 병에 장을 넣어 王의 군사를 환영한 것인데, 만약 그 부모를 죽이고 그 자제들을 구속하며 그 종묘를 훼철하고 그 귀중한 기물을 옮겨간다면 어찌하여 可하겠습니까? 天下가 진실로 齊나라의 강성함을 두려워하는데, 지금 또 땅을 배로 넓혀서 仁政을 행하지 않으신다면 이는 天下의 軍事를 움직이게 하는 것입니다.

〈단어 및 어휘〉

· 拯(건질 증): 돕다, 구하다, 구조하다, 들어 올리다. 救也, 救濟.
· 王師(왕사): 宣王의 軍隊를 말한다.
· 係(맬 계): 매다, 묶다, 잇다, 끈, 핏줄, 죄수.

- 累(여러 루): 여러, 자주, 밧줄로 묶다, 잇닿아 있다, 연루, 연좌.
- 係累(계루): '결박하여 묶다.'라는 뜻이니, 여기에서는 '捕虜로 하다'의 뜻이다.
- 遷其重器(천기중기): 燕나라 先代부터 代代로 전해오는 器物을 齊나라로 옮겨간다는 것이다.
- 固(진실로 고/굳을 고): 굳다, 단단하다, 굳어지다, 굳히다, 완고하다, 고루하다, 거듭, 여러 번, 굳이, 굳게, 단단히, 확고히, 반드시, 틀림없이, 진실로, 참으로.
- 畏(두려워할 외): 경외하다, 꺼리다, 忌也. 싫어하다, 두려워하다.
- 彊(굳셀 강): 굳세다, 억지로 시키다, 힘쓰다, 굳다, 굳어지다, 돕다, 억지로, 强也.
- 倍之(배지): 燕나라를 빼앗아서 이제 齊나라 땅이 2배가 되었다는 말이다.

〈문법연구〉

- 簞食壺漿 以迎王師.
 : 以簞食壺漿 迎王師라고 하여 以의 후치로도 볼 수 있고, 簞食壺漿을 일종의 동사구로 파악하여, '단사호장하여(그것으로) 왕의 군사를 맞이하다.'로도 파악할 수 있다. 즉 以 다음에 대명사 之가 생략된 형태이다.

  예) 所惡於上毋以使下 所惡於下毋以使上. (大學)
  : 윗사람이 싫은 바로써 아랫사람에게 하지 않고 아랫사람에게서 싫은 바로써 윗사람에게 하지 말라.

· 如之何其可也.
: '그것을 어찌하다.' = 如之何. 如 A 何, 'A를 어찌하다.' 可는 당위로서 '옳다'와 같다. 無如之何(無奈何/無如何/莫可奈) 어쩔 수 없다.

> 예) 小人之使爲國家 災害 並至 雖有善者 亦無如之何矣. (大學)
> : 소인배들에게 국가를 다스리게 하면 끝내는 재해가 한꺼번에 닥쳐온다. 그러면 유능한 사람이 있다고 해도 어쩔 수 없는 사태에 이르고 만다.

02-11-04
王速出令 反其旄倪 止其重器 謀於燕衆 置君而後 去之 則猶可及止也.

왕께서 속히 명령을 내리시어 연나라의 노약자(老弱者)들을 돌려보내시고, 중요한 기물들을 수송해 오는 것을 중지하시고, 연나라 백성들과 상의해서 군주를 세워준 뒤에 떠나오신다면, 전란이 일어나기 전에 중지시킬 수 있을 것입니다.>

〈단어 및 어휘〉

· 旄(깃대장식 모/늙은이 모): 깃대장식, 긴 털소, 늙은이. 耄와 통한다. 老人이다.
· 倪(어린이 예): 어린이, 끝, 성가퀴.
· 反其旄倪(반기모예): 反은 返也 '돌려보내다'의 뜻이다. 其는 燕나라를 말한다.
· 置(둘 치): 두다, 배치하다, 내버려 두다, 버리다, 폐기하다, 세우다.
· 猶(오히려 유): 尚也. 오히려, 그래도.

〈문법연구〉

• 反其旄倪 止其重器.

: 이런 경우는 완전한 의역이 필요하다. 한문에서는 이러한 의역이 많은데 따라서 전체적인 내용에서 유추하고 해석을 해야 한다. 反其旄倪. 직역하면 '어린이와 노인을 反하다.' 反: '돌이키다', '되돌아가다' 등의 의미에서 유추하여 문맥적으로 보면 '돌려보내다'라고 할 수 있다. 한편 '止其重器'의 경우 '反其旄倪'보다 더 애매하다. 우선 직역하면 '중기를 멈추다', '중기를 그만두다.'인데 앞에서 중기는 '寶物' 정도로 해석했으므로 '보물을 그만두다', '보물을 그치다'라는 해석이 가능하다. 그런데 '止'는 '금하다', '멈추다' 등의 뜻도 가지므로 이런 의미도 같이 해석의 고려대상에 포함하며 앞뒤 문맥을 살펴보면 앞에서 '遷其重器'라는 대목이 있으므로 결국 '옮기는 것을 그만두다'라는 해석을 내릴 수 있다. '猶可及止也'도 마찬가지이다. 可及은 직역하면 '~에 이를 수 있다'인데 '~이 가능하다, ~할 수 있다'로 해석할 수 있다. 하지만 이 문장만으로는 해석이 어렵다. '무엇을 멈출 수 있다'라는 말인지 앞의 문맥을 살펴보아야 한다. 이는 앞의 '今又倍地而不行仁政 是動天下之兵也'의 動을 멈추게 한다는 말임을 알아야 비로소 원만한 해석이 가능해진다. 즉 可及止: (及은 제나라를 공격하자는 논의를 멈추는 것에) 미친다는 뜻. '아직 중단시킬 수 있다.'라는 말이다.

〈참고〉

甯武子 邦有道則知 邦無道則愚 其知可及也 其愚不可及也. (論語/公冶長)

: 영무자는 나라에 도가 있으면 아는 척했고, 나라에 도가 없으면 어리석은 척했다. 그의 지혜로움은 다른 사람도 따라갈 수 있지만 (흉내 낼 수 있지만) 그의 우직함은 누구도 따라갈 수 없다(흉내 낼 수 없다).

下 12장

02-12-01

鄒於魯鬨1) 穆公問曰 吾有司死者三十三人而民莫之死也 誅之則不可勝誅 不誅則疾視其長上之死而不救 如之何則可也.

추(鄒)나라가 노(魯)나라와 싸웠는데 추나라 목공(穆公)이 물었다. <내 담당관리 중에 죽은 자가 33명이나 되지만 백성들은 죽은 자가 없습니다. 그들을 죽이자니 이루 다 죽일 수가 없고, 죽이지 않고 살려두자니 그 윗사람을 싫어하여 죽는 것을 보고도 구하지 않았으니 이를 어찌하면 좋겠습니까?>

〈단어 및 어휘〉

· 鬨(싸울 홍): 싸우다, 떠들다, 싸우는 소리, 함성.
· 穆公(목공): 鄒나라 君主이다.
· 有司(유사): 총무, 관리, 벼슬아치.
· 誅(벨 주): 베다, 죄인을 죽이다, 벌, 형벌, 꾸짖다.
· 疾視(질시): 밉게 보다. 좋지 않게 보다.

---

1) 판본에 따라서는 鄒與魯鬨으로 된 것도 있다.

· 長上(장상): 상사, 윗사람.

· 如之何(여지하): 어떻게, 어찌, 어찌하랴.

〈문법연구〉

· 鄒於魯鬨.

: 於 동사의 대상으로 '~에 대해서', '~을 대상으로 하여' 이 구절
은 판본에 따라서는 '鄒與魯鬨'으로 된 것도 있다.

  예) 仰不愧於天.
  : 우러러 하늘에 대해서 부끄러움이 없다.

· 吾有司死者三十三人而民莫之死也.

: 해석은 '내 유사 중에 죽은 자가 삼십삼 인인데. (역접) 民莫之死
也. 백성 중에 누구도 그들을 위해 죽지 않았다.'이다. 여기서 莫은
부정대명사이다. 이 부정대명사는 '아무도(어느 것도) ~한 사람(것)
이 없다'로 해석된다.

이 문장에서 눈여겨보아야 할 부분은 '民莫之死也'이다. 우선 이
문장의 문법적 해석을 위해서 다음 문장을 보자. '臣未之聞也/신은
그것에 대해서는 들어보지 못했다', '莫之能禦也/아무도 그것을 막을
수 없다. (孟子/梁惠王) 이 예들을 보면 之가 동사의 목적어로 대명
사임을 알 수 있다.

즉 莫之禁에서처럼 부정하는 말 莫, 未, 無 등이 앞에 있고, 之가
대명사일 때에는 之가 서술어 앞으로 나간다. 즉, 의미상으로는 '莫
禁之'인데, 위와 같은 문법에 의해 '莫之禁'가 된 것이다.

그런데 民莫之死의 원래 어순을 생각해보면 民莫死之이다. 여기서 莫이 사용되어 대명사 之(之=有司)가 도치되어 民莫之死가 되었다. 그러면 '백성들 중에는 유사를 죽이지 않은 자가 없었다.'라는 해석이 될 수 있다. 이것은 말이 되지 않는다. 그런데 死를 자전에서 찾아보면 '목숨을 걸다'라는 의미도 가지고 있음을 알 수 있다. 결국 死之는 '그것에 목숨을 걸다'라는 의미가 되고, '그들을 위해 죽다'라는 해석이 가능함을 알 수 있다. 결국 이 문장은 '백성들 중에는 그들을 위해 죽은 자가 아무도 없었다'라는 의미가 된다. 즉 死가 '~을 위하여 죽다'라는 의미가 있다. 이 용례는 아주 많이 사용되는 용법이다.

예) 君子死知己 提劍出燕京. (陶淵明/詠荊軻)
: 군자는 지기를 위해 목숨을 버리는 법, 긴 칼을 뽑아 들고 연나라 서울을 나섰다네.

예) 食人之食者, 死人之事. (史記/淮陰侯列傳)
: 다른 사람의 밥을 먹는 사람은 다른 사람의 일을 위하여 죽는다.

뒤에 나오는 死其長矣도 이와 같다. 즉, '死+명사'는 '~을 위하여 죽다.'라는 의미가 된다. '死其長矣' 역시 '윗사람을 위해 죽다'라는 일종의 관용구이다.

〈참고〉

한편으로는 아래 예들처럼 死는 일종의 관습처럼 之를 수반하는 동사로 파악할 수도 있다. 이 경우 '~을 위해 죽다' 또는 자동사적 용법으로 '죽었다' 정도로 해석되기도 한다.

예) 吾今日上爲國家 下爲知己 死之. (三國史記)
: 내가 오늘 위로는 나라를 위하고 아래로는 나를 알아주시는 이를 위해 죽을 것이다.

예) 秦州刺史胡烈擊叛虜于萬斛堆 力戰 死之. (三國志)
진주 자사 호열이 만곡퇴에서 반란을 일으킨 오랑캐를 공격해 힘써 싸웠지만 죽었다.

예) 子路曰 桓公殺公子糾 召忽 死之 管仲 不死 曰 未仁乎 子曰 桓公九合諸侯 不以兵車 管仲之力也 如其仁 如其仁. (論語)
: 자로가 물었다. '환공이 규를 죽였을 때 소홀은 따라 죽고 관중은 죽지 않았으니, 요컨대 사람 구실을 못한 것이 아닐까요?' 공자가 말씀하시길, '환공이 제후를 규합할 때 무력을 쓰지 않은 것은 관중의 힘이다. 그이처럼만 어질다면야, 그이처럼만 어질다면야!'

· 誅之則不可勝誅.

: 勝~, '~을 뛰어넘다.', '~을 능가하다.', '~다 ~하지 못하다.' 不可勝~ '다 ~할 수 없다', '이루~할 수 없다.'

예) 天下莫柔弱於水而攻堅强者 莫之能勝以其無以易之. (道德經)
: 천하에 물보다 부드럽고 약한 것이 없지만, 딱딱하고 강한 것을 공격하는데 물보다 더 뛰어난 것은 없어, 다른 것으로 바꿀 수 없다.

예) 程子又曰 孟子有功於聖門 不可勝言. 仲尼只說一箇仁字 孟子開口便說仁義. (孟子集註)
: 정자가 또 말하길 '孟子가 성문에 공로가 있음을 이루 다 말할 수 없다. 중니는 다만 하나의 인자만을 말했는데 孟子는 입을 열면 곧 인의를 말했다.'

〈참고〉

한편 '民莫之死也/백성 중에 누구도 그들을 위해 죽지 않았다.'에서처럼, '莫之能勝/그것을 뛰어넘을 수 있는 것은 없다.'나 莫之禁처럼 부정하는 말 莫, 未, 無 등이 앞에 있고, 之가 대명사일 때에는 서술어 앞으로 나간다. 따라서 '莫之能勝'이 된 것이다.

예) 諫而不入, 莫之繼也. (左傳)
: 간하여도 받아들여지지 않으면 계속 간할 사람이 아무도 없다.

예) 莫之爲而爲者天也, 莫之致而至者命也. (孟子)
: 그리 하지 않아도 그리 되는 것은 천운이요, 이르게 하지 않아도 이르게 되는 것은 천명이다.

02-12-02
孟子對曰 凶年饑歲 君之民 老弱轉乎溝壑 壯者散而之四方者 幾千人矣 而君之倉廩實 府庫充 有司莫以告 是上慢而殘下也 曾子曰 戒之戒之 出乎爾者反乎爾者也 夫民今而後 得反之也 君無尤焉.

孟子께서 대답하셨다. <흉년으로 기근이 든 해에 임금의 백성 가운데 노약자들은 전전하다가 죽어서 시신이 골짜기에 뒹굴고, 젊은 자들은 흩어져서 사방으로 간 자가 몇 천 명입니까? 그런데도 임금의 창고에는 곡식이 가득 차 있고 재물창고에는 재화가 가득하지만 담당관리 중에 그 사실을 아뢴 자가 없었으니, 이는 윗사람이 태만해서 아랫사람을 해친 것입니다. 증자(曾子)께서 말씀하시기를 '경계하고 경계하라. 네게서 나온 것이 네게로 돌아간다[出乎爾者 反乎爾者].' 하셨으니, 백성들은 지금에서야 되갚은 것입니다. 임금께서는 허물하지 마십시오.

〈단어 및 어휘〉

· 轉(구를 전): 구르다.

· 溝(도랑 구): 도랑, 해자, 도랑을 파다.

· 壑(골 학): 골, 산골짜기, 도랑.

· 廩(곳집 름): 곳집, 녹미, 구호미, 저장하다.

· 倉廩(창름): 糧穀을 貯藏하는 倉庫.

· 府庫(부고): 財物을 쌓아두는 倉庫.

· 慢(게으를 만): 怠慢, 게으르다.

· 爾(너 이): 너, 뿐, 이, 가깝다.

· 尤(허물 우): 過也. 탓하다.

〈문법연구〉

· 凶年饑歲.

: 이 문장은 직역하면 '흉년과 굶주리는 해'의 조합이다. 그런데 앞의 흉년이 원인을 나타내는 부사구로 뒤의 饑歲를 수식한다. 한문 해석에서는 명사구가 부사적으로 쓰여, 이유, 원인, 때를 나타내는 부사구로 해석되는 경우가 허다하다. 이 부분을 잘 파악하는 것이 한문 해석의 첩경이다. 해석은 '흉년으로 기근이 든 해'가 된다.

바로 이어지는 '君之民 老弱轉乎溝壑' 문장도 마찬가지이다. '君之民'은 '임금의 백성'이라는 명사구이나 여기서 문법적 역할은 '임금의 백성 중에'로 위치를 나타내는 부사구로서 사용되었다. 물론 문법적으로는 '君之民'과 '老弱'을 동격으로 보고 주어로 처리할 수도 있다. 한편 '老弱轉乎溝壑'에서 '老弱' 자체로만은 늙은이와 어린이를 나타내는 단어는 아니지만 여기서는 '노약자'라는 의미로 사용되었다. 이렇듯 한문에서는 전체적인 문맥에 따라서 문법적인 역할이 정해지기도 하며, 동시에 의미도 전성되고 확장되어 사용하는 예가 흔하다.

· 有司莫以告.

: 以 다음에 대명사 之가 생략되었다. 대명사 之는 앞에서 언급한 내용인 '흉년이 들어~, ~군주의 곡식 창고는 가득하고 재화 창고도 가득 찼는데 백성들이 죽어가는 사실'을 받는다. 즉 '유사 중에 어느 누구도 그런 사실을 고하지 않았다'라는 말이다.

〈참고〉

爲善者 天報以之福 爲不善者 天報以之禍. (明心寶鑑)

: 선하게 사는 사람에게는 하늘에서 복을 주고, 선하게 살지 않는 사람에게는 화를 준다. 여기서 '以之'는 '그것을 이유로 하여, 그것 때문에, 그래서' 등의 의미이다.

02-12-03
君行仁政 斯民親其上 死其長矣.

군주께서 인의 정치를 행하시면 이 백성이 그 윗사람을 친애하여 그 수장을 위해 죽을 수 있게 됩니다.〉

〈단어 및 어휘〉

· 斯(이 사/천할 사): 이, 이것, 잠시, 죄다, 천하다, 낮다, ~하면 곧, ~이면, 여기서는 앞의 문장을 받아 '그러면'으로 사용되었다.

〈문법연구〉

· 君行仁政 斯民親其上.

: 斯는 '~이면', '~한다면'의 의미를 가진 접속사로 사용되었다.

예) 子曰 人之過也 各於其黨 觀過 斯知仁矣. (論語)
: 공자께서 말씀하셨다. '사람의 허물이 각각 그 부류에 따라 다르
다. 그 허물을 보면 그 어진 것을 알 수 있다.'

예) 季文子三思而後行 子聞之 曰 再斯可矣. (論語)
: 계문자는 세 번 생각하고 난 뒤에 실행에 옮겼는데 공자께서 이
말을 듣고 말씀하시길, '두 번이면 된다.' 하였다.

· 死其長矣.

: '死+명사', '~을 위하여 죽다', 死之 '이(之)를 위하여 죽다', '그
것(之)을 위하여 죽다'

예) 若洛中有難 吾當死之. (魏志)
: 만약 낙양에서 어려운 일이 일어난다면(有難) 나는 마땅히(當)
(이를 위하여) 죽겠소(死之).

· 일반적으로 '죽이다'라는 것을 표현하기 위해서는 '殺'을 사용한다.

下 13장

02-13-01

文公問曰 滕小國也 間於齊楚 事齊乎 事楚乎.

滕文公이 물었다. <滕나라는 小國인데, 齊나라와 楚나라 사이에

있으니, *齊*나라를 섬겨야 합니까? *楚*나라를 섬겨야 합니까?>

〈단어 및 어휘〉

• 滕(물 솟을 등): 물이 솟아나다, 나라 이름.
• 間(사이 간): 사이, 때, 틈, 사이에 두다, 끼이다, 살피다, 틈을 타다.

02-13-02

孟子對曰 是謀非吾所能及也 無已則 有一焉 鑿斯池也 築斯城也 與
民守之 效死而民弗去 則是可爲也.

孟子께서 대답하셨다. <이 계책은 제가 밀칠 수 있는 바가 아닙니
다. 그치지 말라시면(기어이 말하라시면) 한 가지가 있습니다. 연
못을 파고 성을 쌓아 백성들과 지켜서 목숨을 바치고 백성들이 떠
나가지 않으면 이는 해볼 만합니다.>

〈단어 및 어휘〉

• 鑿(뚫을 착): 뚫다, 파다, 집요하게 파헤치다.
• 斯(이 사): 여기서는 어세 강화를 위하여 사용된 일종의 조음소이다.
• 效(본받을 효): 본받다, 배우다, 주다, 바치다, 힘쓰다, 공, 효과.
• 無已(무이): 직역하면 '그침이 없다.' 의미상으로는 不得已와 같다.

  예) 秦之求無已.
  : 진나라의 구(求)함이 그침이 없다.

  예) 子子行役 夙夜無已. (詩經)
  : 내 아들아 싸우러 나가면 밤낮 쉴 틈이 없단다.

예) 且大王之地 有盡 而秦之求 無已 以有盡之地 而逆無已之求 (戰國策)
: 또 대왕의 땅은 다함이 있으나 진나라의 구함은 그침이 없을 것
이니, 다함이 있는 땅으로써 그침이 없는 구함을 대하는 것입니다.

〈문법연구〉

• 是謀非吾所能及也.

: 두 가지로 해석할 수 있다. 첫째는 '이는 내가 다룰 수 있는 것
이 아닌 것을 꾀(도모)하는 것이다.' 두 번째는 '是謀'를 '이 계책'이
라고 해석하고, '제나라를 섬겨야 하는가, 초나라를 섬겨야 하는가
하는 계책은 내가 미칠 바가 아니다.'라고 해석하는 방법이다. 일반
적으로 두 번째 해석이 원만하다.

• 無已則 有一焉.
: 焉은 거기에(그곳)/여기에(이곳)(於是, 於此, 於之)와 같다.

예) 心不在焉 視而不見 聽而不聞 食而不知其味. (大學)
: 마음이 그곳에 있지 않으면, 보아도 보이지 않으며, 들어도 들리
지 않으며, 먹어도 그 맛을 알지 못한다.

예) 廣土衆民 君子欲之 所樂 不存焉. (孟子)
: 토지를 넓히고 백성을 많게 하는 것을 군자는 바라지만 즐거워
하는 바는 여기에 있지 않다.

下 14장

02-14-01
滕文公問曰 齊人 將築薛 吾甚恐 如之何則可.

滕文公이 물었다. <齊나라 사람들이 薛 땅에 축성을 하려 하니 매우 두렵습니다. 어찌하면 좋겠습니까?>

〈단어 및 어휘〉

· 薛(쑥 설): 쑥, 설나라.
· 築(쌓을 축/악기 이름 축): 쌓다, 다지다, 짓다, 날개를 치다.

〈문법연구〉

· 將築薛.
: 의역이 필요한 문장이다. 직역하면 '설나라를 만들려 하다.' 또는 '설나라에 쌓으려 한다.'이다. 그러나 막상 무엇을 쌓으려 하는지 나와 있지 않다. 앞뒤 문맥으로 '성을 쌓는 것'을 말한다.

02-14-02
孟子對曰 昔者大王 居邠 狄人侵之 去之岐山之下 居焉 非擇而取之 不得已也.

孟子께서 대답하셨다. <옛날 太王께서 邠 땅에 계실 때 狄人이 침략하자, 떠나가서 岐山 아래로 가서 居하시니, 가려서 취하신 것이 아니라 부득이해서였습니다.

〈단어 및 어휘〉

· 邠(나라 이름 빈): 섬서성(陝西城)의 땅이름, 豳(빈).
· 居焉(거언): 焉은 於此가 縮約된 것이다.

〈문법연구〉

· 昔者大王 居邠 狄人侵之.

: '옛날에 대왕이 빈나라에서 거할 때 적인이 침입해왔다.' 居邠 '빈나라에서 거하다'가 '빈나라에서 거할 때'라는 부사구가 되어 문장을 만든다. 이처럼 상황에 따라 임기응변적으로 해석하는 것이 한문 해석에서는 중요하다.

· 去之岐山之下 居焉.

: 그곳을 떠나 기산(岐山) 아래에서 (居)하다. 이 문장에서도 '그곳을 떠나다'라는 단어는 있지만(물론 之를 '가다'로 해석할 수도 있다.) 岐山之下로 가다는 단어는 없다. 그러나 의미는 '그곳을 떠나 기산 아래에서 살았다'라는 내용상 '그곳을 떠나 기산 아래로 가서 살았다.' 가 자연스러운 해석이 된다. 去之: 버리다. 떠나다.

> 예) 微子去之 箕子爲之奴 比干諫而死 孔子曰 殷有三仁焉. (論語)
> : 미자는 그를 떠나버렸고 기자는 그의 노예가 되었고 비간은 간하다가 죽었는데 공자께서 말씀하시기를 '은나라에는 세 명의 인자가 있었다'라고 하셨다.

02-14-03

苟爲善 後世子孫 必有王者矣 君子創業垂統 爲可繼也 若夫成功則天也 君如彼何哉 彊爲善而已矣.

만일 선정을 베푸신다면 후세 자손 중에 반드시 王 노릇 하는 사람이 있을 것입니다. 군자는 基業을 創建하고 傳統을 드리워서 이을 수 있게 할 뿐입니다. 成功으로 말하자면 天命이니, 君主께서 저들을 어찌하겠습니까? 힘써 선정을 베풀 뿐입니다.>

〈단어 및 어휘〉

· 創業(창업): 나라의 기초를 닦음.
· 垂統(수통): 제왕(帝王)의 계통을 자손에게 전함. 전통을 잇게 함.
· 統(거느릴 통): 거느리다, 합치다, 계통(系統), 줄기, 실마리, 법(法), 모두, 緖也. 실마리.
· 如彼何哉(여피하재): 彼는 齊나라를 말한다. 제나라를 어찌 할 것인가?
· 彊(굳셀 강): 굳세다, 힘쓰다, 억지로.
· 哉(어조사 재): ～리오, ～로다, ～일 것인가. (감탄, 의문)

〈문법연구〉

· 君如彼何哉.
: '如 A 何' 꼴로 'A를 어찌하겠는가/A는 어째서인가/A는 어떠한가'로 번역된다. 예문에서는 '如之何'는 '그것을 어찌할 것인가'에서 之 대신 彼로 대체되었다.

예) 吾退而寒之者至矣 吾如有萌焉 何哉. (孟子)
: 내가 물러나면 춥게 하는 자들이 이르니, 내가 여기에 싹이 있은들 어찌하겠는가.

예) 人而不仁 如禮何 人而不仁 如樂何. (論語)
: 사람이 어질지 못하면 예를 어떻게 하며, 사람이 어질지 못하면 음악을 어떻게 하겠는가.

예) 怡然自衛者 身雖安 其如子孫何. (明心寶鑑)
: 배불리 먹고 따뜻하게 입어서 편안하게 자기를 보호하는 자는

몸은 비록 편안하지만 그 자손은 어찌하겠는가.

· 彊爲善而已矣.

: 彊은 부사 '억지로/애써/힘들여' 등의 의미가 있다. 爲善은 선을
행하다. 전체적인 해석은 '애써 선을 행하다.'

예) 彊求(강구): 구하기 힘든 것을 억지로 구함. 강제로 구함./彊記
(강기): 오래도록 잊지 아니하고 똑똑하게 잘 기억함, 또는 그 똑
똑한 기억.

下 15장

02-15-01

滕文公問曰 滕小國也 竭力以事大國 則不得免焉 如之何則可 孟子
對曰 昔者 大王 居邠 狄人侵之 事之以皮幣 不得免焉 事之以犬馬
不得免焉 事之以珠玉 不得免焉 乃屬其耆老而告之曰 狄人之所欲者
吾土地也 吾聞之也 君子不以其所以養人者 害人 二三者 何患乎無
君 我將去之 去邠踰梁山 邑于岐山之下居焉 邠人曰仁人也 不可失
也 從之者 如歸市.

滕文公이 물었다. <滕나라는 小國이라 힘을 다하여 大國을 섬기니
(그래도) 화를 면할 수 없으니, 어찌하면 좋겠습니까?> 孟子께서
대답하셨다. <옛날에 太王께서 邠 땅에 계실 적에 狄人들이 침략
하자, 그들을 皮幣로써 섬겨도 화를 면하지 못하였으며, 그들을
犬馬로써 섬겨도 화를 면하지 못하였으며, 그들을 珠玉으로써 섬
겨도 화를 면하지 못하였습니다. 마침내 그 耆老들을 불러서 말씀

하시기를, '狄人들이 원하는 것은 우리의 土地이다. 내 들으니 그
사람을 기르는 것으로써 사람을 해치지 않는다 하니, 여러분들은
군주가 없는 것이 무슨 걱정이겠는가? 내가 떠나리라.' 하고 邠 땅
을 떠나 梁山을 넘어 岐山의 아래에 都邑하여 거주하시니, 邠 땅
의 사람들이 '仁人이다. 잃을 수 없다.' 하고는 그를 따라간 자가
시장에 가는 것처럼 줄을 이었습니다.

〈단어 및 어휘〉

· 竭(다할 갈): 다하다, 없어지다, 끝나다, 엉기다(한 덩어리가 되
면서 굳어지다), 막히다.

· 免(면할 면): 면하다(脫), 벗어나다, 피하다(避), 없애다(除), 용서
하다(宥), 내치다(黜).

· 狄人(적인): 북쪽 오랑캐, 秦나라 이전의 북쪽 이민족의 이름,
한나라 때의 흉노.

· 皮(가죽 피): 범·표범·사슴 가죽 /幣: 비단 /皮幣를 가지고 섬
긴다는 말은 皮幣를 선물로 주고서 섬긴다는 뜻.

· 珠玉(주옥): 珠는 바다에서 나는 구슬이고, 玉은 산에서 나는 玉
을 말한다.

· 屬(무리 속/이을 촉): 속/무리, 벼슬아치, 혈족, 거느리다, 촉/잇
다, 불러 모으다, 부탁하다.

· 耆(늙은이 기): 늙다, 즐기다, 좋아하다, 미워하다, 증오하다, 사
납다, 억세다, 늙은이.

· 屬其耆老(촉기기로): 屬(촉)은 '會集으로 모으다'의 뜻으로 타동
사이다. 耆(기) 六十代 老人, 老는 七十代의 老人. 여기서는 耆

老로 그저 老人을 의미한다.

· 二三子(이삼자): 자네들 (스승이 제자를, 임금이 신하를 부를 때 쓰는 말). 또는 여러분, 너희들.

〈문법연구〉

· 竭力以事大國 則不得免焉.

: 以는 而로 대신할 수 있다. 그러나 以를 사용하면 앞이 원인이나 이유를 나타내고 그 뒤가 그 결과로 이어지는 경우 널리 사용된다. 또 以 다음에 대명사 之가 생략되었다. 이때 之는 竭力을 받는다. 해석은 '~해서~하다.' 不得免焉. 그것을 피할 수 없다. 또 則不得에서 則은 而와 같은 의미로 사용된 것으로 볼 수 있다.

· 君子不以其所以養人者 害人.

: '不+以+명사(형용사)+동사' 꼴로 '명사(명사를 사용하여/명사(형용사)라고 해서)로 동사 하지 않는다.' 즉 예문의 해석은 '군자는 사람을 먹여 살리는 것(토지)으로 사람을 죽이지 않는다.' 즉 토지 때문에 사람을 죽일 수 없다. 이런 '不+以+명사+동사' 구문이 널리 사용되는데 '以+명사'는 부사로서 다음에 나오는 동사를 수식하는 것이 특징이다. 또는 '명사를 동사 하지 않는다./명사를 형용사 하게 여기지 않는다'로 해석되는 경우가 많다. 즉 '不+以 A, B' 형태로 'A로(하다고 하여/때문에) B 하지 않는다./A를 B로 여기지 않는다' 이 경우 不 이외에 부정을 나타내는 無, 勿 등도 곧잘 쓰인다.

예) 不以幼輕兒. 어리다고 아이를 무시하지 않는다./勿以惡小而爲之. 악이 적다고 해서 행하지 마라.

예) 先帝不以臣卑鄙 猥自枉屈 三顧臣於草廬之中 諮臣以當世之事. (前出師表)
: 先帝께서는 臣이 비천하다고 여기지 않으시고, 猥濫되게 스스로 貴한 身分을 낮추어 세 번이나 草廬에 있는 臣을 찾아오셔서, 臣에게 當世의 일에 관해 물으셨습니다.

예) 孔子曰 富與貴 是人之所欲也 不以其道得之 不處也. 貧與賤 是人之所惡也 不以其道得之 不去也. (論語)
: 공자가 말씀하시길 '부유함과 존귀함은 이는 사람이 원하는 것인데, 그 바른 도(도리, 법도. 방법)로 그것을 얻지 않았다면 그것에 머무르지 말아야 한다

02-15-02
或曰 世守也 非身之所能爲也 效死勿去.

혹자는 말하길, '대대로 지켜온 것으로 자신이 할 수 있는 것이 아니니, 죽음을 다해서라도 떠나지 말아야 한다고 합니다.'

〈단어 및 어휘〉

· 效(본받을 효): 본받다, 드러내다, 주다, 바치다, 공, 효과.
· 效死(효사): 죽도록 힘을 씀. 또는 죽음을 본받음.

02-15-03
君請擇於斯二者.

군주께 청하노니 이 두 가지 중에서 택하십시오.>

〈단어 및 어휘〉

· 斯(이 사): 斯文(사문) 이 학문. 이 도. 유교(儒敎)의 학문./斯民

(사민) 이 백성. 친밀감을 포함하고 있는 말./斯世(사세) 이 세상.

下 16장

02-16-01

魯平公將出 嬖人臧倉者 請曰他日君出則必命有司所之 今乘輿已
駕矣 有司未知所之 敢請 公曰將見孟子 曰何哉 君所爲輕身 以先
於匹夫者 以爲賢乎 禮義由賢者出而孟子之後喪 踰前喪 君無見焉
公曰諾.

魯平公이 나가려 하자 嬖人 臧倉이 청하기를, <다른 때에는 군주
께서 나가시면 반드시 有司에게 가시는 곳을 命하시더니, 이제 乘
輿가 이미 멍에를 얹었으되, 有司가 가는 곳을 알지 못하니 감히
청하옵니다> 公이 말하였다. <孟子를 만나려 하노라.> <무엇 때문
입니까? 君主께서 匹夫에게 먼저 몸을 가벼이 함은 (그가) 어질다
고 여겨서입니까? 禮義는 賢者로 말미암아 나오거늘 孟子는 後喪
이 前喪을 넘어섰으니, 君主께서는 만나지 마소서> 公이 말하였
다. <그렇구나.>

〈단어 및 어휘〉

· 嬖(사랑할 폐): 사랑하다, 총애하다, 귀여움 받다, 친압하다(버릇
  없이 너무 지나치게 친하다), 친숙해지다, 비천하다, (귀인으로
  부터 총애를 받는) 신분이 낮은 사람.

· 嬖人(폐인): 側近에서 王을 모시는 侍臣을 말한다. 일종의 벼슬
  이름으로 볼 수 있다.

· 有司(유사): 여기서는 수레를 管掌하는 官吏를 말한다.
· 輿(가마 여/수레 여): 수레, 가마(조그만 집 모양의 탈것), (수레를 모는)하인, 땅, 대지.
· 乘輿(승여): 임금이 타는 수레, 수레를 타다.
· 駕(멍에 가): 멍에, 탈것, 임금의 수레, 어거하다, 멍에 매다.
· 所爲(소위): 까닭, 이유, 원인.
· 以爲(이위): 생각하다, 여기다.
· 由(말미암을 유): 自와 같은 뜻. '~에서부터' '~을 말미암아' 등의 뜻.
· 踰(넘을 유): '넘는다'라는 말이므로 '더 盛大하게 하였다'라는 뜻이다.
· 諾(허락할 낙): 허락하다, 승낙하다, 대답하다, 동의하다, 따르다, 순종하다, 허락, 승낙.

〈문법연구〉

· 魯平公將出.
: 將~, ~하려 하다. 가까운 미래 시제를 이끄는 조동사.

예) 國將興 聽於民 將亡 聽於神. (耳談續纂)
: 나라가 흥하려 할 때는 백성에게 듣고, 망하려 할 때는 귀신에게
듣는다.

· 嬖人臧倉者.
: '시종인 장창이라는 자.' 한문에서 어떤 사람을 말할 때, <직함
(그 사람의 사회적 위치)+이름>으로 쓰는 경우가 많다. 嬖人(폐인)은
각별히 총애를 받는 가신을 말한다.

예) 太史公牛馬走 司馬遷再拜言少卿足下. (史記)
  : 태사공 우마주 저 사마천은 삼가 소경님께 재배하고 말씀드립니다.

· 他日君出則必命有司所之.

  : '다른 때는 임금께서 나가실 때면 반드시 유사에게 가는 곳(所
之)을 명했습니다.' 命有司所之. '유사에게 가는 곳을 명하다.' 命은
두 개의 목적어를 취하는 동사로 사용되었다.

· 君所爲輕身 以先於匹夫者 以爲賢乎.

  : 先은 '앞서 행하다.' 者: 주절을 나타내는 구조조사. 君所謂~者:
'군께서 이른바~하는 것은', 所는 뒤의 者와 連用되어 '~하는 까닭
은'이란 뜻이 된다. 앞에 主格助詞 之가 생략되었다. 즉 君之所爲輕
身~. 전체적으로 문장 '君所爲輕身 以先於匹夫者, 以爲賢乎'은 '~하
는 까닭은 ~여겨서입니까?'라는 원인과 결과 구문이다.

예) 所爲見將軍者 欲以助趙也. (戰國策)
  : 장군을 뵌 까닭은, 조나라를 돕도록 하기 위해서입니다.

· 禮義由賢者出而孟子之後喪 踰前喪.

  : 이 문장은 전체적으로는 이유를 나타내는 부사절이라고 볼 수
있다. 이런 이유로 뒤에 '君無見焉/임금께서는 그를 보지 말라.'라고
말하는 근거가 되는 부사절이다. 而는 역접.

· 君無見焉.

  : 임금께서는 그를 보지 말라. 無見: '無+동사' 형태로 '동사 하지
말라.'

예) 女爲君子儒 無爲小人儒. (論語)
: 너는 君子다운 선비가 되고, 小人 같은 선비는 되지 마라

〈참고〉

<無>의 用法

無의 用法에는 크게 3가지로 나눌 수 있다.

1. <~이 없다>라는 존재동사.
2. <~하지 마라>라는 금지부사.
3. <~하지 아니하다>라는 부정.

세 번째 <아니다>라는 부정은 술어 앞에 위치하여 부정사 不, 非, 未와 같은 의미로 사용된다.

예) 有基無壞 無亦是務乎 有德則樂 樂則能久. (春秋左氏傳)
: 기틀이 있으면 허물어지지 않는데, 또한 이를 힘쓰지 않으십니까. 덕이 있으면 화락하고, 화락하면 오래갈 수 있습니다.

예) 相時而動 無累後人 可謂知禮矣. (春秋左氏傳)
: 때를 살피어 움직여서, 후손들에게 누를 끼치지 않았으니, 예를 안다고 할 수 있다.

예) 三以天下讓 民無得而稱焉. (論語)
세 번 천하를 사양했는데도 백성이 그 덕을 칭송할 수가 없구나.

02-16-02
樂正子入見曰 君奚爲不見孟軻也 曰或告寡人曰 孟子之後喪 踰前喪
是以不往見也 曰何哉 君所謂踰者 前以士 後以大夫 前以三鼎而後
以五鼎與 曰否 謂棺槨衣衾之美也 曰非所謂踰也 貧富不同也.

樂正子가 들어가 뵙고 말하였다. <君主께서는 어찌하여 孟軻를 만나보지 않으십니까?> <或者가 寡人에게 말하기를, '孟子의 後喪이 前喪을 넘어섰다.' 하니, 이 때문에 가보지 않았노라.> <무엇 때문입니까? 君主께서 이른바 넘어섰다는 것은 앞에는 士의 禮로써 하고 뒤에는 大夫의 禮로써 하며 앞에는 三鼎을 쓰고 뒤에는 五鼎을 쓴 것을 말씀하십니까?> <아니다. 棺椁과 衣衾의 아름다움을 말한 것이다.> <이른바 넘어선 것이 아니라, 貧富가 같지 않기 때문입니다.>

〈단어 및 어휘〉

· 棺: 널 관 / 椁: 널 곽.
· 棺椁(관곽): 棺은 屍體를 넣는 그릇이고 椁은 棺을 덮어씌우는 외부를 말한다.
· 衾(이불 금): 衣衾(의금) 여기서는 사자에게 입히는 옷과 이불.
· 鼎(솥 정): 세 발 달린 솥.

〈문법연구〉

· 君奚爲不見孟軻也.
: 爲의 목적어는 奚이다. 疑問詞이므로 앞으로 나간 것이다. 奚爲는 '무엇 때문에', '어째서' 등의 뜻이다.

· 君所謂踰者 前以士, 後以大夫 前以三鼎而後以五鼎與.
: '所謂~者' 구문으로 바로 위에서 말한(君之所爲輕身~) 원인에 대한 결과 구문이다. '~한 까닭은 以~ 때문이다.' 與는 가벼운 의문

을 나타내는 어기사.

> 예) 所謂奇者 使奇病不得以四時死也. (黃帝內經/素問)
> : 기이하다는 것은 기이한 병으로 하여금 네 철에 따르지 못하고
> 죽는 것 때문입니다.

> 예) 吾所以爲此者, 以先國家之急而後私讎也. (史記)
> : 내가 이렇게 한 까닭은 나라의 위급이 먼저요 사사로운 원한은
> 나중이기 때문이었다.

02-16-03

樂正子見孟子曰 克告於君 君爲來見也 嬖人有臧倉者沮君 君是以不
果來也 曰行或使之 止或尼之 行止非人所能也 吾之不遇魯侯天也
臧氏之子 焉能使予不遇哉.

악정자가 孟子를 뵙고 말하였다. <제가 임금께 아뢰자, 임금께서
선생님을 찾아뵈려고 했는데 임금께서 총애하는 장창이라는 자가
있어 임금을 만류하였습니다. 임금께서 이 때문에 결국 오시지 않
았습니다> 孟子께서 말씀하셨다. <갈 때에 누가 시켜서 가기도 하
고, 멈출 때에 누가 저지하여 멈추기도 하지만, 가고 멈추는 것은
사람이 할 수 있는 것이 아닐세. 내가 노나라 임금을 만나지 못한
것은 하늘의 뜻이니, 장씨(臧氏)의 자식이 어찌 나에게 노나라 임
금을 만나지 못하게 할 수 있겠는가?>

〈단어 및 어휘〉

· 克(이길 극): 여기서는 악정자의 이름이다.
· 果(실과 과/열매 과): 여기서는 부사로 보고 '끝내'라고 해석해도

무방하다. 不果來也. 끝내 오지 못했다.

· 沮(막을 저): 막다, 꺾이다.

· 或(혹 혹): 혹시, 아마, 혹은, 어떤 사람, 있다.

· 尼(여승 니/말릴 닐): 니/여승, 화평하다, 닐/말리다, 저지하다, 가깝다. 沮止, 停止. 멈추게 하다.

· 焉(어찌 언): 何也.

〈문법연구〉

· 克告於君.

: 告는 '~에게 고하다'라는 동사이다. 이 경우 於는 생략 가능하나 그 대상을 명확하게 나타내 줄 경우 이처럼 於를 사용하기도 한다.

> 예) 或告寡人曰 孟子之後喪 踰前喪 是以不往見也. (孟子)
> : 혹자가 과인에게 말하길, 孟子의 뒤 상이 전 상보다 더 성대하였다 하므로 이 때문에 가서 만나보지 않았노라. (여기서는 告 다음에 목적의 대상인 寡人 앞에 於를 사용하지 않았다.)

> 예) 告諸往而知來者. (論語)
> : 지난 모든 것을 알려주니, 다가올 것을 아는구나.

· 君爲來見也.

: 예문에서 만약 '爲'를 생략하면 '君來見也'로 '와서 보았다'가 된다. 爲는 '~을 하다.' 즉 이 문장에서는 '와서 보기로 하다.'

· 行或使之 止或尼之.

: 이 문장은 부사절로 일종의 양보절이라 할 수 있다. 즉 '~이긴 하지만.' 전체적인 해석으로는 '행하는 것은 누가 시켜서 가기도 하

고, 멈추는 것도 누가 저지하여 멈추기도 하지만.'

· 吾之不遇魯侯天也.
: 해석은 '내가 노후를 만나지 못한 것'으로 之는 주격조사이다.
주격조사는 전체를 명사구로 만든다.

〈참고〉

주격조사.

'명사+之+동사' 형태에서 之는 주격 동사로 쓰이는 경우가 많다.
또 번역 시 '~가', '~이'로 번역되는 경우가 많다.

예) 夫賢士之處世也 譬若錐之處囊中也. (史記)
: 무릇 현사가 처세하는 것은 비유컨대 송곳이 주머니 속에 있는
것과 같다.

예) 熱之爲病 有外至 有内. (傷寒雜病論)
: 熱이 病이 되는 데는 外至와 内生이 있다.

예) 法之爲道前苦而長利 仁之爲道偸樂而後窮. (韓非子)
: 법이 도가 되면 처음에는 고통이 따르지만 나중에는 오래도록
이롭다. 인이 도가 되면 처음에 잠깐 즐거우나 후에 가면 곤궁해
진다.

예) 蓋漢之所定者. 대개, 한나라가 정한 바이다./上之使下 猶根本
之制枝葉. 윗사람이 아랫사람을 부리는 것은 근본이 지엽을 제어
하는 것과 같다./父母之愛子 則爲之計深遠. (戰國策) 자식을 사랑
한다면 그들을 위한 계책은 심원해야 한다./欲勿予 卽患秦兵之來.
(史記) 주지 않으려니 진나라 군대가 쳐들어올까 두렵다.

즉, '之'가 주격으로 사용되어 '주어+之+서술어'의 구조를 가질 경우

는 종속절이 되는 경우가 많다. 또 '주어+之+서술어'의 구조 끝에 '也'가 붙으면 시간을 표시하는 부사어가 되거나, 절 안의 주어 다음에는 반드시 之를 써서 표시해 준다. 之~也로 연용 되는 경우가 많다.

예) 人性之善也, 水之就下也. (孟子)
: 인성이 선한 것은, 물이 아래로 내려가는 것과 같다.

예) 子産之從政也 擇能而使之. (左傳)
: 자산이 정사를 다스릴 때 유능한 사람을 가려서 썼다.

公孫丑章句 上

凡九章

上 1장

03-01-01

公孫丑問曰 夫子當路於齊 管仲晏子之功 可復許乎.

公孫丑가 여쭈었다. <선생님께서 만일 齊나라에서 요직(要職)을 맡으신다면 管仲과 晏子(안영/晏嬰)의 공적을 다시 기대할 수 있 겠습니까?>

〈단어 및 어휘〉

· 公孫丑(공손추): 公孫은 성, 丑는 이름이다. 孟子의 弟子이다.

· 夫子(부자): '선생님' '그 사람' 등의 뜻이다. 여기서는 '선생님'이다.

· 路(길 로): 政府의 重要한 地位. 要路.

· 當路(당로): 정권(政權)을 잡음. 요로(要路)에 있음. 즉 요직을 맡다.

예) 殺及當路貴重之臣 是刑上極也. (武經十書)
: 죽이는 것이 요직에 있는 존귀한 자에게까지 미치면 이는 형벌
이 위의 끝까지 올라기는 것이다.

예) 當路誰相假 知音世所稀. (孟浩然/留別王維)
: 요직에 있는 자 누가 알아줄까? 나를 이해하는 자 세상에 드물
다. (孟浩然/留別王維) 假: 寬假(관가), 곧 관용하여 이해함.

· 管仲(관중): 春秋時代 齊나라의 賢明한 宰相.
· 許(허락할 허): 허락하다(許諾), 승낙하다(承諾), 들어주다, 바치
다, 약속하다(約束). 바라다, 기대하다.

〈문법연구〉

· 管仲晏子之功 可復許乎.
: 復는 부사로 다시. 可許는 '가능하다' 許는 여기서는 '기대하다'
可는 목적어를 강조하여 앞으로 이끈다. 즉 이 문장에서 동사 '許'의
목적어는 管仲晏子之功이다.

예) 都提調黃喜等曰可許. (世宗實錄)
: 도제조 황희 등은 아뢰기를, 그렇게 하시는 것이 옳습니다.

예) 姚光上言欲因其喪發兵擊之 議者皆以爲可許. (後漢書)
: 姚光(요광)이 상언(上言) 하기를 '그(고구려의) 상喪을 틈타 군대
를 뽑아 그를 치고자 한다.'라고 하였다. 의논하는 자들이 모두 괜
찮다(可許)고 여겼다.

03-01-02
孟子曰 子誠齊人也 知管仲晏子而已矣.

孟子께서 말씀하시길, <그대는 참으로 제나라 사람이로다. 관중과

안자만 알 뿐이로구나!

〈단어 및 어휘〉

·子(아들 자): 그대, 자네. 孟子가 公孫丑를 이르는 말로 '자네' 정도이다.
·誠(정성 성): 정성, 진실, 참, 참으로, 참되게 하다.

03-01-03

或問乎曾西曰 吾子與子路孰賢 曾西蹴然曰 吾先子之所畏也 曰然則 吾子與管仲孰賢 曾西艴然不悅曰 爾何曾比予於管仲 管仲 得君 如 彼其專也 行乎國政如彼其久也 功烈如彼其卑也 爾何曾比予於是.

어떤 사람이 증서(曾西)에게 묻기를 '그대와 자로(子路) 중에 누가 더 낫소?' 하니, 증서가 불안해하면서 말하기를 '그분은 우리 선친 (先親)께서도 존경하신 분이오.' 하였네. '그렇다면 그대와 관중 중 에 누가 더 낫소?' 하니, 증서가 얼굴을 붉히고 불쾌해하며 말하기 를 '그대는 어찌 나를 관중에게 비교하오? 관중은 저처럼 군주의 신임을 전적으로 받았으며, 저처럼 국정(國政)을 오래 맡았는데도 공적(功績)이 저처럼 보잘것없으니, 당신은 어찌 나를 그런 사람 에게 비교한단 말이오?' 하였네.

〈단어 및 어휘〉

·曾西(증서) 孔子의 弟子인 曾參의 아들 또는 孫子라는 說이 있다.
·吾子(오자): 나의 아들, 그대, 아주 친한 친구의 호칭.
·子路(자로): 孔子의 제자 仲由의 字이다.

· 蹴(찰 축): 차다, 밟다, 줄이다, 삼가다, 불안해하다.

· 蹴然(축연): 불안해하다, 안절부절못하다.

· 先子(선자): 선친, 돌아가신 아버지나 스승.

· 艴(발끈할 불/발끈할 발): 발끈하다.

· 艴然(불연/발연): 발끈하다.

· 曾(일찍 증): 일찍, 지난날, 곧, 이에, 더하다.

· 何曾(하증): ~한 적이 있다. 어찌 일찍이 ~이겠는가.

    예) 何曾不受花枝影. (呂溫/戲贈靈澈上人)
    : 언제 꽃가지 그림자 받아들이지 않았던가.

    예) 人生有酒須當醉 滴何曾到九泉. (高翥/淸明日對酒)
    : 인생살이에 술이 있으니 모름지기 마땅히 취해야 하는 법, 한 방
    울의 술이라도 어찌 일찍이 저승에 이르게 하겠는가.

· 如彼(여피): 저렇게, 저와 같이, 저만큼이나. 참고/如其: 그렇게.

    예) 江南紅何妓女 意志眼目如彼高尙. (玉樓夢)
    : 강남홍은 어떤 기생이기에 의지와 안목이 그처럼 높을까.

    예) 老人之脈度 如彼 愚見 實無可用之藥. (고금소총)
    : 노인의 맥박 도수가 이와 같으니 저의 어리석은 생각으로, 실로
    쓸 수 있는 약이 없소.

· 功烈(공렬): 功業, 공적이라는 뜻이다.

〈문법연구〉

· 或問乎曾西曰.

: 或問曾西曰과 같다. 단지 乎(於)를 사용하여 동사의 작동 대상을 명확하게 하거나 강조했을 뿐이다.

예) 宰我曰 以子觀於夫子 賢於堯舜 遠矣. (孟子/公孫丑)
: 재아가 말하였다. '내가 선생을 보기에는 현명하기가 요순보다 뛰어나다.' 여기서도 以子觀於夫子에서 於는 생략 가능하다.

· 吾子與子路孰賢.
: 吾子, 그대, 당신. 孰은 누구. 양자나 다수 중에서 선택을 하는 선택문에서 어느 것, 어떤 사람.

· 吾先子之所畏也.
: 之는 주격조사이다.

· 何曾.
: 何乃(하내)와 같아 '어째서'의 뜻을 나타낸다. 曾에는 '이에'라는 의미가 있다.

예)何乃愁人耳獨聰. (子規/端宗)
: 어찌 수심 많은 이 사람의 귀만 홀로 밝은가.

〈참고〉

何曾에는 '언제 ~한 적이 있었느냐.' 는 말로 사용되기도 한다.

예) 天天地地何曾轉. (涵虛禪師)
: 하늘은 하늘이고 땅은 땅이라, 어찌 일찍이 뒤바뀐 적이 있던가.

03-01-04

曰管仲 曾西之所不爲也 而子爲我願之乎.

말하기를, <관중은 증서도 그렇게 하지 않는 바이거늘, 그대는 내가 그것을 하고자 한다고 여기는가?>

〈문법연구〉

· 曾西之所不爲也.

: 所不爲의 爲의 본뜻이 '위하다', '삼다', '배우다' 등의 의미에서 '본받는다'라는 의미가 내포되어 있다. 넓은 의미에서 '~을 위해~을 하다'로 해석할 수 있다.

> 예) 子曰 若聖與仁則吾豈敢 抑爲之不厭 誨人不倦則可謂云爾已矣.
> (論語)
> : 공자께서 말씀하시기를, '성스러움과 인자함에서야 내가 어찌 감히 자처하겠는가마는, 그것을 배우기를 싫어하지 않으며 사람들에게 가르치기를 게을리하지 않는 것은 가히 그렇다고 말할 수 있을 것이다.'라고 하셨다.

> 예) 爲人謀而不忠乎. (論語)
> : 다른 사람을 위해 일을 도모하는 데 충실하지 않았는지.

· 子爲我願之乎.

: 爲~, '~라고 여기다', '~라고 생각하다.' 특히 爲는 의문형 어기사 乎, 與 哉 등과 함께 쓰이는 경우 '~라고 생각하느냐', '~라고 여기느냐'는 의문형이 되는 경우가 많다. 해석은 바로 다음 단락 '管仲晏子 猶不足爲與/관중과 안자도 오히려 따라 할 만하지 못하단 말입니까?'에서 보듯이 굳이 '~라 생각하느냐/여기느냐로 해석해도

되지만 '~라 하느냐'로 해석해도 무방하다.

예) 孰爲汝多知乎. (列子)
: 누가 당신을 아는 것이 많은 사람이라고 여깁니까?

예) 舍豈能爲必勝哉 能無懼而已矣. (孟子)
: 내(孟施舍)가 어찌 능히 승리를 기필할 수 있겠는가? 능히 두려
워하지 않을 수 있을 뿐이다.' 하였다./ '爲~哉'형의 의문문.

03-01-05

日管仲以其君霸 晏子以其君顯 管仲晏子 猶不足爲與.

말하기를, <관중은 자기 임금을 패자(霸者)로 만들었고, 안자는 자
기 임금을 세상에 이름나게 만들었습니다. 그런데 관중과 안자도
오히려 따라 할 만하지 못하단 말입니까?>

〈단어 및 어휘〉

· 霸(으뜸 패/두목 패): 으뜸, 두목, 으뜸가다.
· 顯(나타날 현): 나타나다, 드러나다, 뚜렷하다, 명확하다, 분명하
다, 명백하다, 높다, 귀하다, 밝다, 돌아가신 부모.

〈문법연구〉

· 猶不足爲與.
: 與는 의문형 어조사로 '~인가?' 이 문장에서 爲가 없는 문장이
라면, 猶不足與가 되어 '오히려 부족한가?'라고 해석될 수 있다. 이
문장에서 주어는 관중과 안자이다. 즉 관중과 안자도 부족한가? 라
는 말이 된다. 그런데 이 문장의 전체적인 형식은 대화문으로서 孟

子에게 묻고 있다는 것을 생각해야 한다. 결국 '孟子 당신 생각에 그들이 부족하다고 여기는가'라는 문장이 된다. 즉 爲를 사용함으로써 '그들이 부족하다고 여기는가'라고 묻는 것이다. 다음(03-01-07)에 나오는 '然則文王不足法與'이 문장은 주어는 문왕이긴 하지만 '당신은 문왕이 본받기에 부족한가'라는 의미가 된다.

03-01-06
以齊王 由反手也

말씀하시기를, <제나라같이 큰 나라를 가지고 왕 노릇 하는 것은 손바닥을 뒤집는 것처럼 쉬운 일일세.>

〈단어 및 어휘〉

- 由(말미암을 유): 말미암다, 쓰다, 행하다, 길, 까닭, 오히려. 猶와 通用. 由反手也에서 由는 猶와 같고, 따라서 손을 뒤집듯이 쉽다는 말이다.
- 反手(반수): '손을 뒤집다'라는 말로 의미는 '쉽다', 反掌(손바닥을 뒤집다)이나 運之掌(손바닥에 올려 놓고 움직이는 것)과 같다. 사용은 由反手, 如反掌, 猶運之掌과 같은 형태로 '~같이 쉽다'라는 형태로 많이 사용된다.

예) 醫之爲業豈容易乎哉 夫人生之至重 熟不欲其壽 然及其疾也 刀圭愆術冤亡反手. (醫範)
: 醫가 業이 됨이 어찌 쉽겠는가? 대개 人生이 至重하니 누가 장수함을 원하지 않겠는가? 그러나 병에 있어서 醫術[刀圭]의 허물됨으로 억울한 죽음이 (일어나기가) 매우 쉽다[反手]

예) 變所欲爲 易於反掌 安於泰山. (漢書)
: (왕께서) 하고자 하는 바를 바꾸신다면, 이는 손바닥을 뒤집는 것보다 쉬울 것이며 편안하기로는 태산보다 든든하실 것입니다

03-01-07

若是則弟子之惑 滋甚 且以文王之德 百年而後崩 猶未洽於天下 武王周公 繼之然後 大行 今言王若易 然則文王不足法與.

말하기를, <그렇다면 저의 의혹이 더욱 깊어집니다. 문왕(文王)께서는 훌륭한 덕을 가지고 교화(敎化)를 펴시다가 백 년 뒤에 돌아가셨는데도 여전히 천하에 교화가 두루 미치지 못하여, 무왕(武王)과 주공(周公)께서는 계속한 뒤에야 교화가 크게 행해졌습니다. 그런데 지금 왕도정치를 행하는 것이 쉬운 것처럼 말씀하시니, 문왕은 본받을 만하지 못하단 말입니까?>

〈단어 및 어휘〉

· 若(같을 약): 같다, 만약, 및, 이에, 이와 같다.

· 滋(불을 자): 붇다, 증가하다, 늘다, 번식하다, 우거지다, 더욱, 더. 益也. 더욱.

· 崩(무너질 붕/天子 죽을 붕): 무너지다, 무너뜨리다, (천자가) 죽다, 마음을 아파하다.

· 周公(주공): 武王의 동생.

· 洽(흡족할 흡): 흡족하다(洽足), 넉넉하게 하다, 젖다(물이 배어 축축하게 되다), 적시다.

· 易(바꿀 역/쉬울 이): 역/바꾸다, 교환하다, 무역하다, 주역, 점, 어기다, 이/쉽다, 편안하다, 생략하다, 기쁘다.

・法(법 법): 법(法), 방법(方法), 불교(佛敎)의 진리(眞理), '본받는다'라는 뜻. 法. 則. 刑 모두 '본받는다'라는 뜻을 가진다.

〈문법연구〉

・武王周公 繼之然後.
: 무왕과 주공이 그(之=文王) 뒤를 계승한 후에.

・然則文王不足法與.
: 그렇다면 문왕을 본보기로 하기에 부족한가.

03-01-08

文王何可當也 由湯至於武丁 聖賢之君 六七作 天下歸殷久矣 久則難變也 武丁朝諸侯有天下 猶運之掌也 紂之去武丁未久也 其故家遺俗 流風善政 猶有存者 又有微子微仲王子比干箕子膠鬲 皆賢人也 相與輔相之故久而後失之也 尺地 莫非其有也 一民 莫非其臣也 然而文王 猶方百里起 是以難也.

말씀하시기를, <문왕을 어찌 당할 수 있겠는가? 은(殷)나라는 탕왕(湯王)으로부터 무정(武丁)에 이르기까지 어질고 성스러운 임금 예닐곱이 나와서 천하를 다스려 천하의 민심(民心)이 은나라에 돌아간 지 오래되었으니, 오래되면 변하기 어려운 법일세. 그러므로 무정이 제후(諸侯)들에게 조회 받고 천하를 소유하되 손바닥에 천하를 놓고 움직이듯이 쉬웠던 것이네. 폭군 주왕(紂王)의 시대는 무정과 시간적인 거리가 오래지 않았네. 그러므로 그 당시 훈구대신(勳舊大臣)의 집안과 전해오는 좋은 풍속과 유풍(流風)과 선정

(善政)이 여전히 남은 것이 있었네. 또 미자(微子)와 미중(微仲)과 왕자(王子) 비간(比干)과 기자(箕子)와 교격(膠鬲)이 모두 현인(賢人)이었네. 이들이 서로 주왕을 보좌하였으므로 오랜 뒤에야 천하를 잃었던 것일세. 한 자 되는 땅도 주왕의 소유 아님이 없었으며, 한 사람의 백성도 주왕의 신하 아닌 이가 없었네. 그런데 이런 상황에서 문왕께서 사방 백 리 되는 나라를 가지고 일어나셨으니, 이 때문에 천하에 교화가 두루 미치기가 어려웠던 것일세.

〈단어 및 어휘〉

· 武丁(무정): 殷의 20代 임금인 高宗을 말한다.
· 朝(아침 조): 아침, 조정, 배알하다, 만나보다, 불러 회동하다, 정사를 집행하다.
· 運之掌(운지장): 손바닥을 움직이다, 즉 지극히 容易하다는 말이다.
· 紂(껑거리끈 주): 껑거리(소의 엉덩이에 대는 가로막대)끈, 상나라 주 임금.
· 去(갈 거): 去는 동사로 '시간적인 거리가~이다'를 나타낸다.

   예) 舜禹益相去久遠 其子之賢不肖 皆天也. (孟子/萬章)
   : 순임금과 우임금과 익의 서로 간의 (시간) 거리가 오래되고 먼 것과 그 아들의 현명함과 어리석음은 모두 천운이다.

   예) 才也棄不才 則賢不肖之相去 其間 不能以寸. (孟子/離婁)
   : 재주가 있는 자가 재주가 없는 자를 버린다면 현명한 자와 어리석은 자의 서로의 거리가, 그 간격이 그로써 한 치도 될 수 없다.

· 故家遺俗(고가유습): 나라에 功이 있는 옛 臣下들의 집안에 예부터 대대로 전해오는 美風良俗을 말한다.

· 流風(유풍): 後世에까지 내려오는 임금의 德望과 敎化를 말한다.
· 微子(미자): 紂의 異母兄, 이름은 啓, 微는 國名, 紂를 버리고 도
  망하였다고 한다.
· 微仲(미중): 微子의 동생, 名은 衍.
· 比干(비간): 紂의 숙부, 紂에게 諫하다가 죽임을 당하였다.
· 箕者(기자): 紂의 親戚으로서 狂人의 흉내를 내어 奴隷가 되었다.
· 膠(아교 교): 아교, 달라붙다, 단단하다.
· 鬲(막을 격/솥 력): 격/막다, 가로막다, 력/솥, 노예.
· 膠鬲(교격): 紂의 賢臣.
· 輔相(보상): 도와줌, 대신.
· 尺地(척지): 四方 一尺의 극히 좁은 방을 말한다.
· 方百里(방백리): 사방 백 리. 方百里 앞에 以가 생략되었다.

〈문법연구〉

· 武丁朝諸侯有天下.

  '무정은 제후를 조회하고 천하를 가졌다.' 이처럼 말 이을 而는 생
략되는 경우도 많다. 해석에서 이런 부분도 잘 판단하여야 한다.

· 猶運之掌也.

  : 직역은 '그것을 손바닥에서 움직이는 것과 같다.' 위치를 명확하
게 나타내주기 위하여 '運之掌上'으로 '上'자를 덧붙여 표현하기도
한다. 의미는 '손바닥을 뒤집는 것만큼 쉽다.' 같은 의미의 표현으로
는 '如反掌, 輕而易舉/가벼워서 쉽게 들어 올릴 수 있음'이라는 말이
있다.

예) 變所欲爲 易于反掌 安于泰山. (漢書)
: 하고자 하는 것을 바꾸신다면, 이는 손바닥을 뒤집는 것보다 쉬
울 것이며 편안하기로는 태산보다 든든하실 것입니다.

〈참고〉

以齊王 由反手也. (孟子)
: 제나라로서 천하를 통일하는 일은 손바닥 뒤집는 것과 같이 쉽다.

・紂之去武丁未久也.
: 주왕(紂王)은 '무정(武丁)' 때로부터 (그리) 오래 되지 않았다. 주
격조사 之. 去는 '~와 떨어진 정도(거리, 시간 등)가 ~이다.'라는 특
수 동사이다.

예) 鄒魯相去又近. (孟子集註)
: 노나라와 추나라의 서로 떨어진 거리 또한 가깝다. (여기서는
去: 지리적 거리.)

예) 地之相去也 千有餘里 世之相後也 千有餘歲. (孟子/離婁下)
: 땅의 거리가 천여 리이며, 세대의 차이가 천여 세이다.

・尺地 莫非其有也 一民 莫非其臣也.
莫非~, '이 아닌 것이 없다.', '모든 것이 ~이다.'

예) 莫非命也.
: 명이 아닌 것이 없다. 즉 모든 것이 다 운수(運數)에 달려 있음.
'명사+莫非~' 꼴이 되면 앞은 부사어구가 되는 식으로 해석하면
자연스럽다. 즉 '어떤 명사라도 ~이 아닌 것이 없다.' 또는 '~중
에 ~이 아니 것이 없다.'

예) 聖人一動一靜 莫非妙道精義之發 亦天而已. (論語集註)
: 성인의 행동 하나하나 생각 하나하나 모두 오묘한 도와 심오한
이치의 빌현 아닌 것이 없으니, 또한 하늘과 같다.

03-01-09

齊人有言曰 雖有智慧 不如乘勢 雖有鎡基 不如待時 今時 則易然也.

제나라 사람의 말에 이르기를 '비록 지혜(智慧)가 있으나 형세(形
勢)를 타는 것만 못하며, 비록 농기구(鎡基/農器具)가 있으나 농사
철을 기다리는 것만 못하다.' 하였으니, 지금이야말로 왕도정치를
행하기 쉬운 때이네.

〈단어 및 어휘〉

· 勢(형세 세): 形勢, 狀況, 흐름 등의 뜻.

· 鎡(호미 자): 호미.

· 鎡基(자기): 김매는 農具로 호미나 괭이 등을 말한다.

03-01-10

夏后殷周之盛 地未有過千里者也 而齊有其地矣 鷄鳴狗吠 相聞而達乎
四境 而齊有其民矣 地不改辟矣 民不改聚矣 行仁政而王 莫之能禦也.

夏后와 殷·周의 盛世에 땅이 천 리가 넘는 자는 있지 않았으나,
齊나라는 그 땅을 소유하여, 닭 울음소리와 개 짖는 소리가 서로
들려 사방의 국경까지 달할 만큼 백성이 많았고, 제나라는 (이미)
그 백성을 가지고 있으니, 땅을 새로이 열지 않고 백성들을 새로
이 모으지 않아도 仁政을 베풀어 王 노릇 한다면 그를 막지 못할
것이다.

<단어 및 어휘>

- 后(뒤 후/임금 후): 뒤, 곁, 딸림, 아랫사람, 뒤떨어지다, 능력(能
  力) 따위가 뒤떨어지다.
- 吠(짖을 폐): (개가) 짖다, 욕하다(辱).
- 改(고칠 개): 고치다, 고쳐지다, 바꾸다, 바뀌다, 만들다, 다시,
  따로, 새삼스럽게, 부사로서 사용되었다. 다시. 改 다시, 새삼스
  레 부사. 不改: 다시 ~하지 않다(할 필요가 없다).
- 辟(비유할 비/임금 벽/열 벽/피할 피): 文脈에 따라 譬, 避, 僻,
  闢 등으로 두루 쓰인다. 여기서는 闢의 意味로 쓰였으므로 '開
  拓하다'라는 뜻이며 음은 '벽'.
- 聚(모을 취): 모으다, 모이다, 거두어들이다, 갖추어지다, 저축하
  다(貯蓄), 쌓다, 함께.

<문법연구>

- 夏后殷周之盛.
: 여기서 后는 王朝를 의미한다. 夏后는 夏 王朝란 뜻인데 굳이 后
를 넣어 표현한 것은 音律을 고르게 하기 위하여 넣은 것으로 보인
다. 즉 한문에서는 두 글자를 이어 음조를 맞추는 경우가 많은데 따
라서 夏·殷·周라 하지 않고 夏后·殷·周라 표현한 것으로 보인다.

- 地未有過千里者而齊有其地矣而齊有其民矣.
: '夏·殷·周의 어느 때 군주도 천 리를 넘지 못했지만 제나라는
그만한 땅을 가졌고, 그만한 백성을 가졌다.' 앞의 而는 역접인 데
비해, 뒤의 而는 순접의 기능을 지닌다.

· 鷄鳴狗吠 相聞而達乎四境.

: 민가가 나라 안에 촘촘하게 들어차서 사람들이 기르는 닭과 개의 소리가 사방 국경에 이르는 지역에서 들을 수 있다는 뜻이다(즉 백성이 많았다는 의미).

· 行仁政而王.

: 주어 '제나라'를 생략했다. 王은 '왕 노릇하다'라는 뜻의 동사이다.

03-01-11

且王者之不作 未有疏於此時者也 民之憔悴於虐政 未有甚於此時者也 飢者 易爲食 渴者 易爲飮.

또 王者가 일어나지 않은 것이 이때보다도 드문 적이 없으며, 백성들이 虐政에 憔悴해진 것이 이때보다도 심함이 없었으니, 굶주린 자에게는 밥 되기 쉽고 목마른 자에게는 마실 것이 되기 쉬운 것이다.

〈단어 및 어휘〉

· 疏(적을 소): 疎(소) 長也 久也 長久이다. 본래 '멀다, 길다'라는 것에서 나왔다.
· 於(어조사 어): ~에, ~에게, ~로부터, ~보다, ~에 비해, ~에 의하여, 아(감탄사), 까마귀.
· 虐(모질 학): 모질다, 혹독하다, 해치다, 해롭게 하다.
· 憔: 파리할 초 / 悴: 마를 췌.
· 憔悴(초췌): 지쳐 바싹 말라 있음.

・渴(목마를 갈): 목마르다, 서두르다, 급하다.

〈문법연구〉

・且王者之不作.
: 且 또, 게다가. 之 주격조사. 作 나타나다.

・未有疏於此時者也, 未有甚於此時者也.
: '~於此時에서 於는 비교의 대상을 수반하는 개사로 여기서는 '이때보다 ~하다.' <형용사+於> 형태는 대개 비교를 나타내며 해석은 주로 '~보다 (더) 형용사 하다/~과(비교하여) 형용사 하다'이다.

예) 世俗之人皆喜人之同乎己 而惡人之異於己也. (莊子)
: 세속 사람들 모두는 남이 자기와 같음을 좋아하고, 남들이 자기와 다른 것을 싫어한다.

예) 德之流行 速於置郵而傳命. (孟子)
: 德이 퍼져나가는 것이 역말로 命을 전달하는 것보다 빠르다.

・民之憔悴於虐政.
: 之는 주격조사이고, 於는 '학정에(於) 초췌하다'라고 해석할 수 있지만, 원인으로 보고 '학정으로 초췌하다'라고 해석하면 된다.

・飢者 易爲食 渴者 易爲飮.
여기서 爲 다음에 대명사 之(飢者/渴者)가 생략되었다고 볼 수도 있다. 즉 '굶주린 자는 그를 위해(그에게) 먹이는 것이 쉽고, 목마른 자는 그를 위해 마시게 하는 것이 쉽다.' 즉 '굶주리고 목마른 백성

들을 만족시키는 것은 어렵지 않다'라는 의미이다. 또 '爲+동사' 꼴
로 '동사 하게 되다' 즉 '굶주린 자는 쉽게 먹게 되고, 목마른 사는
쉬이 물을 마시게 되다.' 즉 '그들을 만족시키는 것은 쉽다.'라는 의
미로 해석할 수도 있다.

03-01-12
孔子曰 德之流行 速於置郵而傳命

孔子께서 말씀하시기를, '德의 流行함이 驛馬를 두어 命을 전하는
것보다도 빠르다.' 하셨으니,

〈단어 및 어휘〉

· 置(둘 치/역말 치): 두다, 배치하다, 버리다, 베풀다(일을 차리어
벌이다, 도와주어서 혜택을 받게 하다), 차려 놓다.
· 郵(우편 우): 우편, 역참, 역, 역말, 驛站: 역마를 갈아타는 곳.
· 置郵(치우): 우역(郵驛)을 설치한다는 말로서 공문서의 전달, 물
품의 수송을 담당하던 驛站(역참)이다.

03-01-13
當今之時 萬乘之國 行仁政 民之悅之 猶解倒懸也 故事半古之人 功
必倍之 惟此時爲然.

지금과 같은 때를 당하여 만승(萬乘)의 나라가 인정을 행한다면
백성들이 거꾸로 매달렸다가 풀려난 것처럼 기뻐할 것이네. 그러
므로 일은 옛사람의 반(半)만 하고도 효과는 반드시 옛사람의 배
(倍)가 되는 것은 바로 지금이 그러한 때일세.>

〈단어 및 어휘〉

· 乘(탈 승): 타다, 오르다, 곱하다, 수레(네 마리의 말이 끄는).

· 倒(넘어질 도): 넘어지다, 거꾸로 되다, 뒤집다, 도산하다, 망하
다, 몸의 상태가 나쁘다.

· 懸(매달 현): 달다, 매달다, 달아매다, (상을) 걸다, 멀다, 멀리
떨어지다, 동떨어지다.

· 倒懸(도현): 거꾸로 매달림. 곧 고통을 말함.

· 爲然(위연): 그러하다.

예) 天下大悅而將歸己 視天下悅而歸己 猶草芥也 惟舜 爲然. (孟子)
: 孟子께서 말씀하셨다. '천하 사람들이 크게 좋아하면서 장차 자
기에게 돌아오려 하였으나, 천하 사람들이 기뻐하면서 자기에게
귀의하는 것 보기를 초개같이 여기신 것은 오직 舜임금만 그러하
였다.'

〈문법연구〉

· 故事半古之人 功必倍之.

: 여기서 半은 목적어를 가지는 동사로 쓰여 '~의 절반이다/절반
이 되다.'라는 풀이로 된다. 뒤의 倍도 '~의 두 배이다.', '~의 배가
되다'는 의미로 활용된다.

예)五尺五寸 倍之 得一丈一尺. (孫子算經)
: 오 척 오 촌을 두 배 하면 일 장 일 척을 얻는다.

上 2장

03-02-01

公孫丑問曰 夫子加齊之卿相 得行道焉 雖由此霸王 不異矣 如此則
動心 否乎 孟子曰 否 我四十不動心.

公孫丑가 물었다. <夫子께서 齊나라의 卿相에 올라 道를 행하시게
되면, 비록 이로 말미암아 霸者나 王者가 된다 해도 奇異할 것이
없겠으니, 이와 같다면 마음이 동요되시겠습니까? 아닙니까?> 孟子
께서 말씀하셨다. <아니다. 나는 40세에 마음이 동요되지 않았다.>

〈단어 및 어휘〉

· 加(더할 가): 더하다, 가하다, 들다, 가입하다, 입다, 몸에 붙이
다, 입히다, 치다, 있다. 齊의 卿相의 자리에 오른다는 뜻이다.

· 卿相(경상): 卿은 職級을 말하고 相은 職責을 말한다.

· 行道(행도): 聖賢의 大道를 行하는 것을 말한다.

· 由此(유차): ~이로 인하여, 또는 이로 말미암아.

· 霸王(패왕): 霸가 되고 王이 되는 것.

· 異(다를 이): 다르다, 기이하다, 괴이하다, 이상야릇하다, 이상하다.

· 否(아닐 부/막힐 비): 부/아니다, 부정하다, 불가하다, 없다 비/
막히다, 곤하다.

· 不動心(부동심): 不惑이다. 즉 疑惑됨이 없는 마음 狀態를 말한다.

〈문법연구〉

· 加齊之卿相.

: 제나라 경상 자리에 들다. 加(가) 居也. 들다. 입다. 따라서 '~에 處하다.' 또는 '~이 되다.'라는 뜻이다.

· 不異矣.

: 다르지 않다. 이상하지 않다. 여기서는 후자의 의미로 사용되었다. 즉 당연하다는 의미.

03-02-02
曰若是則夫子過孟賁 遠矣 曰是不難 告子先我不動心.

말하기를, <그렇다면 선생님께서는 옛날 용맹하기로 이름난 맹분 (孟賁)보다 훨씬 뛰어나십니다.> <이는 어렵지 않으니, 고자(告子) 도 나보다 먼저 마음이 동요되지 않았네.>

〈단어 및 어휘〉

· 賁(클 분): 크다, 거대하다, 날래다.
· 孟賁(맹분): 힘이 세고 勇敢했던 壯士의 이름.
· 告子(고자): 孟子와 同時代의 사람. 이름은 不害.

〈문법연구〉

· 夫子過孟賁遠矣.
: '夫子過孟賁'은 '夫子之過孟賁'으로 바꿀 수 있다. 즉 '스승님께서 맹분보다 뛰어나심'이란 뜻으로, 전체문장의 주어이다. '遠矣'는 격차 가 나다. 월등하다는 의미이다. 이 구문은 <형용사+비교 대상+遠> 형태이다.

예) 以子觀於夫子 賢於堯舜遠矣. (孟子)
: 내가 스승님을 보건대 요임금이나 순임금보다 월등하다.

예) 古之聖人 其出人也 遠矣, 猶且從師而問焉. 今之衆人 其下聖人
也 亦遠矣 而恥學於師. (韓愈/師說)
: 옛날의 성인은, 그 남보다 훨씬 뛰어났어도, 오히려 또 스승을
좇아 물었다. 오늘날 많은 사람들은, 그 성인보다 훨씬 못하지만,
그런데도 스승에게 배우기를 부끄러워한다.

즉, 出+人+遠: 出~, ~보다 뛰어나다./下+聖人+遠: 下~, ~보다
못하다.

예) 孟子曰 附之以韓魏之家 如其自視欿然 則過人 遠矣. (孟子)
: 孟子께서 말씀하셨다. '한과 위의 큰 집안을 붙여 주더라도 만일
스스로 보기를 하찮게 여긴다면 남보다 훨씬 뛰어난 것이다.'

예) 今汝已受 吾不及汝遠矣. (三國遺事)
: 이제 너는 벌써 (계를) 받았으니 내가 네게 아득히 미치지 못하겠구나.

03-02-03

曰不動心 有道乎 曰有.

말하길, <부동심(不動心)에도 도(道)가 있습니까?> 말씀하시길, <있
느니라.>

〈단어 및 어휘〉

· 道(길 도): 方法을 말한다.

03-02-04

北宮黝之養勇也 不膚撓 不目逃 思以一毫挫於人 若撻之於市朝 不

受於褐寬博 亦不受於萬乘之君 視刺萬乘之君 若刺褐夫 無嚴諸侯
惡聲至 必反之.

북궁유(北宮黝)가 용기를 기른 방법은 피부가 찔려도 움츠리지 않
고 눈이 찔려도 눈동자를 피하지 않고서, 털끝만큼이라도 남에게
모욕(侮辱)을 당하면 마치 저잣거리에서 종아리를 맞는 것처럼 생
각하여, 미천한 자에게도 모욕을 받지 않았고 또 만승(萬乘)의 군
주에게도 모욕을 받지 않았네. 그리하여 만승의 군주를 찔러 죽이
기를 마치 필부(匹夫)를 찔러 죽이는 것처럼 생각하여 제후도 두
려워하지 않았으며, 험담하는 소리가 이르면 반드시 보복하였네.

〈단어 및 어휘〉

• 黝(검푸를 유): 검을 유, 검은 흙.

• 撻(때릴 달): 때리다, 매질하다

• 北宮黝(북궁유): 姓은 北宮, 名이 黝로 齊나라의 有名한 勇士이다.

• 膚(살갗 부): 살갗, 피부(皮膚), 겉껍질, 표피(表皮).

• 撓(어지러울 뇨): 亂也. 어지러울 요, 흔들 요. 흔들리다. 굽히다.
  不撓(불요) ①흔들리지 않음 ②어려움에 굽히지 않음.

• 以一毫(이일호): '털끝 하나라도'라는 의미를 갖는 부사.

• 撻(때릴 달): 때리다, 매질하다. 여기서는 피동 형태로 해석하여
  '종아리를 맞는다'라고 볼 수 있다.

• 市朝(시조): 市場으로 사람이 많이 모여 있는 刑場 같은 곳 또는
  市場이나 朝廷, 요컨대 '많은 사람이 지켜보는 공공연한 場所'라
  는 뜻이다.

• 挫(꺾을 좌): 꺾다, 부러지다, (기세가) 꺾이다, 창피를 주다, 손

상시키다, 묶다, 결박하다, 문지르다, 주무르다, 辱也. 折也. 창
피 또는 侮辱. 꺾이는 것. 꺾어지다. 창피(猖披)를 주다. 기세가
꺾이다.

・褐(갈색 갈/굵은베 갈): 갈색, 베옷, 굵은 베, 천한 사람.

・寬(너그러울 관): 너그럽다, 관대하다, 느슨하다, 늦추다, 넓다.

・褐寬博(갈관박): 몸에 맞지 않고 헐렁거리는 옷. 또는 그런 옷을
입고 있는 卑賤한 사람.

・刺(찌를 자): 諫也. 責望. 忠告.

・褐夫(갈부): 베옷을 입은 微賤한 男子. 褐寬博과 같은 뜻이다.

・惡聲(악성): 듣기 싫은 소리, 險談하는 소리.

〈문법연구〉

・不膚撓, 不目逃.

: 다음 두 가지로 해석할 수 있다.

1. 膚: 撓와 도치되어 있다. '否定을 나타내는 말+타동사+목적어'
   가 連結될 때, 타동사와 목적어가 도치되는 例를 따른 것이다.
   不膚撓는 '(皮膚가 찔리더라도) 皮膚를 움직이지 아니한다'는
   뜻이다. 目 역시 逃와 도치되어 있다. 不目逃는 '(눈이 찔리더
   라도) 눈을 避하지 아니한다'라는 뜻이다.
2. 한편 不膚撓 不目逃는 集註에서 설명하듯 일종의 관용어로 볼
   수 있다. 膚撓, 目逃를 일종의 동사로 보고 이를 부정하는 문장
   이다. 膚撓(부요)의 원래의 의미는 '살갗이 찔리면 움츠러들다'
   에서 不의 부정형태로 '움찔도 하지 않다.' 目逃(목도)의 원래

의미는 '눈동자가 찔림을 당하면 움직이다.'에서 부정형으로 '눈도 깜짝하지 않다.'

• 思以一豪挫於人 若撻之於市朝.

'털끝 하나라도 꺾이면 많은 사람들 앞에서 매를 맞는 것으로 여겼다.' '思 A, 若 B'는 'A를 B처럼 여긴다.' 視刺萬乘之君 若刺褐夫의 '視 A, 若 B'도 마찬가지이다. 視에는 간주(看做)한다는 의미가 있다. 뒤에 나오는 視不勝 猶勝也. 이길 수 없는 것도 이기는 것으로 간주하다. '視 A, 猶 B'도 같다. 以一豪 부사로 사용되어 '털끝만큼이라도/조금이라도'의 의미.

> 예) 子曰 回也 視予猶父也 予不得視猶子也 非我也 夫二三子也. (論語)
> : 공자께서 말씀하시길, '회는 나를 대하기를 아버지 대하듯이 했는데 나는 그를 대하기를 아들 대하듯이 하지 못했다. 이렇게 만든 사람은 내가 아니라 저 제자들이다.'

> 예) 視君臣猶吾四體 視百姓猶吾子. (中庸)
> : 여러 신하 보기를 나의 四肢 보듯 하고 백성 보기를 내 자식과 같이 하다.

> 예) 雖秉國政威行中外 以一豪 不取於人 家才足食以已. (慵齋叢話):
> 비록 국정을 잡고 위엄이 나라의 안팎까지 알려졌지만, 하나의 터럭이라도 남에게서 취함이 없었고 집안은 겨우 먹는 것에 만족할 뿐이었다.

> 예) 先須大其志 以聖人 爲準則 一豪 不及聖人 則吾事 未了. (自警文/李珥)
> : 먼저 모름지기 그 뜻을 크게 하며 성인으로 법을 삼아서 털끝만이라도 성인에 미치지 못하면 곧 나의 일이 끝나지 않은 것이다.

· 思以一豪挫於人.

사람에게 창피를 당하다. 피동의 개사 於(=于, 乎)를 사용하여 '~
에게 ~을 당하다.'로 피동문이다.

> 예) 勞心者治人 勞力者治於人. (孟子)
> : 마음을 수고롭게 하는 자는 사람을 다스리고, 몸을 수고롭게 하
> 는 자는 사람에게 다스림을 당한다.

> 예) 先則制人 後則制於人. (史記)
> 앞서면 사람을 제압하고, 뒤떨어지면 사람에게 제압당한다.

> 예) 昔者 吾舅死於虎 吾夫又死焉 今吾子又死焉. (禮記/檀弓篇)
> : 나의 시아버지는 호랑이에게 죽임을 당했는데 남편이 또 죽었습
> 니다. 이번에는 자식마저 그렇게 죽었습니다.

> 예) 在下位 不獲乎上 民不可得而治矣 獲乎上有道 不信乎朋友 不獲
> 乎上矣 信乎朋友有道 不順乎親 不信乎朋友矣. (中庸)
> : 낮은 자리에 있으면서 윗사람의 인정을 받지 못하면 백성을 다
> 스릴 수 없다. 윗사람에게 인정을 받는 데도 방법이 있으니 친구
> 에게 믿음을 주지 못하면 윗사람에게서 인정을 받지 못한다. 친구
> 의 믿음을 사는 데도 방법이 있으니 어버이에게 순종하지 않으면
> 친구에게서 믿음을 사지 못한다.

한문에서 피동문은 개사 於(=于, 乎)를 활용한 구문 이외에 피동
조동사 見, 爲, 被를 이용한 '見 A B, 爲 A B, 被 A B, 爲 A 所 B,
被 A 所 B, A 所 B' 등 형태가 다양하다. 이 구문의 해석은 모두 'A
에게 B 당하다'이다. 또 문법상 피동형이 아니라도 문맥상 피동형을
이루는 경우도 많다.

<참고>

문맥상 피동문

예) 孟子曰 仁則榮 不仁則辱. 今惡辱而居不仁 是猶惡濕而居下也 (孟子)
: 孟子께서 말씀하시기를 '어질면 영화롭고 어질지 않으면 욕을
당하니 지금에 욕을 당하는 것을 싫어하면서 불인에 머무르는 것
은 습한 곳을 싫어하면서 낮은 곳에 머무는 것과 같으니라.'

예) 果若人言 狡兎死良狗烹 飛鳥盡良弓藏 敵國破謀臣亡 天下已定
我固當烹. (史記)
: 과연 사람들의 말과 같도다. 교활한 토끼가 죽고 나면 사냥개도
잡혀 삶아지며, 높이 나는 새도 다 잡히고 나면 좋은 활도 광에
들어가며, 적국이 타파되면 모신도 망한다. 천하가 평정되었으니
나도 마땅히 삶아지는구나.

예) 有功亦誅 無功亦誅. (史記)
: 공이 있어도 죽임을 당하고 공이 없어도 죽임을 당한다.

예) 君子役物 小人役於物. (荀子)
: 군자는 사물을 부리고 소인은 사물에 부림을 당한다.

03-02-05

孟施舍之所養勇也 曰 視不勝 猶勝也 量敵而後進 慮勝而後會 是畏
三軍者也 舍豈能爲必勝哉 能無懼而已矣.

孟施舍의 勇을 기름은 '이기지 못함을 보기를 이긴 것과 같으니,
적을 헤아려 나아가고 승리를 생각한 뒤 교전한다면 이는 三軍을
두려워하는 것이니, 내 어찌 능히 승리를 기필할 수 있겠는가? 능
히 두려워하지 않을 수 있을 뿐이다.' 하였다.

〈단어 및 어휘〉

· 孟施舍(맹시사): 齊나라의 勇士.

· 量(헤아릴 량): 헤아리다, 추측하다(推測--: 미루어 생각하여 헤아리다), 달다, 재다, 되질하다.

· 慮(생각할 려/사실할 록): 생각하다, 이리저리 헤아려 보다, 근심하다(속을 태우거나 우울해하다), 걱정하다.

· 會(만날 회): 모이다, 모으다, 만나다, 맞다, 능숙하다(能熟), 잘하다, 이해하다(理解).

· 三軍(삼군): 大軍을 나타내는 말이다.

· 懼(두려워할 구): 두려워하다, 두렵다, 걱정하다, 염려하다, 으르다(무서운 말이나 행동으로 위협하다), 위협하다. 경계하다, 조심하다, 두려움.

〈문법연구〉

· 視不勝 猶勝也.
 : 이기지 못하는 것을 이기는 것으로 여기다. 視 A 猶 B A를 B로 간주하다(여기다).

· 豈能爲必勝哉.
 : 豈能~哉. '어찌 ~할 수 있겠는가.'

· 舍豈能爲必勝哉.
 : 여기서 舍는 孟施舍 自身을 일컫는 말이므로 '나/저'로 번역한다.

03-02-06

孟施舍 似曾子 北宮黝 似子夏 夫二子之勇 未知其孰賢 然而孟施舍
守約也.

맹시사의 기상은 증자(曾子)와 유사하고, 북궁유의 기상은 자하
(子夏)와 유사하니, 이 두 사람의 용기는 누가 더 나은지 모르겠으
나, 맹시사가 지킨 것이 더 요점을 얻었네.

〈단어 및 어휘〉

· 曾子(증자): 孔子의 弟子로 孝誠이 至極했다. 이름은 參.

· 子夏(자하): 孔子의 弟子.

· 賢(어질 현): 勝也. 낫다는 말이다.

· 守(지킬 수): 지키다, 다스리다, 머무르다, 기다리다, 거두다, 손
에 넣다, 청하다.

· 約(맺을 약): 맺다, 약속하다(約束), 묶다, 다발을 짓다, 검소(儉
素)하게 하다, 줄이다.

· 守約(수약): 요점을 지키다. 요소를 지키다.

〈문법연구〉

· 夫二子之勇 未知其孰賢.

: 孰은 선택의문문을 만든다. 따라서 '주어 가운데(중에) 누가 ~
하다.'로 해석하는 것이 자연스럽다.

> 예) 弟子孰爲好學. (論語) 제자 가운데 누가 배움을 좋아하느냐./孰
> 敢不正. 누가 감히 정직하지 않겠는가./禮與食孰重. 예와 음식 중
> 에 어느 것이 중요한가.

03-02-07

昔者 曾子謂子襄曰 子好勇乎 吾嘗聞大勇於夫子矣 自反而不縮 雖
褐寬博 吾不惴焉 自反而縮 雖千萬人 吾往矣.

옛날 증자께서 제자인 자양(子襄)에게 이르시기를 '자네는 용기를
좋아하는가? 내 일찍이 선생님께 큰 용기에 대해서 들은 적이 있
네. 스스로 돌이켜보아서 정직(正直)하지 못하면 비록 상대가 미
천한 자라도 내가 그를 두려워하지 않겠는가? 그러나 스스로 돌이
켜보아서 정직하다면 비록 천만 명의 사람이라도 내가 가서 당당
히 대적할 것이네.' 하셨네.

〈단어 및 어휘〉

· 子襄(자양): 曾子의 弟子.
· 寬(너그러울 관): 너그럽다, 넓다, 느슨하다, 온화하다.
· 縮(줄일 축): 줄이다, 움츠리다, 물러나다, 다스리다, 곧다, 올바
  르다, 취하다, 실, 直과 같은 뜻. 바르다. 올바르다.
· 惴(두려워할 췌): 두려워하다.

〈문법연구〉

· 自反而不縮 雖褐寬博 吾不惴焉 自反而縮 雖千萬人 吾往矣.

: 縮이 '바르다, 올곧다, 곧게 하다, 올바르다' 등의 이 용례로 사용
되는 경우는 드물지만, 直(곧을 직)과 통용된다. 발음상 유사한 면에
서 통용되는 경우이다. 雖千萬人 吾往矣의 해석은 '수천만 인이라고
하더라도 나는 내 길을 갈 것이다.' 전체적인 해석은 '내가 바르지
않으면 하찮은 사람이라도 두렵고, 내가 바르면 천만인도 두렵지 않

다.'라는 의미가 된다.

한편 自는 '자기'나 '자신'이라는 대명사로 사용되거나 '스스로', 저절로 '라는 부사로 사용되는 것에 관계없이 동사 앞에 위치한다.

> 예) 一日行善 福雖未至 禍自遠矣. (明心寶鑑)
> : 하루라도 착한 일을 하면 복은 비록 이르지 않으나 화(禍)는 저절로 멀어진다./부사.

> 예) 花不送春春自去. (百聯抄解/金麟厚)
> : 꽃이 봄을 전송하지 않아도 봄은 절로 떠나간다./부사.

> 예) 人必自侮然後人侮之. (孟子)
> : 사람이 자신을 업신여기게 되면, 그 후에는 틀림없이 다른 사람이 그를 업신여긴다./대명사.

03-02-08
孟施舍之守氣 又不如曾子之守約也.

孟施舍가 지킨 것은 한 몸의 기(氣)이니, 또 曾子의 지킴이 요점을 얻은 것만 못하네.>

03-02-09
曰敢問夫子之不動心 與告子之不動心 可得聞與 告子曰 不得於言 勿求於心 不得於心 勿求於氣 不得於心 勿求於氣 可 不得於言 勿求於心 不可 夫志 氣之帥也 氣體之充也 夫志至焉 氣次焉 故曰 持其志 無暴其氣.

<감히 묻겠습니다. 夫子의 不動心과 告子의 不動心을 들을 수 있겠습니까?> <告子가 말하기를, '말에서 득하지 못하면 마음에 구하지 말며, 마음에 얻지 못하면 氣에 구하지 말라.' 하였으니, 마

음에 얻지 못하면 氣에 구하지 말라는 것은 가하거니와, 말에서 득하지 못하면 마음에 구하지 말라는 것은 불가하다. 무릇 意志는 氣의 將帥요, 氣는 몸체에 가득 찬 것이니, 意志가 이르면 氣가 따르는 것이다. 그러므로 '그 意志를 가지되 그 기를 暴虐하게 하지 않는다.'라는 것이다.>

〈단어 및 어휘〉

· 不得於言(부득어언): 言은 여기서는 '다른 사람의 말.'
· 暴(사나울 폭/사나울 포): 폭/사납다, 난폭하다, 모질다, 드러나다, 햇빛에 말리다, 포/난폭하다, 해치다, 사납다.
· 焉(어찌 언): 어찌, 이에, 곧, 즉, ~인가, ~보다(비교), ~이다, ~임이 틀림없다.

〈문법연구〉

· 不得於言 勿求於心.
: '부정어~ + 부정어~' 형태는 앞의 문장은 대개 조건으로 '~아니면~이 아니다.'

03-02-10
旣曰 志至焉 氣次焉 又曰 持其志 無暴其氣者 何也 曰志壹 則動氣 氣壹則動志也 今夫 蹶者趨者 是氣也而反動其心.

<이미 말씀하길 意志가 이르면 氣가 따르고, 또 말씀하시길, 그 意志를 가지되 그 氣를 暴虐하게 하지 않는다는 것은 무엇입니까?> <意志가 한결같(專一)으면 氣를 동하며, 氣가 한결같으면 意

志를 동하는 것이니, 지금 넘어지는 자와 달리는 자는 이는 氣이면서도 도리어 그 마음을 동한 것이다.>

〈단어 및 어휘〉

• 蹶(넘어질 궐): 넘어지다, 뛰다, 밟다.

• 趨(달아날 추): 달아나다, 달리다, 종종걸음치다, 뒤쫓다.

• 蹶者趨者(궐자추자): 蹶은 顚躓(전지)로 넘어지는 것 또는 엎어지는 것. 趨는 走也로 달리다 또는 성큼성큼 걷다.

• 壹(한 일/갖은 일): 한, 하나, 오직, 오로지, 통일하다, 순박하다 (淳朴·淳樸·醇朴), 전일하다, 專─·이다. 오로지, 한결같이.

• 氣(기운 기): 浩然之氣를 말함이다.

• 反(돌이킬 반): 돌이키다, 돌아보다, 반성하다, 돌아가다(오다), 도리어, 오히려.

〈문법연구〉

• 無暴其氣者.
: 無∼, '∼하지 말라.'

> 예) 君子不重則不威 學則不固 主忠信 無友不如己者 過則勿憚改. (論語)
> : 군자는 중후하지 않으면 위엄이 없어 학문을 해도 견고하지 못하다. 충(忠)과 신(信)을 주장으로 삼으며, 자기보다 못한 자를 벗으로 삼으려 하지 말고, 허물이 있으면 고치기를 꺼리지 말아야 한다.

> 예) 子謂子夏曰 女爲君子儒 無爲小人儒. (論語)
> : 공자께서 자하에게 말씀하셨다. '너는 군자다운 선비가 되지 소인다운 선비가 되지 말아라.'

· 今夫蹶者趨者 是氣也 而反動其心.

: <~者, ~也.>는 'A는 B이다'라는 평서문의 전형적인 문장. 뒤의 而는 역접의 접속사로 '~인데도', '~이면서'

03-02-11

敢問夫子惡乎長 曰我知言 我善養吾浩然之氣.

<감히 여쭙겠습니다. 선생님께서는 무슨 장점이 있으십니까?> 말씀하시길, <나는 남의 말을 잘 알며, 내 호연지기(浩然之氣)를 잘 기르네.>

〈단어 및 어휘〉

· 惡(악할 악/미워할 오): 악/악하다, 나쁘다, 잘못, 재난, 오/미워하다, 어찌, 어디, 무엇./惡乎: '어디에' '어떻게' 등의 뜻.

· 浩(넓을 호/거를 고): 넓다, 광대하다(廣大), 크다, 성대하다(盛大), 넉넉하다, 교만하다(驕慢).

· 浩然之氣(호연지기): 도의(道義)에 근거(根據)를 두고 굽히지 않고 흔들리지 않는 바르고 큰 마음.

〈문법연구〉

· 敢問夫子惡乎長.

: 惡는 '어찌 오'로, 惡乎~는 '어느 곳에, 어디에서, 어떻게, 어째서, 어디' 등으로 해석한다. '하소(何所)'와 같은 뜻임.

　예) 天下惡乎定. (孟子)
　: 천하는 어디로 정해지겠는가.

예) 君子去仁惡乎成名. (論語)
: 군자가 인을 떠나면 어느 곳에서 이름을 이루겠는가.

예) 君子不亮 惡乎執. (孟子)
: 군자(君子)가 믿음성이 없으면(不亮) 어느 곳(惡乎)을 잡으리오(執).

03-02-12
敢問何謂浩然之氣 曰難言也.

<감히 여쭙겠습니다. 무엇을 호연지기라 합니까?> <말하기 어렵네.

〈문법연구〉

·何謂浩然之氣.
: 何는 謂의 목적어이다. 의문사이므로 도치되어 앞으로 나간 것이다.

03-02-13
其爲氣也 至大至剛 以直養而無害 則塞於天地之間.

이 호연지기는 지극히 크고 지극히 강하니[至大至剛], 정직함으로써 기르고 해침이 없으면 이 호연지기가 천지(天地) 사이에 꽉 차게 되네.

〈단어 및 어휘〉

·爲氣(위기): 爲人이 '사람됨'인 것처럼 爲氣는 '氣됨'을 말한다.
·直(곧을 직/값 치): 곧다, 굳세다, 바르다, 옳다, 굽지 아니하다, 기울지 아니하다, 곧게 行하는 것.

· 塞(변방 새/막을 색): 새/변방, 성채 색/막다, 막히다, 충만하다,
평온함. 여기서는 '꽉 찬다'라는 뜻으로 음은 '색'
· 于(어조사 우): 於와 같은.

03-02-14
其爲氣也 配義與道 無是 餒也.

그 '호연지기'의 氣 됨이 義와 道에 배합되니, 이것이 없으면 굶주
리게 된다.

〈단어 및 어휘〉

· 餒(주릴 뇌): 주리다, 굶기다, 굶주림. 饑也. 여기서는 氣의 虛脫
을 말한다.

〈문법연구〉

· 義與道.
: 與는 '~과'

· 無是 餒也.
: 이것이 없다면. 이것(是/義와 道)이 없으면 (浩然之氣가) 굶주리
게 된다.

03-02-15
是集義所生者 非義襲而取之也 行有不慊於心則餒矣 我故 曰告子未
嘗知義 以其外之也.

이는 義를 모은 것이 생성하는 바이니, 義가 掩襲하여 취하는 것이 아니다. 행함이 마음에 만족하지 않음이 있으면 굶주리게 된다. 내 그러므로 '告子는 일찍이 義를 알지 못한다.' 한 것이니, 그것을 밖에 있다 하였기 때문이다.

〈단어 및 어휘〉

· 集義(집의): 內心의 正義(또는 善心)를 모으는 것을 말한다.
· 襲(엄습할 습): 엄습하다, 치다, 인하다, 덮다. 掩襲(엄습). 즉 不意에 쳐들어가는 것으로, 여기에서는 밖으로부터 義가 內心으로 들어오는 것을 의미한다.
· 慊(찐덥지 않을 겸/만족스러울 협): 겸/마음에 차지 않다, 의심하다, 불만스럽다, 정성, 협/만족스럽다, 흡족하다. 快心.
· 嘗(일찍이 상): 애당초.

〈문법연구〉

· 以其外之也.
: '以~也' 형태로 '~때문이다.' 外는 목적어인 之를 수반하고 있어 타동사임을 알 수 있다. '그것(之)을 바깥에 있는 것으로 여긴다.'

03-02-16

必有事焉而勿正 心勿忘 勿助長也 無若宋人然 宋人 有閔其苗之不長而揠之者 芒芒然歸 謂其人 曰今日 病矣 予助苗長矣 其子 趨而往視之 苗則槁矣 天下之不助苗長者寡矣 以爲無益而舍之者 不耘苗者也 助之長者 揠苗者也 非徒無益 而又害之.

반드시 (浩然之氣를 기름에)일을 두되 미리 효과를 기대하지 말아
야 하는 것이니, 마음에 바라지 말며 助長하지 말아서 宋나라 사
람이 그러한 것과 같음은 없어야 한다. 宋나라 사람 중에 그 벼
싹이 자라지 않는 것을 안타깝게 생각하여 그것을 뽑은 자가 있었
다. 茫然히 돌아와 그 家人들에게 '오늘 피로하다. 내가 벼 싹을
자라게 도왔다.' 하거늘, 그 아들이 달려가 보니 벼 싹이 말라버렸
다. 天下에 벼 싹이 자라기를 돕지 않는 자가 적으니, 無益하다 여
기고 버려두는 자는 김매지 않는 자요, 자라기를 도운 자는 벼 싹
을 뽑은 자이니, 한갓 무익할 뿐 아니라 害가 되는 것이다.>

〈단어 및 어휘〉

· 正(바를 정): 바르다, 정당하다, 바로잡다, 결정하다. 미리 作定
  할 정. 효과를 미리 期待하는 것.
· 宋(송나라 송): 下南省의 南部에 있었던 나라.
· 然(그럴 연): 앞의 若과 連用되어 '~처럼 그렇게 한다'라는 뜻
  이 된다.
· 閔(위문할 민): 근심, 걱정하다, 근심하다, 위문하다, 가엽게 여
  기다. 閔(민) 憂也. 안타깝게 여기다.
· 苗(모 묘): 모, 모종, 백성.
· 揠(뽑을 알): 拔也. 뽑아 올리다.
· 芒(까끄라기 망/아득할 망): 까끄라기(벼, 보리 따위의 깔끄러운
  수염), 억새, 칼날, 아득하다, 광대하다, 멀다.
· 芒芒然(망망연): 몹시 疲困한 模樣. 힘없이. 몹시 지치어.
· 其人(기인): '자기의 사람'이란 뜻인데 여기서는 '家族'이란 뜻으

로 使用되었다.

- 病(병 병): 병, 근심, 병들다, 피로하다, 시들다, 괴로워하다.
- 槁(마를 고): 마르다, 여위다, 죽다.
- 舍(버릴 사/집 사): 捨와 통용. '놓아둔다'라는 뜻이다.
- 耘(김맬 운): 김매다, 없애다, 흙을 돋우다. 芸也.
- 徒(무리 도): 무리, 일꾼, 헛되이, 단지, 보람 없이. 非와 같이 사용되어 '다만 ～일 뿐만 아니라'

〈문법연구〉

- 必有事焉而勿正.
: 勿正은 '어느 때까지 얼마만큼의 효과를 내겠다고 미리 기대하지 말라'라는 뜻이다. 勿은 '～하지 말라.' 따라서 正은 '～하다'라는 동사형이 되어야 함을 알 수 있다. 集註에 따라 豫期 또는 豫斷으로 해석할 수 있다.

- 無若宋人然.
: '송인이 한 것처럼 하지 말라.' 若～然은 함께 連用되어 '～처럼 그렇게 한다'라는 뜻이 된다. 無～ 금지 부정사로 '～하지 말라.'

예) 夫子若有不豫色然. (孟子)
: 스승님의 안색에 즐겁지 않은 기색(氣色/낮빛)이 있는 것 같습니다.

- 宋人有閔其苗之不長而揠之者.
: 宋人有～者, '송나라 사람 중에～하는 자가 있다.' 閔其苗之不長 '묘가 자라지 않는 것을 민망하게 생각하다.' 之는 주격조사. 그래서

(而), 揠之 그것(苗)을 뽑아 올리다.

· 子助苗長矣.
: 助는 여기서 使, 敎 등과 마찬가지로 사역형 문장을 만든다. 助
苗長은 '벼의 싹을 도와 자라게 한다'라는 뜻이다.

· 以爲無益而舍之者 不耘苗者也.
: 以爲~, '~라 여기다.' 以爲無益而舍之者 '무익하다고 여겨 그것
을 버리는 것.' 不耘苗者也. '묘에 김을 매주지 않는 자이다.'

· 非徒無益 而又害之.
: 非徒~, '단지 ~일 뿐만 아니라.' 非徒는 非但, 非惟, 非特 非徒,
非直, 非獨 등과 같은 말로 '~뿐 아니라' 혹은 '단지 ~뿐만 아니라.'

예) 休說人之短與長 非徒無益又招殃 若能守口如瓶去 此是安身第
一方. (四溟 惟政/贈許生)
: 다른 사람 장단점은 말하지 말. 무익할 뿐 아니라 재앙을 부르
니, 입을 물병처럼 지킬 수만 있다면, 이것이 몸 편히 할 으뜸가는
방편이라네.

03-02-17
何謂知言 曰詖辭 知其所蔽 淫辭 知其所陷 邪辭 知其所離 遁辭 知其
所窮 生於其心 害於其政 發於其政 害於其事 聖人 復起 必從吾言矣.

<말을 안다[知言]는 것은 무슨 뜻입니까?> <편벽(偏僻)된 말을 들
으면 말하는 사람이 가리는 바를 알고, 방탕(放蕩)한 말을 들으면
말하는 사람이 빠져 있는 바를 알고, 不正한 말을 들으면 말하는

사람이 道에서 괴리(乖離)된 바를 알며, 회피(回避)하는 말을 들으면 말하는 사람이 論理가 궁한 것을 알 수 있으니, 이 네 가지 말은 마음에서 나와서 政治에 해를 끼치며, 정치에 발로되어 일에 해를 끼치네. 聖人께서 다시 나오시더라도 반드시 내 말을 따르실 것일세.>

〈단어 및 어휘〉

· 詖(치우칠 피/편벽될 피): 치우치다, 교활하다, 기울다, 여기서는 '비뚤어진 말'이란 뜻으로 偏陂 또는 偏頗 즉 편파적인 것.

· 蔽(덮을 폐): 덮다, 가리다, 결점, 무성한 모양.

· 淫(음란할 음/간사할 음/넘칠 음/방탕할 음): 음란하다, 탐하다, 욕심내다, 과하다, 지나치다, 간사하다(마음이 바르지 않다), 사악하다, 도리에 어긋나다, 어지럽다, 어지럽히다, 미혹.

· 遁(숨을 둔): 숨다, 달아나다, 회피하다, 도망치다. 달아날 둔. 回避.

· 詖辭(피사): 편벽된 말.

· 淫辭(음사): 방탕한 말.

· 邪辭(사사): 간사한 말.

· 遁辭(둔사): 도피하는 말.

· 生於其心(생어기심): 그 마음에 나쁜 생각이 일어나는 것을 말한다.

〈문법연구〉

· 何謂知言.

: 何는 謂의 목적어이다. '謂 A, B' 형태로 'A를 B라고 한다.' 何謂 ~, '~이하는 무엇이라 하느냐', '무엇을 ~라 하느냐.' 따라서 '무엇

을 知言이라 하느냐.'

예) 王孫賈問曰 與其媚於奧 寧媚於竈 何謂也. (論語)
: 王孫賈가 물었다. '아랫목에 아첨하느니 차라리 부뚜막에 아첨하
는 편이 낫다는 것은 무엇을 말하는 것입니까.'

예) 帝曰 何謂五有餘二不足. (黃帝內經)
: 황제께서 말씀하시길 다섯이 남고, 둘이 모자란 것은 어떤 것을
말하는 것인가?

예) 何謂處世之道 窮不失義 達不離道 而用捨不隨乎時 行藏惟其所
宜也. (高峯集/奇大升)
: 무엇을 세상에 처하는 도리라고 하는가 하면, 아무리 곤궁해도
의를 잃지 않고 현달하여도 도를 떠나지 않아서, 쓰이고 버림받는
것은 시기에 구애하지 않고, 나가서 도를 행하거나 은거하는 것은
오직 타당한 대로만 하는 것이다.

03-02-18
宰我子貢 善爲說辭 冉牛閔子顏淵 善言德行 孔子兼之 曰我於辭命
則不能也 然則夫子 旣聖矣乎.

<재아(宰我)와 자공(子貢)은 언어에 능통하였고, 염우(冉牛)와 민
자(閔子), 그리고 안연(顏淵)은 곧잘 덕행(德行)을 말하였는데, 공
자께서는 이 두 가지를 겸하셨으되, '나는 사명(辭命)에 있어서는
능하지 못하다.' 하셨습니다. (그런데 선생님께서는 사람들의 말을
잘 아시는 데다 호연지기를 길러서 덕행에도 뛰어나시니) 그렇다
면 선생님께서는 이미 성인이십니다.>

〈단어 및 어휘〉

• 說辭(설사): 언어를 뜻하고, 善爲說辭는 '말을 잘하는 것'을 가리킨다.

- 宰我(재아)/子貢(자공): 둘 다 말을 잘하던 孔子의 弟子이다.
- 冉牛(염우)/閔子騫(민자건)/顔淵(안연): 德行이 뛰어났던 孔子의 弟子들이다.
- 辭命(사명): 왕이나 제후로부터 專權(전권)을 위임받은 使者(사자)의 言辭를 말한다.
- 旣聖矣乎(기성이호): '이미 성인이시군요'로, 추정과 칭송의 어감을 지닌다.

03-02-19

曰惡 是何言也 昔者 子貢問於孔子曰 夫子聖矣乎 孔子曰 聖則吾不能 我學不厭而敎不倦也 子貢曰 學不厭 智也 敎不倦 仁也 仁且智 夫子旣聖矣 夫聖孔子不居 是何言也.

<아! 이 무슨 말인가? 옛적에 子貢이 孔子께 묻기를, '夫子께서는 聖人이십니다.' 하니, 孔子께서 말씀하시기를, '聖人은 내 능하지 못하거니와 배우기를 싫어하지 않으며 가르치기를 게을리하지 않는다.' 하셨다. 子貢이 말하기를, '배우기를 싫어하지 않음은 智이며, 가르치기를 게을리하지 않음은 仁이니, 仁하고도 智하시니, 夫子께서는 이미 聖人이십니다.' 하였다. 聖人은 孔子께서도 자처하지 않으셨으니, 이 무슨 말인가?>

〈단어 및 어휘〉

- 惡(어찌 오): 어찌! 여기에서는 意外라는 뜻의 놀라서 發하는 發語辭이다.
- 矣(어조사 의): ~이다(단정, 결정), 이미 그러하다, 일 것이다,

~이도다. ~인가.

· 乎(어조사 호): ~인가? ~도다, ~이여, ~에서 ~에.

· 矣乎(의호): ~이겠지요, 입니까?

· 厭(싫어할 염): 싫어하다, 물리다, 조용하다, 가리다.

〈문법연구〉

· 夫聖孔子不居.

: 不居는 '처하다', '안주하다', 또는 '자처하다', '받아들이다'라는 의미를 갖는다. 때에 따라서는 '~에 해당하다'라는 의미도 갖는다.

예) 功成而不居. (老子)
: 공이 이루어져도 거기에 머물지 않는다.

예) 紂之不善不如是之甚也 是以君子惡居下流 天下之惡皆歸焉. (論語)
: 주왕(紂王)의 불선(不善)함이 이처럼 심하지는 않았을 것이다. 이 때문에 군자는 하류(下流)에 처하는 것을 싫어하니, 하류에 있으면 천하의 악(惡)이 모두 그곳으로 돌아가기 때문이다.

예) 前日之不受是 則今日之受非也 今日之受是 則前日之不受非也. 夫子必居一於此矣. (孟子)
: 전날에 받지 않은 것이 옳다면 오늘날에 받은 것이 잘못일 것이고, 오늘날에 받은 것이 옳다면 전날에 받지 않은 것이 잘못일 것이니, 부자께서는 필시 이 두 가지 가운데 하나에 해당합니다.

03-02-20

昔者 竊聞之 子夏子游子張 皆有聖人之一體 冉牛閔子顔淵 則具體
而微 敢問所安.

<전에 제가 들으니, '자하(子夏)·자유(子游)·자장(子張)은 모두

성인의 한 부분만 갖추고 있었고, 염우·민자·안연은 전체를 갖추고는 있으나 미약하다.'라고 하였습니다. 선생님께서는 이 중 어느 쪽에 해당한다고 생각하시는지 감히 선생님께서 자처하시는 바를 여쭙겠습니다.>

〈단어 및 어휘〉

· 竊(훔칠 절): 훔치다, 도둑, 살짝, 슬그머니, 몰래, 자기 혼자 마음속으로, 외람되다.
· 子夏(자하), 子游(자유), 子張(자장): 모두 孔子의 弟子들이다.
· 一體(일체): 身體의 一部分을 말한다.
· 所安(소안): 所處 또는 所居의 뜻이다.

〈문법연구〉

· 竊聞之.
: '竊+동사'는 謙語(겸어)로, 竊은 '가만히, 사적으로'라는 뜻이다. 즉 말하는 사람을 낮추어 '제가 ~하기에는' 정도의 의미. 竊聞之. '제가 듣기에는.'

예) 竊聞苦海津梁 最重檀那之施. (乞茗疏/丁若鏞)
: 내가 듣기에 인생고해는 부처님의 진량 중 가장 소중함이 단나의 보시라. (津梁/진량: 진(津)은 물을 건너는 나루(水渡)를, 량(梁)은 물을 건너는 다리(水橋)를 뜻하는 것으로서, 곧 물을 건너는 시설을 가리키는 말.)

<참고>

'竊+동사' 꼴로는 竊聽, 竊見 등이 있다. 자신을 낮추는 경우도 있지만, 몰래, 슬쩍, 또는 사적으로~하다는 의미도 가진다.

　예) 竊聞(절문): 남몰래 엿듣다. 슬그머니 (슬쩍) 듣다. 우연히 듣다./竊聽. (남) 몰래 (엿)듣다. 도청(盜聽)하다./竊見. 몰래 엿보다./竊思, 竊念, 竊料. 저 혼자 가만히 생각함, 또는 남모르게 자기 혼자서 여러모로 생각함.

　예) 竊以爲應再計慮.
　: 저는 다시 고려해야 한다고 삼가 생각합니다.

　예) 竊思上帝鞫善惡 賞罰有其期. (傳道書 3:17)
　: 내가 심중에 이르기를 의인과 악인을 하나님이 심판하시리니 이는 모든 목적과 모든 일이 이룰 때가 있음이라 하였으며.

・敢問所安.

　: 所安으로 사용된 것으로 보아 安이 동사로 사용되었음을 알 수 있다. 동사적 의미는 '편안해하다', '편안하게 생각하다'이다. 소안(所安):만족하고 안락하게 여기는 바.

　예) 子曰 視其所以 觀其所由 察其所安 人焉廋哉 人焉廋哉. (論語)
　: 공자께서 말씀하셨다. '그 사람이 하는 짓을 보고 그 사람이 걸어온 길을 살피고 그 사람이 어떤 것에 만족을 느끼는지를 관찰한다면 그의 사람 됨됨이를 어디다 숨기랴, 그의 사람 됨됨이를 어디다 숨기랴.'

　예) 子曰 不仁者不可以久處約 不可以長處樂. 仁者安仁 知者利仁. (論語)
　: 공자께서 말씀하셨다. 어질지 못한 사람은 오랫동안 곤궁에 처할 수 없고 오랫동안 즐거움에 처할 수 없다. 어진 사람은 인을

편안하게 여기고 지혜로운 사람은 인을 이롭게 여긴다. (형용사가
의동사화할 때는 '~처럼 여기다' 꼴이 많다. 여기서는 '安: 편안
하게 여기다/利: 이롭게 여기다')

예) 古人之取於竹非一 敢問所安. 先生曰 未也 無甚高論. (竹窓銘
并序/鄭道傳)
: 옛사람이 대나무에서 취한 것은 하나가 아닌데 감히 묻습니다만
선생께서 편히 여기는 바는 무엇입니까. 선생이 말하기를, '아닙니
다. 그러한 고상한 지론은 없습니다.'

03-02-21

曰姑舍是.

말씀하시기를 <이 문제는 잠시 놓아두세.>

〈단어 및 어휘〉

· 姑(시어머니 고): 시어머니, 고모, 잠시, 잠깐.
· 舍(집 사): 집, 여관, 버리다, 내버려두다, 바치다, 베풀다.

03-02-22

曰伯夷伊尹何如 曰不同道 非其君不事 非其民不使 治則進 亂則退
伯夷也 何事非君 何使非民 治亦進 亂亦進 伊尹也 可以仕則仕 可
以止則止 可以久則久 可以速則速 孔子也 皆古聖人也 吾未能有行
焉 乃所願則學孔子也.

묻기를, <伯夷와 伊尹은 어떻습니까?> 말씀하시기를, <道는 같지
않으나, 그 섬길 만한 君主가 아니면 섬기지 않으며, 그 부릴 만한
백성이 아니면 부리지 않으며, 다스려지면 나아가고 어지러우면
물러남은 伯夷였으며, 누굴 섬긴들 君主 아니며, 누굴 부린들 백

성이 아니겠는가? 하며, 다스려져도 나아가고 어지러워도 나아감은 伊尹이며, 벼슬할 만하면 벼슬하고, 멈출 만하면 멈추며, 오래할 만하면 오래 하고 빨리할 만하면 빨리함은 공자시니, 모두 옛 聖人이시다. 내 행함이 있지 못하거니와 내가 원하는 바는 孔子를 배우는 것이다.>

〈단어 및 어휘〉

· 伯夷(백이): 중국 은나라 말, 주나라 초의 전설적인 인물.
· 伊尹(이윤): 夏나라와 殷나라 전환기 때의 인물.
· 不同道(부동도): 道는 處身의 方法.
· 事(일 사/섬길 사): 일, 사업, 섬기다.
· 亂(어지러울 난): 어지럽다, 어지럽히다, 가득 차다, 널리 퍼지다, 난리.
· 久(오랠 구): 오래다, 길다, 오래 머무르다, 변하지 아니하다, 오랫동안, 오래된, 옛날의.

〈문법연구〉

· 伯夷伊尹何如.
: 何如 어떠하다. 여기서는 그대로 술어로 사용되어 '~이 어떠하다.'

· 非其君不事 非其民不使.
: '非(不)~, 不(勿,無)~', '~이 아니면 ~하지 않다(말라).' 앞의 문장은 부사구로 곧잘 해석된다.

　　예) 非先王之法服 不敢服. 非先王之法言 不敢道 非先王之德行 不

敢行. (孝經)

: 선왕의 법복이 아니면 감히 따르지 않고, 선왕의 법언이 아니면 감히 말하지 않고, 선왕의 덕행이 아니면 감히 행하지 않는다.

예) 蝸牛升壁 涎不干不止. 貪人求利 身不死不休. (西岩贅語)

: 달팽이가 벽을 타고 올라감은 체액이 마르기 전에는 그만두지 않는다. 탐욕스러운 사람이 이익을 구함은 제 몸이 죽기 전에는 그치지 않는다.

· 治則進 亂則退.

: 治는 내용상 피동형으로 '다스려지면.'

· 何事非君 何使非民.

: 何는 '무엇'으로 여기서는 '누구'로 쓰였다. 事~는 '~을 섬기다'라는 목적어를 갖는 타동사이다. 예를 들어 事大(큰 것을 섬기다), 事齊(제나라를 섬기다)로 활용된다. 따라서 '누구를 섬기다'라는 문장은 누구라는 목적어가 뒤에 오는 형태로 '事何'가 되어야 하지만 '何' 의문사이기 때문에 도치되었다. '何使' 역시 마찬가지이다.

· 吾未能有行焉 乃所願則學孔子也.

: 전체적인 해석은 '행실이 능하지는 못하지만, 바라는 바는 공자를 배우고자 한다.'

03-02-23

伯夷伊尹 於孔子 若是班乎 曰否 自有生民而來 未有孔子也.

<伯夷와 伊尹은 이처럼 孔子와 같은 등급이었습니까?> <아니다. 生民이 있은 이래로 孔子 같은 분은 없었다.>

<단어 및 어휘>

· 伯夷伊尹於孔子.

: 於는 '~에 대해서'라는 의미를 갖는다. 즉, '백이와 이윤이 공자
에 대해서 ~하다'라는 의미.

例) 皆從易牙之於味也. (孟子)
: 모두 역아의 맛에 대한 것을 따르다.

例) 我之大賢與 於人何所不容 我之不賢與 人將拒我 如之何其拒人
也. (論語)
: 내가 크게 어질다면 남에 대해 누구인들 용납하지 못할 것이며,
내가 어질지 못하다면 남이 장차 나를 거절할 것이니 어찌하여 그
렇게 남을 거절할 수 있겠는가.

· 班(나눌 반): 나누다, 나누어주다, 차례, 대등하다, 같다, 돌이키다.
· 若是班乎(약시반호): 若是, 이처럼. (若是=如是=若此=如此)
· 自(스스로 자): ~에서부터, ~으로부터.

03-02-24

日然則有同與 日有 得百里之地而君之 皆能以朝諸侯有天下 行一不
義 殺一不辜而得天下 皆不爲也 是則同.

<그러면 같은 점은 있습니까?> <있다. 百里의 땅을 얻어 君主 노
릇하되, 모두 諸侯로부터 朝會 받고 天下를 소유할 수 있거니와,
한 번이라도 불의를 행하며 한 죄 없는 사람이라도 죽여서 天下를
얻는 것은 모두 하지 않을 것이니, 이것은 같은 점이다.>

<단어 및 어휘>

· 然則(연즉): 그런즉, 그러면.
· 辜(허물 고): 허물, 죄, 까닭, 저버리다, 막다.

<문법연구>

· 百里之地而君之.
: 君之의 之는 앞의 글자 君을 動詞로 만들어주는 役割을 하는 代名詞. 해석은 '백 리의 땅, 거기서 왕 노릇하다'이다.

· 皆能以朝諸侯有天下.
: 以 다음에는 대명사인 之가 생략되었다. 이 之는 앞의 '得百里之地而君之'을 받는다.

03-02-25
曰敢問其所以異 曰宰我子貢有若 智足以知聖人 汚不至阿其所好.

말하기를, <감히 그 다른 점을 묻겠습니다> 말씀하시기를, <宰我와 子貢과 有若은 지혜가 족히 성인을 알 만하니, 적어도 좋아하는 것을 아첨하는 데 이르지는 않았을 것이다.

<단어 및 어휘>

· 所以(소이): 까닭, 때문에, 방법, 목적.
· 宰我(재아)/子貢(자공)/有若(유약): 모두 孔子의 弟子.
· 足以(족이): ~하기에 충분하다, ~에 족하다.
· 汚(더러울 오): 더럽다, 더러워지다, 낮다, 때, 치욕, 구덩이. 여

기서는 부사로 쓰여 '낮게 보더라도', '낮다고는 해도', '적어도.'

· 阿(언덕 아): 언덕, 고개, 의지하다, 알랑거리다, 두둔하다, 迎合하다.

〈문법연구〉

· 汚不至阿其所好.

: 汚는 '낮다'라는 의미에서 '낮게 잡아서 말하더라도'라는 의미. 不至~ '~에 이르지 못하다', '~에 미치지 못하다.' 즉 '그들이 좋아하는 것에 아첨하는 곳까지 이르지는 못하다.'

03-02-26

宰我曰 以子觀於夫子 賢於堯舜遠矣.

宰我가 말하기를, '내가 夫子를 보건대 堯舜보다도 훨씬 어질다.' 하였으며,

〈단어 및 어휘〉

· 予(나 여): 宰我의 名이다.
· 於(어조사 어): ~보다도 比較格.

〈문법연구〉

· 以子觀於夫子 賢於堯舜遠矣.

: 만약 以予觀於夫子에서 以를 생략하면 予觀於夫子로 '내가 선생을 보다'라는 의미이다. 그런데 以를 사용함으로써 일종의 부사구를 만들어 이유, 원인을 나타낸다. 그래서 의미는 '내가 선생을 보다' →

'내가 선생을 보기에'로 좀 더 구체화된다. 만약 생략하고 '子觀於夫子 賢於堯舜遠矣'라고 하면 '내가 보기에 선생은 요순보다 훨씬 현명하다.' 또는 '나는 선생이 요순보다 훨씬 현명하다고 본다' 만약 以를 사용하여 '以子觀於夫子 賢於堯舜遠矣'라 한다면 '내가 보기에는 선생께서는 요순보다 훨씬 현명하다.' 이런 정도의 차이이다. 따라서 그 의미에는 큰 차이는 없지만 표현방법이 다른 점을 알 수 있다. 이러한 예처럼 한문에서 문법이나 개사 구조에 너무 얽매여 해석을 하려 하는 경우 오히려 글을 이해하는 데 방해가 되는 경우가 있기 때문에 전체적인 맥락에서 글을 이해하는 것도 중요하다.

· 賢於堯舜遠矣.
: 於: '~보다도', 比較格. 遠: 이 문장에서는 '멀다'라는 의미에서 파생된 능력 등이 '뛰어나다.'라는 용법으로 사용되었다.

예) 如其自視欿然, 則過人遠矣. (孟子)
: 만일 스스로를 보기를 부족하게 여긴다면 남보다 훨씬 뛰어나다. 過人에서 過는 '넘어서다', '뛰어나다' 過人은 사람보다 뛰어나다. 過於人에서 於가 생략된 형태라고 볼 수 있다. 이를 직역하여 해석하면 '뛰어난 것이 멀다'라고 해석할 수 있다. 이 해석은 우리말로는 어색하므로 '훨씬 뛰어나다' 정도로 해석하는 것이 자연스럽다.

예) 夫子過孟賁遠矣. (孟子)
: 선생님께서는 맹분보다 훨씬 뛰어나십니다.

예) 然則得勝人之埶者, 其不如勝人之道遠矣. (荀子)
: 그러므로 남을 이길 만한 세력보다 남보다 나은 도가 훨씬 중요한 것입니다.

03-02-27

子貢曰 見其禮而知其政 聞其樂而知其德 由百世之後 等百世之王
莫之能違也 自生民以來 未有夫子也.

子貢이 말하기를, '그 禮를 보고 그 政事를 알며, 그 음악을 듣고
그 德을 아니, 百世의 뒤에서 百世의 王들을 차등해보면 이를 벗
어나지 못하였으니, 生民 이래로 夫子와 같은 분은 없었다.' 하였
으며,

〈단어 및 어휘〉

· 由(말미암을 유): 말미암다, ~에서, 自也, ~으로부터, 까닭, 이
  유, 쓰다.
· 等(무리 등): 무리, 부류, 등급, 같은 부류, 차이가 없다, 비교하
  다, 구별하다.
· 莫(없을 막/저물 모/덮을 멱): 없다, 말다, ~하지 말라, 불가하
  다, 꾀하다(=謨), 편안하다(便安), 안정, 아무도 ~하지 않다.

〈문법연구〉

· 見其禮而知其政.
: ~而, '~하면'

    예) 君子務本 本立而道生. (論語)
    군자가 근본에 힘써야 하는 것이니 근본이 서면 도가 생긴다.

· 莫之能違也.
: '아무것도 이것에 능히 어긋나지 않을 것이다.' 원래 어순은 莫

能違之也이나 막을 사용함으로써 之가 앞으로 도치되었다. 부정하는 말 莫, 未, 無 등이 앞에 있고, 之가 대명사일 때에는 서술어 앞으로 나간다. 즉, 의미상으로는 '莫能違之'인데, 위와 같은 문법에 의해 '莫之能違'가 된 것이다.

> 예) 唯其言而莫予違也. (論語)
> : 다만 내가 말을 하기만 하면 아무도 나에게 거역하는 사람이 없다. 여기서 予違(여위)는 목적어와 동사가 도치된 것.

03-02-28

有若曰 豈惟民哉 麒麟之於走獸 鳳凰之於飛鳥 太山之於邱垤 河海之於行潦 類也 聖人之於民 亦類也 出於其類 拔乎其萃 自生民以來 未有盛乎孔子也.

有若이 말하기를, '어찌 백성뿐이겠는가? 麒麟이 달리는 짐승들에 있어, 鳳凰이 나는 새에 있어, 泰山이 개밋둑에 있어, 河海가 行潦에 있어서와 같으니, 聖人이 백성들에 있어서도 또한 같다. 그 같은 종류에서 뛰어나며, 그 모인 것에서 빼어남이 生民 이래로 孔子보다도 성한 이가 없었다.' 하였다.>

〈단어 및 어휘〉

- 於(어조사 어): ~에, ~에 있어서, ~에 대하여, 만일 ~이라면, ~의 입장에서, 이때.
- 麒麟(기린): 여기서 기린은 古代 說話에 나오는 想像의 動物.
- 垤(개밋둑 질): 개밋둑, 작은 산. '개밋둑'으로 개미집을 짓기 위해 날라 놓은 흙가루가 땅 위에 쌓인 둑을 말한다.

- 潦(큰비 료): 큰비, 장마, 길바닥에 괸 물, 적시다, 잠기다. 行潦 는 길가에 괸 물이다.
- 類也(류야): ~과 같다(같은 종류이다). ~之類 형태로 곧잘 사용된다.

예) 土地甲兵之類. 토지나 병력과 같은 것.

- 出(날 출)과 拔(뽑을 발/무성할 패): 각각 뛰어나다, 특출나다.
- 萃(모을 췌): 모으다, 이르다, 야위다, 그치다, 모임, 여기에서는 무리(群)를 의미한다.

〈문법연구〉

- 麒麟之於走獸.
: 'A 之於 B', 'A가 B에 관해서(있어서/대해서)', 'A가 B에 있어서' 혹은 'A가 B 중에서'로 번역하되, 'A와 B와의 관계는'이라는 뜻을 지닌다.

예) 仁人之于民也 愛之以心. (戰國策)
: 어진 사람은 그 백성에게 있어서 마음으로써 그를 사랑한다.

예) 夫寒之於衣 不待輕煖 飢之於食 不待甘旨. (論貴粟疏/晁錯)
: 무릇 추위가 옷에 대해서는 가볍고 따뜻한 옷을 가리지 않고, 배고픔이 음식에 대해서는 맛 좋은 음식을 가리지 않는다.

- 未有盛乎孔子也.
: '아직껏 공자보다(乎孔子) 성대한 이는 없었다.' 乎는 於와 같다. 일반적으로 형용사 다음에 於나 乎가 오면 비교급을 나타내는 '~보다'라는 뜻이다. 여기에서는 盛이 '성대한'이라는 의미의 형용사이기 때문에 盛乎孔子는 <공자보다 성대하다>라는 뜻이다.

· 自生民以來.

: 自~以來는 '~으로부터 이래로'라는 뜻이다. '從~以來'와 같다.

예) 其國殷富 自先世以來 未嘗破壞. (三國志)
: 그 나라는 매우 부강하여 선대로부터 일찍이 (적에게) 파괴된 일
이 없다.

上 3장

03-03-01

孟子曰 以力假仁者霸 霸必有大國 以德行仁者王 王不待大 湯以七
十里 文王以百里.

孟子께서 말씀하셨다. <힘을 가지고 仁을 가장하는 자는 패자(霸
者)이니, 패자는 반드시 큰 나라가 있어야 한다. 德을 가지고 인을
행하는 자는 王者이니, 왕자는 큰 나라를 필요로 하지 않는다. 탕
왕(湯王)께서는 70리의 나라를 가지고 王業을 이루셨고, 文王께서
는 백 리의 나라를 가지고 왕업을 이루셨다.

〈단어 및 어휘〉

· 假(거짓 가): 거짓, 임시, 가령, 빌리다, 빌려주다, 용서하다, 너
그럽다.
· 霸(으뜸 패): 으뜸, 두목, 패자, 으뜸가다.
· 待(기다릴 대): 기다리다, 대비하다, 접대하다, 의지하다, 기대다.
· 以(써 이): ~로써, ~에 따라, ~하여, ~을 ~로 하다, ~때문에.

〈문법연구〉

· 湯以七十里 文王以百里.

: 以는 곧잘 '以 A 爲 B'의 꼴로 사용되는 경우가 많다. 이 경우 '爲 B'에 해당하는 말이 생략되는 경우가 많다. 원래는 湯以七十里爲王 文王以百里爲王이라고 볼 수 있다.

03-03-02

以力服人者 非心服也 力不贍也 以德服人者 中心悅而誠服也 如七十子之服孔子也 詩云自西自東 自南自北 無思不服 此之謂也.

힘으로 남을 복종시킨 자는 마음으로 복종한 것이 아니라 힘이 부족해서이며, 德으로 남을 복종시킨 자는 마음으로 기뻐하여 진실로 복종한 것이니, 칠십 제자가 孔子께 심복한 것과 같다. 『詩經』에 이르기를, '서쪽으로 동쪽으로 남쪽으로 북쪽으로 복종하지 않은 이가 없다.' 하였으니, 이를 이르는 것이다.

〈단어 및 어휘〉

· 服(옷 복/입을 복): 옷, 의복(衣服), 복(服), 일, 한 번에 마시는 약의 분량(分量), 직책(職責), 좇다, 따르다, 차다, (몸에) 매달다, 복종하다, (뜻을) 굽히다, 사용하다, (약) 먹다, (약을) 마시다, 服從하는 것.
· 贍(넉넉할 섬): 넉넉하다, 풍부하다, 구제하다, 돕다.
· 七十子(칠십자): 70명의 弟子.
· 自(스스로 자): ~으로부터, ~에서.

〈문법연구〉

· 力不贍也.

: '힘이 족하지 않다.' 이 문장은 전후 문맥으로 보아 '이유'를 나타
내는 구문으로 보아야 한다. '즉 힘이 부족하기 때문이다.' 한문에서
는 이렇게 앞뒤 문맥으로 판단하는 경우가 많다.

· 無思不服.

: 思에 대해서는 두 가지로 해석할 수 있다. 먼저 意味 없이 들어
간 調音素. 漢文 중에서도 특히 '詩經'의 文章은 네 글자씩 맞추기
위하여 調音素를 넣는 경우가 많다. 또 思를 조음소가 아니라고 판
단한 경우이다. 이 경우 無는 일반적으로 명사를 부정하므로 뒤의
思不服이 명사 꼴이어야 함을 알 수 있다. 즉 思不服은 不服을 생각
하는 것(일). 無思不服은 '불복을 생각하는 일이 없다.'로 해석된다.
또 思를 마음이나 생각으로 번역하고 '마음으로 불복하지 않은 자가
없다.'라고 해석할 수도 있다. 이 해석은 학자에 따라 다르다.

· 中心悅而誠服也.
: 마음이 기뻐하여(悅而) 진심 어린 복종을 하다. 而는 순접.

· 如七十子之服孔子也.
: 如~ '~과 같다.' 七十子는 '공자의 70명의 제자들을 말한다.' 之
주격조사로 '주어+之+동사' 형태를 취한다.

· 自西自東 自南自北.
: 自는~으로부터. 행동의 기점을 나타낸다.

上 4장

孟子曰 仁則榮 不仁則辱 今惡辱而居不仁 是猶惡濕而居下也.

孟子께서 말씀하셨다. <임금이 인(仁)하면 영화(榮華)롭고, 불인
(不仁)하면 치욕(恥辱)을 받는다. 지금의 임금은 치욕 당하는 것을
싫어하면서 불인한 데 처하니, 이는 마치 축축한 것을 싫어하면서
낮은 곳에 처하는 것과 같다.

〈단어 및 어휘〉

· 猶(오히려 유): 마치 ~와 같다.

· 惡(어찌 오/싫어할 오): 미워하다, 싫어하다.

· 濕(젖을 습): 젖다, 축축하다, 낮추다, 습기, 물기.

〈문법연구〉

· 仁則榮 不仁則辱.

: 辱은 피동문으로 '치욕을 당하다.' 이처럼 한문에서는 아무런 문법
적 장치 없이 내용상에서 피동문이나 사역문을 만드는 경우가 많다.

예) 戶外有二屨 言聞則入 言不聞則不入. (禮記)
: 문밖에 두 사람의 신이 있으면, 말소리가 들리면 들어가고 말소
리가 들리지 않으면 들어가지 않는다.

예) 左之右之 坐之起之 以觀其習變也. (禮記)
: 왼편으로 가게 하고 오른편으로 가게 하며, 앉게 하고 일어나게
하여, 그 행동의 변화하는 모습을 살핀다.

예) 胡不見我于王 公輸盤曰 諾. (墨子)

: '어찌하여 나를 임금께 뵙도록 해주지 않는가.' 공수반이 대답하
였다. '그렇게 하도록 하겠습니다.'(見: 만나게 하다)

· 今惡辱而居不仁 是猶惡濕而居下也.

: 而는 역접으로 '～하지만(하면서도/～이나/～이지만/)', 猶惡濕而
居下는 '욕됨을 싫어하면서도(惡辱而) 불인에 거하는 것.'

03-04-02

如惡之 莫如貴德而尊士 賢者在位 能者在職 國家閒暇 及是時 明其
政刑 雖大國必畏之矣.

만일 치욕을 당하는 것을 싫어한다면 덕(德)을 귀하게 여기고 선
비를 높이는 것만 한 것이 없다. 덕이 있는 자가 높은 자리에 있
고 재능이 있는 자가 실무를 담당하는 자리에 있어서, 나라가 한
가하면 이때를 놓치지 않고 정치(政治)와 형벌(刑罰)에 관한 것을
명확히 시행한다면, 비록 강대국이라도 반드시 두려워할 것이다.

〈단어 및 어휘〉

· 閒(틈 한/한가할 한): 한가하다, 조용하다, 틈, 틈새.

· 暇(틈 가): 틈, 틈새, 한가히 놀다, 한가하다.

· 莫如(막여): ～하는 것만 못하다, ～하는 것이 낫다.

· 政刑(정형): 정치와 형벌.

· 畏(두려워할 외): 두려워하다, 꺼리다, 조심하다, 으르다(무서운
  말이나 행동으로 위협하다), 위협하다.

〈문법연구〉

· 如惡之 莫如貴德而尊士.

: 如 만일, 만약. 之는 대명사로 앞의 '辱'을 받는다. 莫如는 '~같은 것은 없다', '~보다 나은 것은 없다' 'A 莫如 B' 꼴로 'A 하는 데 있어(또는 A 중에서는) B만 한 것이 없다.'

예) 一年之計 莫如 樹穀 十年之計 莫如 樹木 平生之計 莫如 樹人.
(管子)
: 일 년의 계획은 곡식을 심는 것만 같은 것이 없고, 십 년의 계획은 나무를 심는 것만 한 것이 없으며, 백 년 대계는 사람을 기르는 것만 같은 것이 없다.

예) 無德以及遠方 莫如惠恤其民而善用之. (春秋左氏傳)
: 덕이 없어 원정하려 한다면 자기 백성에 은혜를 베풀어 구제한 다음 그들을 잘 이용하는 것만 한 것이 없다.

예) 用少莫如齊致死 齊致死莫如去備. (左傳)
: 소수의 병력을 이용해 싸우려면 함께 죽을 각오를 하는 것이 가장 좋고, 함께 죽을 각오를 하려면 긴 창(또는 수비)을 버리는 것이 가장 좋다.

예) 至樂莫如讀書 至要莫如敎子. (明心寶鑑)
: 독서만큼 즐거운 것이 없고 자식을 가르치는 것만큼 중요한 것이 없다.

예) 交友之道莫如信義. (小學)
: 벗을 사귀는 도리 중에는 신의만 한 것이 없다.

예) 禍莫大乎從己之欲.
: 화는 자기 욕심을 따르는 것보다 더 큰 것이 없다.

예) 曾子曰 朝廷 莫如爵 鄉黨 莫如齒 輔世長民 莫如德. (孟子)
: 증자가 말하기를, '조정에는 벼슬만 한 것이 없고, 고을에는 나

이만 한 것이 없으며, 세상을 돕고 백성을 다스리는 데는 덕(德)만
한 것이 없느니라.'

03-04-03

詩云 迨天之未陰雨 徹彼桑土 綢繆牖戶 今此下民 或敢侮予 孔子曰
爲此詩者 其知道乎 能治其國家 誰敢侮之.

『詩經』에 이르기를, '하늘의 장맛비가 아직 이르지 않았을 때에
저 뽕나무 뿌리를 거두어서 창문을 감는다면 지금 이 下民들이 혹
시라도 감히 나를 업신여기겠는가?' 하였다. 孔子께서 말씀하시기
를, '이 詩를 지은 자는 道를 알 것일진저! 능히 그 국가를 다스릴
수 있다면 누가 감히 그를 업신여기겠는가?' 하셨다.

〈단어 및 어휘〉

· 迨(미칠 태): 미치다, 닿다, 도달하다, 바라다. 及也.
· 陰雨(음우): 오랫동안 繼續해 내리는 陰散한 비, 즉 장맛비를 말한다.
· 徹(통할 철): 통하다, 꿰뚫다, 벗기다, 다스리다, 거두다. 撤과 통한다.
· 土(흙 토/뿌리 두): 토/흙, 토양, 국토, 토목공사를 하다 두/나무뿌리.
· 桑土(상두): 뽕나무 뿌리로 여기서는 뽕나무 껍질로 새긴다. 그리
  고 土는 '두'로 읽고 杜(두)와 통한다. 뜻은 土(두)는 나무뿌리이다.
· 綢(얽을 주): 얽다, 얽히다, 동여매다, 비단, 명주.
· 繆(얽을 무): 얽다, 묶다, 삼 열 단.
· 綢繆(주무): 얽어매는 것으로 여기서는 다가올 장마를 대비해
  집을 보수 수리하는 것을 말한다.
· 牖(들창 유): 들창, 들어서 여는 창, 깨우치다.
· 牖戶(유호): 살창과 지게문.

- 此下民(차하민): 이 새 둥지를 튼 나무 밑의 사람들. 下는 나무 위에 앉은 새의 입장에서 하는 말이다.
- 爲(할 위): 作의 뜻이다. 爲此詩者에서 爲는 그리다. 짓다. 만들다.

〈문법연구〉

- 迨天之未陰雨.
: 之는 절 가운데의 주어와 서술어 사이에 쓰이는 주격조사이다.

- 爲此詩者.
: 爲는 다양한 동사를 대신할 수 있는 동사로 여기에서는 作과 같은 의미로 썼다.

예) 猶以杞柳爲桮棬. (孟子)
: 버드나무로 나무 그릇을 만드는 것과 같다.

예) 此意人不知 欲爲待月處. (池畔/劉禹錫)
: 이 뜻을 사람들은 모르지만 달 기다리는 곳으로 만들려 하네.

- 其知道乎.
: '其~乎'는 감탄이나 추측, 가벼운 권유 등을 나타낸다.
여기서는 '아마 ~일 것이다' 가벼운 추측으로 사용되었다.

03-04-04
今國家閒暇 及是時 般樂怠敖 是自求禍也.

지금은 나라가 무사하면 이때를 놓칠세라 놀고 즐기며 나태하고 오만한 짓을 하니, 이는 스스로 재앙을 부르는 짓이다.

<단어 및 어휘>

- 般(가지 반/일반 반): 여기서는 '즐거울 반'으로 사용되었다.
- 般樂(반락): 놀면서 마음껏 즐김. 옮겨 다니며 노는 것으로 놀고 즐기는 것을 말한다. 般逸(반일)이라고도 한다.
- 敖(거만할 오): 거만하다, 놀다, 희롱하다, 시끄럽다.
- 怠(게으를 태): 게으르다, 게을리하다, 맺힌 데가 없다, 느리다, 위태하다, 지치다, 게으름.

03-04-05

禍福無不自己求之者.

화와 복은 자기가 구하지 않은 것이 없다.

<문법연구>

- 無不自己求之者.
: 自는 由와 通用. 無不~ '~이 아닌 것이 없다', '~하지 않는 것이 없다'. 無不~, (無~不~) '~지 않음이(않는 것이) 없다.'

예) 吾矛之利 於物無不陷也. (韓非子)
: 나의 방패의 날카로움은 물건에 있어 뚫지 않음이 없다.

예) 苟得其養 無物不長 苟失其養 無物不消. (孟子)
: 진실로 그 기름을 얻으면 자라지 않는 물건은 없고, 진실로 그 기름을 잃으면 사라지지 않는 물건은 없다. (無物不長: 유무 뒤에 나오는 주어는 뒤에서부터 수식을 한다. 즉 자라지 않는(不長) 物이 없다.)

<참고>

: 非不 '~지 않는 것(않음)이 아니다.'

  예) 非不惡寒也.
  : 추위를 싫어하지 않음이 아니다.

  예) 城非不高也 池非不深也. (孟子)
  : 성이 높지 않음이 아니요. 연못이 깊지 아님이 아니다

03-04-06

詩云 永言配命 自求多福 太甲曰 天作孽猶可違 自作孽不可活 此之謂也.

『詩經』에 이르기를, '길이 天命에 配合함이 스스로 많은 福을 구하는 것이다.' 하고, 『書經』「太甲」에 이르기를, '하늘이 지은 재앙은 오히려 벗어날 수 있으나, 스스로 지은 재앙은 살아날 수가 없다.' 하였으니, 이를 이른 것이다.>

<단어 및 어휘>

• 言(말씀 언): 일종의 發語辭. 集註에서는 念으로 留念의 의미로 새긴다.
• 配命(배명): 天命의 道理에 合한다는 뜻이다.
• 太甲(태갑): 書經 商書의 篇名.
• 孽(서자 얼): 서자, 재앙, 근심, 천민, 과보, 불길하다. 災殃, 殃禍.
• 猶(오히려 유/원숭이 유/움직일 요): 오히려, 가히, 다만, 이미, 크게, 지나치게, ~부터, 그대로, 마땅히, 태연한 모양, 허물, 꾀하다, 망설이다.

• 違(어긋날 위): 어긋나다, 어기다(지키지 아니하고 거스르다), 다르다, 떨어지다, 피하다, 달아나다, 멀리하다, 원망하다, 간사하다, 허물.

〈문법연구〉

• 永言配命.

: 言은 어조사이므로 해석할 필요는 없다. 시경은 운율을 따르는 부분이 많다. 여기서는 네 글자를 따라 음률을 만드는 경우이다. 학자에 따라서는 言을 '思/생각한다'라는 의미로 파악하기도 한다.

예) 三歲爲婦 靡室勞矣 夙興夜寐 靡有朝矣 言旣遂矣 至于暴矣 靜言思之 躬自悼矣. (詩經/衛風)
: 3년을 부인으로 지내며 집안일을 고생으로 여기지 않았네. 새벽에 일어나 밤늦게 자면서 하루아침도 편히 쉬지 못했구나. 약속한 말이 이루어지자 그는 난폭해지네. 가만히 돌이켜 생각해보니, 내 팔자도 참 처량하다. (言旣遂矣/靜言思之의 言, 둘 모두 조음소이다.)

• 天作孼猶可違 自作孼不可活.

: 여기서 주어인 사람(人)이 생략되었다고 볼 수 있다. 즉 '사람은 하늘이 만든 재앙은 피할 수 있다'이다.

上 5장

03-05-01
孟子曰 尊賢使能 俊傑在位則天下之士 皆悅而願立於其朝矣.

孟子께서 말씀하셨다. <어진 이를 높이고 能한 자를 부려서 俊傑

들이 자리에 있으면 천하의 선비가 모두 다 즐거워하여 그 조정에
서기를 원할 것이다.

〈단어 및 어휘〉

· 尊(높을 존): 높다, 높이다, 우러러보다, 중히 여기다, 따르다, 좇
　다, 어른.
· 使能(사능): 능력 있는 자를 부리다. 能이 명사로 사용되었다.
· 俊(준걸 준): 준걸, 좋다, 당당하다, 뛰어나다, 걸출하다, 크다.
· 在位(재위): 등용되어 중요한 벼슬자리에서 그 직책을 맡아보다.
· 悅(기쁠 열): 기쁘다, 기뻐하다, 사랑하다, 손쉽다, 기쁨.

〈문법연구〉

· 尊賢使能 俊傑在位則天下之士 皆悅而願立於其朝矣.
: 尊賢使能 賢과 能이 '현명한 사람', '능력 있는 사람'으로 사용되
었다. 아래에 이어지는 문장 <市廛而不征 法而不廛則天下之商/ 關譏
而不征則天下之旅/ 耕者助而不稅則天下之農/ 廛無夫里之布則天下之
民>은 모두 '皆悅而願立於其朝矣'에서처럼 '~而~, ~而~則'의 꼴
로 '~하고~하며(~하고~하면), 모두 기뻐하면서(皆悅而)~할 것이
다'와 유사한 문형이다. 단지 廛, 征, 法, 譏, 助 등이 '세금을 거두
다', '법으로 다스리다', '살피다', '조세를 거두다' 등의 동사로 쓰이
고 있다는 부분만 알면 해석이 용이하다. 즉 '市廛而不征 法而不廛
則'은 '시장에서는 점포세는 받고 물품에서는 거두지 않으며, (혹)법
으로 다스리되 점포세는 받지 않으면'이라는 해석이 된다. 또 이러
한 해석은 문법적인 것에 의존하는 해석이 아니라 당시의 조세제도

나 문화 등과 연관하여 유추된 해석이기 때문에 이런 문장을 해석하기 위해서는 어느 정도는 해당 지식이 필요한 부분이다.

03-05-02

市廛而不征 法而不廛則天下之商 皆悅而願藏於其市矣.

시장(市場)에서는 자릿세만 받고 물품세를 징수하지 않거나, 관리만 하고 자릿세도 받지 않으면, 천하의 상인들이 모두 기뻐하여 그 시장에 상품을 보관하기를 원할 것이다.

〈단어 및 어휘〉

· 廛(가게 전): 가게, 시장의 곳집, 시장의 자리, 집터, 백 묘 넓이의 밭.
· 征(칠 정): 가다, 치다, 정벌하다, 취하다, 세금.
· 譏(나무랄 기): 나무라다, 간하다, 충고하다, 살피다, 조사하다.
· 藏(감출 장): 감추다, 숨다, 곳집(곳간으로 지은 집), 광.

〈문법연구〉

· 市廛而不征.
: 廛은 동사로 사용되었다. 廛(전)은 명사로 '가게'이다. 즉 상인들이 장사를 하는 店鋪를 말한다. 그러나 여기서는 動詞로 '店鋪稅를 徵收한다'라는 뜻이다. 不征의 征은 구실 즉 '租稅'를 말한다. 따라서 不征은 不稅로, 稅를 徵收하지 않는다는 뜻이다.

· 悅而願藏於其市矣.
: 藏은 '저장하다'라는 의미이지만 '시장에 물건을 저장하기를 원

한다'라는 해석이 어색하다. 여기서는 '시장에 물건을 진열하기를 원한다'라는 해석이 덜 어색하다.

03-05-03

關譏而不征則天下之旅 皆悅而願出於其路矣.

관문에서는 살피기만 하고 세금을 거두지 않으면, 천하의 여행객이 모두 기뻐하여 그 도로에 나오고자 할 것이다.

〈단어 및 어휘〉

· 關(관계할 관/당길 완): 관문.
· 譏(비웃을 기): 여기서는 察也, 譏察이다. 살피다. 관문을 통과하는 사람에 대해서 범법 여부를 살피는 것을 말한다.

03-05-04

耕者助而不稅則天下之農 皆悅而願耕於其野矣.

농사짓는 자들에게는 公田을 도와서 경작하게만 하고, 私田에는 세금을 걷지 않으면, 천하의 농부들이 모두 기뻐하여 그 들에서 경작하기를 원할 것이다.

〈단어 및 어휘〉

· 稅(세금 세/기쁠 열/벗을 탈): 세/세금(稅金), 구실(온갖 세납을 통틀어 이르던 말), 놓다, 거두다, 탈/벗다, 열/기뻐하다.

03-05-05

廛無夫里之布則天下之民 皆悅而願爲之氓矣.

市廛에 夫布와 里布를 없앤다면 天下의 백성들이 모두 기뻐하며
그 백성이 되기를 원할 것이다.

〈단어 및 어휘〉

· 廛(가게 전): 가게, 시장의 곳집, 집터, 백묘 넓이의 밭, 성읍의 집.
· 夫里之布(부리지포): 夫布와 里布를 말하는 것으로 일종의 징벌
  적 세금이라고 볼 수 있다. 즉 부포는 일정한 직업이 없는 사람
  에게, 이포는 집 주위에 상마(桑麻)를 심지 않는 자에게 벌금으
  로 징수하는 세금이다.
· 氓(백성 맹): 백성, 서민. 다른 나라로부터의 移住해온 百姓을 말한다.

〈문법연구〉

· 皆悅而願爲之氓矣.
: 之는 명사성 절이나 구 앞에 쓰여 '그', '이'라는 관형 수식어를
이룬다.

　　예) 之子于歸 遠送于也. (詩經)
　　: 그 사람 돌아간다기에 멀리 들로 나가 전송하였네.

03-05-06

信能行此五者則隣國之民 仰之若父母矣 率其子弟 攻其父母 自生民
以來 未有能濟者也 如此則無敵於天下 無敵於天下者 天吏也 然而
不王者 未之有也.

참으로 이 다섯 가지를 잘 시행한다면 이웃 나라 백성들이 그를
부모처럼 우러러볼 것이니, 그 子弟를 거느리고 가서 그 父母를
공격하는 일은 사람이 있은 이래로 성공한 자가 있지 않으니, 이
와 같으면 천하에 대적할 자가 없을 것이다. 천하에 대적할 자가
없으면 천명을 받은 관리(官吏)이니, 이렇게 하고서도 王業을 이
루지 못하는 자는 있지 않다.>

〈단어 및 어휘〉

· 信(믿을 신): 믿다, 신임하다, 신의, 확실하다, 서신, 확실히, 진
  실로, 정말로.
· 若(같을 약): 같다, ~와 같다, 만약, 이에.
· 濟(건널 제): 건너다, 돕다, 구제하다, 성취하다.
· 然而(연이): 그러나, 그러하고, 그러고 나서.
· 吏(벼슬아치 리/관리 리): 벼슬아치, 관리, 아전(조선 시대에, 중
  앙과 지방의 관아에 속한 구실아치), 벼슬살이를 하다.
· 天吏(천리): 天命을 받들어 執行하는 사람을 말한다.

〈문법연구〉

· 仰之若父母矣.
: 그(之)를 부모처럼 우러르다. 그(之)는 '信能行此五者/진실로 이
다섯 가지를 능히 행할 수 있는 사람'을 받는다.

· 無敵於天下者 天吏也 然而不王者 未之有也.
: '~者~也', '~하는 것(사람)은 ~이다(하다)'

예) 吾所以爲此者 以先國家之急而後私仇也. (史記)
: 내가 이렇게 생각한 까닭은 국가의 위급을 먼저 생각하고, 개인
의 원한을 나중으로 생각했기 때문이다.

예) 臣之所好者 道也. (莊子)
: 신이 좋아하는 것은 도이다.

上 6장

03-06-01

孟子曰 人皆有不忍人之心.

孟子께서 말씀하셨다. <사람들은 모두 남에게 차마 못 하는 마음
[不忍之心]이 있다.

〈단어 및 어휘〉

· 忍(참을 인): 참다, 견디다, 용서하다, 잔인하다, 동정심이 없다,
  질기다. 不忍之心이란, 남에게 차마 殘忍하게 하지 못하는 善한
  마음을 말한다. 혹은 차마 남의 어려움을 그냥 두고 보지 못하
  는 마음 즉 同情心을 말한다.
· 人(사람 인): 여기서는 남, 다른 사람, 타인.

〈문법연구〉

· 人皆有不忍人之心.
: 동사 有無 앞에는 처소를 나타내는 단어가 오는 경우가 많다. 만
약 有를 '~가 있다'라고 해석하면 '사람에게는 모두 ~하는 마음이

있다'라고 해석하면 된다.

03-06-02
先王有不忍人之心 斯有不忍人之政矣 以不忍人之心 行不忍人之政
治天下 可運於掌上.

선왕(先王)께서는 남에게 차마 못 하는 마음을 가지시고 곧 남에
게 차마 못 하는 정치(政治)를 하셨다. 남에게 차마 못 하는 마음
을 가지고 남에게 차마 못 하는 정치를 하면, 천하를 다스리는 것
은 손바닥 위에 놓고 움직이는 것처럼 쉬울 것이다.

〈단어 및 어휘〉

• 斯(이 사): 이, 이것, 곧, 이에, 잠시, 모두. '다른 것이 아니라 곧
또는 다시 말하여', 그래서, 乃와 같다. 이(此)로 해석하기도 한
다. 여기서는 即 또는 則과 같이 사용되었다.

〈문법연구〉

• 先王有不忍人之心 斯有不忍人之政.
: 不忍之心과 不忍人之心 두 문장에서 한문의 특징의 일단을 볼
수 있다. 不忍人之心 '사람에게 차마 하지 못하는 마음', 不忍之心
'차마 하지 못하는 마음.' 한편 斯는 접속사로 사용되어 '~한다면~
하다', '~이라면', '~인 즉'으로 활용된다. 즉 조건에 따른 결과를
표시하는 접속사이다.

예) 鄕人飮酒 杖者出 斯出矣. (論語)

: 마을 사람들이 술을 마실 때는 노인이 먼저 나가면 그제야 나가
셨다.

예) 色斯擧矣 翔而後集. (論語)
: (꿩들은 자로가 수상한 표정으로) 낯빛을 지으면 곧 날아올라 하
늘에서 빙빙 돈 뒤에 다시 내려와 앉았다.

03-06-03
所以謂人皆有不忍人之心者　今人乍見孺子將入於井　皆有怵惕惻隱
之心 非所以內交於孺子之父母也 非所以要譽於鄕黨朋友也 非惡其
聲而然也.

사람들은 모두 남에게 차마 못 하는 마음이 있다고 말하는 까닭은
이러하다. 지금 어떤 사람이 갑자기 어린아이가 우물로 들어가려
는 것을 보면, 누구나 깜짝 놀라고 측은(惻隱)해하는 마음이 드니,
이렇게 하는 것은 어린아이의 부모와 교분(交分)을 맺기 위해서도
아니며, 그렇게 함으로써 고을 사람들과 친구들에게 칭찬을 듣기
위해서도 아니며, 그런 어린아이를 구하지 않았을 경우에 듣게 될
비난을 싫어해서 그런 것도 아니다.

〈단어 및 어휘〉

· 所以(소이): 까닭, 연유, 理由, '~이라는 것'이라는 뜻도 있다.
· 乍(잠깐 사): 잠깐, 잠시, 갑자기, 차라리, 猝也, 忽也, 갑자기, 瞥眼間.
· 孺(젖먹이 유): 젖먹이, 어린아이, 어리다, 따르다.
· 孺子(유자): 乳兒를 말한다.
· 怵(두려워할 출): 두려워하다, 가엾게 여기다, 달리다.
· 惕(두려워할 척): 두려워하다, 근심하다, 삼가다, 빠르다.

· 怵惕(출척): 두려워서 조심함.

· 惻(슬퍼할 측): 슬퍼하다, 가엾게 여기다, 간절한 모양.

· 隱(숨을 은): 숨다, 근심하다, 가엾어 하다, 음흉하다.

· 惻隱(측은): 가엽게 여기는 것을 말한다.

· 要(요긴할 요): 求也. 구하다.

· 於(어조사 어): 있다, ~에게, ~로부터, ~에게 있어서, ~보다도, 이때.

· 內(안 내/들일 납): 내/안, 몰래, 납/들이다, 받아들이다.

· 內交(납교): 交際를 맺는 것을 말한다. 여기서 內는 納과 같고 맺는다(結)는 뜻이 있다.

· 鄕黨(향당): 한 마을 사람들이란 말이다.

· 惡(싫어할 오): 逆也. 싫어한다는 말이다.

〈문법연구〉

· 所以謂人皆有不忍人之心者.

: '所以~'의 해석 방법은 以가 어떻게 사용되고 있느냐에 따라 크게 세 가지로 생각해 볼 수 있다.

첫째 以가 수단이나 도구로 해석하는 경우로 이때 所以는 동작이나 행위가 의거하는 방식/방법/도구 등으로 해석하는 경우가 많아, '~하는 방법/~하는 수단/~하는 것' 등으로 해석한다.

두 번째는 以를 원인으로 해석하는 경우로서, 이때 '所以'는 동작이나 행위가 발생하는 원인이나 이유를 나타내며, '~하는 원인/~하는 까닭/~이기 때문' 등 문맥에 따라 적절하게 해석한다.

세 번째는 以가 앞이 내용 등을 받는 용법으로 아예 접속사로 기능을 하는 경우인데 현대 중국어에서도 많이 사용되고 있다. 한편

'所以然: 그렇게 된 까닭', '所以謂~: ~라 말하는 까닭'도 관형적으로 굳어진 말로 많이 사용되고 있다.

〈~하는 방법/~하는 수단/~하는 것〉

예) 拱把之桐梓, 人苟欲生之, 皆知所以養之者, 至於身而不知所以養之者, 豈愛身, 不若桐梓哉(孟子)
: 두 손이나 한 줌으로 쥘 수 있는 오동나무나 가래나무를 사람들이 만약 그것을 자라게 하고자 한다면 모두 그것을 기르는 방법을 알되, 몸에 대해서는 몸을 기르는 방법을 알지 못하니, 어찌 몸을 사랑함이 오동나무나 가래나무만도 못한가?

〈~하는 원인/~하는 까닭/~이기 때문/~하는 것〉

예) 古之人 所以大過人者 無他焉 善推其所爲而已矣. (孟子)
: 옛날 사람이 남보다 대단히 뛰어난 까닭은 다른 것이 아니라, 그가 하는 바를 잘 미루어 넓혀 나간 것뿐이다.

예) 所以乙支文德主義 敵大 我必進 敵强 我必進. (乙支文德傳/申采浩)
: 을지문덕은 의를 주로 하였기 때문에 적이 커도 앞으로 나갔으며, 적이 강해도 나갔다.

예) 師者, 所以傳道授業解惑也. (師說/韓愈)
: 스승이라 하는 것은 도를 전하고 학업을 주고 의혹을 풀어주는 것(방법)이다.

예) 一夫不娶二妻 一女不配二夫 所以有爭合妬合之說 (子平真詮)
: 한 남편이 두 처를 취하지 못하고 한 여자가 두 남편과 짝할 수 없다는 것에서 쟁합이니 투합이니 하는 설이 있게 된 까닭(것)이다.

〈접속사로서의 所以〉

예) 言飽乎仁義也, 所以不願人之膏粱之味也. (孟子)
: 인과 의에 배불렀으므로 (그 때문에) 남의 고량진미를 바라지 않는다는 것을 말한 것이다.

예) 酒本非禮, 所以不拜. (世說新語)
: 술은 원래 예에 어긋나서 그래서 절하지 않았습니다.

· 今人乍見孺子將入於井.

: '將+동사', '~하려고 하다.' 가까운 미래나 의지를 표현하는 방
식. 子將入於井 '아이가 우물에 들어가려 하다.'

예) 君將哀而生之乎. (捕蛇者說/柳鐘源)
: 당신은 나를 불쌍하게 여겨서 살려주려고 하십니까?

예) 女奚不曰 其爲人也 發憤忘食 樂以忘憂 不知老之將至云爾. (論語)
: 너는 왜 '그의 위인은, 분발하면 밥 먹기를 잊고, 즐거움으로 근
심을 잊으며, 늙음이 곧 닥쳐온다는 사실조차도 모르는, 그런 사
람일 뿐'이라고 말하지 않았느냐?

· 非所以要譽於鄕黨朋友也.

: 要譽 명예를 구하다. 非所以~, '~때문이 아니다.'

03-06-04
由是觀之 無惻隱之心 非人也 無羞惡之心 非人也 無辭讓之心 非人
也 無是非之心 非仁也.

이로 말미암아 본다면 측은해하는 마음인 측은지심(惻隱之心)이
없으면 사람이 아니며, 자신의 악을 부끄러워하고 남의 악을 미
워하는 마음인 수오지심(羞惡之心)이 없으면 사람이 아니며, 사
양하는 마음인 사양지심(辭讓之心)이 없으면 사람이 아니며, 옳
고 그름을 가리는 마음인 시비지심(是非之心)이 없으면 사람이
아니다.

<단어 및 어휘>

• 端(끝 단): 끝, 발단, 시작, 까닭, 단정하다.
• 猶(오히려 유): 오히려, 아직, ~조차도, 마치 ~같다.

<문법연구>

• 無惻隱之心 非人也.
: '無~, 非~'는 '~없다면 ~이 아니다.' 두 개의 부정어구가 이어지
는 경우 한문에서는 앞의 구가 부사구로 조건절이 되는 경우가 많다.

03-06-05
惻隱之心 仁之端也 羞惡之心 義之端也 辭讓之心 禮之端也 是非之
心 智之端也.

측은지심은 인(仁)의 단서이고, 수오지심은 의(義)의 단서이고, 사
양지심은 예(禮)의 단서이며, 시비지심은 지(智)의 단서이다.

<단어 및 어휘>

• 端(끝 단): 끝, 발단, 시작, 까닭, 단정하다.

03-06-06
人之有是四端也 猶其有四體也 有是四端而自謂不能者 自賊者也 謂
其君不能者 賊其君者也.

사람이 이 네 가지 단서인 사단(四端)을 가지고 있는 것은 사지
(四肢)를 가지고 있는 것과 같으니, 이 사단을 가지고 있으면서도
스스로 인의(仁義)를 행할 수 없다고 말하는 자는 자신을 해치는

자이고, 자기 임금이 인의를 행할 수 없다고 말하는 자는 자기 임금을 해치는 지이다.

⟨단어 및 어휘⟩

· 猶(오히려 유): 오히려, 아직, ~조차도, 마치 ~같다.
· 賊(도둑 적): 도둑, 적, 악인, 나쁜, 교활하다, 해치다, 죽이다.

⟨문법연구⟩

· 人之有是四端也 猶其有四體也.
: 之는 주격조사로 주어절을 만든다. 人之有是四端也 '사람이 이 사단을 가지고 있는 것은'이라는 주어절이다.

· 有是四端而自謂不能者.
: 而는 순접으로 ~이면서, 自謂不能者. '스스로 할 수 없다고 말하다.'로 그 의미는 '자신은 인의예지에 입각한 선한 행위를 할 수 없다고 말하는 사람.'

· 自賊者也.
: '스스로를 해치는 자이다.' 自는 대명사로서 사용되었으나 술어 앞에 왔다. 自는 '스스로', '저절로'라는 부사로 사용될 때나 '자기', '자신'이라는 의미의 대명사로 사용되는 경우에도 술어 앞에 위치한다.

예) 天地相合 以降甘露 民莫之令而自均. (道德經)
: 天地(천지)가 서로 합쳐져서 단 이슬을 내린다 民(백성)은 그것을 명령하지 않았으나 스스로 가지런해진다./부사-저절로, 스스로.

예) 天行健 君子以自彊不息.. (易經)
: 하늘의 운행은 건전하니 군자도 이를 본받아 꾸준히 노력하지
않으면 안된다./대명사.

·謂其君不能者.
: 그 임금을 할 수 없다고 하는(일컫다/말하다) 것(사람).

03-06-07
凡有四端於我者 知皆擴而充之矣 若火之始然 泉之始達 苟能充之
足以保四海 苟不充之 不足以事父母.

무릇 나에게 있는 사단을 모두 넓혀서 채워나갈 줄 알면, 마치 불
이 처음 타오르며 샘물이 처음 나오는 것과 같아서, 처음에는 미
미하지만 끝에 가서는 기세가 대단할 것이다. 진실로 이것을 확충
(擴充)시킨다면 온 천하도 보호할 수 있겠지만, 진실로 이것을 확
충시키지 못한다면 부모조차도 섬길 수 없을 것이다.>

〈단어 및 어휘〉

· 擴充(확충): 넓히고 채우는 것.
· 矣(어조사 의): ~이다, ~이냐, ~하구나, ~뿐, 하며.
· 若(같을 약): 같다, 만약에 ~한다면, ~와 같다, 및.
· 然(그럴 연/불탈 연): 그러하다, 틀림이 없다, 그러하게 하다, 명
  백하다(明白), 분명하다(分明). 燃과 通用. '불탄다'라는 뜻.
· 達(통달할 달): 통달하다, 통하다, 막힘이 없이 트이다, 이르다
  (어떤 장소나 시간에 닿다), 도달하다, 달하다, 드러나다, 흘러나
  오는 것.

- 泉之始達(천지시달): 四端의 氣勢를 形容한 것으로 샘물이 처음 솟아 흐르기 始作하는 것을 비유.
- 苟(진실로 구): 진실로, 참으로, 다만, 겨우, 만약, 구차하다.

〈문법연구〉

- 凡有四端於我者 知皆擴而充之矣.

: 해석은 '무릇 나에게 있는 사단을 모두 넓혀서 채워나갈 줄 안다.'이다. 해석을 잘 보면 '有四端於我者'가 목적어로 해석되었음을 알 수 있다. 한문에서는 목적어를 이처럼 전치시키고 뒤에 이를 다시 대명사 之로 받는 문장이 아주 많다. 예문에서는 擴而充之의 之가 전치된 목적어를 받았다. 이처럼 목적어의 전치는 두 가지 이유에서이다. 첫째는 목적어의 강조이며, 두 번째는 긴 목적어를 피하는 현상 때문이다. 만약 예문을 '知皆擴而充凡有四端於我者矣'라고 하여 목적어를 원래 위치에 놓게 되면 어색한 문장이 된다.

예) 論德使能而官施之者 聖王之道也, 儒之所謹守也. (荀子)
: 덕을 따져 인재를 고르고 능력 있는 사람을 부려 그들을 벼슬자리에 앉히는 것은 성왕의 도이며, 유가에서 삼가 지키는 일이다.

예) 吾以子爲異之問 曾由與求之問. (論語)
: 나는 자네가 다른 사람을 물어보는 줄 알았는데, (그렇거늘) 由와 求를 물어본 것이구나. 원래는 吾以子爲問異(다른 사람을 묻는 것으로 생각하다)인데 之를 사용하여 問(묻다)의 목적어인 異를 앞으로 전치시켰다. 이 경우는 위 예문에서 보는 목적어의 전치와는 용법이 조금 다르다.

예) 唯夜行者 獨有之乎. (管子)
: 오직 보이지 않는 덕행이나 음덕, 어찌 이것을 가지겠는가? (오직 보이지 않는 덕행이나 음덕으로 할 수 있는 것이다/有之의 之

는 앞의 夜行者를 받는다.)

· 知皆擴而充之矣.
: 之는 代名詞로 앞의 有四端於我者를 指稱한다.

· 若火之始然 泉之始達.
: 之는 主格 助詞.

上 7장

03-07-01
孟子曰 矢人豈不仁於函人哉 矢人惟恐不傷人 函人惟恐傷人 巫匠亦
然 故術不可不愼也.

孟子께서 말씀하셨다. <화살 만드는 사람이 어찌 갑옷 만드는 사
람보다 어질지 못하겠는가마는, 화살 만드는 사람은 오직 사람을
해치지 못할까 두려워하고, 갑옷 만드는 사람은 오직 사람을 해칠
까 두려워한다. 무당과 관(棺) 만드는 목수 또한 그러하다. 그러므
로 직업(職業)을 선택함에 삼가지 않으면 안 되는 것이다.

〈단어 및 어휘〉

· 矢人(시인): 여기서는 활을 만드는 사람.
· 函(함 함): 상자, 갑옷, 편지, 싸다, 넣다.
· 函人(함인): 여기서는 갑옷 만드는 사람을 말한다.
· 唯(오직 유): 오직, 다만, 그러나.

- 巫(무당 무): 祈禱를 하여 사람의 病을 낫게 하는 사람. 오늘날 의 醫師와 같은 役割을 하는 사람으로 볼 수 있다.
- 匠(장인 장): 一般的으로는 木工을 말하지만 여기서는 특히 棺을 만드는 사람으로 보아야 한다.
- 術(꾀 술/재주 술): 재주, 꾀, 방법(方法), 수단(手段), 계략(計略), 술수(術數), 책략(策略, 生業으로 삼는 技術.

〈문법연구〉

- 矢人豈不仁於函人哉.
: 豈不~哉 어찌 ~이겠는가? 於는 비교의 대상을 나타내는 개사이다.

  예) 王如知此, 則無望民之多於隣國也. (孟子)
  : 왕께서 만약 이것을 아신다면 백성이 이웃 나라보다 많기를 바라지 마십시오.

  예) 見賢思齊焉 見不賢而內自省也. (論語)
  : 어진 사람을 보면 그와 같이 되기를 생각하고, 어질지 아니한 사람을 보면 안으로 스스로 자신을 살펴야 한다. (焉=於之/비교로 이것보다)

- 矢人惟恐不傷人.
: 恐~ '~을 염려하다', '~을 걱정하다', '~을 두려워하다', '~일까 여기다', '아마 ~일 것이다'

  예) 雖小道, 必有可觀者焉, 致遠恐泥, 是以君子不爲也. (論語)
  : 비록 작은 기예일지라도 거기에는 반드시 볼 만한 것이 있을 테지만 깊이 들어가다 보면 아마 거기에 빠지게 될 것이다. 그러므로 군자는 그것을 추구하지 않는다.

예) 停船暫借問 或恐是同鄕. (長干曲/崔顥)
　: 배를 멈추고 잠시 묻나니, 혹시 한 고향이 아닌가 해서라오.

03-07-02

孔子曰 里仁爲美 擇不處仁 焉得智 夫仁天之尊爵也 人之安宅也 莫
之禦而不仁 是不智也.

공자께서 말씀하시기를 '仁이 있는 것이 아름다우니, 거처(居處)할
곳을 가리되 인(仁)에 처하지 않는다면 어떻게 지혜롭다 할 수 있
겠는가?' 하셨다. 인(仁)은 하늘이 내려준 높은 벼슬이며 사람이 사
는 편안한 집이다. 그러나 이것을 막는 사람이 없는데도 어질지 못
하니, 이는 지혜롭지 못한 것이다.

〈단어 및 어휘〉

· 里(마을 리): 마을, 인근, 안, 살다, 거주하다.
· 里仁(리인): 仁慈한 곳에 居處한다는 말.
· 處(곳 처): 곳, 처소, 살다, 거주하다, 머무르다, 처리하다.
· 焉(어찌 언): 何也. 어찌, 어떻게.
· 天之尊爵(천지존작): 人間이 태어날 때 하늘로부터 賦與받은 '本
　性'을 말한다.
· 人之安宅(인지안택): 사람이 安住할 수 있는 곳을 말한다.

〈문법연구〉

· 擇不處仁 焉得智.
: 擇不處仁 1. 택하되 인(仁)한 곳에 처하지 않으면. 2. 인에 처하
지 않는 것을 택한다면. 焉은 어찌 언.

· 莫之禦而不仁.

: 莫之禦는 禦之 '그것을 막다'를 부정하는 부정어 莫이 와서 지시대명사인 之(목적어)가 동사 앞으로 도치되었다. 莫之禦는 그것을 막는 사람이 없다는 말이다. 莫之禁처럼 부정하는 말 莫, 未, 無 등이 앞에 있고, 之가 대명사일 때에는 서술어 앞으로 나간다. 즉, 의미상으로는 '莫禁之'인데, 위와 같은 문법에 의해 '莫之禁'이 된 것이다. 之는 '인을 행함'을 가리킨다. 而는 역접의 접속사이다.

예) 廨宇頹圮, 上雨旁風, 莫之修繕, 任其崩毀, 亦民牧之大咎也. (牧民心書)
: 관아의 건물이 기울고 무너져서 위로 비가 새고 옆으로 바람이 들이치는데, 수리하지 않고 방치해두면 이 또한 수령의 큰 허물이다.

예) 不患無位 患所以立 不患莫己知 求爲可知也. (論語)
: 자리가 없음을 걱정하지 않고 어떻게 그 자리에 설 것인가를 걱정하며, 나를 알아주는 사람이 없음을 걱정하지 않고 남이 나를 알아줄 만하게 되기를 구한다.

예) 子曰 果哉 末之難矣. (論語)
: 공자께서 말씀하셨다. '과감하도다, 어려움이 없구나(따질 만한 게 없구나)'

예) 子曰 人皆曰予知 驅而納諸罟擭陷阱之中而莫之知辟也. (中庸)
: 공자께서 말씀하셨다. '사람들 모두가 안다고 하지만, (그들을) 그물과 덫과 함정의 가운데로 몰아넣으면 누구도 피하는 것을 알지 못한다.'

03-07-03

不仁不智 無禮無義 人役也 人役而恥爲役 由弓人而恥爲弓 矢人而恥爲矢也.

어질지 못하고 지혜롭지 못하여 예(禮)도 없고 의(義)도 없으면, 남에게 부림을 당하게 되니, 남에게 부림을 당하면서 부림을 당하는 것을 부끄러워하는 것은 마치 활 만드는 사람이 활 만드는 것을 부끄러워하고, 화살 만드는 사람이 화살 만드는 것을 부끄러워하는 것과 같다.

〈단어 및 어휘〉

· 由(말미암을 유): ~때문이다, 말미암다, 원인, 이유, ~로부터, ~에 의해, 마치 ~같다, 경과하다. 猶也.
· 人役(인역): 爲人所役의 줄인 말로 관용어처럼 굳어진 말이다. 즉 다른 사람에게 부림을 당하는 것을 말한다.
· 爲(할 위): 하다, 위하다, 다스리다, 되다, 이루어지다, 생각하다, 삼다, 배우다, 만들다.

예) 作結繩而爲網罟, 以佃以漁. (易經/繫辭傳)
: 노끈을 엮어 그물을 만들어 이것으로 사냥도 하고 고기도 잡았다.

〈문법연구〉

· 不仁不智 無禮無義.
: '不~, 不~', '無~, 無~' 형태는 주로 앞이 조건문이고 뒤가 결과문인 경우가 많다. 즉 '~이 아니면, ~이 아니다', '~이 없으면 ~이 없다.' 하지만 여기서는 '인자하지도 못하고 지혜롭지도 못하며, 예의도 없고 의로움도 없다'라는 열거문 형태다.

03-07-04

如恥之 莫如爲仁.

만일 부림을 당하는 것을 부끄러워한다면 인을 행하는 것만 한 것이 없다.

〈문법연구〉

· 莫如爲仁.

: 莫은 부정대명사로서 '어느 것도 ~아니다', 莫如~, '~만한 것은 없다' '~이 제일 낫다', '~만한 것이 없다'

　예) 古之所謂築城者 土城也. 臨難禦寇 莫如土城. (牧民心書)
　: 옛날의 이른바 성을 쌓았다는 것은 토성(土城)이다. 전란에 당해서 적을 방어하는 데는 토성만 한 것이 없다.

　예) 燕游般樂 匪民攸悅 莫如端居而不動也. (牧民心書)
　: 놀며 즐기는 것은 백성들이 좋아하는 일이 아니니, 단정하게 처신하여 망동하지 않아야 하는 것이 제일이다.

03-07-05

仁者如射 射者正己而後發 發而不中 不怨勝己者 反求諸己而已矣.

인(仁)이라는 것은 활쏘기와 같다. 활 쏘는 자는 몸을 바르게 한 이후에 발(發)한다. 발하여 맞추지 못해도 자기를 이긴 자를 원망하지 않으니 자기에게 반성해 구해볼 뿐이다.>

〈단어 및 어휘〉

· 發而中(발이중): 쏘아서 맞히다. 而는 동작의 연속성을 잇는다.
· 諸(모두 제/ 어조사 저): 제/모두, 모든, 저/~에, ~에서, 이를, 之

於(그것을 ~에서), ~이여.

- 怨(원망할 원/쌓을 온): 원망하다, 고깝게 여기다, 책망하다(責望), 나무라다, 미워하다.
- 而已矣(이이의): ~일 뿐이다, ~할 뿐이다.

〈문법연구〉

- 反求諸己.

: '오히려 자신에게서 그것을 구하다.'는 의미로 反省하여 잘못을 自己自身에게 求하는 것을 말한다. 反求: 돌이키고 구하다. 求之於己 그것을 자기에게서 구하다(찾다). 諸는 之於의 축약으로 대 '명사+개사' 꼴이다. '~에서 그것을'이라고 해석된다.

上 8장

03-08-01

孟子曰 子路人告之以有過則喜.

孟子께서 말씀하셨다. 자로께서는 사람들이 허물이 있는 것으로서 고해주면 기뻐하셨느니라.

〈문법연구〉

- 子路人告之以有過則喜.

: '사람이 그(之)에게 잘 못이 있는 것(以有過)을 알려주다(告).' <~에게 ~을 주다, ~에게 ~을 가르치다, ~을 ~하고 하다> 등의

단어는 두 개의 목적어를 가지는 동사이다. 이러한 동사로는 謂 告 敎 등이 있다. 이 경우 앞에 나온 명사를 나타내는 대명사로서 之 (그)가 곧잘 사용되며, 직접목적어가 뒤에 나온다. 때에 따라서 직접 목적어를 以가 이끌기도 하며 이 경우 직접목적어가 도치되어 동사 앞에 나오기도 한다. 한편 간접목적어를 생략하기도 하는 데 이 경 우 직접목적어에 반드시 以를 붙여 주어야 한다. 즉 일반적으로 <동 사+之+목적어> 꼴은 두 개의 목적어를 취하는 동사로 之는 대명사 가 된다. 즉 대명사에 목적어를 동사 하다가 된다. 여기서는 그에게 잘 못이 있음을 고하다가 된다. 한편 以 이하는 직접목적어를 나타 낸다고 보면 간단하다.

예) 授以鍊藥說. (古風 其五 李白)
: 단약의 이치를 전수해 주다.

예) 擇群臣中知道者 敎之以孝經小學等書 以養其良知良能 宜矣. (承 政院日記)
: 신하 중에서 도를 아는 자를 가려 그들에게 효경 小學 등서를 가르치게 하여 그들의 양지양능을 기르게 하는 것이 마땅합니다.

예) 告之以難以觀其勇. 醉之以酒以觀其態. (六韜/八徵之法)
: 어려운 상황을 알려 주고 그 사람의 용기를 관찰하라. 술에 취하 게 한 다음 태도를 살펴보아라.

예) 跪謁道左 告之以國王緊要拜別 徒御已具. (朝鮮王朝實錄)
: 길 왼쪽에 꿇어앉아 '국왕께서 깍듯이 배별(拜別)하려고 채비를 갖추고 있다고' 고했다.

03-08-02
禹聞善言則拜.

우임금은 선(善)한 말을 들으면 절을 하셨다.

<단어 및 어휘>

· 禹(성씨 우): 하우씨(우(禹) 임금), 임금, 벌레, 곡척, 곱자로 재다, 느슨하다, 돕다. 舜의 禪位를 받아 夏나라를 創業한 古代의 임금.

03-08-03

大舜有大焉 善與人同 舍己從人 樂取於人以爲善.

순임금은 (우왕이나 자로보다) 더 큰 것이 있으셨으니, 선(善)한 것은 사람들과 함께 하셨고, 자기(私)를 버리고 사람들(公)을 쫓으셨으며, 사람들에게 취하는 것을 신으로 여기는 일을 즐거워하셨다.

<단어 및 어휘>

· 與(줄 여): 주다, 함께하다, 도와주다, ～와, ～인가? 참여하다.
· 善與人同(선여인동): 선을 다른 사람과 함께하다. 즉 善을 行하되 다른 사람들에게도 같이 行하게 하는 것을 말한다.
· 舍(버릴 사/집 사/다만 사): 여기서는 捨(버릴 사)와 通用.
· 舍己從人(사기종인): 自己의 옳지 못함을 버리고 다른 사람이 行하는 善을 따르는 것을 말한다.

<문법연구>

· 大舜有大焉.
: 焉은 於此의 縮約이다. 여기에서 此(이것, 또는 그것)는 바로 앞의 子路와 禹王을 가리켜 하는 말이다. 즉 예문의 정확한 해석은 '순

임금은 우왕이나 자로보다 더 큰 것을 가지셨다'라는 의미가 된다.

· 善與人同.

: 與~同, 與~具, 與~偕, 형태로 '~과 함께 하다'로 사용되는 구문이다.

예) 古之人與民偕樂 故能樂也. (孟子)
: 옛사람들(古之人)은 백성(民)과 더불어(與) 함께(偕) 즐겼기(樂) 때문에(故) 능히(能) 즐길(樂) 수 있었던 것입니다(也).

예) 民欲與之偕亡 雖有臺池鳥獸 豈能獨樂哉. (孟子)
: 백성들이 그와 함께 죽기를 바란다면, 비록 누대와 연못에 새와 짐승이 있지만 어찌 (혼자서 즐길) 수 있겠습니까.

· 樂取於人以爲善.

: 以爲~, '~로 여기다', '~로 삼다' 그러나 예문 樂取於人以爲善은 以爲 사이에 대명사 之가 생략된 구문으로 파악하는 것이 해석이 훨씬 부드럽다. 之는 바로 앞의 取於人을 받아 '사람들에게 취하는 것'이 된다. 따라서 以之爲善의 해석은 '사람들에게 취한 것을 선으로 여겼다'가 된다. 그리고 樂은 동사로서 이 문장 전체를 목적어로 받는다. 긴 목적어를 가지는 동사는 우리말로 부사화하면 해석이 용이하다. 즉 '즐거이 사람들에게 취하는 것을 선으로 여겼다'가 된다.

〈참고〉

긴 목적어를 가지는 틀이나 다른 동사의 경우 때로는 우리나라 언어처럼 먼저 그것을 부사적으로 해석하고 목적어를 해석하는 것도 한 방법이 된다.

예) 言不以就之爲潔. (孟子)
: 나아가는 것을 깨끗하게 여기지 않는 것을 말한다.
→ 말하자면 나아가는 것을 깨끗하게 여기지 않는다.

예) 此章 言聖賢樂善之誠 初無彼此之間故 其在人者 有以裕於己 在
己者 有以及於人. (孟子集註)
: 이 장은 성현들의 선을 즐거워하는 정성이 처음에는 피차의 사
이가 없는 고로 남에게 있는 것은 내 몸에 여유 있게 하고 내 몸
에 있는 것은 남에게 미치게 함이 있음을 말씀함이라. 이 경우 '이
장은 말하건대~~~인 것이다.'로 해석하면 용이하다.

예) 思與鄕人立 其冠不正 望望然去之 若將浼焉. (孟子)
: 鄕里 사람과 함께 서 있을 적에 그들이 쓴 冠이 바르지 않으면,
뒤도 돌아보지 않고 가버리는 것이, 마치 그것으로 해서 자기가
더럽혀질 것 같이 생각했다. 이 경우 '생각하기를 향리 사람과 함
께 서있을 적에...'식으로 해석하면 용이하다.

03-08-04

自耕稼陶漁 以至爲帝 無非取於人者.

농사를 짓고 그릇을 굽고 물고기를 잡을 적부터 천자가 되기에 이
르기까지 사람들에게 취하지 않은 것이 없었다.

〈단어 및 어휘〉

· 耕稼陶漁(경가도어): 耕稼는 農事를 말하고, 陶는 질그릇 굽는
  것, 漁는 고기잡이를 말한다.
· 自~, 以至~(자이지): ~에서, ~에 이르기까지.

〈문법연구〉

· 無非取於人者.
: 여기서 '無非' 단순히 '모두'로 해석하면 편하다.

예) 花英草色 無非見道之文. (菜根譚)
: 아름다운 꽃이나 풀빛은 대도(大道)를 보여주는 문장이 아닌 게
없다. → 모두 대도의 문장이다.

예) 惡將除去無非草 好取看來總是花. (甑山道/道典)
: 밉다고 베어 버리면 풀 아닌 게 없고, 좋다고 취하려 들면 모두
가 꽃이니라. → 모두 풀이고.

예) 無非四時之功也.
: 모두 사계절의 공이다.

・自耕稼陶漁 以至爲帝.
: 自~ (以)至~ ~에서~에 이르기까지.

예) 欺人必自欺其心 欺其心必自欺其天. (明心寶鑑)
: 다른 사람을 속이려면 반드시 마음을 속이는 것부터 해야 하며,
마음을 속이려면 반드시 하늘부터 속여야 한다.

예) 自天子以至於庶人.
: 천자로부터 서인에 이르기까지.

〈참고〉

한문에서 이중부정의 예

[不~不,] [不~無,] [無~不] [無~無] [非~不,] [未~不,] [無~非,]
[莫~非] 등으로 긍정이 되는 일종의 강조 용법이다.

[莫不]

莫不은 '~하지 않는 것이 없다'이나 일반적으로 '모두 ~이다'로
해석하면 문장의 뜻을 파악하는데 용이한 경우가 많다.

예) 人莫不飮食也, 鮮能知味也. (中庸)
: 사람이라면 누구든 마시고 먹지 않는 자는 없다. 그러나 맛을 제
대로 아는 이는 드물다.>

예) 莫不愛其子.
: 자기 자식을 사랑하지 않는 이가 없다.

예) 孰能與之 對曰天下莫不與也. (孟子)
: '누가 그와 같이 할 수 있겠습니까?'라고 묻기에 대답하기를,
'천하에 같이 하지 않을 자가 없을 것입니다. (모두 같이할 것입니
다)' 하였다.

예) 天下莫不興.
: 천하가 흥하지 않음이 없다.

예) 君仁莫不仁, 君義莫不義. (孟子/離婁)
: 임금이 어질면 어질지 않은 사람이 없고 임금이 의로우면 의롭
지 않은 사람이 없다.

[莫非]

예) 莫非命也.
: 명이 아닌 것이 없다.

[無不]

: 원래는 '~하지 않는 것이 없다'이다. 때에 따라서는 '모두', '언
제나'로 해석하면 좋다. 또는 無와 不이 분리되어 그 사이에 술어가
자리하는 경우는 '~하더라도, ~하지 않는 것이 없다'로 해석하는
경우도 있다.

예) 無不變色.
: 안색을 변하지 않음이 없다.

예) 無遠不至.
: 멀리까지 이르지 않는 곳이 없다.

예) 武帝好四夷之功而勇銳輕死之士 充滿朝廷 闢土廣地 無不如. (자치통감)
: 무제가 정벌의 공을 좋아하자 날래고 용감한 선비가 조정에 충만하여 영토를 개척하는데 늘 뜻처럼 되지 않는 일이 없었다.

예) 吾矛之利於物 無不陷也. (韓非子)
: 나의 창의 날카로움은 어떤 방패라도 뚫지 못하는 것이 없다.

예) 無往不~.
: '어디에 가더라도~하지 않음이 없다.'

예) 以保富貴之心 奉君則無往不忠. (明心寶鑑)
: 부귀를 보전하려는 마음으로 임금을 받든다면 그 어디를 가더라도 충성할 것이다.

예) 及論功 無不以溫達爲第一 王嘉歎之曰 是吾女壻也. (三國遺事)
: 마침내 공을 논하는데 모두 온달을 제일로 생각했다. 왕은 그를 기뻐하며 감탄하여 말하기를 '정말로 내 사위로다'

[無非]

예) 無非事者.
: 일이 아닌 것이 없다.

[不可不]

: 해석시 不可不은 '~하지 않으면 안 된다', '~해야 한다'로 해석되나 부사적으로 '마땅히~해야 한다'로 해석하면 부드러운 경우가 많다.

예) 言不可不愼.
: 말은 신중하지 않으면 안 된다.
말은 마땅히 신중해야 한다.

예) 凡事不宜刻 若讀書 則不可不刻. 凡事不宜貪 若買書 則不可不
貪. 凡事不宜痴 若行善 則不可不痴. (張潮/幽夢影)
: 모든 일에 심각한 것은 좋지 않지만 독서만은 마땅히 심각해야
한다. 모든 일에 욕심 사나운 것은 마땅치 않아도 책 사는 일만은
마땅히 욕심을 부려야 한다. 온갖 일이 멍청한 것은 적절치 않아
도 선을 행함은 마땅히 멍청해야 한다.

예) 曾子曰 士不可以不弘毅 任重而道遠. (論語)
: 증자가 말했다. '선비는 너그럽고 굳세지 않을 수 없다(마땅히
너그럽고 굳세야 한다). 책임이 무겁고 길이 멀기 때문이다.'

03-08-05
取諸人以爲善 是與人爲善者也 故君子莫大乎與人爲善.

사람들에게 취하여 선(善)을 하는 것, 이것이 사람들과 함께 선
(善)을 하는 것이 된다. 고로 군자에게는 사람들과 함께 선(善)을
하는 것보다 더 큰 것은 없다.>

〈문법연구〉

·取諸人以爲善 是與人爲善者也.
: 取諸人以爲善은 앞서 나온 取之於人以爲善과 같다. 諸는 之와
於의 결합 형태이다.

·是與人爲善者也.
: 是~者也는 '이것이 곧 ~라는 것이다'라고 정의하는 표현이다.

· 故君子莫大乎與人爲善.

: '乎(於)', ~보다. '莫大乎~' ~보다 큰 것은 없다. 莫大乎與人爲
善. 사람들과 함께 선을 하는 것보다 큰 것은 없다.

上 9 장

03-09-01

孟子曰 伯夷非其君不事 非其友不友 不立於惡人之朝 不與惡人言
立於惡人之朝 與惡人言 如以朝衣朝冠 坐於塗炭 推惡惡之心 思與
鄕人立 其冠不正 望望然去之 若將浼焉 是故諸侯雖有善其辭命而至
者 不受也 不受也者 是亦不屑就已.

孟子께서 말씀하셨다. <백이는 그 군주가 아니면 섬기지 않았고,
그 벗이 아니면 사귀지도 않았으며, 惡人의 조정에는 서지도 않았
을뿐더러, 惡人과는 더불어 말하지도 않았다. 惡人의 조정에 서고,
惡人과 더불어 말하는 것을 마치 조복(朝服)과 조관(朝冠)을 쓰고
서 진흙 길과 숯덩이에 앉는 것으로 여겼다. 악을 미워하는 마음
으로 미루어나가, 향리의 사람들과 서 있을 때 그들의 모자가 바
르지 못하더라도 뒤도 돌아보지 않고 떠나갈 것을 생각하는 것은,
마치 장차 더럽히게 된다고 여겼기 때문이다. 이러므로 제후가 비
록 그를 초빙하는 문서를 잘 만들어 온 자가 있더라도 받아들이지
않았다. 받아들이지 않는다는 것은 이것은 또한 나가는 것을 달갑
게 여기지 않았기 때문이다.

〈단어 및 어휘〉

- 朝衣朝冠(조의조관): 朝廷에 나갈 때 입는 衣服과 冠을 말한다.
- 塗(진흙 도/길 도/칠할 도): 칠하다, 칠하여 없애다, 지우다, 더럽히다, 매흙질하다(벽 거죽에 매흙을 바르다). 두텁고 많다, 길, 도로, 진흙, 진흙탕, 진창.
- 塗炭(도탄): 진흙과 숯검정을 말한다.
- 推(옮을 추): 밀다, 옮기다, 천거하다, 넓히다, 헤아리다.
- 惡(싫어할 오/어찌 오/악 악): '미워한다'라는 뜻의 動詞.
- 推惡惡之心(추오악지심): 앞의 惡은 동사로 '오'로 읽고, 뒤의 惡은 명사로 '악'으로 읽는다.
- 鄕人(향인): 배움이 적은 일반 사람들을 말한다.
- 望望然(망망연): 미련없이 돌아보지 않는 모습을 말한다.
- 去(갈 거): 가다, 버리다, 돌보지 아니하다, 내몰다, 내쫓다, 물리치다, 덜다, 덜어 버리다, 덜어 없애다, 거두어들이다, (매었던 것을) 풀다, 피하다, 죽이다, 지나간 세월, 여기서는 '떠나간다'라는 뜻.
- 若(같을 약): 같다, 혹시, 만약에 ~하다면,
- 浼(더럽힐 매): 더럽히다, 손상되다, 물이 흐르는 모양. 汚也. '名譽 등이 損傷되다'라는 뜻이다.
- 辭命(사명): 외교 문서. 辭令과 같다.
- 屑(가루 설): 가루, 작은 조각, 자잘함, 힘쓰다, 깨끗하다, 달갑게 여기다, 마음에 두다. 潔也. 떳떳한 것을 말한다.

〈문법연구〉

· 不與惡人言.

: 與惡人 부사적으로 사용되어 '악인과 함께' 부사구는 부정어와
동사 사에 놓인다.

· 思與鄉人立 其冠不正 望望然去之 若將浼焉.

: '思~ 若~', '~을 ~처럼 생각하다.' '~을 ~같이 여기다.'

· 其冠不正 望望然去之.

: 其冠不正은 예문에서 원인이나 이유를 나타내는 부사구 역할을
한다. 望望然은 부사구로서 去를 수식한다. 去之의 之는 '거기/그곳'
을 의미하는 대명사로 여기서는 鄉人과 함께 있는 場所를 말한다.

> 예) 深淵而魚生之 山淵而獸往之 人富而仁義附焉. (史記)
> : 못은 깊어야 고기가 살고, 산은 깊어야 짐승이 오가며, 사람은
> 부유해야만 인의가 따른다.

> 예) 今夫山 一券石之多 及其廣大 草木生之 禽獸居之 寶藏興焉. (中庸)
> : 지금 저 산은 한 줌의 돌들이 모여 있는 것이니, 그 넓고 큼에
> 이르러서는 풀과 나무가 자라고 새와 짐승들이 살고 있으며, 보물
> 이 거기에서 나온다.

· 是故諸侯雖有善其辭命而至者.

: 존재의 동사 有는 그 앞에 사람이 나오면 '그 사람들 중에'라는
부사어로 해석된다. 諸侯雖有~, '비록 제후 중에~이 있다.' 善其辭
命而至者. 辭命은 일종의 문서. '문서를 잘 써서 온 자가 있다' 즉
'孟子를 초빙하려는 문서를 잘 써서 가지고 온 자', 또는 善其辭命을

'그 사령을 높이 평가하다.'로 해석할 수도 있다. 즉 '그가 사령에 뛰어나서 그를 초빙하려 온 자가 있다.'

예) 我國人有不食百日而生者.
: 우리나라 사람 중에 백일을 먹지 않고 살아난 자가 있었다. →
어떤 우리나라 사람이 백일을 먹지 않고 살아남았다.)

예) 有酋帥突地稽者, 隋末率其部千餘家內屬, 處之於營州. (舊唐書)
: 酋帥(추사: 추장이나 족장)인 突地稽라는 자가 隋나라 말에 그
部族 1천여 명을 거느리고 內屬해오니, 營州에 거주시켰다.

03-09-02

柳下惠不羞汚君 不卑小官 進不隱賢 必以其道 遺佚而不怨 阨窮
而不憫 故曰爾爲爾 我爲我 雖袒裼裸裎於我側 爾焉能浼我哉 故
由由然與之偕而不自失焉 援而止之而止 援而止之而止者 是亦不
屑去已.

柳下惠는 더러운 군주를 섬기기를 부끄러워하지 않았고, 적은 벼슬을 낮게 여기지 않았으며, 나아가서 어짊을 숨기지 않고, 그 道로써 하였으며, 추방되고 버려져도 원망하지 않고, 困阨하고 困窮하여도 근심하지 않았다. 그러므로 말하기를, '너는 너이고 나는 나이니, 비록 내 옆에서 옷을 벗고 몸을 드러낸들 네가 어찌 나를 더럽힐 수 있겠는가?' 하였다. 그러므로 유유히 더불어 그들과 다 함께 하더라도 스스로 잃지 않아, 당겨서 멈추게 하면 멈추었으니, 당겨서 멈추게 하여 멈추는 것은 이 또한 떠나가기를 달가워하지 않은 것이다.>

〈단어 및 어휘〉

· 柳下惠(유하혜): 魯나라의 大夫.

· 汙(더러울 오): 더럽다, 추하다, 더러워지다, 나쁘다, 욕되다, 치욕스럽다.

· 以(써 이): ～로써, ～에 의해, ～때문에, ～라 생각하다, ～하다, 사용하다.

· 遺(남길 유/버릴 유): 남기다, 남다, 잃다, 버리다, 유기하다, 잊다, 두다, 놓다, 빠지다, 빠뜨리다.

· 佚(편안할 일): 편안하다, 숨다, 잃다, 실수.

· 遺佚(유일): 흩어져서 없어짐, 유능한 사람이 등용되지 않음.

· 阨(막힐 액): 막히다, 제압하다, 곤궁하다, 고난. 狹也 塞也, 險也. 여기서는 困窮.

· 阨窮(액궁): 운이 나빠 괴로워함, 번뇌하여 괴로워함. 어렵고 궁박함.

· 憫(민망할 민): 민망해하다, 근심하다, 고민하다. 憂也.

· 袒(웃통 벗을 단): 웃통을 벗다, 소매를 걷어 올리다.

· 裼(웃통 벗을 석): 웃통을 벗다, 웃통을 벗어 어깨를 드러내다, 소매를 걷어 올리다.

· 裸(벗을 라): 벗다, 벌거벗다, 벌거숭이(옷을 죄다 벗은 알몸뚱이), 알몸(아무것도 입지 않은 몸).

· 裎(벌거숭이 정): 벌거숭이(옷을 죄다 벗은 알몸뚱이), 홑옷(한 겹으로 지은 옷), 깃이 없는 홑옷.

· 袒裼裸裎(단석나정) 袒裼은 살을 가리지 않고 웃통을 드러낸 것을 말하고, 裸裎은 온 몸을 벌거벗을 것을 말한다. 따라서 袒裼裸裎이란, 無禮한 모습을 말한다.

· 浼(더럽힐 매): 더럽히다, 명예(名譽) 등이 손상되다(損傷), 의뢰

하다(依賴), 汚也.

· 由由然(유유연): 즐거워하는 모습으로 油油然과 같다.

· 不自失(부자실): 自身의 올바른 態度를 잃지 않는 것을 말한다.

· 援(당길 원): 援(원) 남을 自己 편으로 끌어들이는 것.

· 隘(좁을 애/막을 액): 좁다, 협소하다(狹小), 곤궁하다(困窮), 험하다(險), 가득 차다, 偏狹하고 固陋한 것을 말한다.

〈문법연구〉

· 由由然與之偕而不自失焉, 援而止之而止.

: 與之偕, '그와 함께하다.' '~와 함께 하다'를 한문에서는 중복해서 '와(과) 같이 함께 하다.'라는 식으로 관용적으로 사용하는 경향이 있다. 예를 들어 '그와 같다' 도 '與之同'처럼 중복된다. 따라서 해석이 이 점을 알아두면 편리하다. 與鄕人立. 향인과 함께 서다. 즉 '與~'는 '~와'라는 개사로 생각하면 해석이 용이하다. 한편 與之는 '교제하다, 사귀다'의 뜻이 있다.

> 예) 可者與之, 其不可者拒之. (論語)
> : 사귈 만한 사람은 사귀고, 사귈 만하지 않은 사람은 거절한다.

· 不自失焉.

: 自는 '自己의 主觀'을 나타낸다. 여기서는 타동사 '失'의 목적어인데, 否定을 나타내는 말 다음에 타동사와 목적어가 이어지면 타동사와 목적어가 도치되는 例에 따라, 타동사인 失과 도치되었다. 또는 不自失焉. 自失 자기를 잃다. 또는 自가 자기, 자신 등을 지칭할 때는 동사의 목적어로 해석되지만 관용적으로 동사 앞에 위치한다.

・柳下惠不羞汚君 不卑小官 進不隱賢.

: '주어+不~, 不~, 不~.'구문은 일종의 나열문이다. 즉 '주어는 ~
하지 않고, ~하지 않고, ~하지 않았다.' 進不隱賢에서 進은 '나아가다,
즉 벼슬을 하다, 또는 관리가 되다.' 不隱賢 현명함을 숨기지 않다.

・袒裼裸裎於我側 爾焉能浼我哉.

: 袒裼裸裎은 옷을 입은 모습으로 '예의가 없음'을 나타내는 성구.
즉 袒裼裸裎於我側 구문은 '나에게 예의 없이 굴다.'라고 표현할 수
있다. 爾焉能浼我哉. 爾: 너 이, 焉: 어찌 언, '네가 어찌 나를 더럽게
할 수 있겠는가?'

03-09-03

孟子曰 伯夷隘 柳下惠不恭 隘與不恭君子不由也.

孟子께서 말씀하셨다. <伯夷는 좁고 柳下惠는 不恭하니, 좁고 불
공함을 君子는 말미암지 않는다.>

〈단어 및 어휘〉

・隘(좁을 애/막을 액): 애/좁다, 곤궁하다, 험하다, 액/방해하다,
제한하다.
・恭(공손할 공): 공손하다, 삼가다, 조심하다, 받들다, 존중하다.
・由(말미암을 유): 말미암다, 쓰다, 좇다, 따르다, 행하다, 등용하
다, 보좌하다, 꾀하다, 같다, 길, 도리, 까닭, 말미, 휴가, 움, 由
는 동사로 쓰여서 좇다. 따르다 등의 의미를 지닌다.

公孫丑章句 下

凡十四章

下 1장

04-01-01

孟子曰 天時不如地利 地利不如人和.

孟子께서 말씀하셨다. <天時는 地利만 못하고 地利는 人和만 못하다.

〈단어 및 어휘〉

· 不如(불여)~: ~만 못하다. ~이 더 낫다. ~과 다르다.

예) 夷狄之有君 不如諸夏之亡也. (論語)
: 오랑캐들은 그들의 군주를 가지고 있으니 이는 각국이 군주를
가지고 있지 않은 것과 다르다.

예) 世事浮雲何足問 不如高臥且加餐. (王維/酌酒與裴迪)
: 세상일은 모두 뜬구름이니 물어 무엇하리, 차라리 높직이 누워
맛난 것이나 먹는 게 낫지.

04-01-02

三里之城 七里之郭 環而攻之而不勝 夫環而攻之 必有得天時者矣
然而不勝者 是天時不如地利也.

3里의 내성과 7里의 외성을 둘러싸서 공격하여도 이기지 못하는
경우가 있다. 둘러싸서 공격함에 반드시 天時를 얻음이 있으련만,
그런데도 이기지 못하는 것은, 이는 天時가 地利만 못함이다.

〈단어 및 어휘〉

· 郭(둘레 곽): 둘레, 성곽, 외성(外城), 크다. 圍也, 包圍.

· 城郭(성곽): 城은 內城(本城)을 말하고, 郭은 外城을 말한다.

· 環(고리 환): 고리, 에워싸다, 선회하다, 돌다, 두르다.

· 然而(연이): 그러나, 그리고 나서, 그런데.

〈문법연구〉

· 環而攻之而不勝.

: 環而攻之: 둘러싸고(포위하고) 그것을 공격하다. 앞의 而는 순접.
때로 而는 '동시에'라는 부사적 의미를 가진다. 여기서도 '둘러싸고
(동시에) 공격하다'라는 의미를 가진다. 바로 뒤에 나오는 '然而不勝
者'도 '~하면서'로 볼 수 있다. '然而不勝者'는 '그렇게 하면서도'. 뒤
의 而는 역접으로 포위하고 공격했으나 (그러나) 이기지 못한다면.

04-01-03

城非不高也 池非不深也 兵革非不堅利也 米粟非不多也 委而去之
是地利不如人和也.

성(城)이 높지 않은 것도 아니며, 성 둘레 연못이 깊지 않은 것도 아니며, 병장기와 갑옷이 견고하고 날카롭지 않은 것도 아니며, 군량미가 많지 않은 것도 아닌데도 버리고 도망치는 것은 이 지리적 이점이 사람의 화합만 못한 것이다.

〈단어 및 어휘〉

· 池(못 지): 못, 연못, 해자(성 밖을 둘러싼 못), 도랑(매우 좁고 작은 개울), 수로.

· 兵(병사 병): 병사, 병졸, 군사, 군인, 무기, 병기, 싸움, 전쟁, 치다, (무기로써) 죽이다, 창이나 칼 등의 武器.

· 革(가죽 혁): 가죽, 가죽 장식, 갑옷, 투구(쇠로 만든 모자), 북(팔음의 하나), 늙다, 고치다, 갑옷.

· 粟(조 속): 조(볏과의 한해살이풀), 오곡, 겉곡식, 좁쌀, 양식, 녹, 녹봉(벼슬아치에게 주던 급료), 소름, 공경하다, 穀食.

· 委(맡길 위/버릴 위): 맡기다, 맡게 하다, 버리다, 내버려 두다, 자세하다, 쌓다, 쌓이다, 의젓하다, 웅용하다(마음이 화락하고 조용하다), 시들다, 쇠퇴하다, 굽다, 棄也. 내버리다.

〈문법연구〉

· 城非不高也.

: '非不~', '~하지 않은 것은 아니다.' 성이 높지 않은 것은 아니다. 즉 성이 높다.

예) 時非不遇 年不天假 身非不顯 位不稱德. (高峯集)

: 때를 만나지 않은 것은 아니지만 하늘이 수명을 빌려주지 않네.
몸은 현달하지 않은 게 아니지만 지위는 덕에 걸맞지 않네.

〈비교〉 莫非: ~아닌 것이 없다.

莫非命也.: 운명이 아닌 것이 없다(모든 것이 운명이다.)

〈비교〉 莫不: ~하지 않는 ~것은 없다.

→ 人情莫不愛其子.

: 인정으로 그 자식을 사랑하지 않는 자는 없다.

04-01-04

故曰域民不以封疆之界 固國不以山谿之險 威天下不以兵革之利 得
道者多助 失道者寡助 寡助之至 親戚畔之 多助之至 天下順之.

그러므로 (옛말에) 이르기를, '백성들을 限界하되 封地의 경계로써
하지 말며, 나라를 견고히 하되 산과 계곡의 험준함으로써 하지
말며, 天下에 위엄을 부리되 병력의 날카로움으로써 하지 않는다.'
하였으니, 道를 얻은 자는 돕는 자가 많고, 道를 잃은 자는 돕는
자가 적은 것이니, 돕는 자가 적음이 지극하면 친척이 배반하며,
지극히 돕는 자가 많으면 천하가 순종하게 된다.

〈단어 및 어휘〉

・域(지경 역): 지경, 구역, 국가, 땅 가장자리, 경계를 짓다, 보전
하다.
・疆(지경 강): 땅의 경계, 끝, 한계, 강역, 강역을 정하다.
・封疆(봉강): 봉토, 제후의 영토, 강역.

- 以(써 이): ~로써, ~에 따라, ~때문에, ~을 ~로 하다, ~라 여기다, 하다.
- 谿(시내 계): 시내, 산골짜기.
- 威(위엄 위): 위엄, 권위, 세력, 권세, 존엄하다, 으르다, 떨치다.
- 畔(두둑 반): 밭두둑, 물가, 배반하다, 피하다.

〈문법연구〉

- 域民不以封疆之界.

: 不는 동사나 형용사를 부정하는 말이다. 그런데 不以를 보면 알 수 있듯이 개사인 以를 부정하는 형식을 취한다. 여기서 以의 동사 적인 용법은 '~으로 하다'이다. 不以~는 '~으로서(써) 하지 않는 다.' 또는 '~할 수 없다'로 해석하면 좋다.

> 예) 先帝不以臣卑鄙. (出師表)
> : 선제께서는 신을 비천하다고 여기지 않다(以는 '여기다', '생각하다'라는 의미도 가진다.)

- 得道者多助 失道者寡助.

: '~이 많다'라는 표현은 '多~'로 표현된다. 즉 한문에서 존재의 유무나 많고 적음을 나타내는 有無多少나 寡는 보어 형태로서 해당 단어 뒤에 주어가 위치한다. 따라서 위의 문장에서 多助를 '많은 도움'으로 해석하면 전체문장 '得道者多助'는 '득도자'와 '많은 도움'이 라는 두 개의 명사 형태가 나열되어 해석이 어색하게 전개 된다. 그 런데 '득도자'와 '도움이 많다'라는 두 개 의미는 훨씬 자연스럽게 '득도자는 도움이 많다 → 득도자는 돕는 것이 많다 → 득도자는 돕

는 사람이 많다'로 이어질 수 있다.

04-01-05

以天下之所順 攻親戚之所畔 故君子有不戰 戰必勝矣.

天下가 순종하는 바로써 친척이 배반하는 바를 공격한다. 그러므
로 君子는 싸우지 않을지언정 싸우면 반드시 이기는 것이다.>

〈단어 및 어휘〉

· 以天下之所順.

: 以~, ~을 가지고. ~을 이용하여, ~로. 以는 수단이나 방법을
표시하는 전치사이다.

    예) 以子之矛 陷子之盾 何如. (韓非子)
    : 당신의 창으로 당신의 방패를 찌르면 어떻게 되오.

下 2장

04-02-01

孟子將朝王 王使人來曰 寡人如就見者也 有寒疾不可以風 朝將視朝
不識 可使寡人 得見乎 對曰不幸而有疾 不能造朝.

孟子께서 장차 王에게 朝會하려 하시다가, 王이 사람을 보내와서
이르기를, <寡人이 가서 뵐 수 있을 것 같았으나 寒疾이 있어 바
람을 쐴 수 없기에, 아침에 朝會를 볼까 하니, 모르겠습니다. 寡人
으로 하여금 뵐 수 있게 할 수 있겠습니까?> 대답하시기를, <불행

히도 병이 있어 朝會에 가지 못하겠습니다.>라고 하셨다.

〈단어 및 어휘〉

· 朝(아침 조): 아침, 조정(朝廷), 왕조(王朝), 임금의 재위(在位) 기
간(期間), 정사(政事), 만나보다, 부르다, 소견하다(윗사람이 아랫
사람을 불러서 만나 보다), 모이다, 회동하다, 조하를 받다, (정사
를) 펴다, 집행하다, 拜謁, 問安. 왕을 찾아가 만남을 말한다.
· 朝王(조왕): 왕에게 朝會(조회)하러 간다는 말이다.
· 視朝(시조): 조정(朝廷)에 나아가 정사(政事)를 봄.
· 如(같을 여): 같다, ~와 같다, ~또는, 만일, 곧, 마땅히, 비슷하
다, ~와 함께.
· 就(이룰 취): 이루다, 나아가다, 시작하다, 곧, 이에, 이를테면.
· 寒疾(한질): 感氣.
· 造(지을 조): 짓다, 만들다, 세우다, 만나다, 가다, 나아가다, 이
루다, 갑자기.

〈문법연구〉

· 如就見者.
: '제 쪽에서 가서 뵈어야 한다' 정도의 의미이다. 또 여기서는 如
를 '꾀하다, 장차, 마땅히' 등으로 풀이하는 것도 가능하다.

· 不可以風.
: 바람을 쐴 수 없다는 뜻으로, 風은 동사로 '바람을 쐬다'이다.

・朝將視朝, 不識.

: 아침에 조회를 하려 하지만 (한질로 인하여 조회를 할 수 있을지도) 잘 모르겠습니다. 不識~, ~일는지 모르겠다. 의미상으로는 '어떻게 생각하실지 모르겠습니다만'

04-02-02

明日出吊於東郭氏 公孫丑曰 昔者辭以病 今日吊 或者不可乎 曰昔者疾 今日愈 如之何不吊.

다음날 나아가 東郭氏에게 조문하려 하시자, 公孫丑가 말하기를, <어제 병으로 사양하시고 오늘 조문하심은 혹시라도 불가한 듯합니다> 하니, 말씀하시기를, <어제의 병이 오늘 나았으니 어찌 조문하지 못하겠는가?> 하셨다.

〈단어 및 어휘〉

・東郭氏(동곽씨): 齊나라 수도 臨淄(임치)에 있던 齊나라 大夫의 집안을 말한다.

・昔者(석자): 어제, 지난 날.

・愈(오히려 유/나을 유/구차할 투): (남보다) 낫다, 뛰어나다, (병이) 낫다, 고치다, 유쾌하다(愉快), 즐기다, 癒也. 病이 나은 것을 말한다.

〈문법연구〉

・明日出吊於東郭氏. (孟子)

: '동사+於'에서 동사가 방향성을 지닐 때 '~로', '~에게로' 出吊

於東郭氏 동곽씨에게 조문을 가다.

> 예) 齊王曰, 寡人將寄徑於楚. (戰國策)
> : 제나라 왕이 말하기를, '그렇다면 과인은 초나라의 길을 빌려 운반할 생각이오.'라고 했다.

> 예) 周恐假之而惡於韓, 不假而惡於秦. (戰國策)
> : 주나라는 길을 빌려주면 한나라에게 미움을 살 것이고, 길을 빌려주지 않을 경우에는 진나라에게 미움을 받지 않을까 두려워하였다.

· 昔者辭以病.

: 以는 '원인', '이유'를 나타내는 개사로 '병 때문에.'

> 예) 乃欲以一笑之故殺吾美人 不亦傎乎. (史記)
> : 한 번 웃었다고 해서 내 미인을 죽이려고 한다면 이 또한 지나치지 않습니까.

· 如之何不吊.

: 如之何 자체만으로는 '그것을 어찌(어떻게) 하다'라는 의미가 있다. 如之何不吊에서는 '그것이 어때서 조문하지 않겠는가' 즉 如之何不은 '그것이 어째서~하지 않겠는가'라는 의미가 된다.

04-02-03

王使人問疾 醫來 孟仲子對曰 昔者有王命 有采薪之憂 不能造朝 今病少愈 趨造於朝 我不識 能至否乎 使數人要於路 曰請必無歸而造於朝.

王이 사람을 시켜 문병하고 의원을 보내오자, 孟仲子가 대답하기를, <지난날 王命이 있었으나 병환이 있어 朝會에 나가지 못하시더니, 지금은 병이 조금 나아져서 朝庭에 달려갔습니다. 저는 모르겠습니다. 능히 이르렀는지요?> 하고, 몇 사람을 시켜서 길에서 '반드시 돌아오시지 마시고 朝庭에 달려가소서' 하라 하였다.

〈단어 및 어휘〉

- 孟仲子(맹중자): 孟子의 從弟이면서 弟子로 전해지고 있다.
- 采薪之憂(채신지우): '몸이 아파 땔나무가 걱정이란 뜻으로 자신의 병을 겸손히 일컬음, 작은 병. 負薪之憂라고도 한다.
- 要(구할 요): 구하다, 잡다, 요약하다, 초청하다, 중간에 가로채다, 요점, 반드시.
- 要於路(요어로): 길에서 기다렸다가 만나는 것을 말한다.

〈문법연구〉

- 王使人問疾.
: 問疾 병문안하다. 王使人問疾 왕이 사람을 시켜 문병하게 하다.

- 使數人要於路 曰請必無歸而造於朝.
: 몇 사람을 시켜 길목을 지키게 하고 말하기를 '반드시 돌아오시지 말고 조정에 가시기를 청합니다'라고 하도록 했다.' 無歸에서 無는 勿과 같다.

04-02-04
不得已而之景丑氏宿焉 景子曰內則父子 外則君臣 人之大倫也 父子

主恩 君臣主敬 丑見王之敬子也 未見所以敬王也 曰惡 是何言也 齊
人 無以仁義與王言者 豈以仁義爲不美也 其心曰是何足與言仁義也
云爾 則不敬莫大乎是 我非堯舜之道 不敢以陳於王前 故齊人莫如我
敬王也.

부득이하여 景丑氏에게 가서 유숙하셨다. 景子가 말하기를, <안에
서는 父子 間이요 밖에서는 君臣 間이 사람의 큰 윤리입니다. 父
子間에는 恩惠를 주로 하고 君臣 間에는 恭敬을 주로 하거늘, 저
는 王께서 선생님을 恭敬하는 것은 보아도, 王을 恭敬하는 바는
보지 못하였습니다> 하니, 말씀하시기를, <아! 이 무슨 말인가요?
齊나라 사람들이 仁·義로써 왕과 더불어 말하는 자가 없는 것은
어찌 仁·義를 아름답지 못하다고 여겨서이겠습니까? 그 마음에
'이 어찌 더불어 仁·義를 말할 것이 있겠는가?'라고 해서일 것이
니, 不敬이 이보다 큰 것이 없습니다. 나는 堯舜의 道가 아니면 감
히 王 앞에서 말하지 않았느니 齊나라 사람들 중에 나보다 王을
恭敬한 자는 없는 것입니다.> 하셨다.

〈단어 및 어휘〉

· 不得己(부득이): 하는 수 없이, 어쩔 수 없이.

· 而(말 이을 이): 그리고, 이로부터, 곧, 오히려, ~로부터, 그러
   나, 만약.

· 以(써 이): ~로써, ~에 따라, 쓰다, 시키다, 의지하다, ~라 생
   각하다, 하다, 이유, ~때문에, 그리고, 즉.

· 景丑氏(경축씨): 齊나라 大夫의 집안을 말한다.

· 以(써 이): ~로써, ~에 따라, 쓰다, 시키다, 의지하다, ~라 생각

하다, 하다, 이유, ~때문에, 그리고, 즉.

· 陳(베풀 진/묵을 진): 베풀다(일을 차리어 벌이다, 도와주어서 혜택을 받게 하다), 묵히다, 묵다, 늘어놓다, 말하다.

〈문법연구〉

· 不得已而之景丑氏宿焉.

: 不得已而, 원래 의미는 '그만둘 수 없다', '그칠 수 없다'에서 '부득이하게', '어쩔 수 없이'처럼 사용된다. 之는 동사로 '가다' 또 不得而는 '~할 수 없다'로 많이 사용된다.

> 예) 父母之喪 不當出 若爲喪事及有故 不得已而出 則乘樸馬 布裏鞍轡. (小學)
> : 부모의 상에는 마땅히 외출하지 말아야 하니, 만약 상의 연고가 있기 때문에 어쩔 수 없이 외출하게 되면, 질박한 말을 타고 안장과 고삐를 베로 감싼다.

> 예) 子曰 聖人 吾不得而見之矣 得見君子者면 斯可矣. (論語)
> : 공자께서 말씀하시길, '성인(聖人)을 내가 만나볼 수 없다면 군자(君子)라도 만나볼 수 있으면 좋겠다.'라고 하셨다.

· 丑見王之敬子也 未見所以敬王也.

: 丑 자신의 이름으로 한문에서는 자신의 이름을 겸양어로 '저'로 해석하면 좋다. 丑見王之敬子也 '제가 보기에 왕은 당신을 존경한다.' 未見所以敬王也 '왕을 존경하는 바가 없어 보인다(未見).' 之는 주격조사로 하나의 명사절을 만든다. '왕이 선생을 존경하는 것.'

· 齊人 無以仁義與王言者 豈以仁義爲不美也.

: '齊人 無~'에서 無는 존재동사로 쓰이는 경우 有와 마찬가지로 無 앞에 장소, 뒤에는 주어가 온다. 따라서 '齊人들 가운데 無 이하가 없다.'라고 해석된다. 無의 뒤는 以仁義與王言者는 '無~者'로 결국 '~하는 자가 없다' 문형이다. 以仁義與王言者는 '인의로서(인의를 가지고) 왕과 이야기하는 자'이다. 전체적인 해석은 '인의를 가지고 왕과 말하는 자가 없다.'

· 無以仁義與王言者 豈以仁義爲不美也.
  : 앞 문장이 뒤 문장의 판단의 근거가 되는 문장으로 부사절이다. 해석은 '제나라 사람 중에 인의(仁義)로써 왕과 더불어 말하는 자가 없다고 해서, 어찌 인의를 아름답지 않게 여겨서 이겠는가?'라는 의미가 된다. 즉 앞 절이 부사절로 이유를 나타낸다고 볼 수 있다.

· 我非堯舜之道 不敢以陳於王前.
  : '非~ 不~', '~이 아니면 ~하지 않다 不敢以 다음에 之(그것)가 생략된 꼴이다. 해석은 '나는 요순지도가 아니면 감히 그것을 왕 앞에서 말하지 않다.'

· 故齊人 莫如我敬王也.
  : 바로 위에서 설명한 것처럼 한문에서는 존재의 유무를 표현할 때 <명사+존재동사(有,無,莫)+명사(명사절)> 꼴이 되고 해석은 '앞의 명사 중에 뒤의 명사가 있다(없다)'라고 해석하면 된다. 즉 여기서는 '齊人 중에 나처럼 왕을 존경하는 자는 없다'가 된다.

04-02-05

景子曰否 非此之謂也 禮曰父召無諾 君命召不俟駕 固將朝也 聞王
命而遂不果 宜與夫禮 若不相似然.

景子가 말하였다. <아닙니다. 이를 이르는 것이 아닙니다. 禮에 이
르기를, '아버지께서 부르시거든 천천히 대답하지 말며, 君主께서
명하여 부르시거든 말에 멍에 하기를 기다리지 말라.' 하였으니,
진실로 朝會에 가려다가 王命을 듣고 마침내 과행하지 않으셨으
니, 마땅히 禮와는 서로 같지 않은 듯합니다.>

〈단어 및 어휘〉

• 禮(예도 례): 禮記를 말한다.
• 諾(대답할 낙): 승낙하다, 동의하다, 대답하다, 예.
• 無諾(무낙): 諾이 대답하는 것, 또는 고개를 끄덕이는 것이니,
  따라서 無諾은 대답만 하는 것이 아니다. 즉 곧바로 가 뵙는 것
  을 말한다.
• 召(부를 소): 부르다, 초대하다, 부름.
• 俟(기다릴 사): 기다리다, 대기하다, 가는 모양.
• 駕(멍에 가): 멍에(수레나 쟁기를 끌기 위하여 마소의 목에 얹는
  구부러진 막대), 탈것, 임금이 타는 수레, 타다, 어거하다(수레를
  메운 소나 말을 부리어 몰다), 능가하다, 말에다 수레를 연결하
  여 채비를 하는 것.
• 遂(드디어 수): 마침내, 결국, 이루다, 완수하다.
• 宜(마땅할 의): 殆也. 아마, 아마도, 거의, 마땅히.

〈문법연구〉

・父召無諾 君命召不俟駕.

: 아버지가 부르면 무약(길게 대답하는 것이 없다)하고 군주가 명하여 부르면 명에 씌우(俟駕=즉 가마를 준비하는 것)는 것을 기다리지 않는다.

・宜與夫禮 若不相似然.

: 마땅히(宜) 저 예기의 내용과(與夫禮) 마치(若) 서로 닮지 않은 듯합니다(不相似然). 또는 아마 그 禮하고는 서로 유사한 것 같지는 않다. 若~然: '~인 것 같다'

예) 道則高矣 美矣 宜若登天然 似不可及也. (孟子)
: 도는 높고 아름답습니다. 그런데 거의 하늘에 오르는 것과 같아서 도저히 닿을 수 없을 듯합니다.

예) 若由也不得其死然. (論語)
: 자로는 제명대로 죽지 못할 것 같구나.

04-02-06

曰豈謂是與 曾子曰 晉楚之富不可及也 彼以其富 我以吾仁 彼以其爵 我以吾義 吾何慊乎哉 夫豈不義而曾子言之 是或一道也 天下有達尊三 爵一齒一德一 朝廷莫如爵 鄕黨莫如齒 輔世長民莫如德 惡得有其一 以慢其二哉.

말씀하시기를, <어찌 이를 이르는 것이겠습니까. 曾子께서 말씀하시기를, '晉나라와 楚나라의 부유함을 미칠 수 없으나, 저들이 부유함으로써 (나를 대)하면 나는 나의 仁으로써 하며, 저들이 官爵

으로써 (나를 대)하면 나는 나의 義로써 할 것이니, 내 무엇이 부족하겠는가?' 하셨으니, 무릇 어찌 옳지 못한 것을 曾子께서 말씀하셨겠는지요? 이것도 혹 한 가지의 方道일 것입니다. 천하에 널리 통하는 높임이 셋이니 벼슬·나이·덕입니다. 朝庭에서는 벼슬만 한 것이 없으며, 鄕黨에서는 나이만 한 것이 없으며, 세상에 보탬이 되고 백성들을 자라게 하는 데는 德만 한 것이 없으니, 어찌 그 하나를 소유하고서 그 둘을 가진 사람을 함부로 할 수 있겠습니까?

〈단어 및 어휘〉

· 與(줄 여): 주다, 더불다, 함께하다, ～와 함께, ～인가(의문), 이도다(감탄).

· 慊(찐덥지 않을 겸): 마음에 차지 않다, 찐덥지 않다, 불만스럽다, 족하다, 흡족하다. 즉 滿足스럽지 않다는 말이다.

· 乎哉(호재): ～런가, 로다.

· 達尊(달존): 達은 通也. 達尊은 天下 어디에서나 通하는 尊貴한 것, 또는 세상 사람들이 모두 존경할 만한 사람을 말함.

· 齒(이 치): 年齒. 나이.

· 輔(도울 보): 돕다, 보좌하다.

· 慢(게으를 만): 게으르다, 거만하다, 오만하다, 느리다, 느슨하다.

· 哉(어조사 재): ～일 것인가(반문), ～이리오, 이도다(영탄), 비로소, 재앙.

〈문법연구〉

· 夫豈不義而曾子言之.

: 豈不~, '어찌 ~이 아니겠는가?' 而, '~한데', 전체적인 해석은 '어찌 의롭지 않은데 증자가 그것을 말했겠는가?'

· 輔世長民莫如德.

: '莫如~', '~만한 것은 없다', '~이 제일이다' 해석 시 莫如 앞에 위치하는 부사구는 '~하는 데는'이라고 해석하면 이해가 쉽다. 예문에서는 '輔世長民하는 데는 덕이 제일이다'가 된다.

예) 刻削之道 鼻莫如大 目莫如小. (韓非子)
: (사람 얼굴을) 조각하는 방법에는 코는 되도록 크게 다듬고, 눈은 되도록 작게 하는 것보다 좋은 것은 없다.

예) 惑人莫如財 惑男莫如美女.
: 사람을 홀리는 데에는 돈만 한 것이 없고 남자를 유혹하는 데는 미인만 한 것이 없다.

· 惡得有其一 以慢其二哉.

: '惡~哉' 형태로 '어찌 ~이겠는가.' <誰, 孰, 奚, 何, 安, 惡, 曷+문장의 끝에 '乎, 哉, 焉'형태와 같다. 문장 끝의 '乎, 哉, 焉'는 생략되기도 한다. 以 다음에 대명사 之가 생략되었다. 대명사 之는 앞의 得有其一을 받는다.

예) 爲人子者 曷不爲孝 欲報其德 昊天罔極. (四字小學)
: 사람의 자식 된 자가 어찌 효도를 하지 않겠는가? 그 은덕을 갚고자 하면 하늘처럼 다함이 없다.

예) 安能以皓皓之白而蒙世俗之塵埃乎. (漁父辭 屈原)
: 어찌 백옥같이 고결한 몸에, 속세의 티끌을 묻힌단 말인가.

04-02-07

故將大有爲之君 必有所不召之臣 欲有謀焉則就之 其尊德樂道不如
是 不足與有爲也.

그러므로 장차 크게 뭔가 하려고 하는 군주는 반드시 부르지 못할
바의 신하가 있고, 그것을 도모하고자 하면 그에게 나아가야 한
다. 덕(德)을 존숭하고 道를 즐기기를 이처럼 않는다면 더불어 하
려고 함에 부족함이 됩니다.

〈단어 및 어휘〉

· 有爲(유위): 직역하면 '할 일을 갖는다'라는 뜻인데, 孟子에서 有
  爲는 목적어를 同伴하지 않고 쓰일 때에는 '王道政治를 한다'
  '道를 이룬다 ', '훌륭한 일을 하다/바람직한 일을 하다' 등의 뜻
  이 된다. 빈번하게 사용되는 단어이기 때문에 孟子를 읽을 때는
  주의해야 한 단어이다.

  예) 顏淵曰 舜何人也 予何人也 有爲者亦若是. (孟子)
  : 顏淵이 말씀하기를 '舜은 어떤 사람이며, 나는 어떤 사람인가?
  바람직한 일을 하는 사람은 또한 이(舜)와 같다.

· 召(부를 소): 부르다, 초래하다(招來), 불러들이다, 알리다, 청하
  다(請), 부름.
· 就(이룰 취): 나아가다, 이루다, 떠나다, 만일, 곧.
· 於(어조사 어): ~에, 에게, ~로부터, ~을, ~보다도, 있다, 기대다.
· 焉(어찌 언): 어찌, 이에, 곧, 즉, ~인가, ~인 것이다(단정), ~
  보다(비교).

·不足與有爲也.

: '그(君)와 함께(與) 일을 함(有爲)에 부족(不足)하다.' 즉 與 다음
에 之가 생략되어 있으며, 之는 君을 가리킨다.

04-02-08
故湯之於伊尹 學焉而後臣之 故不勞而王 桓公之於管仲 學焉而後臣
之 故不勞而覇.

그러므로 湯임금은 伊尹에게 배운 뒤에 臣下로 삼으셨기 때문에
수고롭지 않고도 왕 노릇하였으며, 桓公은 管仲에게 배우고 난 뒤
에 臣下로 삼았기 때문에 수고롭지 않고도 패자가 된 것입니다.

〈단어 및 어휘〉

· 於(어조사 어): ~에, 에게, ~로부터, ~을, ~보다도, 있다, 기대다.
· 焉(어찌 언): 어찌, 이에, 곧, 즉, ~인가, ~인 것이다(단정), ~
   보다(비교).

〈문법연구〉

· 故湯之於伊尹.

: 'A 之於 B', 'A가 B에 관해서는(대해서는)', 여기서 之는 주격조
사로 볼 수 있다.

   예) 目之於身也 耳司聞而目司見 聽其是非 視其險易然後 身得安焉.
   (爭臣論/韓愈)
   : 몸에 있어서의 귀와 눈을 보면 귀는 듣는 일을 맡고 눈은 보는

일을 맡아서 옳고 그른 것을 들어 분별하고 험난하고 평이한 것을
보고 안 뒤에야 몸은 편안할 수가 있는 것이오.

예) 孟子曰 口之於味也 目之於色也 耳之於聲也 鼻之於臭也 四肢之
於安佚也 性也 有命焉 君子不謂性也. (孟子)
: 孟子께서 말씀하시길, '입이 입맛에 있어서와 눈이 색에 있어서
와 귀가 소리에 있어서와 코가 냄새에 있어서와 네 팔다리가 안락
하고 편안함에 있어서 성이나, 명이 여기에 있는지라 군자는 성이
라 하지 않는다.'라고 하셨다.

· 故不勞而王.
: 而는 역접. 수고하지 않고도 왕 역할을 하다.

04-02-09
今天下地醜德齊 莫能相尙 無他 好臣其所敎而不好臣其所受敎.

지금 천하에는 땅이 비슷하고 덕도 비슷해서 서로 뛰어나지 못하
는 것은 다름이 아니라, 자기가 가르칠 사람을 신하로 삼기를 좋
아하고 자기가 가르침을 받을 사람을 신하로 삼기를 좋아하지 않
는데 있습니다.

〈단어 및 어휘〉

· 醜(더러울 추): 더럽다, 미워하다, 나쁘다, 견주다, 비등하다, 머
  무르다. 여기서 醜는 '같다'라는 말로, 뒤의 齊와 유사하다.
· 地醜(지추): 醜는 '類也. 견주다'의 뜻이 있다. 즉 땅의 넓이가
  비슷하다는 말이다.
· 尙(오히려 상): 上也, 過也. 일반을 넘는 것으로, 즉 越等하게 뛰
  어나다는 뜻이다.

〈문법연구〉

· 地醜德齊.

: 땅은 비슷하고 덕은 고르다. 齊 나란하다.

· 好臣其所敎而不好臣其所受敎.

: 臣은 동사로 쓰여 신하로 삼다. <好+동사>, '동사 하는 것을 좋아하다.' 이경우 해석은 '신하로 삼아 가르치는 것을 좋아하다'이다. 또는 好를 두 개의 목적어를 취하는 동사로 취급하면 '간접목적어에 ~하는 것을 좋아하다.'라고도 해석할 수 있다. 즉 신하에게 가르치는 것을 좋아하다. 내용 파악을 위해서는 전자가 간명하다.

예) 若假之道 則虢朝亡而虞夕從之矣. (淮南子)
: 만약 그들에게 길을 빌려주면 괵나라는 아침에 망하고 우나라는 저녁에 그를 좇을 것입니다. (假之道: 그들에게 길을 빌려주다)

예) 不可 吾旣以言之王矣. (墨子)
: 불가합니다. 내가 이미 왕에게 그것을 말씀드렸습니다.

예) 文侯投之(以)夜光之璧. (史記)
: 문후가 야광벽을 그에게 던졌다.

04-02-10

湯之於伊尹 桓公之於管仲 則不敢召 管仲且猶不可召 而況不爲管仲者乎.

탕왕이 이윤에게 있어서, 제환공이 관중에게 있어서도 감히 부르지 못함이 있었는데, 관중 또한 오히려 가히 부르지 못했거늘 하물며 관중처럼 하지 않을 사람(孟子 자신)에게 있어서이겠습니까?>

〈단어 및 어휘〉

· 且猶(차유): '~조차도', 또는 '~까지도', 'A 且猶~ 而況 B'는 'A
도~하거늘 하물며 B는 어떠하겠는가'라는 강조하는 표현이다.

〈문법연구〉

· 管仲且猶不可召 而況不爲管仲者乎.

: 且猶, ~조차도. ~정도도. ~까지도. 而況 하물며. 不爲管仲者:
관중이 아닌 사람은 관중처럼 관직에 있지 않은 사람, 또는 관중과
같은 인간이 되지 않으려 하는 자를 의미한다. 즉, 孟子 자신을 가
리킨다.

下 3장

04-03-01

陳臻問曰 前日於齊 王餽兼金一百而不受 於宋餽七十鎰而受 於薛餽
五十鎰而受 前日之不受是則 今日之受非也 今日之受是則 前日之不
受非也 夫子必居一於此矣.

진진이 물었다. <앞 전날 제나라에서 왕이 좋은 금 2000냥을 주어
도 받지 않으시고, 송나라에서 1400냥을 주니 받으시고, 설나라에
서 1000냥을 주니 받으셨습니다. 앞 전날 받지 않으신 것이 옳다
면 오늘날 받으신 것이 잘못이고, 오늘날 받으신 것이 옳다면 앞
전날 받지 않으신 것이 잘못된 것이니, 선생께서는 반드시 여기서
하나를 택하셔야 할 것입니다.>

〈단어 및 어휘〉

· 臻(이를 진): 이르다, 미치다, 모이다, 곧.

· 陳臻(진진): 孟子의 弟子이다.

· 餽(보낼 궤): 음식이나 금품을 보내다, 먹이다, 제사, 흉년, 선물
물품. 貽也, 贈呈이다.

· 兼金(겸금): 일반 금의 값보다 두 배나 나가는 좋은 금.

· 鎰(중량 일): 무게의 단위, 금 24냥, 20냥. 동사로서는 '얻다'

〈문법연구〉

· 前日之不受, 今日之受.

: 1. 원래 이 문장은 不受於前日인데 前日을 강조하여 앞으로 내
고 그것을 나타내주기 위해 之를 썼다. 今日之受도 마찬가지이다.
이 경우 之는 도치를 나타낸다.

2. 之를 관형격 개사로 파악할 수 있다. 이 경우 뒤의 受/不受는
명사형이 된다. 앞의 前日於齊 王餽兼金一百而不受 於宋餽七十鎰而
受에서 '제에서 주니까 받지 않고 송에서 주니까 받았다'라는 문장
에서 나온 것을 다시 반복하는 형식인 것으로 파악하면, 관형격으로
볼 수 있다.

예) 然則一羽之不擧 爲不用力焉 輿薪之不見 爲不用明焉. (孟子)
: 그런즉 깃털 하나를 들지 못하는 것은 힘을 쓰지 않은 것이고,
수레에 실은 섶나무를 보지 못하는 것은 시력(視力)을 쓰지 않기
때문입니다.

예) 恭敬者 幣之未將者也. (孟子)

: 공경이란 예물을 바치기에 앞서 갖추어야 하는 것이다. (공경은 아직 폐백으로 받들기 전부터 있는 것이다.)

예) 君子義之求 凡夫利之貪也.
: 군자는 의를 구하고, 범부는 이익을 탐한다.

04-03-02

孟子曰 皆是也.

孟子께서 말씀하셨다. <모두 옳은 것이었다.

04-03-03

當在宋也 子將有遠行 行者必以贐 辭曰餽贐 子何爲不受.

宋나라에 있을 때에는 내가 장차 遠行이 있었으니, 遠行하는 자에게는 반드시 老子를 주는 것이다. 말하기를 '路資를 준다.' 하였으니, 내 어찌 받지 않겠는가?

〈단어 및 어휘〉

• 若(같을 약): 같다, 마치, 만약에, 어쩌면, ~에 이르러, 이것, 당신.
• 貨(재물 화): 재화, 화물, 돈, 뇌물을 주다, 팔다.
• 贐(전별할 신): 路資, 전별금, 예물, 전별하다(작별 잔치를 벌이다). 餞別의 뜻으로 주는 돈. 餞別金.
• 辭(말씀 사): 말씀, 문체(文體)의 이름, 핑계, 사퇴하다, 알리다, 청하다(請), 타이르다, 請也. 청하다.
• 餽(보낼 궤): (음식이나 물건을) 보내다, (음식을) 권하다(勸), 먹이다, 식사(食事).
• 何爲(하위): 어떻게, 어떻게 할까?

〈문법연구〉

·當在宋也.

: '송나라에 있을 때에는'이다. 當~, '~에 당하여, ~의 경우에.'

·行者必以贐.

: 必以贐은 必以贐餽之 '반드시 그에게 路資를 주다'를 줄여서 말한 것이라고 볼 수 있다. 이 경우 以는 직접목적어를 이끄는 개사라고 파악할 수 있다. 즉 '~에게 ~을 주다'에서 '~을'에 해당하는 직접목적어가 앞으로 도치되는 경우 以를 사용한다.

> 예) 是以欲上民 必以言下之 欲先民 必以身後之. (老子)
> : 해석은 '백성들의 위에 거하고자 한다면 반드시 말을 낮추어야 하고, 백성들의 앞에 서고자 한다면, 반드시 자신을 뒤에 놓아야 한다.'이다. 下之와 後之의 之는 앞의 백성을 받는다. 해석 시 '반드시 그들에게 말을 내리고, 반드시 그들에게 몸을 뒤에 둔다.'와 같이 두 개의 목적어를 가진 동사로서 파악하면 용이하다.

〈참고〉

바로 뒤에서 나오는 예로 '繼而有師命不可以請'을 보자. 해석은 '곧이어서 전쟁의 명령이 내렸기 때문에 그것을 청할 수 없었다.'인데 뒤의 不可以請 원래 개사 다음에는 명사가 와야 한다. 따라서 以 다음에는 之가 생략되었음을 알 수 있다. 이처럼 두 개의 목적어를 가진 단어, 여기서는 '~에게 ~을 청하다'에서 직접목적어 앞에는 以를 표기해 주는 방식이 일반적이다.

> 예) 薛君以金饋孟子爲兵備. (孟子)
> : 薛나라 君主가 孟子에게 金을 주어 兵備하게 하다.

04-03-04

當在薛也 予有戒心 辭曰聞戒 故爲兵餽之 予何爲不受.

설나라에 있을 때는 내가 경계하는 마음이 있었더니, 하는 말이 '경계함이 있다 들었습니다. 고로 호위병을 위하여 드립니다' 하니 내가 어찌 받지 않을 수 있었겠는가?

〈단어 및 어휘〉

- 戒(경계할 계): 주의하다, 막아 지키다, 경비하다, 조심하고 주의 하다, 삼가다(몸가짐이나 언행을 조심하다)
- 戒心(계심): 경계하는 마음, 여기서는 신변을 위협하는 대상에 대해 안전에 대해 신경을 쓰고 조심하는 마음을 말한다.

04-03-05

若於齊則未有處也 無處而餽之 是貨之也 焉有君子而可以貨取乎.

이에 제나라에 있어서는 즉 지위에 있지 않았으니, 지위가 없는데 도 보내주는 것은, 이것은 돈으로 나를 사는 것이 된다. 어찌 군자 가 가히 돈을 취하겠는가.〉

〈단어 및 어휘〉

- 若(같을 약): 같다, 마치, 만약에, 어쩌면, ~에 이르러, 이것, 당신.
- 貨(재물 화): 재화, 화물, 돈, 뇌물을 주다, 팔다.
- 貨之(화지): 貨는 賄賂(회뢰)의 뜻으로, 賂物을 바치는 것을 말한다.
- 取(취할 취/가질 취): 가지다, 손에 들다, 취하다, 의지하다, 돕

다, 채용하다, 골라 뽑다, 받다, 받아들이다, 이기다, 다스리다, 장가들다, 致也.

· 處(곳 처): (어떤 지위에) 있다, 은거하다, 누리다, 향유하다(享有), 맡다, 담당하다(擔當)

〈비교〉居: 벼슬을 하지 않다.

　　　참고: 居士, 處士.

〈문법연구〉

· 焉有君子而可以貨取乎.

: 君子而 군자인데(도), 군자로서. 여기서 而는 자격 신분을 나타내는 개사이다. 자격, 신분: ～로서, ～인데(도). 번역은 '어떤 군자가 있어 뇌물을 취할 수 있겠는가?' 또는 有는 '어떤'으로 焉有君子는 '어찌 어떤 군자가'

　예) 人而無志, 終身無成.
　: 사람으로서 뜻이 없으면 끝내 이룸이 없다.

　예) 人而不仁 如禮何.
　: 사람으로서 불인하다면 예는 어찌하겠는가?

　예) 匹夫而有天下 德必若舜禹而又有天子薦之者故 仲尼不有天下. (孟子)
　: 필부이면서 천하를 소유한 사람은 덕이 반드시 舜·禹와 같고, 또한 천자가 천거하는 사람이니, 고로 중니가 천하를 소유하지 못했다.

· 可以貨取乎.

: '可～乎', '～할 수 있겠는가?' '재화(돈)로 취할 수 있겠는가?'

下 4장

孟子之平陸 謂其大夫曰 子之持戟之士 一日而三失伍 則去之 否乎
曰不待三.

孟子께서 平陸에 가서서 그 大夫에게 말씀하시기를 <그대의 창을
잡은 戰士가 하루에 세 번 隊伍를 잃으면 버리겠는가? 버리지 않
겠는가?> 하시자, 말하기를 <세 번을 기다리지 않을 것입니다.>하
였다.

〈단어 및 어휘〉

· 平陸(평륙): 齊나라의 邑 이름이다. 오늘날의 山東省 汶上縣.

· 戟(창 극): 槍 끝이 두 갈래로 갈라져 있는 것이다. 雙枝의 槍은
  戟, 單枝의 槍은 戈.

· 士(선비 사): 여기서는 兵士 사. 戰士의 뜻.

· 伍(대오 오/다섯 사람 오): 다섯 사람, 다섯 집, 다섯, 대오(隊伍),
  대열(隊列), 군대(軍隊), 동반자.

· 去(갈 거): 가다, 버리다, 돌보지 아니하다, 내몰다, 내쫓다, 물리
  치다, 덜다, 덜어 버리다, 除去하다. 罷免하다. 단 集註에서는
  '죽인다'라고 하였다.

〈문법연구〉

· 一日而三失伍.
: 一日而, 하루에. <시간+而>, '~하는 시간 동안에.'

예) '而'가 시간을 나타내는 단어 뒤에 놓여 접미사로 쓰이는 경우.
·俄而: 갑자기.
·已而, 旣而, 尋而: 오래지 않아, 곧, 얼마 지나지 않아.
·始而: 비로소.
·久而: 오랫동안.
·繼而: (시간상으로)이어서, 계속해서.
·今而: 이제.
·五十而: 오십에.
·從而: 연이어, 뒤따라서.

예) 尋而福信殺道琛. (隋書)
: 이윽고 복신이 도침을 죽였다.

예) 繼而歎曰 彼將捨其手藝 專其心智 而能知體要者歟. (梓人傳/柳宗元)
: 이어서 나는 탄식(歎息)하여 말하였다. '저 사람은 손기술을 버리고 오로지 마음의 지혜만 사용하여 작업의 요체(要體)를 알고 있겠구나.'

〈참고〉

시간이나 숫자+而만이 아니라 문맥상 ~而가 시간적 상황을 나타내는 경우가 있다.

예) 滕文公 爲世子 將之楚 過宋而見孟子. (孟子)
: 등문공이 세자가 되어, 초나라로 가려고 송나라를 지날 때 孟子를 만났다.

예) 吾爲之範我馳驅 終日不獲一 爲之詭遇 一朝而獲十. (孟子)
: 내가 말을 모는 것을 법대로 하였더니 온종일 한 마리도 잡지 못하였으나 부정한 방법으로 하였더니 하루아침에 열 마리를 잡았습니다.

04-04-02

然則子之失伍也亦多矣 凶年饑歲 子之民 老羸轉於溝壑 壯者散而之
四方者幾千人矣 曰此非距心之所得爲也.

<그렇다면 그대는 대오를 이탈함이 또한 많도다. 흉년과 기근의
해에 자네의 백성 노약자가 구렁텅이에서 구르고 장년자는 사방
으로 흩어진 자가 몇 천 명이던가> 대답하기를, <이것은 제가 할
수 있는 바가 아닙니다.>

〈단어 및 어휘〉

· 羸(여윌 리. 파리할 리): 파리한 사람. 老羸(노리) 老人과 病弱者.
· 溝(봇도랑 구): 도랑(매우 좁고 작은 개울), 봇도랑(봇물을 대거
나 빼게 만든 도랑), 시내, 해자(성 밖을 둘러싼 못), 홈통(물이
흐르거나 타고 내리도록 만든 물건), 물소리, 도랑 파다.
· 壑(골 학/도랑 학): 골, 산골짜기, 도랑(매우 좁고 작은 개울), 개
천(개골창 물이 흘러 나가도록 길게 판 내), 구렁(움쑥하게 팬
땅), 해자.
· 距(떨어질 거/상거할 거): 상거하다(서로 떨어져 있다), 떨어지
다, 떨어져 있다, 걸터앉다, 이르다(어떤 장소나 시간에 닿다),
도달하다, 막다, 거부하다, 거절하다, 물리치다.
· 距心(거심): 平陸을 다스리던 大夫의 이름. 성은 孔.

〈문법연구〉

· 壯者散而之四方者幾千人矣.
: 散而之四方: 흩어져서 사방으로 가다. 散而之의 而는 시간상으로

연속되는 동사를 연결하는 순접의 而이다. 한편 한문에서 사람이나 물건의 수량을 나타내는 경우 우리말로는 '~중에서 얼마의 사람(얼마간의 물건)'으로 해석해야 자연스럽게 해석되는 경우가 많다. 이 문장 '壯者散而之四方者幾千人矣'은 '壯者 중에 흩어져서 사방으로 간 자가 몇 천 명이다.' 라고 해석하면 한결 자연스럽다. 또 예를 들어 04-04-04의 '王之爲都者 臣知五人焉'도 마찬가지이다. 이 경우 '왕의 읍을 다스리는 자 가운데 제가 다섯 사람을 안다'라고 해석하면 자연스럽다.

· 曰此非距心之所得爲也.

: 非 대개 문자 앞의 非나 無 등의 부정은 가장 나중에 해석하는 경우가 많다. 距心之所得爲 거심이 할 수 있는 것이 아니다. 之는 주격조사이고, 非는 나중에 해석한다. 한문에서 자신이 자신의 이름을 대명사로 말하는 경우 자신을 낮추는 '저'로 해석하는 경우가 많다. 여기서는 '제가 할 수 있는 것이 아니다'로 해석하면 좋다.

04-04-03

曰今有受人之牛羊而爲之牧之者　則必爲之求牧與芻矣　求牧與芻而不得　則反諸其人乎　抑亦立而視其死與　曰此則距心之罪也.

말씀하셨다. <지금 남의 소와 양을 받아서 그를 위하여 기르는 자가 있다면, 반드시 그를 위하여 목장과 꼴을 구할 것이요, 목장과 꼴을 구하다가 구하지 못하면 다시 그 사람에게 되돌려주어야 하겠는가? 아니면 또한 서서 그 죽는 것을 보아야 하겠는가?> 말하기를 <이는 저의 죄입니다> 하였다.

〈단어 및 어휘〉

· 牧(칠 목): 치다, (가축을) 기르다, 다스리다, 통치하다, 복종하다, 수양하다, (경계를) 정하다, 목장, 마소 치는 사람, 목자, 養也.

· 芻(꼴 추): 꼴(말이나 소에게 먹이는 풀), 꼴꾼(말이나 소에게 먹일 꼴을 베는 사람), 짚(이삭을 떨어낸 줄기와 잎), 풀 먹는 짐승, 기르다.

· 諸(모두 제/어조사 저): 여기서는 之於(그것~에)의 합자로 사용되었다. 이 경우 '저'로 읽는다. 즉 諸其人은 之於其人이다. 之는 소와 양을 말한다.

· 抑(누를 억): 누르다, 억누르다, 굽히다, 숙이다, 물러나다, 물리치다, 가라앉다, 막다, 다스리다, 우울해지다, 또한, 아니면, 그렇지 않으면.

〈문법연구〉

· 有受人之牛羊而爲之牧之者.
: '有~者', '~하는 사람이 있다.' 而는 순접으로 시간적인 전후를 연결한다. 受而牧之: 받아서 그것을 기르다. 受人之牛羊而爲之牧之: 다른 사람의 양과 말을 받아서 그를 위하여 그것을 기르다. 爲之의 之는 다른 사람(人)을 말한다.

· 求牧與芻而不得 則反諸其人乎 抑亦立而視其死與.
: 求牧與芻而不得 而는 역접으로 '求牧(기르는 이를 구하여)하여 꼴을 주어야 하는데 할 수 없다.' 反諸其人乎 諸는 之於의 축약형, 之는 소와 양, 於는 '~에게로'로 위치 장소를 표현하는 개사이다. 乎

는 의문을 표현하는 개사로 '~일까요?'이다. 抑亦立而視其死與에서
抑은 발어사나 역접의 '그러나/또는/아니면'등으로 해석된다. 立而
'선 채로, 서서' 而는 일종의 순접. 與 의문 종결사.

04-04-04
他日見於王曰 王之爲都者 臣知五人焉 知其罪者 惟孔距心 爲王誦
之 王曰此則寡人之罪也.

他日에 王을 뵙고 말씀하시기를 <王의 邑을 다스리는 자를 신이
다섯 사람을 아는 데 그 罪를 아는 자는 오직 孔距心 뿐입니다.>
하시고 王을 위하여 (그 말을) 말씀하시니, 王께서 말씀하기를
<이는 과인의 죄입니다> 하였다.

〈단어 및 어휘〉

· 他日(타일): 다른 날, 그 날 이후.
· 於(어조사 어): ~에서, ~에게서, 이 文章에서 於가 없으면 '王
  을 본다(見王)'라는 뜻이지만, 於가 있으면 '王에게 가서 본다(見
  於王)'라는 뜻이 된다.
· 爲(할 위): 다스릴 위. 治와 같은 뜻. 爲都에서 爲는 治也
· 惟(생각할 유/圖謀할 유/오직 유): 여기서는 '오직 ~일 뿐이다'
  는 뜻.
· 誦(외울 송) 외우다, 암송하다, (풍악에 맞춰) 노래하다, 읊다,
  읽다, 말하다, 여쭈다, 의논하다, 칭송하다, 공변되다(한쪽으로
  치우치지 않고 공평하다), 여쭈어 말하다. 또는 되풀이하여 말
  하다.

下 5장

04-05-01

孟子謂蚳鼃曰 子之辭靈丘而請士師似也 爲其可以言也 今旣數月矣
未可以言與.

孟子께서 蚳鼃에게 이르시기를 <자네가 靈丘(의 邑宰)를 사양하고
士師를 청한 것이 그럴듯하니 그것은 말할 수 있기 때문이다(왕에
게 간(諫)할 수 있기 때문이다). (그런데) 지금 이미 수개월이 지나
도 아직도 아직 간언할 수 없었는가?

〈단어 및 어휘〉

· 蚳(개미알 지): 개미알, 전갈.

· 鼃(개구리 와): 개구리, 두꺼비. 鼃(개구리 와)와 같음.

· 蚳鼃(지와): 齊나라의 大夫.

· 靈丘(영구): 齊나라 남쪽에 위치한 邑名이다.

· 辭(말씀 사): 말씀, 문체(文體)의 이름, 핑계, 사퇴하다, 알리다,
청하다(請), 타이르다, 辭退.

· 士師(사사): 獄官의 우두머리.

· 似(닮을 사): 닮다, 같다, 비슷하다, 흉내 내다, 잇다, 상속하다,
보이다.

· 似也(사야): 一理가 있다. 그럴싸하다.

· 言(말씀 언): 諫言, 進言.

〈문법연구〉

・子之辭靈丘而請士師似也.

: 之는 주격조사, 而는 순접으로 '그대가 靈丘를 사양하고(而).' 주
격조사가 들어간 문장은 완전한 문장이 아니라 명사구를 만들어, 주
어나 목적어 구실을 한다. 여기서는 주어구로서 '그대가 ~한 것은'
뒤의 似는 술어로 '그럼직하다/ 그럴싸하다/ 유사하다/ 비슷하다.'

한편 주격조사 之가 사용된 문장에서 也가 함께 사용되어 주어문
을 나타내는 경우가 많다. 즉 '子之辭靈丘而請士師似也 爲其可以言
也'의 '子之辭靈丘而請士師似也'가 주어문으로 '그대가 ~하고 ~한
것이 그럼직한 것은' 술어는 뒤의 '爲其可以言也'로 '말할 수 있기 때
문이다.'이다. 주격조사 之가 들어간 주어문에서 也가 들어간 문장은
이처럼 부사적으로 사용되는 경우가 많다.

> 예) 子産之從政也 擇能而使之. (左傳)
> : 자산이 정사를 다스릴 때 유능한 사람을 가려서 썼다.

> 예) 人性之善也, 猶水之就下也. 人無有不善, 水無有不下. (孟子)
> : 인성이 선한 것은, 물이 아래로 내려가는 것과 같다. 사람은 선
> 하지 않음을 갖는 경우가 없고, 물을 아래로 내려가지 않음을 갖
> 는 경우가 없다.

> 예) 人之有是四端也 猶其有四體也. (孟子)
> : 사람이 사단(四端)을 가지고 있는 것은 마치 四肢가 있는 것과 같다.

・爲其可以言也.

: '爲~也', '以~也' 형태로 '~때문이다.' 의문문의 경우(~때문인
가)는 '爲~與', '以~與' 형태를 취하기도 한다.

예) 射不主皮 爲力不同科 古之道也. (論語)
: 활을 쏘는데 가죽을 (뚫는 것을) 주장하지 않음은 힘이 등급이
같지 않아 옛날의 도이기 때문이다.

예) 夫子之任見季子 之齊不見儲子爲其爲相與. (孟子)
: 선생께서 임으로 가서는 계자를 만나보고, 제나라로 가서는 저
자를 보지 않으니, 그가 정승이 되었기 때문인가요.

04-05-02
蚔鼃諫於王而不用 致爲臣而去.

지와가 왕에게 간하였으나 듣지 않자, 신하 됨을 돌려주고 떠나갔다.

〈단어 및 어휘〉

· 致(이를 치): 이르다, 도달하다, 다하다, 그만두다.

〈문법연구〉

· 致爲臣而去.
: 致는 여기서 '반환하다, 그만두다'라는 뜻으로 사용되었다.

04-05-03
齊人曰 所以爲蚔鼃則善矣 所以自爲則吾不知也.

제나라 사람들이 말하기를, <지와를 위해 한 것은 좋지만, (孟子가)
자신을 위해 스스로 한 것에 대해서는 나는 모르겠다.>라고 했다.

〈단어 및 어휘〉

· 所以(소이): 까닭이나 방법, 이유. 此吾國之所以興隆也: 이것이

우리나라가 흥하여 번성하게 된 이유다. 이처럼 명확하게 해석되는 경우도 있지만 해석상 모호한 경우도 많다.

예) 燕毛 所以序齒也. (中庸)
: 燕毛(연모): 제례 후에 그 음식을 먹고 마시는데 나이에 따라 자리에 앉는 것. 序齒(서치): 나이에 따라 차례를 정하다. 이 문장의 경우 所以는 번역이 애매하다. 굳이 번역하자면 '燕毛는 나이에 따라 순서를 매기는 방법(수단)이다.'가 되는데 '燕毛는 나이 순서로(所以) 한다'로 즉 所以를 방법으로 해석해도 그 뜻은 통한다.

所以는 일반적으로 '～하는 것'으로 번역되는 경우도 많다. 所以爲蚔鼃지와를 위해서 한 것(所以爲蚔鼃)은(則) 좋다(善矣). 所以自爲則 자신을 위해서 한 것(行動/處事)은(所以自爲則) 나는 모르겠다(吾不知也).

〈문법연구〉

· 所以爲蚔鼃則善矣 所以自爲則.

: 自爲가 爲自로 목적어 자리로 가지 않은 것은 自의 특성 때문이다. 自는 명사인 경우, 즉 '자기'나 '자신'으로 쓰이는 경우에도 부사어(스스로)처럼 동사 앞에 위치한다.

04-05-04
公都子以告.

공도자가 이를 고하였다.

〈문법연구〉

· 公都子以告.

: 以 다음에 之가 생략되었다. 之는 앞의 제나라 사람이 孟子를 비꼬아 한 말이다. 이처럼 직접목적어인 대명사 之는 생략될 수 있으며, 개사 以가 이끄는 직접목적어는 동사 앞에 위치하는 경우가 많다.

예) 時子因陳子而以告孟子 陳子以時子之言告孟子. (孟子)
: 시자가 진자를 통해서 孟子에게 고했으며, 진자는 시자의 말을 孟子에게 고했다.

예) 天子不能以天下與人. (孟子)
: 천자도 천하를 남에게 주지는 못한다.

04-05-05
曰吾聞之也 有官守者 不得其職則去 有言責者 不得其言則去 我無官守 我無言責也 則吾進退 豈不綽綽然有餘裕哉.

말씀하시기를, <내가 듣건대, 관직을 지키고 있는 자가 그 직분대로 할 수 없게 되면 떠나야 하고, 간함이 있는 자가 그 간을 할 수 없게 되면 떠나야 한다. 나는 관직을 지킴도 없고 내가 간해야 함도 없으니 즉 나아가고 물러남에 어찌 느긋하니 여유가 있지 않겠는가?>라고 하셨다.

〈단어 및 어휘〉

· 官守(관수): 벼슬자리에 있어 그 職責를 지키는 것을 말한다.
· 綽(너그러울 작): 너그럽다, 유순하다, 얌전하다, 많다, (몸이) 가냘프고 맵시가 있다.
· 綽綽然(작작연): 閑暇하고 餘裕 있는 모양을 말한다.

〈참고〉

• 한문에서는 疊語(첩어, 중복어)와 然을 결합해서 의태어, 즉 '~
하는 모양'이라는 단어를 만든다.

   예) 欣欣然: 擧欣欣然有喜色而相告曰. (孟子)
   : 모두 흔흔연(欣欣然, 매우 유쾌愉快)한 마음과 기쁨에 찬 얼굴빛
   으로 고(告)하여 말하기를.

   예) 芒芒然: 芒芒然歸 謂其人曰. (孟子)
   : (초조하고 불안한 모습, 피곤한 모양으로, 또는 바쁜 모습으로)
   (집으로) 돌아와 자기 집안사람들에게 말하기를.

• 責(꾸짖을 책): 꾸짖다, 나무라다, 따져서 밝히다, 책임, 책망.

〈문법연구〉

• 吾聞之也.
: 之는 뒤에 나오는 '有官守者~不得其言則去'를 가리킨다.

• 豈不綽綽然有餘裕哉.
: '豈不~哉'는 '어찌 ~하지 않는가'로 반어 표현이다. 여기서는
'느긋하게'로 해석하여 '어찌 느긋하게 여유가 있지 않겠는가'로 하
면 무난하다.

下 6장

04-06-01

孟子爲卿於齊 出吊於滕 王使蓋大夫王驩 爲輔行 王驩 朝暮見 反齊
滕之路 未嘗與之言行事也.

孟子께서 제나라의 객경이 되셔서 등나라에 조문으로 나아가실
때, 왕이 합 땅의 대부 왕환으로 하여금 보조하는 수행자로 삼았
다. 왕환이 아침저녁으로 뵈었으나, 제나라에서 등나라로 갔다 돌
아오는 길 동안에 일찍이 더불어 조문의 행사를 말하지 않으셨다.

〈단어 및 어휘〉

· 卿(벼슬 경): 벼슬(장관 이상의 벼슬), 임금이 신하를 부르는 말.

· 吊(이를 적/조상할 조): 적/이르다, 도달하다, 와서 닿다, 조/조
  문하다, 위문하다, 안부를 묻다.

· 蓋(덮을 개/땅이름 갑/어찌 아니할 합): 개/덮다, 뚜껑, 아마, 모
  두, 갑(합)/땅이름, 산둥성 기수현(沂水縣), 합/어찌, 어찌하리오,
  어찌 ~하지 않으리오.

· 驩(기뻐할 환): 기뻐하다, 즐거워하다, 환심.

· 王驩(왕환): 齊宣王의 寵臣.

· 輔行(보행): 副使를 말한다.

· 反(되돌릴 반): 되돌리다, 반복하다, 보복하다, 반대로, 되돌아가
  다, 반역. 反齊滕之路: 反은 갔다가 돌아오는 것을 말한다. 즉,
  反齊滕은 '제에서 등으로 갔다 오다'라는 의미이다.

· 王使蓋大夫王驩 爲輔行.

: '使 A, B', 'A에게 B 하게 하다/A로 하여금 B 하게 하다'로 해석된다. 예문은 '합의 대부 왕환에게 보행을 하게 하다.'

예) 趙簡子 使尹鐸爲晉陽. (通鑑節要)
: 조간자(趙簡子)가 윤탁(尹鐸)에게 진양(晉陽)을 다스리게 했다./
爲=治.

예) 使天下之士 退而不敢西向. (李斯/上秦皇逐客書)
: 천하의 선비들로 하여금 모두가 물러나며 감히 서쪽 진나라로
향하지 않게 하다.

04-06-02

公孫丑曰 齊卿之位 不爲小矣 齊滕之路 不爲近矣 反之而未嘗與言
行事 何也 曰夫旣或治之 子何言哉.

公孫丑가 말하였다. <齊나라 卿의 자리가 작지 않으며, 滕나라와
齊나라를 오가는 길이 가깝지 않은데 왕복하도록 일찍이 더불어
말씀하시지 않으신 것은 어째서 입니까?> 말씀하시기를 <이미 혹
자가 다스렸거늘 내 무슨 말을 하겠는가?> 하셨다.

〈단어 및 어휘〉

· 何(어찌 하): 何故.
· 夫旣或治之(부기혹치지): 夫는 彼也. 王驩을 가리키는 말이다.
· 或(혹 혹): 혹(或), 혹은(或: 그렇지 아니하면), 혹시(或是: 그러할
리는 없지만 만일에), 또는, 어떤 경우에는, 어떤 이, 어떤 것, 있

다, 존재하다, 괴이쩍어하다, 의심하다, 有也. 있다. 動詞的 용례이다. 또는 추측으로서 '아마 ~일 텐데'라고 해석할 수도 있다.

下 7장

04-07-01

孟子自齊葬於魯 反於齊 止於嬴 充虞請曰前日 不知虞之不肖 使虞敦匠事 嚴虞不敢請 今願竊有請也 木若以美然.

孟子께서 齊나라로부터 魯나라에 가서 장사 지내시고 齊나라에 돌아오시면서 嬴 땅에 머무르시자 充虞가 청하기를 <前日에 저의 不肖함을 알지 못하시고 저에게 匠事를 감독하게 하셨는데, 급하여 저는 감히 묻지 못하였습니다. 지금 원컨대 개인적이 청이 있건대 물을 것이 있습니다. 나무가 너무 아름다웠던 것 같습니다.>

〈단어 및 어휘〉

· 於(어조사 어): ~에서.
· 反於齊(반어제): 反은 '돌아가다'라는 뜻으로 '다시 齊나라로 옴'을 말한다.
· 嬴(찰 영): 차다, 가득하다, 남다, 바구니. 여기서는 땅이름 영. 齊의 남쪽에 있는 고을 이름.
· 虞(근심할 우/헤아릴 우): 근심하다, 헤아리다, 염려하다, 순임금의 성.
· 充虞(충우): 孟子의 弟子.
· 敦(도타울 돈): 도탑다, 힘쓰다, 감독하다, 단속하다, 권하다. 여

기서는 '監督한다'라는 뜻.

- 敦匠(돈장): 敦은 治也, 匠은 관을 만드는 일을 말한다.

- 請(청할 청): 청하다, 바라다, 부르다, 청탁하다, 묻다, 뵈다, 청컨대.

- 不肖(불초): '부친을 닮지 못한 못난 자'란 뜻으로 謙辭(겸사)이다.

- 竊(훔칠 절): 훔치다, 도둑질하다, 도둑, 몰래, 마음속으로, 가만히, 조용히. 또는 사사로이.

- 以(써 이): ~으로써, ~에 있어, ~로 생각하다, 이미, 너무, 벌써. 여기서는 己와 통용. 매우, 대단히, 너무. 부사적 用法으로 지나치는 말이다.

〈문법연구〉

- 孟子自齊葬於魯.

: 이 문장을 직역하면 '제나라로부터 노나라에서 장사를 지내다.'이다. 그런데 自는 출발의 기점을 나타내고, 뒤에 동사가 나오므로 '~에서 출발하여 동사를 하다'로 해석할 수 있다. 즉 '가다'라는 의미가 함축되어 있다고 볼 수 있다.

- 使虞敦匠事 嚴虞不敢請, 또는 使虞敦匠 事嚴虞不敢請.

: '使虞敦匠事+嚴'으로 문장 구조를 파악하여, 嚴을 '급박하다'로 해석하는 경우와 '使虞敦匠+事嚴'으로 파악하는 경우가 있다. 전자는 '嚴虞不敢請/급박하여 묻지 못하다'로 해석된다. 후자의 事嚴의 경우 주어+서술어가 되어 '事嚴虞不敢請/일이 엄하여 묻지 못하다'라는 의미가 된다.

· 若以美然.

: 以는 '너무'라는 뜻이다. 若~然은 '마치 ~듯하다', '흡사 ~과 같
다'라고 형용하는 말에 연용해서 쓴다. 원래 'A 然' 만으로 'A 하게/A
한 듯'인데 여기에 '~같다'라는 若이 가미된 형태이다.

> 예) 陳代曰 不見諸侯宜若小然. (孟子)
> : 진대가 말하기를, 제후를 만나보지 않으시는 것이 아마 사소한
> 일(작은 지조)인 것 같습니다.

> 예) 道則高矣,美矣 宜若登天然 似不可及也. (孟子)
> : 도는 너무나 높고도 훌륭합니다. 그래서 이 도를 배우고 행하려면,
> 마치 하늘에 오르는 것과 같아서 도에 미칠 수 없을 것 같습니다.

04-07-02

曰古者 棺槨無度 中古棺七寸 槨稱之 自天子達於庶人 非直爲觀美
也 然後盡於人心.

말씀하시기를 <옛날에 棺槨은 정해진 법도가 없었으나, 中古에 棺
은 일곱 치이며 槨은 거기에 걸맞게 한 것이 天子로부터 서인에
이르렀으니, 다만 보기에 좋음만을 위한 것이 아니라, 그렇게 한
연후에야 사람의 마음에 다하기 때문이었다.

〈단어 및 어휘〉

· 槨(덧널 곽): 덧널, 관곽.
· 棺槨(관곽): 棺은 屍體를 담은 속관이고, 槨은 棺을 담는 겉관을
  말한다.
· 無度(무도): 棺槨의 厚薄에 대한 一定한 尺寸이 規定이 없음.

- 稱(맞을 칭): 적합하다, 어울리다, 일컫다, 기리다, 저울. 원래 '저울' 또는 '저울추'란 뜻인데, 저울을 달 때 다는 物件에 맞추어 저울추를 이동하므로, 이에서 '걸맞게 한다'라는 뜻이 생겼다.
- 爲(할 위): 행하다, ～라고 하다, 만들다, ～라 여기다, 생각하다, 있다, 하게 하다.
- 直(곧을 직/값 치): 단지, 다만, 곧다, 굳세다, 바르다, 옳다, 굽지 아니하다, 기울지 아니하다, 부정이 없다, 펴다, 곧게 하다, 꾸미지 아니하다, 억울함을 씻다, 치/당하다, 만나다, 값.

〈문법연구〉

- 非直爲觀美也 然後盡於人心.

: '단지 보기에 아름답게 하기 위한 것만이 아니라 후에 마음에 흡족하다.' 直은 '그저, 단순히'란 뜻이며, 爲觀美는 보기에 아름다움을 위하여. 非直은 不惟, 非但, 非惟, 非特 非徒, 非直, 非獨 등과 같은 말로 '～뿐 아니라' 혹은 '단지 ～뿐만 아니라'

예) 不惟無益 反而有害.
: 무익할 뿐만 아니라 도리어 해롭다.

예) 不惟無益, 而反使增劇也(類聚).
: 무익할 뿐만 아니라 오히려 더욱 나쁘게 한다.

04-07-03

不得不可以爲悅 無財不可以爲悅 得之爲有財 古之人 皆用之 吾何爲獨不然.

할 수 없으면 기뻐할 수 없으며, 재력이 없으면 기뻘 수 없는 것

이다. 할 수 있고 재력이 있으면 옛사람들도 모두 썼는데 내 어찌
유독 그렇게 하지 않겠는가?

〈문법연구〉

· 不得不可以爲悅.

: 이 문장의 해석은 뒤에 나온 '無財不可以爲悅'과 대구를 이루기
때문에 같은 형식으로 생각하여 해석하면 용이하다. 즉, 無財不可以爲
悅은 無財가 일종의 조건절로 '재산이 없으면 ~하다'는 결과절을 이
끈다. 따라서 不得不可以爲悅은 不得이 조건절이 되고 不可以爲悅이
결과절이 됨을 알 수 있다. 해석은 '할 수 없으면 기뻐할 수 없다.'이
다. 단 '不得/할 수 없으면'이라는 말의 의미는 더 유추해 보아야 한다.
集註에서는 '不得 謂法制所不當得/不得은 법제에 마땅히 할 수 없는
바를 이르는 것이다.'라고 해설하고 있으니 이를 참고하기 바란다.

· 吾何爲獨不然.

何는 爲의 목적어지만 의문대명사이므로 앞으로 나온 것이다.

· 得之爲有財.

여기서 爲는 개사 而와 통용한다. 그러나 일반적인 것은 아니고 잘못
쓰인 형태일 수 있다. 즉 得之而有財로 '얻을 수 있고 재화가 있다.'

04-07-04

且比化者 無使土親膚 於人心 獨無恔乎.

또 화(化)하신 분을 위하여 흙이 친히 피부에 가까이하는 것을 없

게 한다면 사람의 마음에 홀로 만족하지 않겠는가.>

〈단어 및 어휘〉

· 比(견줄 비): 견주다, 비교하다, 대등하다, 따르다, 비율, 자주,
  위하여, 때문에. 여기서는 '위하여'의 뜻이다.

· 化者(화자): 死者. 比化者란, 比는 爲也이고 化者는 死者의 뜻이다.

· 親(친할 친): '하나가 되다', '맞닿다' 등의 뜻. 親膚에서 親은 '가
  까이 닿는다.'라는 뜻의 서술어이다.

· 恔(쾌할 교/효): 후련하고 만족스럽다, 유쾌하다. 快也. 滿足하게
  느끼는 것을 말한다.

〈문법연구〉

· 無使土親膚.
: '無使~', '~하게 하지 말라.'

  예) 在上位, 無使下位攻之爲其名, 在下位, 無使上位折之爲其威.
  則處世也幾矣. (成大中/質言)
  : 윗자리에 있으면서 아랫사람이 자신을 공격하는 것을 명분으
  로 삼지 못하게 하고, 아랫자리에 있으면서 윗사람이 자신을 꺾
  는 것을 위엄으로 여기지 못하게 한다면, 처세를 잘 했다고 할
  만하다.

  예) 無使滋蔓 蔓難圖也. (春秋左氏傳)
  : 덩굴이 무성해지도록 놓아두지 말라. 무성해지면 다스리기 어렵다.

· 於人心, 獨無恔乎.
: 원래의 문장은 獨無恔於人心乎이지만, 於人心을 강조하여 앞으

로 내었다. 여기서 獨은 '어찌'라는 말로 사용되었다.

04-07-05

吾聞之也 君子不以天下儉其親.

내가 듣건대, 군자는 천하 사람들 때문에 어버이에게 아끼지 않는
다 하였다.

〈단어 및 어휘〉

· 儉(검소할 검): 검소하다(儉素), 낭비(浪費)하지 않다, 넉넉하지
  못하다, 가난하다, 적다, 儉薄함을 말한다.

〈문법연구〉

· 不以天下儉其親.

: 以天下는 不와 동사 儉 사이에 위치하지만 부사구로서 해석 시
에는 '천하 사람들 때문에 검소하게 하지 않는다'라는 식으로 以 이
하의 부사구를 먼저 해석한다. 전체적인 해석은 천하 사람들의 이목
때문에 자기 부모에게 검소하게 하거나, 혹은 천하 사람들이나 천하
의 일을 위하여 자기 부모에게 검소하게 하지 않는다는 뜻이다. 天
下는 천하 사람들이라는 의미를 가지는 경우가 많다. 문형으로는
'不以~는 ~함으로써/~하다고 해서/~때문에, ~하지 않는다'로 해
석한다. 유사 표현으로 勿以, 無以 등이 있다.

    예) 君子不以其所以養人者 害人. (孟子)
    : 군자는 사람을 기르는 것 때문에 사람을 해치지 않는다.

예) 君侯 不以富貴而驕之 寒賤而忽之. (與韓荊州書/李白)
: 공께서는 (자신이) 부귀하다 하여 교만하거나 (상대가) 미천하다
하여 홀대하지 않습니다.

예) 漢昭烈 將終 勅後主曰 勿以善小而不爲 勿以惡小而爲之. (三國
地.蜀志/先主劉備傳)
: 漢(한) 나라의 昭烈(소열) 황제(유비)가 죽으려 할 때 아들 劉禪
(유선)에게 말하기를 '善(선)이 작다고 해서 하지 않으면 안 되고,
惡(악)은 작다고 해서 하면 아니 되느니라.'

下 8장

04-08-01

沈同以其私問曰 燕可伐與 孟子曰可 子噲不得與人燕 子之不得受燕
於子噲 有仕於此 而子悅之 不告於王而私與之吾子之祿爵 夫士也亦
無王命而私受之於子 則可乎 何以異於是.

沈同이 사사로이 묻기를 <燕나라를 정벌할 수 있습니까?> 하자,
孟子께서 말씀하시기를 <可하다. 子噲도 남에게 燕나라를 줄 수
없으며, 子之도 연나라를 子噲에게 받을 수 없는 것이다. 여기에
벼슬하는 자가 있어서, 자네가 그를 좋아하여 王께 아뢰지도 않고
사사로이 그대의 작록을 그에게 주고, 그 선비 또한 王命 없이 사
사로이 그대에게 받는다면 可하겠는가? 어찌 이와 다르겠는가?>하
셨다.

〈단어 및 어휘〉

·沈同(심동): 人名으로 제나라 大臣이다.

- 以其私(이기사): 개인적으로.
- 噲(목구멍 쾌): 목구멍, 시원하다, 밝다.
- 子噲(자쾌): 燕王을 말한다.
- 子之(자지): 燕나라의 宰相이다.
- 仕(섬길 사/벼슬 사): 섬기다, 일하다, 종사하다(從事), 벼슬하다, 살피다, 벼슬살이를 하는 사람.
- 於此(어차): 여기에.
- 吾子(오자): 그대, 당신. 吾子: 자네(子)라는 말보다 더욱 가깝고 친근하게 이르는 말.

〈문법연구〉

- 不得與人燕.
  : 與는 予也로 '주다, 베풀다.'로 수여동사이다. 두 개의 복적어를 가져, <與 A, B>는 'A에게 B를 주다.' 한문에서 人이 대명사로 사용되는 경우 '다른 사람'으로 해석하면 자연스럽다. 不得~은 '~할 수 없다', '~해서는 안 된다.'

- 不告於王而私與之吾子之祿爵.
  : 與之吾子之祿爵에서 '與 A, B'에 해당하는 A는 '之(그)'이고 B에 해당하는 단어는 '吾子之祿爵'이다. 不告於王而私: '왕에게 고하지 않고 사사로이'

04-08-02
齊人伐燕 或問曰 勸齊伐燕 有諸 曰未也 沈同問燕可伐與 吾應之曰
可 彼然而伐之也 彼如曰 孰可以伐之 則將應之曰爲天吏則可以伐之

今有殺人者 或問之曰 人可殺與 則將應之曰可 彼如曰 孰可以殺之 則將應之曰爲士師則可以殺之 今以燕伐燕 何爲勸之哉.

齊나라 사람이 燕나라를 정벌하자, 혹자가 묻기를 <齊나라에 연나라를 치도록 권하셨다 하니, 그런 일이 있었습니까?> 하자, 孟子께서 말씀하셨다. <아니다. 沈同이 묻기를, '燕나라를 칠 수 있습니까?' 하기에 내가 응답하기를 '可하다.'라고 하였더니, 저 사람이 옳다고 여겨 친 것이다. 저 사람이 만약 묻기를 '누가 칠 수 있습니까?' 한다면 응답하기를 '天吏가 되면 칠 수 있을 것이다.'라고 할 것이다. 지금 살인자가 있어 혹자가 묻기를 '그 사람을 가히 죽일 수 있습니까?' 한다면 응답하기를 '可하다' 할 것이며, 저 사람이 만약 '누가 죽일 수 있습니까?' 한다면 응답하기를 '士師가 되면 죽일 수 있다.' 할 것이다. 지금은 燕나라로써 燕나라를 치는데 어찌 권하였겠는가?>

〈단어 및 어휘〉

· 彼(저 피): 저, 그, 저쪽, 덮다, 아니다.
· 然(그럴 연/불탈 연): 그러하다, 틀림이 없다, 그러하게 하다, 분명하다(分明), 또는 同意하다.
· 如(같을 여): 若也로 '만일, 만약.'
· 士師(사사): 獄事를 管掌하는 官吏.
· 有諸(유저): 有之乎의 준말이다.
· 何爲(하위): 어째서, 무엇 때문 '爲何'(무엇을 위하는가)의 의문대명사 何가 앞으로 도치되면서 이 형태가 되었다.

〈문법연구〉

· 沈同問燕可伐與.

: 여기서 可는 동의 허락을 의미한다. 즉 ~해도 되는지, ~해도 가한지, ~해도 좋은지 등의 의미를 지닌다. 이 경우 목적어가 앞에 오는 것이 특징이다. 즉 '연나라를 정벌해도 좋은지를 물었다'로 번역하는 것이 자연스럽다. 한편 '可以'를 사용하는 경우 '주어+可以+서술어' 식으로 구성된다. 뒤에 나오는 '孰可以伐之/누가 그를 정벌해도 좋을지'에서 보듯이 孰은 주어이다.

〈참고〉

주어+可以, 목적어+可.

· 民可使富也. (孟子)

: 백성을 부유하게 할 수 있다. 그런데 만약 民可使富也를 可以를 사용하여 표현하면 可以使民富也가 된다. 이처럼 앞에 주어가 올 경우에는 可以, 앞에 목적어가 올 경우에는 可를 쓴다. 足以 得以 등도 마찬가지이다.

> 예) 老者足以衣帛矣, 老者足以無失肉矣, 八口之家可以無饑矣. (孟子)
> : 노인이 족히 비단옷을 입을 수 있고, 노인이 족히 고기를 못 먹는 일이 없을 것이며, 가히 여덟 식구 되는 집이 굶주림이 없을 것이다. 여기서 老者, 八口之家가 다 주어이기 때문에 足以, 可以를 썼다. 목적어를 강조하여 앞으로 내었을 때에는 足, 可를 쓴다.

즉, 可以(가이)는 '~할 수 있다, ~해도 좋다'라는 뜻의 조동사로서 원래 조동사 可(가)와 수단·방법을 표시하는 전치사 以(이)가 결합한 형태로 '가히 그것으로써 ~할 수 있다'라는 뜻인데 전치사 以 (이) 뒤에 올 목적어가 생략됨으로써 아예 조동사로 바뀐 것으로 생각할 수도 있다.

예) 吾先君與陳有盟 不可以不救. (左傳)
: 나의 선군이 진나라와 맹약을 맺은 적이 있으므로 구원해주지 않을 수 없다. 여기서는 不可以不救의 以 다음에 목적어 之(선대에 진나라와 동맹을 맺은 것)가 생략되었다. 以의 목적어로 대명사 之가 올 때는 거의 항상 생략되는 것이 고 중국어 문법이다.

예) 察於此四者 可以有志於學矣. (禮記)
: 이 네 가지에 대하여 잘 알면 학문에 뜻을 두어도 좋다.

예) 子曰溫故而知新 可以爲師矣. (論語)
: 공자가 말씀하시기를, 옛날 것을 연구하여 새로운 것을 아는 것이 스승이 될 수 있다.

그러나 한편 可가 타동사 앞에 사용되어 '~할 수 있다'로 사용되는 경우 타동사의 목적어는 이 타동사 다음에 위치하기도 한다.

예) 此書可以活人.
: 이 책은 (누군가가 이 책을 이용하여) 사람을 살릴 수 있다.

예) 此書可活人.
: 이 책은 사람을 살릴 수 있다.

・勸齊伐燕.
: '勸+목적어+동사', '목적어가 동사 하도록 권하다.' '목적어에 동사 하도록 하다.'

下 9장

04-09-01

燕人畔 王曰吾甚慙於孟子.

燕나라 사람들이 배반하자, 王이 말씀하였다. <나는 참으로 孟子에게 부끄럽도다.>

〈단어 및 어휘〉

· 畔(두둑 반): 두둑, 물가, 곁, 배반하다.

04-09-02

陳賈曰王無患焉 王自以爲與周公孰仁且智 王曰惡 是何言也 曰周公使管叔監殷 管叔以殷畔 知而使之 是不仁也 不知而使之 是不智也 仁智周公未之盡也 而況於王乎 賈請見而解之.

陳賈가 말하였다. <王께서는 걱정하시지 마소서, 王께서는 스스로 생각하시기를 周公과 더불어 누가 仁하고 또 지혜롭다고 여기십니까?> 王께서 말씀하였다. <아! 이 웬 말인가?> 陳賈가 말하였다. <周公께서 管叔으로 하여금 殷나라를 감독하게 하였으나, 管叔은 殷나라를 가지고 배반하였으니, 알고 시켰다면 이는 仁하지 못한 것이요, 모르고 시켰다면 이는 지혜롭지 못한 것이니, 周公께서도 다하지 못하셨으니, 하물며 王에게 있어서이겠습니까? 제가 가(賈)가 청컨대 (孟子를) 만나 뵙고 해명하겠습니다.>

〈단어 및 어휘〉

· 賈(장사 고/값 가): 고/장사, 상인, 장사하다, 팔다, 상품, 가/값,

나라 이름(땅이름), 성.

· 陳賈(진가): 齊 나라 大夫.

· 惡(어찌 오): 感歎詞로 '하! 또는 허!'의 의미이다.

· 管叔(관숙): 周 王朝의 建國說話에 나오는 人物로 武王의 동생
이면서, 周公의 兄. 혹은 他說에서는 周公의 弟.

· 監(볼 감): 보다, 살피다, 경계하다, 독찰하다(단속하여 살피다),
거울삼다, 비추어 보다, 감옥, 마을, 관청, 관아, 감찰, 거울.

· 畔(밭두둑 반/배반할 반): 밭두둑, 밭두렁(밭이랑의 두둑한 부
분), 지경(地境: 땅의 가장자리, 경계), 물가(물이 있는 곳의 가
장자리), 배반하다, 어그러지다, 피하다, 발호하다.

· 以殷畔(이은반): 以는 牽也(이끌다)의 뜻이다.

〈문법연구〉

· 王自以爲與周公, 孰仁且智.

: 왕께서는 스스로 생각하기에 주공과 왕 중에 누가 더 인자하고
지혜롭다 생각하십니까? 孰에는 '어느 것이 더'라는 의미가 내포되어
있다.

예) 弟子孰爲好學. (論語)
: 제자 중에 누가 학문을 좋아합니까?

예) 八佾舞於庭, 是可忍也, 孰不可忍也. (論語)
: 팔일무를 자신의 뜰에서 추게 하였으니, 이러한 일조차 감히 할
수 있다면 어느 것인들 차마 하지 않겠는가.

04-09-03

見孟子問曰 周公何人也 曰古聖人也 曰使管叔監殷 管叔以殷畔也

有諸 曰然 曰周公知其將畔而使之與 曰不知也 然則聖人且有過與
曰周公弟也 管叔兄也 周公之過 不亦宜乎.

孟子를 뵙고 묻기를 <周公은 어떤 사람입니까?> 하니, <옛 聖人이
니라> <管叔으로 하여금 殷나라를 감시하게 하였는데, 管叔은 殷
나라를 가지고 배반하였다 하니 그런 일이 있었습니까?> <그렇
다.> <周公께서 그 장차 배반할 것을 알고 시킨 것입니까?> <몰랐
을 것이다.> <그렇다면 聖人도 과실이 있는 것입니까?> <周公은
아우요, 管叔은 형이니, 周公의 과실이 당연하지 않겠는가?

〈단어 및 어휘〉

· 與(줄 여): 歟也로 疑問을 나타내는 語助辭.
· 宜(마땅할 의): 알맞다, 마땅하다, 당연하다. 마땅히 ~이어야 한다.

04-09-04

且古之君子 過則改之 今之君子 過則順之 古之君子 其過也如日月
之食 民皆見之 及其更也 民皆仰之 今之君子 豈徒順之 又從而爲
之辭.

또 옛날의 군자는 잘못이 있게 되면 그것을 고쳤고, 오늘날 군자
는 잘못이 있게 되면 그것에 나아가려 한다. 옛날의 군자는 그 잘
못을 마치 일식같이 하여 백성들이 모두 그것을 보았고, 그 고침
에 미쳐서는 백성들이 모두 그것을 우러러보았다. 오늘날의 군자
는 어찌 자신의 과오를 답습할 뿐만 아니라, 이를 위해 변명까지
하는가?

<단어 및 어휘>

- 君子(군자): 여기서는 임금이나 大臣.
- 順之(순지): 이것을 그대로 밀고 감을 말한다. 順: 앞의 改와 對
  語로 쓰였으므로 <고치지 않고 그냥 그 잘못을 따른다 = 잘못
  을 고치지 않고 계속한다>.
- 食(밥 식): 蝕也. 먹음.
- 更(다시 갱/고칠 경): '다시'라는 뜻의 副詞로 쓰일 때는 음이
  '갱'이지만(예:更生), '고친다'라는 뜻의 動詞로 쓰일 때는 음이
  '경'이다.
- 豈(어찌 기/즐길 개): 기/어찌, 어찌 ~인가? 일찍이, 바라다, 개/
  즐기다, 화락하다.
- 徒(무리 도): 무리, 동류, 일꾼, 헛되이, 다만, 걸어 다니다. 헛되
  다. 但也.
- 豈徒(기도): 徒는 '무리 도'이나 여기서는 '단지, 다만'의 의미.
  따라서 豈徒는 어찌 다만 ~뿐이겠냐.
- 從(좇을 종): 좇다, 따르다, ~부터, 따라서, 더욱, 한층, 세로.
- 辭(말 사/하소연할 사/헤어질 사): 여기서는 '辨明'의 뜻으로 쓰
  였다.

<문법연구>

- 其過也如日月之食.

: 其는 앞의 古之君子를 가리키는 代名詞이다. 古之君子와 其는
同格으로서 모두 過를 修飾한다. 其過也 명사구로 주어를 이룬다.

· 又從而爲之辭.

: 從은 여기서 타동사로 사용되었다. 따라서 복적어 之가 있어야 하지만, 뒤의 爲之의 之와 重複되기 때문에 생략되었다. 한문에서는 이런 경우를 제외하고 타동사에서 목적어를 생략하는 일은 거의 없다.

下 10장

04-10-01

孟子致爲臣而歸,

孟子께서 신하 되는 것을 그만두고 돌아가려 하실 적에,

〈단어 및 어휘〉

· 致(이를 치): 이르다, 도달하다, 이루다, 보내다, 그만두다, 극치.
· 致爲臣(치위신): 致仕(치사)와 같다. 致는 返還(반환)함이다. 送致의 뜻, 신하의 자리를 왕에게 돌려보내는 것을 말한다.
· 歸(돌아갈 귀): 돌아가다, 돌아오다, 돌려보내다, 따르다, 붙좇다(존경하거나 섬겨 따르다), 여기서는 '本國으로 돌아가다'라기보다는 '원래 상태로 돌아가다'라는 뜻.

04-10-02

王就見孟子曰 前日願見而不可得 得侍同朝甚喜 今又棄寡人而歸 不識 可以繼此而得見乎 對曰不敢請耳 固所願也.

王께서 孟子를 찾아뵙고 말씀하였다. <지난날에 뵙기를 원하였으

나 뵙지 못하였으나, 모신 후에 함께 조회할 수 있어 매우 기뻤습니다. 지금 또다시 寡人을 버리고 돌아가신다니 모르겠습니다. 이번에 이어서 다시 뵐 수 있겠습니까?> 대답하시기를 <감히 청하지 못할 뿐, 진실로 바라는 바입니다> 하셨다.

〈단어 및 어휘〉

· 就(나아갈 취): 나아가다, 이루다, 마치다, 곧, 만일, 능히.
· 就見(취견): 가서 만나다.
· 得(얻을 득): 얻다, 손에 넣다, 만족하다(滿足), 고맙게 여기다, 깨닫다, 알다.
· 得侍同朝(득시동조): 侍는 謙遜의 의미로 '어진 이를 모신다는 뜻'이다. 그리고 同朝는 君臣이 朝廷에서 서로 마주 對할 수 있음을 말한다.
· 棄(버릴 기): 버리다, 그만두다, 돌보지 않다, 꺼리어 멀리하다, 물리치다, 잊다.
· 耳(귀 이): 귀, 손잡이, ~일 뿐이다.
· 固(굳을 고): 굳다, 튼튼하다, 굳이, 단호히, 본래, 본디, 물론, 당연히.

04-10-03

他日王謂時子曰 我欲中國而授孟子室 養弟子以萬鍾 使諸大夫國人皆有所矜式 子盍爲我言之.

다른 날 王께서 時子에게 말씀하였다. <내가 나라 한복판에 孟子께 집을 마련해 주어 만종의 봉록으로서 제자들을 기르게 하고,

여러 대부와 나라 사람으로 하여금 모두 (孟子를) 존경하고 본받는 바가 있게 하고자 하니, 그대가 어찌 나를 위하여 그에게 말해주지 않는가?>

〈단어 및 어휘〉

· 時子(시자): 齊나라 臣下.
· 中國(중국): 나란 안, 나라의 中央.
· 鍾(쇠북 종): 數量의 단위로 六斛四斗이다. 이때 斛(곡)은 열 말(十斗)이다. 그러므로 萬鍾이란 많은 俸祿을 의미한다.
· 矜(자랑할 긍): 자랑하다, 불쌍히 여기다, 괴로워하다, 아끼다, 엄숙하다(嚴肅), 공경하다.
· 矜式(긍식): 矜은 敬也, 式은 法也. 즉 矜式이란 尊敬하고 본받을 만함을 말한다.
· 盍(덮을 합/어찌 아니할 합): 덮다, 합하다, 모이다, 어찌 ~아니하다. 何不也. 의문의 반문법이다.

〈문법연구〉

· 我欲中國而授孟子室.
: 而는 <술어+而+술어> 형태나 <문장+而+문장> 형태를 취한다. <而+授>는 授는 술어로 中國도 술어가 되어야 한다. 中은 술어로 '~을 가운데로 하다/~을 중심으로 하다'가 된다. 授孟子室: 授는 일종의 수여동사로 '~에게 ~을 주다.' 예문의 해석은 '나는 나라 가운데에 孟子에게 집을 마련해주고 싶다'가 된다.

예) 子曰 誦詩三百 授之以政 不達. (論語)
: 시 삼백을 외워도 그 사람에게 정무를 맡겨도 제대로 하지 못한다.

예) 長跪問寶訣 粲然啓玉齒 授以鍊藥說. (古風/李白)
: 무릎 꿇어 절하고 귀한 비결 물으니 새하얀 이 드러내 환히 웃
으시며 단약의 이치를 전수해 주시더라.

• 我欲中國而授孟子室 養弟子以萬鍾.

: 문장에서 欲은 일종의 사역동사로서 '~에게 ~하게 하고 싶다'
이다. 즉 '나라 안에다 맹자에게 가르칠 곳을 마련해 주고 제자를 기
르게 하고 싶다.'라는 의미가 된다.

예) 예)是欲臣妾我也 是欲劉豫我也. (胡銓/戊午上高宗封事)
: 이는 우리를 노예로 삼고 우리를 유예같이 만들려고 한다./劉豫:
宋나라 人.

04-10-04

時子因陳子而以告孟子 陳子以時子之言 告孟子.

시자가 진자로 인하여 孟子에게 고하게 하였는데, 진자는 시자의
말을 孟子께 고하거늘,

〈단어 및 어휘〉

• 因(인할 인): 인하다, 말미암다, 의지하다, 부탁하다, 인연, 연고,
유래, ~의 이유로, ~에서.

〈문법연구〉

• 以告孟子.

: 以 다음에 대명사 之가 생략되었다. 즉 以之告孟子로 원래는 告孟子以之(그것을 孟子에게 고했다) 형인데 직접목적어가 동사 앞으로 전치되었다. 아래 '陳子以時子之言告孟子'도 마찬가지 용법이다.

· 陳子以時子之言告孟子.

직접목적어를 전치시키는 以. 즉 여기서는 목적어인 '時子之言'이 타동사 告 앞으로 전치되었다.

04-10-05

孟子曰 然夫時子惡知其不可也 如使子欲富 辭十萬而受萬 是爲欲富乎.

孟子께서 말씀하셨다. <그렇지만, 저 시자라는 사람이 어찌 그 불가함을 알겠는가? 만일 내가 부유하게 되고자 해서, 십만 종을 사양하고 만 종을 받는다면 이것이 부유하게 되고자 하는 것이겠는가?

〈단어 및 어휘〉

· 惡(싫어할 오/어찌 오/악 악): 어찌, 어디.

〈문법연구〉

· 如使子欲富.

: '如使 A' 형태로 '만약 A (하)면'으로 해석된다. 苟或, 使, 設使, 若 등과 통용된다.

예) 如使人之所欲 莫甚於生 則凡可以得生者 何不用也. (孟子)
: 만약에 사람이 원하는 것을 사는 것보다 더 심한 것이 없게 만든
다면 무릇 살 수 있는 방법이라면 무슨 방법인들 쓰지 않겠는가.

예) 苟或君而不能盡君道 臣而不能修臣職 不可與共治天下國家也. (童
蒙先習)
: 만약 임금이면서 임금의 도리를 다할 수 없고, 신하이면서 신하의
직분 닦을 수 없다면, 더불어 천하와 국가를 함께 다스릴 수 없다.

04-10-06

季孫曰異哉 子叔疑 使己爲政 不用則亦已矣 又使其子弟爲卿 人亦
孰不欲富貴 而獨於富貴之中 有私龍斷焉.

季孫氏가 말하기를 '괴이하다. 子叔疑여! 자기로 하여금 政事를 하
게 하다가 쓰이지 않으면 그만두어야 할 것인데, 또 그 子弟로 하
여금 卿을 삼게 하였으니, 사람들이 누구나 富貴하고자 하지 않겠
는가마는, 홀로 富貴 가운데서도 龍斷(농단)을 독점하는 이가 있
다.' 하였다.

〈단어 및 어휘〉

· 季孫(계손)/子叔疑(자숙의): 孟子의 弟子로 알려진 인물들.
· 私(사사 사): 사사(私事: 사삿일), 사삿일(私事-: 개인의 사사로운
  일), 가족, 집안, '자기 개인 것으로 한다', '독점한다' 등의 뜻.
· 龍斷(농단): 가파른 언덕. 龍은 壟과 通用.

04-10-07

古之爲市者 以其所有 易其所無者 有司者治之耳 有賤丈夫焉 必求
龍斷而登之 以左右望而罔市利 人皆以爲賤故 從而征之 征商自此賤

丈夫始矣.

옛날의 시장을 이룬 자들은 그가 가지고 있는 것을 그가 가지고 있지 않은 것과 바꾸었고, 유사라는 관리가 그것을 다스렸을 뿐이었다. 거기에 어떤 천한 장부가 있어 반드시 높은 언덕 끝에 올라가기를 구하여 좌우를 바라봄으로써 시장의 이익을 그물질해 갔으니, 사람들 모두 천하게 여겼기 때문에 좇아서 세금을 걷어 들였다. 상인들에게 세금을 걷어 들이는 것이 이 천한 장부로부터 시작되었다.>

〈단어 및 어휘〉

· 有司(유사): 市場을 管理하는 官吏.

· 耳(귀 이): 조사로서 뿐이라는 의미.

· 罔(그물 망/없을 망): 그물, 포위망, 계통, 조직, 없다, 속이다, 말다, (사리에) 어둡다, 근심하다(속을 태우거나 우울해하다), 넘보다, 멍하다, 엮다, 얽다, 그물질하다, 網과 통용.

· 從(좇을 종): 좇다, 따르다, 나아가다, 다가서다, 모시다, 시중들다, 방종하다, 제멋대로.

· 征(칠 정/세금 낼 정/칠 정/부를 징): 치다, 때리다, 정벌하다, 토벌하다, 탈취하다, 취하다, (먼 길을) 가다, 순시하다, 순행하다, 두려워하다, 구실, 받다, 구실.

· 自(스스로 자): ~으로부터.

〈문법연구〉

· 以其所有 易其所無者.

: '所+動詞+者'의 文型에서 '~하는 바의 것/~하는 것'이란 뜻으로 쓰이는데, 以其所有에서 者가 없는 것은 뒤 문장 '易其所無者'에 나오기 때문에 者가 생략되었다. 또 所 앞에 主格助詞 之가 생략되었다. 그러나 '所有'만으로도 '가진 것'이라는 명사화가 된다.

> 예) 曾子曰 十目所視 十手所指 其嚴乎. (大學)
> : 증자 말하기를, 여러 사람의 눈이 보는 것, 열 사람의 손이 가리키는 것, 참으로 엄하구나.

> 예) 以若所爲 求若所欲 猶緣木而求魚也. (孟子)
> : 이처럼 하는 것(所爲)으로 바라는 것(所欲)을 구(求)한다면 이는 나무에 올라가 물고기를 구(求)하는 것과 같은 것이다.

· 以左右望而罔市利.
: 以 다음에 대명사 之가 생략되었다. 之는 즉 以의 목적어는 앞에 나온 登之로 之는 이를 받는다.

· 從而征之.
: 從(좇을 종)은 타동사이므로 목적어를 가져야 한다. 예를 들면 之를 가져야 하지만 뒤에 征之의 之가 있으므로 생략하였다.

下 11장

04-11-01
孟子去齊 宿於晝,

孟子께서 제나라를 떠나실 적에 주 땅에 묵으셨는데,

<단어 및 어휘>

· 晝(낮 주): 낮, 정오, 땅의 이름, 땅이름으로 제나라 수도 임치에서 서남에 위치한 읍의 이름이다.

04-11-02

有欲爲王留行者 坐而言 不應 隱几而臥.

왕을 위하여 (孟子가) 떠나는 것을 만류하려는 어떤 자가 있어, 앉아서 말하자 응대하지 않으시고 안석에 기대고 누우셨다.

<단어 및 어휘>

· 留(머무를 류): 머무르다, 정지하다, 뒤지다, 지체하다, 더디다, 늦다, 붙잡다, 만류하다, 억류하다, 죽이다, 다스리다, 기다리다, 오래다, 장구하다.
· 隱(숨을 은): 숨다, 가리다, 닫다, 희미하다, 깊숙하다, 물러나다, 기대다.
· 几(안석 궤): 안석, 방석, 책상.
· 隱几(은궤): 隱은 憑也, 依也, 倚也와 같은 '기대다'라는 뜻이다.

<문법연구>

· 有欲爲王留行者.
: <有~者>: '~하는 자가 있다.' 留行: 가는 것을 만류하다. 欲爲王留行: 왕을 위하여 가는 것을 만류하고 싶어 하다. 전체적인 해석은 '왕을 위하여 가는 것을 만류하고자 하는 자가 있었다.'

04-11-03

客不悅曰 弟子齊宿而後敢言 夫子臥而不聽 請勿復敢見矣 曰坐 我
明語子 昔者魯繆公 無人乎子思之側 則不能安子思 泄柳申詳 無人
乎繆公之側 則不能安其身.

객이 기뻐하지 않으면서 말하길, <제가 몸을 깨끗이 하고 하루를
넘게 묵은 이후에 감히 말씀드렸는데, 선생님께서는 누워버리시
고 듣지도 않으시니, 청컨대 다시는 감히 뵙지 못하겠습니다.> 말
씀하시길, <앉게나, 내가 자네에게 자세히 말해주겠네. 옛적에 노
나라 목공은 자사의 곁에 사람이 없으면 능히 자사를 편안하게 모
시지 못했다고 여겼고, 설유와 신상이 목공의 곁에 없으면 능히
그 자신이 편안해하지 않으셨다.

〈단어 및 어휘〉

· 齊宿(재숙): 목욕재계하고 하룻밤을 지난다는 말이다. 齊는 齋의
  뜻으로 이때는 '제'가 아닌 '재'다.
· 繆(얽을 무/사당치레 목/얽을 무/어그러질 류): 무/얽다, 묶다,
  삼 열 단, 목/사당치레. 여기서는 '몹쓸 시호 목.'
· 無人乎(무인호) ~: ~에 사람이 없다.
· 子思(자사): 공자의 손자로 四書 '中庸'의 작자로 알려져 있다.
  賢人이다.
· 泄(샐 설): 새다, 배출하다, 누설되다, 빠지다.
· 泄柳(설류), 申詳(신상): 둘 다 魯나라의 賢人이다.

〈문법연구〉

· 昔者魯繆公 無人乎子思之側 則不能安子思.

: 이 문장의 의역은 '옛날에 노나라 목공은 자사의 곁에 (모시는) 사람이 없으면 자사를 편안히 모시지 못한다고 생각했다.'이다. 여기서 주어는 노나라 목공이다. 無人乎子思之側는 부사구이다. 동사는 安이다. 安이 타동사인 경우 '편안하게 하다'이다. 그런데 이 문장에서 '생각했다'라는 동사는 없다. 결국 '편안하게 모실 수 없었다'라는 것이 직역인데, 그 내용은 목공이 그렇게 자사를 모셨다는 의미로 결국 목공이 그렇게 여겼다고 해석할 수 있다.

04-11-04

子爲長者慮而不及子思 子絕長者乎 長者絕子乎.

그대가 연장자인 나를 위하여 사려 깊게 했다지만 자사의 일에 미치지는 못하였으니, 그대가 어른(그대보다 연장자인 孟子)을 끊은 것인가? 어른(孟子)이 그대를 끊은 것인가?>

〈단어 및 어휘〉

· 絕(끊을 절): 여기서는 관계를 단절한 것을 말한다. 상대하지 않다.

下 12장

04-12-01

孟子去齊 尹士語人曰不識王之不可以爲湯武則是不明也 識其不可 然且至則是干澤也 千里而見王 不遇故去 三宿而後出晝 是何濡滯也 士

則玆不悅.

孟子께서 제나라를 떠나실 적에, 尹士가 사람들에게 이르기를, <王이 湯·武와 같은 聖君이 될 수 없음을 몰랐다면 이것은 밝지 못한 것이 되고, 그 불가함을 알면서 그렇게 또 제나라에 이르렀 다면 이것은 은택을 구한 것이 된다. 천 리를 마다하지 않고 왕을 뵈었고, 뜻을 만나지 못했기 때문에 떠나가기를 3일 밤을 묵은 이 후에 주 땅을 떠나니, 이렇게도 어찌 더딜 수가 있는가? 나는 즉 이 점이 못마땅하다.>

〈단어 및 어휘〉

· 尹士(윤사): 齊나라 사람.
· 然且(연차): 그러나, 하지만, 그런데도, 그럼에도 불구하고.
· 干(방패 간): 방패, 막다, 구하다, 범하다, 줄기. 求也.
· 澤(못 택): 恩澤으로 俸祿을 말한다.
· 干澤(간택): 혜택을 바라다, 봉록을 구하다.
· 不遇(불우): 遇는 '뜻이 서로 맞다'의 의미이니, 不遇란 곧 서로 뜻이 맞지 않았다는 말이다. 不遇는 孟子의 뜻과 제나라 왕의 뜻이 합치하지 않은 것을 뜻한다. 三宿은 세 번 잔다는 말로, 한 곳에 오래 유숙함을 뜻한다.
· 濡(적실 유): 적시다, 젖다, 윤이 나다, 부드럽다.
· 滯(막힐 체): 막히다, 얽매이다, 엉기다, 오래되다.
· 濡滯(유체): 막히고 걸리는 것. '늑장 부리는 것'을 말한다.
· 士(선비 사): 尹士가 자기 이름을 불러 자칭한 것이다.
· 玆(이 자/검을 현): 이, 이에, 여기, 이때, 지금, 검다, 현/흐리다,

검다, 흐리다, 此也.

〈문법연구〉

· 不識王之不可以爲湯武.

: 왕이 탕왕이나 무왕 같은 성군이 될 수 없음을 모르다. 之는 주
격조사. 爲湯武: 탕무가 되다. 不可以~: ~할 수 없다.

· 千里而見王.

: '천 리 먼 길을 와서 왕을 만나다.' 여기에는 '오다'라는 동사가
없지만 '먼 길을 와서 만나다'는 의미가 함축되어 있다. 不遠千里而
來. 천 리를 멀다 여기지 않고 왔던 사실을 두고 말한 것이다.

· 是何濡滯也.

: 반어적인 표현을 이용한 감탄문. '이는 어찌 이렇게 머뭇거린단
말인가!'라는 뜻이다.

04-12-02
高子以告.

고자가 이것을 고하였다.

〈문법연구〉

· 高子以告.

: 以 다음에 之의 생략. 之는 앞의 야기기를 받는 대명사이다.
高子以之告. 고자가 그 말을 孟子에게 전하였다.

04-12-03

曰夫尹士 惡知予哉 千里而見王 是予所欲也 不遇故去 豈予所欲哉
予不得已也.

말씀하였다. <尹士가 어찌 나를 알겠는가? 천 리를 왕을 만나러
온 것은 내가 하고자 한 것이니, 뜻이 맞지 않아 떠나가는 것이
어찌 내가 하고자 한 것이겠는가? 내 부득이해서이니라.

〈단어 및 어휘〉

· 惡(어찌 오): 어찌, 어디 부사적 용례.

· 豈(어찌 기): 어찌, 그, 어찌하여, 어찌 ~일까?.

· 不得已(부득이): 마지못해, 어쩔 수 없이, 그칠(已) 수 없어(不得).

04-12-04

予三宿而出畫 於予心 猶以爲速 王庶幾改之 王如改諸 則必反予.

내가 3일을 묵고 주 땅을 떠난 것은 내 생각에는 오히려 너무 빨
리 떠난 것이 아닌가 싶다. 혹시나 왕이 마음을 고쳐먹을까 기대
했고, 그럴 경우 반드시 나를 잡을 것으로 생각했다.

〈단어 및 어휘〉

· 以爲(이위): ~으로 여기다, ~으로 만들다.

· 猶以爲(유이위): 오히려 ~하다고 생각하다. 猶者 由也.

예) 吉再於前朝受注書之任. 猶以爲忠臣不事二君不事我朝. (朝鮮王
朝實錄)
: 길재(吉再)는 전조(前朝)에 주서(注書)의 직임을 받았으나, 충신

(忠臣)은 두 임금을 섬기지 않는다고 하여 우리 조정을 섬기지 않는다.

- 庶幾(서기): 바라건대, 거의.
- 如(같을 여): 만약.

04-12-05

夫出晝而王不予追也 予然後浩然有歸志 予雖然 豈舍王哉 王由足
用爲善 王如用予 則豈徒齊民安 天下之民擧安 王庶幾改之 予日
望之.

저 주(晝) 땅을 떠나도 왕께서 나를 쫓지 않으니, 내가 그런 연후에 단호히 돌아갈 뜻이 있었다. 내가 비록 그렇지만 어찌 왕을 버릴 수 있었겠는가? 왕께서 오히려 족히 선을 하고 쓰게 되어 왕이 만일 나를 등용한다면 어찌 다만 제나라 백성만 편안케 하겠는가? 천하의 백성을 모두 편안케 할 것이다. 왕이 그것을 고치기를 바라건대, 내가 날마다 그것을 희망하는 바였다.

〈단어 및 어휘〉

- 浩然(호연): 마치 물이 아래로 흘러 긋지 않는 것 같은 것, 따라서 거리낌이 없는 心境을 뜻한다.
- 舍(버릴 사/집 사): 捨也.
- 由(말미암을 유): 말미암다, 쓰다, 좇다, 따르다, 행하다(行), 등용하다(登用·登庸), 까닭, 말미, 휴가, 움(나무를 베어 낸 뿌리에서 나는 싹), ~부터, 오히려, 猶也.
- 用(쓸 용): 쓰다, 부리다, 사역하다, 베풀다(일을 차리어 벌이다, 도

와주어서 혜택을 받게 하다), 시행하다, 일하다, 등용하다, 登用.

· 徒(무리 도): 무리, 걷다, 일꾼, 다만 ~뿐, 단지, 헛되다, 홀로.

· 擧(들 거): 들다, 일으키다, 모두, 온통.

· 庶幾(서기): ~을 바라다, 바라건대, 거의, 오직 ~만이, 대체로.

〈문법연구〉

· 出晝而王不予追也.

: 而는 역접. 王不予追 왕은 나를 쫓지 않았다. 王追予의 부정으로 대명사 予가 앞으로 도치되었다.

예) 吾有父老 身死莫之養也. (韓非子)
: 나에게는 늙으신 아버지가 계시는데 내가 죽으면 그를 보살펴드
릴 사람이 아무도 없다. (莫之養: 대명사 之가 도치되었다.)

04-12-06

予豈若是小丈夫然哉 諫於其君而不受則怒 悻悻然見於其面 去則窮
日之力而後宿哉.

내가 어찌 이 졸장부같이 그럴 수 있었겠는가? 그 군주에게 간하
여 받아들이지 않으면 노하여 일그러짐이 그 얼굴에 나타나고,
떠나면서는 즉 하루의 힘을 다한 이후에 (떠나가) 묵을 수 있겠
는가?

〈단어 및 어휘〉

· 若是(약시): 이처럼.

· 悻(성낼 행): 성내다, 강직하다, 발끈 화내는 모양. 悻悻은 怒氣

를 띤 모습을 말한다.

· 見(보일 현): 現也. 나타나다.

예) 得志澤加於民 不得志修身見於世. (孟子)
: 뜻을 얻으면 백성에게 은덕을 가하고, 뜻을 얻지 못하면 몸을 닦아, 세상에 드러낸다.

예) 莫見乎隱 莫顯乎微 故君子愼其獨也. (中庸)
: 숨은 것보다 더 드러나는 것은 없으며, 은미함보다 더 나타나는 것은 없으니, 고로 군자는 그 홀로 삼간다.

· 窮日之力(궁일지력): 해가 돋을 때부터 해질 때까지 갈 수 있는 최대한의 길을 가는 것.

04-12-07
尹士聞之曰 士誠小人也.

윤사가 그것을 전해 듣고 말하기를, <윤사 저는 참으로 소인입니다.>

下 13장

04-13-01
孟子去齊 充虞路問曰 夫子若有不豫色然 前日虞聞諸夫子 曰君子不怨天 不尤人.

孟子께서 齊나라를 떠나실 적에 充虞가 길에서 물었다. <夫子께서 즐겁지 못하신 氣色이 있으신 듯합니다. 전날에 제가 夫子께 듣기

로 '君子는 하늘을 원망하지 않으며, 사람을 허물하지 않는다.' 하셨습니다.>

〈단어 및 어휘〉

· 充虞(충우): 孟子의 제자.
· 豫(미리 예/즐길 예): 미리, 사전에 대비하다, 즐기다, 기뻐하다, 놀다.
· 諸(모든 제/어조사 저): 모든, 여러, ~는, ~에서, ~에게서, ~에, ~여(영탄), 之於의 합자로 음은 '저'
· 尤(허물 우/더욱 우): 더욱, 한층 더, 오히려, 도리어, 허물, 과실, 결점, 원한, 훌륭한 사람, 뛰어난 것, 으뜸, 탓하다, 원망하다, 원한을 품다, 힐책하다.
· 若(같을 약): 같다, 또는, 혹시, 만약에 ~하면, ~와 같다, 어떠한가?

〈문법연구〉

· 夫子若有不豫色然.
: <若~然>, 마치 ~같다. 不豫色은 '즐겁지 않은 듯한 기색.'

04-13-02
曰彼一時 此一時也.

말씀하시기를, <저도 한때의 시기였고, 이도 한때의 시기이다.>('그렇게 하늘과 사람을 원망하지 않는 것도 한때의 일이고 지금처럼 기쁘지 않는 기색을 하는 것도 한때의 일이다'라는 의미.)

〈단어 및 어휘〉

· 時(때 시): 時間的인 때라 하기보다는 狀況이나 境遇.

04-13-03

五百年 必有王者興 其間必有名世者.

오백 년 만에 반드시 왕 천하 하는 자가 흥기함이 있었으며, 그 사이에는 반드시 세상에 이름난 자가 있었다.

〈단어 및 어휘〉

· 其間(기간): 그 무렵. 오백 년 주기로 진정한 왕이 등장하게 될 그 무렵.
· 名世者(명세자): 세상에 이름난 인물.

04-13-04

由周而來 七百有餘世矣 以其數則過矣 以其時考之則可矣.

주나라로부터 이래로 칠백여 년이 흘렀으니, 그 숫자로서 한다면 이미 지났고 그 (치세가 올) 시대로 생각해보면 가하다.

〈단어 및 어휘〉

· 有(있을 유): 七百에다가 또 남은 해가 '있다'라는 뜻이다. 又와 같다.

〈문법연구〉

· 以其數則過矣.

: 이 문장을 '以 A 爲 B'의 文型으로 판단하면 '爲~'에 該當하는 말이 생략되었다. 爲 B에 該當하는 말은 考之라고 생각해도 무방하다.

04-13-05

夫天未欲平治天下也 如欲平治天下 當今之世 舍我其誰也 吾何爲不豫哉.

저 하늘이 아직 천하를 고루 다스리고자 않으시니, 만일 고루 천하를 다스리고자 하셨다면 마땅히 오늘의 세상에서 나를 버려두고 그 누구와 한단 말인가? 내가 어찌 기뻐하지 않을 수 있겠는가.>(그러나 시절이 이러하니 내가 어찌 기쁘겠는가)?

〈단어 및 어휘〉

· 夫(지아비 부): 여기서는 발어사로서 <무릇~> <대저~>의 의미로 쓰였다.

· 舍(버릴 사/집사): 捨와 通用.

· 哉(어조사 재): ~일 것인가(반문), ~이리오, ~이로구나, ~도다(영탄).

〈문법연구〉

· 舍我其誰也.

: 그대로 직역하면 '나를 버리고 누구이겠는가?'이다. 其는 추측의 의미를 가진다.

· 何爲不豫哉.

: 何爲(하위)는 어떻게, 어째서, 무엇 때문에. 爲何(무엇을 위하다)
의 어순이 의문대명사 何가 동사 爲의 목적어이지만 앞으로 도치되
어 何爲가 되었다.

下 14장

04-14-01
孟子去齊居休 公孫丑問曰 仕而不受祿 古之道乎.

孟子께서 齊나라를 떠나 休 땅에 머무시자, 公孫丑가 물었다. <벼
슬하면서 祿을 받지 않는 것은 옛 道입니까?>

〈단어 및 어휘〉

· 休(쉴 휴): 地名으로 오늘날 山東省에 위치.
· 古之道(고지도): 古代의 理想的 人物들의 先例.

04-14-02
曰非也 於崇吾得見王 退而有去志 不欲變 故不受也.

말씀하셨다. <아니다. 崇 땅에서 내가 王을 뵙고 물러 나와 떠날
뜻을 두고 변치 않고자 하였기 때문에 받지 않았다.

〈단어 및 어휘〉

· 崇(높을 숭): 높다, 높이다, 높게 하다, 존중하다, 모으다, 모이

다, 차다, 채우다, 차게 하다, 마치다, 끝나다, 齊나라의 한 地名.

〈문법연구〉

・於崇吾得見王.

: 이 문장은 원래 吾得見王於崇인데 於崇을 강조하여 앞으로 내었다. 원래는 앞의 於를 생략하고 崇吾得見王焉으로 표현할 수 있다.

04-14-03

繼而有師命 不可以請 久於齊 非我志也.

연이은 군사적 명령 때문에 청할 수 없어서 제나라에 오래도록 있었지, 나의 본뜻이 아니었다.

〈단어 및 어휘〉

・師令(사령): 戰爭(師旅)에 軍隊를 動員하는 命令.

滕文公章句 上

凡五章

上 1장

05-01-01

滕文公爲世子 將之楚 過宋而見孟子.

등문공이 세자 시절에, 장차 초나라로 가려고 송나라를 지날 적에
孟子를 뵈었다.

〈단어 및 어휘〉

· 滕(물 솟을 등): 물 솟다, 나라 이름.
· 將(장수 장): 한편. 또는~하려 하다.
· 之(갈 지): 往也. '가다' 동사적 용례이다.

〈문법연구〉

· 將之楚.

: 之는 '(어디로) 간다'라는 뜻의 동사로 사용되는 경우 문장에서 처럼 뒤에 구체적인 목적지가 온다.

· 過宋而見孟子.
: 而는 순접으로~하면서, 또는 위 번역문처럼~할 적에.

05-01-02

孟子 道性善 言必稱堯舜.

孟子께서 성(性)이 선(善)함을 말할 때마다 반드시 요임금과 순임금을 거론하여 말씀하셨다.

〈단어 및 어휘〉

· 道(길 도): 言也, 敎也. 말하다, 가르치다. 길 도, 말할 도, '말한다'라는 뜻.
· 堯(요임금 요/높을 요): 古代 唐나라의 聖君 陶唐氏의 號. 성은 唐, 이름은 放勳.

〈문법연구〉

· 孟子道性善.
: 道는 동사로 쓰일 때는 대체로 '말하다'라는 뜻이다. 때로는 드물지만 導를 대신하기도 한다.

05-01-03

世子自楚反 復見孟子 孟子曰 世子疑吾言乎 夫道一而已矣.

세자가 초나라로부터 돌아와 다시 孟子를 뵙자, 孟子께서 말씀하셨다. <세자는 내 말을 의심하십니까? 무릇 도는 하나일 뿐입니다.

〈단어 및 어휘〉

· 復(회복할 복/다시 부): 복/회복하다, 돌아가다, 겹치다, 대답하다, 부/다시, 거듭, 거듭하다. '다시'라는 뜻의 부사로 쓰일 때는 음이 '부'이다.

05-01-04

成覵謂齊景公曰 彼丈夫也 我丈夫也 吾何畏彼哉 顏淵曰 舜何人也 予何人也 有爲者亦若是 公明儀曰 文王我師也 周公豈欺我哉.

成覵(성견)이 齊景公에게 이르기를 '저(성현)들도 丈夫이며 나도 丈夫이니, 내 어찌 저(성현)들을 두려워하겠는가?' 하였으며, 顏淵이 말씀하기를 '舜은 어떤 사람이며, 나는 어떤 사람인가? 훌륭한 일을 하는 사람은 또한 이(舜)와 같다.' 하였으며, 公明儀가 말하기를 '(주공께서) 「文王은 나의 스승이다.」하셨으니, 周公께서 어찌 나를 속였겠는가?' 하였습니다.

〈단어 및 어휘〉

· 覵(엿볼 간/지릅뜰 한): 엿보다, 훔쳐보다. 사람 이름의 경우에는 '견'으로 발음하기도 한다.
· 成覵(성견): 齊나라 景公 때의 臣下. 齊나라 景公의 勇猛한 臣下로 알려져 있다.
· 顏淵(안연): 孔子의 首弟子.

- 公明儀(공명의): 公明은 성, 儀는 이름. 魯나라의 賢人. 禮記 檀弓上篇; 祭儀篇 등에 보이는데, 曾子의 門人이라고도 하고(鄭玄), 子張의 門人이라고도 한다. (孔穎達).
- 周公(주공): 周文王의 아들로 周 王朝를 세우는데 功이 큰 人物로 孔子가 매우 尊敬했다.

〈문법연구〉

- 何畏, 何人.
: 동사 畏 앞에 쓰인 何는 의문부사로서 '어찌'라는 뜻이고, 명사人 앞에 쓰인 何는 의문형용사로서 '어떤', '무슨'이라는 뜻이다.

- 有爲者亦若是.
: 爲는 孟子에서 '바람직한 일을 하다/훌륭한 일을 하다', '왕도정치를 하다'라는 뜻으로 쓰인다. 때로는 <그럴 만한 까닭을 갖고 있어서>라는 의미로 쓰이기도 한다. 有爲者는 '왕도정치를 하는 것(사람)' 정도로 해석한다. 是는 舜을 나타낸다.

> 예) 程子曰 聖人 以天下 無不可有爲之人 亦無不可改過之人. (論語集註)
> : 정자가 말했다. 성인이 천하로 가히 (有爲/바람직한 일을)하지 못할 사람이 없으며 또한 가히 허물을 고치지 못할 사람도 없다.

05-01-05
今滕絶長補短 將五十里也 猶可以爲善國 書曰若藥不暝眩 厥疾不瘳.

지금 滕나라는 긴 곳을 자르고 짧은 곳을 보태어 약 50里이나, 오히려 선한 나라가 될 수 있습니다. 서경에 이르기를 '만약 약이 어지럽지 않으면 그 병이 낫지 않는다.' 하였습니다.>

<단어 및 어휘>

- 絕長補短: 국토의 긴 곳을 잘라 짧은 곳을 보충해서 대략적인 넓이를 계산해 본다는 말이다.
- 將(장차 장): '~이 되다, ~이다'라는 뜻의 동사. 또는 부사로 且와 같은 뜻. 또한.

  예) 非子定社稷, 其將誰也. (管子/大匡)
  : 그대가 사직을 안정시키지 않는다면 그렇게 할 사람이 누구겠는가.

  예) 固天縱之將聖 (論語)
  : 정말 하늘이 그로 하여금 성인이 되도록 내버려 두다.

- 瞑(눈감을 명): 눈감다, 눈이 어둡다, 소경, 백성.
- 眩(어지러울 현): 어지럽다, 어둡다, 현혹하다.
- 瞑眩(명현): 눈앞이 아찔하고 어지러움. 즉 약을 먹은 뒤에 약 기운으로 말미암아 어지러운 症勢. 약 기운으로 어지러운 증상. 藥이 毒해서 어지러운 것을 말한다.
- 書(책 서): 書經.
- 厥: 그 궐.
- 瘳(나을 추): 낫다, 병이 낫다, 좋다.

上 2장

05-02-01

滕定公薨 世子謂然友曰 昔者 孟子嘗與我言於宋 於心終不忘 今也 不幸 至於大故 吾欲使子問於孟子然後 行事.

滕나라 定公이 돌아가시자, 世子가 然友에게 말하였다. <옛적에 孟子께서 일찍이 나와 宋나라에서 말씀하였는데, 마음에 끝내 잊지 못한다. 이제 불행히도 大故를 당하였으니, 내 자네로 하여금 孟子께 물은 뒤에 일을 행하고자 하노라.>

〈단어 및 어휘〉

· 定公(정공): 滕文公의 父親을 말한다.
· 薨(훙서 훙/많을 횡): 諸侯가 죽는 것, 또는 國君이 죽는 것을 말한다.
· 世子(세자): 滕文公을 말한다.
· 然友(연우): 滕文公의 世子시절의 師傅를 말한다.
· 大故(대고): 大喪 즉 親喪을 말한다.

〈문법연구〉

· 吾欲使子問於孟子.
: 그대로 하여금 孟子에게 묻게 하고 싶다.

05-02-02
然友之鄒 問於孟子 孟子曰 不亦善乎 親喪固所自盡也 曾子曰 生事之以禮 死葬之以禮 祭之以禮 可謂孝矣 諸侯之禮 吾未之學也 雖然 吾嘗聞之矣 三年之喪 齊疏之服 飦粥之食 自天子達於庶人 三代共之.

然友가 鄒 땅에 가서 孟子께 물으니, 孟子께서 말씀하였다. <또한 좋지 않은가? 親喪은 진실로 스스로 다하는 바이다. 曾子께서 말씀하시기를 '살아서는 禮로써 섬기고, 죽어서는 禮로써 장사 지내며 禮로써 제사 지낸다면 孝라고 이를 만하다.' 하셨으니, 諸侯의

예는 내 배우지 못하였으나, 그러나 내 일찍이 들으니, 삼년상에
거친 옷(참최복, 자최복)을 입고 미음과 죽을 먹는 것은 천자로부
터 서인에 이르기까지 삼대(하, 은, 주)가 같았다.>

〈단어 및 어휘〉

· 曾子: 공자의 제자인 曾參을 말한다.
· 齊(가지런할 제/옷자락 자): 제/가지런하다, 단정하다, 제나라,
  자/옷자락, 상복.
· 疏(소통할 소): 소통하다, 트이다, 성기다, 멀다.
· 齊疏之服(자소지복): 斬衰(참최=斬衰)와 齊衰(자최)의 喪服이다.
  齊疏(자소)는 상복인데 아랫단을 꿰맨 거친 삼베 상복이다. 옷
  아랫부분을 꿰매지 않고 천을 자른 그대로의 상복이면 斬, 아랫
  단을 단정하게 꿰매면 齊이다. 원래는 斬衰(참최)는 3년 부친상
  에 사용하고 齊衰(자최)는 부친이 살아 있을 때 모친상을 당한
  1년상 상복이다.
· 飦(죽 전): 죽, 된죽, 범벅.
· 粥(죽 죽): 죽, 미음.
· 飦粥(전죽): 飦은 된 죽이고 粥은 鬻也로 묽은 죽을 말한다. 함
  께 일컬어 '죽'이다.

〈문법연구〉

· 吾未之學也.
: 之는 앞의 '제후의 예'를 가리킨다. 부정문에서 목적어가 대명사
이기 때문에 동사 앞으로 도치되었다.

05-02-03

然友反命 定爲三年之喪 父兄百官 皆不欲曰 吾宗國魯先君 莫之行
吾先君亦莫之行也 至於子之身而反之不可 且志曰喪祭從先祖 曰吾
有所受之也.

然友가 反命하여 삼년상으로 정해지자, 父兄과 百官이 모두가 하지 않으려 하며 말하기를 <우리의 宗國인 魯나라 先君께서도 행하지 않았으며, 우리 先君께서도 또한 행하지 않았는데, 지금 그대 자신에 이르러 되돌리는 것은 불가합니다. 또한 기록에도 이르기를 '喪祭는 先祖를 따른다.' 하였으니, 우리가 전수 받은 바가 있기 때문에 이르는 것입니다> 하였다.

〈단어 및 어휘〉

· 反命(반명)=復命: 명령 받은 일을 집행하고 나서 그 결과를 보고하는 것. 反命은 왕명을 받아 사절로 나간 사람이 돌아와서 보고하는 것을 말한다. 復命(복명)이라고도 한다.
· 宗國(종국): 分家의 나라에 대하여 本家의 나라를 일컫는 말이다.
· 志(뜻 지): 誌也 '옛 기록'을 말한다.
· 子之身(자지신): 그대의 몸이란 말인데, 곧 '그대의 代'란 뜻이다. 反之는 이것(관례)을 뒤집는다는 뜻이다.

〈문법연구〉

· 莫之行.
: 부정대명사 莫 다음의 동사+대명사는 도치된다. 行之/그것을 행하다. 莫之行/어느 누구도 그것을 행하지 않다.

05-02-04

謂然友曰 吾他日未嘗學問 好馳馬試劍 今也父兄百官不我足也 恐其
不能盡於大事 子爲我問孟子 然友復之鄒 問孟子 孟子曰 然不可以
他求者也 孔子曰 君薨 聽於冢宰 歠粥 面深墨 卽位而哭 百官有司
莫敢不哀 先之也 上有好者 下必有甚焉者矣 君子之德風也 小人之
德草也 草上之風必偃 是在世子.

然友에게 말하기를 <내 다른 날에 일찍이 學問을 하지 않고 말달
리기와 칼 쓰기를 좋아하였더니, 지금 父兄과 百官이 나를 부족하
게 여기니, 大事에 능히 禮를 다하지 못할까 두렵다. 그대는 나를
위하여 孟子께 물어보라> 하였다. 然友가 다시 鄒 땅으로 가서 孟
子께 물으니, 孟子께서 <그렇겠다. 다른 것으로써 구할 수 없다.
孔子께서 말씀하시기를 '君主가 돌아가시면 (政事의 명을 冢宰에
게) 듣느니, 죽을 마시고 얼굴을 매우 검게 하고 자리에 나아가
哭 하면 百官과 有司들이 감히 슬퍼하지 않음이 없는 것은 솔선하
기 때문이다. 위에서 좋아하는 것이 있으면 아래에서 반드시 더욱
심히 하는 것이 있다. 君子의 德은 바람이요, 小人의 德은 풀이니,
풀 위에 바람이 불면 반드시 눕혀지게 되는 것이다.' 하셨으니, 이
는 世子에게 달려있는 것이다.>

〈단어 및 어휘〉

· 他日: '일찍이', '소싯적에.'
· 未嘗學問: 嘗(상)은 보다, 체험하다, 경험하다. 학문을 등한시하고
  열심히 닦지 않았다는 듯.
· 冢(무덤 총): 무덤, 산꼭대기, 우두머리, 크다.

- 冢宰(총재): 六卿의 우두머리를 말한다.
- 聽於冢宰(청어총재): 聽은 '들을 청'이나 여기서는 '맡기다'는 뜻.
- 歠(들이마실 철): 들이마시다, 마시는 음식.
- 深墨(심묵): 深은 甚也로 슬픔에 잠겨 심히 沈鬱한 모습을 말한다.
- 卽位(즉위): 喪主의 자리에 나가는 것을 말한다.
- 尙(오히려 상): 오히려, 더욱이, 숭상하다, 높이다, 더하다. 尙之 風은 <그것에 바람이 더해지면>
- 偃(쓰러질 언): 나부끼다, 쓰러지다, 눕다, 쉬다. 여기서는 伏也 라 感服이다.

〈문법연구〉

- 恐其不能盡於大事.
: 其는 漠然한 推測을 할 때 쓰는 調音素.

- 不我足也.
원래는 不足我也이다. '나를 만족시켜주지 않는다/나를 족하다 생 각하지 않다.' 그러나 부정 용법에 의해서 대명사인 我가 전치되었다.

05-02-05
然友反命 世子曰然是誠在我 五月居廬 未有命戒 百官族人 可謂曰 知 及至葬 四方 來觀之 顔色之戚 哭泣之哀 吊者大悅.

然友가 反命하자, 世子 말하기를 <그렇다. 이는 진실로 나에게 달 려있다.>하고는 다섯 달을 廬幕에서 거처하면서 命令과 警戒를 내 리지 않으니, 百官과 族人들이 '禮를 안다고 이를 만하다.'하고, 葬 事에 이르자, 四方에서 와서 보고, 안색이 수척하고 곡하며 우는 것이 애처로우니, 弔問 하는 이들이 매우 흡족해하였다.

〈단어 및 어휘〉

- 居廬(거려): 廬幕(여막)에 거처하는 것을 말한다. 廬(농막집, 오두막 여)
- 命戒(명계): 명령과 교계.
- 戚(친척 척/슬퍼할 척): 친척, 친하다, 근심하다, 슬퍼하다, 성내다. 슬퍼하는 모습.

上 3장

05-03-01

滕文公 問爲國.

등 문공이 나라 다스림을 물었는데

〈단어 및 어휘〉

- 爲(할 위): 治也, 營爲. 다스리다.

05-03-02

孟子曰 民事不可緩也 詩云 晝爾于茅 宵爾索綯 亟其乘屋 其始播百穀.

孟子께서 말씀하셨다. <農事는 느슨히 할 수 없으니, 『詩經』에 이르기를 '낮에는 가서 띠(풀)를 베어오고 밤에는 새끼 꼬아 빨리 그

지붕을 올려야 비로소 百穀을 파종할 수 있다.' 하였습니다.

〈단어 및 어휘〉

· 民事(민사): 백성의 일이다. 즉 農事.
· 緩(느릴 완): 느리다, 느슨하다, 부드럽다, 늘어지다.
· 詩云(시운): 詩經의 豳風(빈풍) 七月之篇.
· 爾(너 이): 汝也 女也 而也 '너'.
· 茅(띠 모): 띠, 띳집.
· 宵(저녁 소): 夜也. 밤, 초저녁.
· 索: 새끼 꼴 색·綯(꼴 도): 꼬다, 새끼, 노끈
· 亟(빠를 극/자주 기): 극/빠르다, 급속히, 성급함, 기/자주.
· 其(그 기): 이에, 그래서, 마땅히, 바야흐로.
· 屋: 지붕 옥.
· 播(뿌릴 파): 布也. (씨를) 뿌리다.

05-03-03

民之爲道也 有恒産者 有恒心 無恒産者 無恒心 苟無恒心 放辟邪侈 無不爲己 及陷乎罪然後 從而刑之 是罔民也 焉有仁人在位罔民而可爲也.

백성을 다스리는 도(道)는 일정한 생업이 있는 자는 항상(恒常)된 마음이 있고, 일정한 생업이 없는 자는 항상(恒常)된 마음이 없게 됩니다. 진실로 항상(恒常)된 마음이 없게 되면 방벽(放辟)하고 사악하고 분수에 넘쳐나게 되어 하지 않는 것이 없게 될 뿐이니, 죄에 빠짐에 이른 연후에 쫓아 형벌을 한다면 이것은 백성을 그물질하는 것이 된다. 어찌 인자한 사람이 제위에 있으면서 백성을 그

물질하는 일을 할 수 있겠습니까?

〈단어 및 어휘〉

· 放辟(방벽): 아무 거리낌 없이 마음대로 행동함.
· 邪侈(사치): 사악하고 사치스러움.
· 侈(사치할 치): 사치하다, 무절제하다, 난잡하다.
· 無不爲(무불위): '어떤 부도덕한 일이라도 다 한다'
· 及~然後(급~연후): '~함에 이른 연후에'
· 陷: '빠질 함'=모함 謀陷.
· 罔(그물 망): 그물, 얽다, 그물질하다, 어둡다, 속이다.
· 罔民: 그물로 백성을 잡아 들이는 것. '그물 망'
· 恭儉(공검): 공손하고 검소함. '공손할 공', '검소할 검'
· 禮下(예하): 아랫사람을 예로써 대접함. 또는 예로서 낮추다.

05-03-04
是故 賢君必恭儉禮下 取於民有制.

이러므로 현군(賢君)은 반드시 공경과 검소함의 예(禮)로 자기를 낮추고, 백성에게 취하길 법제(法制)가 있게 한 것입니다.

〈문법연구〉

· 取於民有制.
: 有는 앞에 장소가 오는 식으로 해석하면 용이한 경우가 많다. 즉 取於民 '백성에게서 취하는 데에.' 有制 '제도가 있다.'

05-03-05

陽虎曰 爲富不仁也 爲仁不富矣.

陽虎가 말하기를 '富者가 되면 仁하지 못할 것이요, 仁을 하게 되면 富者가 되지 못할 것이다.' 하였습니다.

〈단어 및 어휘〉

· 陽虎(양호): 魯나라 權臣 季氏의 家臣으로 알려져 있다. 論語에서는 陽貨라고 나온다.

05-03-06

夏后氏五十而貢 殷人七十而助 周人百畝而徹 其實皆什一也 徹者徹也 助者藉也.

夏나라 때에는 50畝를 나누어주고 貢法을 시행하였고, 殷나라는 70묘를 나누어주고 助法을 시행하였으며, 周나라는 한 가장에게 100묘를 나누어주고 철법(徹法)을 시행하였는데, 모두 10분의 1을 세금으로 거두었으니, 철(徹)은 힘을 통틀어 함께 일하고 균등하게 나눈다는 뜻이고, 조(助)는 백성들의 힘을 빌려 公田을 경작한다는 뜻입니다.

〈단어 및 어휘〉

· 夏后氏(하후씨): 중국 고대 夏 王朝. 禹임금이 始祖.
· 五十而貢(오십이공): 夏代의 稅制.
· 七十而助(칠십이조): 殷代 制度.
· 百畝而徹(백묘이철): 周代의 田法.

・徹(통할 철): 통하다, 말미암다, 밝다, 다스리다.
・藉(깔개 자/빌릴 차): 자/깔개, 깔다, 빌리다, 의지하다, 차/기대다, 빌리다, 구실, 세금.

05-03-07

龍子曰 治地莫善於助 莫不善於貢 貢者校數歲之中 以爲常 樂歲粒米狼戾 多取之而不爲虐 則寡取之 凶年糞其田而不足 則必取盈焉 爲民父母 使民盻盻然將終歲勤動 不得以養其父母 又稱貸而益之 使老稚轉乎溝壑 惡在其爲民父母也.

龍子가 말하기를 '토지를 다스림은 助法보다 좋은 것이 없으며, 貢法보다 좋지 않음이 없으니, 공(貢)은 몇 년 동안 수확량의 중간치를 비교하여 일정한 수를 세금으로 내게 합니다. 풍년에는 곡식이 흔하여 세금을 많이 거둬가도 포악함이 되지 않는데 적게 거둬가고, 흉년에는 밭에 거름주기에도 부족한데 반드시 일정량을 채워서 세금을 거둬가니 백성들의 부모가 되어 백성들로 하여금 盻盻然하도록 하고, 장차 해가 다 가도록 부지런히 움직여도 그 부모를 봉양하지 못하고, 또 빚을 내어 보태게 하여, 늙은이와 어린 아이들이 도랑과 골짜기에서 輾轉하게 한다면 그 백성들의 부모 된 것이 어디 있는 것인가?' 하였습니다.

〈단어 및 어휘〉

・校(학교 교): 比較로 挍와 通用되어 使用되었다. 즉 '견주다, 비교하다'
・樂歲(낙세): 풍년이 든 해.

· 粒米(립미): 낱알 정도로 새긴다.

· 狼戾(낭려): 狼藉. 마구 흩어져 있는 것을 形容하고 있다.

· 戾(어그러질 려): 어그러지다, 거스르다, 사납다, 탐하다, 거세다.

· 糞(똥 분): 똥, 거름을 주다, 제거하다, 치우다, 더럽다.

· 盼(흘겨볼 혜): 흘겨보다, 노려보다, 돌아보다.

· 勤動(근동): 勞苦也. 힘써 일하는 것.

· 稱貸(칭대): 이자를 받고 돈을 빌리거나 빌려줌.

· 稱(일컬을 칭): 일컫다, 부르다, 저울질하다, 무게를 달다, 헤아리다.

· 溝壑(구학): 개천과 구덩이.

· 惡在(오재): 오재로 읽고, '어디에 ～있는가? 또는 어찌 ～하는가?'

〈문법연구〉

· 治地莫善於助 莫不善於貢.

: 莫～, ～한 것은 없다. 아무것도 ～하지 않다. 於 비교법에서는 ～보다. 莫善於助 助보다 좋은 것은 없다. 莫不善於～ ～보다 좋지 않은 것은 없다.

· 貢者校數歲之中 以爲常.

: 以爲～, ～으로 삼다. ～으로 여기다. ～으로 생각하다.

　　예) 不如積陰德於冥冥之中 以爲子孫之計也. (明心寶鑑)
　　: 명명지중에 덕을 쌓는 것을 자손을 위한 계획으로 삼는 것보다
　　좋은 것은 없다.

　　예) 請子之車以爲之槨. (論語)
　　: 공자의 수레로 곽을 만들기를 청하다./子曰 事君盡禮 人以爲諂

也. (論語) 공자(孔子)께서 말씀하시길, '임금 섬김에 예(禮)를 다
함을 사람들은 아첨한다고 하는구나!'

05-03-08

夫世祿 滕固行之矣.

무릇 대대로 녹(世祿)을 주는 것은 등나라가 진실로 행하고 있습니다.

〈단어 및 어휘〉

· 世祿(세록): 功臣에게 祿을 주어 代代로 世襲하게 하는 것.

05-03-09

詩云 雨我公田 遂及我私 惟助爲有公田 由此觀之 雖周亦助也.

≪시경≫ <대전(大田)>에 이르기를 '우리 공전(公田)에 비를 내려
마침내 우리 사전(私田)에까지 이르기를 바란다.' 하였는데, 오직
조법에만 공전이 있으니, 이로써 본다면 주나라도 조법을 시행한
것입니다.

〈단어 및 어휘〉

· 詩云(시운): 詩經 小雅의 大田之篇.
· 遂(마침내 수): 드디어, 마침내. 부사적 용례.
· 惟(생각할 유): 생각하다, 꾀하다, 오직, ~로써, ~뿐
· 雖(비록 수): 비록, ~라 해도, 만약, 곧, 오직, 다만.

05-03-10

設爲庠序學校 以敎之 庠者養也 校者敎也 序者射也 夏曰敎 殷曰序

周曰庠 學則三代共之 皆所以明人倫也 人倫明於上 小民親於下.

庠·序·學·校를 설치하여 가르쳤으니, 庠은 봉양하는 것이요, 校는 가르친 다는 것이요, 序는 활쏘기를 익힌다는 것입니다. 夏나라에서는 校라 하였고, 殷나라에서는 序라 하였고, 周나라에서는 庠이라 하였으며, 學은 三代(하은주)가 공히 하였으니, 이는 모두 人倫을 밝히는 것입니다. 人倫이 위에서 밝으면 小民들이 아래에서 친해집니다.

〈단어 및 어휘〉

· 設爲(설위): 설치한다는 뜻이다. 庠(상)·序(서)·學(학)·校(교)는 모두 교육기관의 이름이다.
· 庠(학교 상): 학교, 향학, 주나라의 학교.
· 庠序校(상서교): 鄕里의 小學이다. 특히 庠은 殷周의 鄕學이다. 序는 殷의 學堂이다. 校는 夏의 學堂이다.
· 養(기를 양): 老人을 尊敬하는 것을 말한다.
· 射(쏠 사): 弓術. 활쏘기를 익히는 것을 말한다.
· 三代(삼대): 夏·殷·周를 말한다.
· 人倫(인륜): 人間의 秩序, 儒家의 五倫을 말한다.

05-03-11
有王者起 必來取法 是爲王者師也.

왕업(王業)을 이룰 자가 나올 경우 반드시 (등나라)로 와서 이를 취하여 법으로 삼을 것이니, 이는 왕업을 이룬 자의 스승이 되는 것입니다.

<단어 및 어휘>

· 有 '어떤' 冠形詞 용례 또는 '혹, 또' 부사적 용례로 사용된 경우
이다. 또는 위 해석처럼 '~가 있다'. 때에 따라서는 관형사로서
'한'이라고 해석되는 경우도 있다. 위 문장도 '~가 있다'라고도
할 수 있지만 '한(어떤) 왕 되는 자가 일어나면'이라고 해석할
수도 있다.

05-03-12
詩云 周雖舊邦 其命維新 文王之謂也 子力行之 亦以新子之國.

<시경>에 이르기를 '주나라가 비록 오래된 나라이지만 하늘에서 받
은 천명은 새롭다.' 하였으니, 이는 문왕을 이른 것입니다. 임금께서
힘써 행하신다면 또한 (등)나라를 새롭게 할 수 있을 것입니다.>

<단어 및 어휘>

· 詩云(시운): 詩經의 大雅 文王篇.
· 其命維新(기명유신): 天命에 의해 天下를 支配한 것은 文王에서
  비롯되었음을 말하고 있다.
· 子(아들 자): 그대. 여기서는 아직 나이가 어린 滕文公을 말한다.

<문법연구>

· 文王之謂也.
: 謂之文王也의 강조로 앞의 구절이 '문왕을 이름이다'라는 의미가
된다. 之는 강조의 구조조사로서 강조할 목적어를 앞으로 도치시키
고 그 뒤에 놓는 구조사이다.

05-03-13

使畢戰 問井地 孟子曰 子之君 將行仁政 選擇而使子 子必勉之 夫
仁政 必自經界始 經界不正 井地不均 穀祿不平 是故 暴君汚吏 必
慢其經界 經界旣正 分田制祿 可坐而定也.

(등문공이) 畢戰으로 하여금 井地에 관하여 묻게 하자, 孟子께서
대답하셨다. <그대의 君主가 장차 仁政을 행하려고 선택하여 그대
를 시킨 것이니, 그대는 반드시 힘쓰도록 하라. 仁政은 반드시 經
界로부터 시작되니, 經界가 바르지 않으면 井地가 고르지 못하며,
穀祿이 공평하지 못하다, 이 때문에 暴君과 汚吏는 반드시 그 經
界를 게을리하니, 經界가 이미 바르면 分田과 制祿은 앉아서도 정
해질 수 있는 것이다.

〈단어 및 어휘〉

· 畢戰(필전): 滕나라의 臣下이다.
· 井地(정지): 井田을 말한다.
· 將(장수 장/장차 장): 將次. 或也. 앞으로, 미래에, 혹은, 만약 등
  의 의미로 부사적 용례이다.
· 經界(경계): 境界로 土地를 적당하게 나눔.
· 汚(괸물 오): 혼탁한 물, 더럽다, 더럽히다, 부정하다
· 也(어조사 야): ~다(판단, 결정), ~인가?(의문), ~야말로(특정),
  ~이구나(감탄), ~라 해도, 잇다.

05-03-14

夫滕壤地褊小 將爲君子焉 將爲野人焉 無君子 莫治野人 無野人 莫
養君子.

무릇 등나라의 강토(疆土)가 치우치고 작으나, 장차 군자가 되는 자와 장차 야인(野人)이 되는 자가 있으니, 군자가 없다면 야인(野人)을 다스릴 수 없고, 야인(野人)이 없다면 군자에게 봉록을 줄 수 없게 된다.

〈단어 및 어휘〉

· 壤地(양지): 토지, 영토, 국토
· 褊(좁을 편): 좁다, 협소하다
· 將(장수 장): 장수, 거느리다, 장차, 원컨대, ~로써, ~와 함께, 거의, ~하기도 하고, 무릇, 대체로 보아, 또한, 한편 등의 부사 적 용례로 사용되었다.
· 焉(어찌 언/어조사 언): 문장의 끝에 쓰이며, 疑問 反語의 뜻을 나타낸다. '~와 같다.' 즉 ~할 법하다.
· 君子(군자): 여기에서는 有德者를 말하는 것이 아니고 벼슬하는 사람의 의미로 사용되었다.

05-03-15
請野九一而助 國中什一 使自賦.

청컨대 야인에게 1/9로서 조법을 행하고, 도성 안에는 1/10로서 스스로 납부(貢法)케 하라.

〈단어 및 어휘〉

· 野九一而助(야구일이조): 郊外의 農地는 井田을 시행하자는 말이다.

·國中(국중): 郊門 안에 鄕·遂의 땅이다.
·自賦(자부): 스스로 上納하는 것을 말한다.

05-03-16

卿以下 必有圭田 圭田 五十畝.

경(卿) 이하는 반드시 규전(圭田)이 있었고, 규전은 50묘로 하며,

05-03-17

餘夫 二十五畝.

여부(餘夫)에게는 25묘를 주도록 하라.

〈단어 및 어휘〉

·餘夫(여부): 식솔을 거느리지 않은 남자.

05-03-18

死徙 無出鄕 鄕田同井 出入相友 守望相助 疾病相扶持 則百姓 親睦.

죽거나 이사함에 시골을 벗어남이 없으니, 鄕田에 井을 함께한 자들이 出入에 서로 짝하고, 守望(지키고 망보기)에 서로 도우며, 疾病에 서로 扶持하면 백성들이 친하고 和睦하게 될 것이다.

〈단어 및 어휘〉

·死徙(사사): 죽거나 이사함.
·同井(동정): 한 井田 단위에서 耕作하는 것을 말한다.
·相友(상우): 相伴이다.

• 守望(수망): 盜賊의 侵入을 막고 災難을 監視하는 行爲를 말한다.

05-03-19

方里而井 井九百畝 其中 爲公田 八家皆私百畝 同養公田 公事畢然
後 敢治私事 所以別野人也.

사방 1리가 정전(井田)이 되니, 정전(井田)은 900묘로 그 가운데
를 공전(公田)으로 삼고, 8가구가 모두 사전(私田)으로 100묘씩을
받아 공동으로 공전(公田)을 기르고, 공전(公田)의 일이 끝난 연후
에 감히 사전(私田)의 일을 다스리니, 야인(野人)과 군자를 구별하
는 까닭이 된다.

〈단어 및 어휘〉

• 畢(마칠 필): 마치다, 다하다, 끝내다, 드리다, 빠르다.
• 所以(소이): ~한 까닭, 그래서, 원인, 이유.

05-03-20

此其大略也 若夫潤澤之則在君與子矣.

이것은 그 큰 요약이 되니, 만일 무릇 그것을 더 윤택하게 하고자
하면 (그것은) 군주와 그대에게 있다.>

〈단어 및 어휘〉

• 若(같을 약): 乃也. 이에, 그래서. 또는 '만약(若) 대체로(夫)'로
해석될 수 있다.

上 4장

有爲神農之言者 許行 自楚之滕 踵門而告文公曰 遠方之人 聞君行
仁政 願受一廛而爲氓 文公 與之處 其徒數十人 皆衣褐 捆屨織席
以爲食.

신농씨의 말을 하고 다니는 자 허행이 초나라로부터 등나라에 가
서는, 발꿈치가 문에 이르자마자 문공에게 고하기를 <먼 곳 사람
이 듣기에 君主께서 仁政을 행하신다 하니 원컨대 한 자리를 받아
백성이 되고자 합니다> 하니, 文公이 그에게 居處를 주니, 그 무
리 수십 인이 모두 갈옷을 입고 신을 두드려 만들고 자리를 짜서
밥벌이로 삼았다.

〈단어 및 어휘〉

· 神農(신농): 처음으로 百姓들에게 農事法을 가르쳤다고 전하는
  古代의 炎帝 神農氏를 말한다.
· 許行(허행): 성은 許, 이름은 行.
· 自(스스로 자): ～으로부터, ～에서.
· 踵(이를 종/발꿈치 종): 여기서는 動詞로 쓰였으므로 '발꿈치가
  닿았다' 즉 '다다랐다'라는 뜻이다.
· 廛: 가게 전, 집터 전. 자리 전. 성안의 집터. 여기서는 '거주하
  는 자리'
· 氓(백성 맹): 백성.
· 之(갈 지): 여기서는 許行을 指稱하는 代名詞로 쓰였다.
· 徒(무리 도): 제자의 뜻.

· 褐(갈옷 갈): 굵은 베나 거친 털가죽으로 만든 옷.

· 與之處(여지처): 與는 子也, 之는 指示代名詞로 使用되었다.

· 捆(두드릴 곤): 신을 삼는다는 뜻.

· 屨(신 구): 신

· 捆屨(곤구) 絪屨이다. 즉 짚신을 삼는 것.

· 以爲食(이위식): 밥벌이로 삼다.

〈문법연구〉

· 有爲神農之言者許行.

: '신농의 말을 실천하는 허행이 있어'라는 수식 문법으로, 또는 동격으로 보고 해석하여 '~라 하는 허행'.

05-04-02

陳良之徒陳相 與其弟辛 負未耟而自宋之滕 曰聞君行聖人之政 是亦聖人也 願爲聖人氓.

陳良의 무리 陳相이 그 아우 辛과 더불어 쟁기를 메고 宋나라로부터 滕나라로 가서 말하기를 <君主께서는 聖人의 정치를 한다고 들었습니다. 이 또한 성인이시니, 원컨대 聖人의 백성이 되고자 합니다> 하였다.

〈단어 및 어휘〉

· 陳良(진량): 초나라에 있었던 유가학파 중의 한 사람.

· 陳相(진상): 진량의 제자.

· 未(쟁기 뢰): 쟁기 자루의 뜻.

· 耜(보습 사): 耒耜는 쟁기를 말한다.

05-04-03
陳相 見許行而大悅 盡棄其學而學焉 陳相 見孟子 道許行之言曰 滕
君則誠賢君也 雖然 未聞道也 賢者 與民並耕而食 饔飧而治 今也
滕有倉廩府庫 則是厲民而以自養也 惡得賢.

陳相이 許行을 만나보고 매우 기뻐하며 그 배운 것을 모두 버리고
그에게 배우더니, 孟子를 뵙고 許行의 말을 하기를 <滕나라 君主
는 진실로 聖人이십니다. 비록 그렇지만 道를 듣지 못하였습니다.
賢者는 백성과 아울러 밭 갈고 먹으며, 밥 짓고 정치하나니, 지금
滕나라에는 倉廩과 府庫가 있으니, 이는 백성을 해쳐서 자기를 봉
양하는 것이니, 어찌 어질 수 있겠습니까?> 하였다.

〈단어 및 어휘〉

· 饔: 아침밥 옹.
· 飧: 저녁밥 손.
· 饔飧(옹손): 朝飯과 夕食을 말하는데, 여기에서는 밥을 손수 지
  어서 해 먹는 것을 말하고 있다.
· 廩(곳집 름): 곳집, 창고, 저장하다, 녹미.
· 厲(갈 려/나환자 라/사나울 려): 病也. 숫돌, 갈다, 문지르다, 가혹
  하다. 백성들에게 병을 주는 것과 같다. 따라서 괴롭다. 괴롭히다.
· 惡(어찌 오/싫어할 오/악 악): 何也. 어찌, 어떻게.

〈문법연구〉

· 厲民而以自養也.

: 以 다음에 대명사 之가 생략된 형태이다. 대명사 之는 앞의 屬民이다. 自: 養의 목적어지만 自는 항상 목적어 앞에 위치한다.

05-04-04

孟子曰 許子·必種粟而後 食乎 曰然 許子·必織布而後 衣乎 曰否 許子衣褐 許子冠乎 曰冠 曰奚冠 曰冠素 曰自織之與 曰否 以粟易之 曰許子·奚爲不自織 曰害於耕 曰許子 以釜甑爨 以鐵耕乎 曰然 自爲之與 曰否 以粟易之.

孟子께서 묻기를 <許子는 반드시 곡식을 심은 뒤에 먹는가?>하니, <그렇습니다.> <許子는 반드시 베를 짜서 옷을 입는가?> <아닙니다. 許子는 갈옷을 입습니다.> <許子는 冠을 쓰는가?> <冠을 씁니다.> <무슨 冠을 쓰는가?> <흰 冠을 씁니다.> <스스로 그것을 짜는가?> <아닙니다. 곡식으로 바꿉니다.> <許子는 어찌하여 스스로 짜지 않는가?> <밭갈이에 해가 되기 때문입니다.> <許子는 가마솥과 시루로 밥하며, 쇠로써 밭갈이 하는가?> <그렇습니다.> <스스로 그것을 만드는가?> <아닙니다. 곡식으로 그것을 바꿉니다.>

〈단어 및 어휘〉

· 許子(허자): 許行을 말함.
· 褐(털옷 갈): 털옷, 거친 베옷, 빈천한 사람, 갈색.
· 冠(갓 관): 갓, 관, 관례, (갓을) 쓰다, (무리에서) 뛰어나다, 덮다, '모자를 쓴다'라는 뜻의 動詞.
· 素(흴 소): 흰 비단으로 만든 帽子.
· 奚(어찌 해): 왜, 어찌, 어떻게, 무엇.

- 釜: 가마솥 부.
- 甑(시루 증): 시루(떡이나 쌀 따위를 찌는 데 쓰는 둥근 질그릇).
- 爨(불 땔 찬): '불을 때어 밥을 짓는다'라는 뜻.
- 鐵(쇠 철): 쇠, 무기, 검다, 단단하다, 여기서는 쇠붙이로 만든 연장.

〈문법연구〉

- 許子奚爲不自織.
: '奚爲', 어째서, 어찌 ~하랴? 어떠리, 爲奚가 본래 어순이나 목적어인 의문대명사 奚(무엇)가 술어 앞으로 도치되어 奚爲가 된 것.

05-04-05
以粟易械器者 不爲厲陶冶 陶冶亦以其械器易粟者 豈爲厲農夫哉 且許子 何不爲陶冶 舍皆取諸其宮中而用之 何爲紛紛然與百工交易 何許子之不憚煩 曰百工之事 固不可耕且爲也.

곡식으로서 기계와 기구를 바꾸는 것은 도공과 대장장이를 병들게 하는 것이 아닌데, 도공과 대장장이 또한 그 기계와 기구로서 곡식과 바꾸는 것으로 어찌 농부를 병들게 할 수 있는가? 또 허자가 어찌 도자기를 굽고, 대장간 일을 않고서 다만 모두 그 집안에서 취하여 사용하는가? 어찌 복잡하게 백공(百工)과 더불어 교역하며, 어찌 허자는 번거로움을 꺼리지 않는가?> 말하기를, <백공(百工)의 일은 진실로 가히 밭을 갈며 그것을 할 수 없기 때문입니다.>

〈단어 및 어휘〉

- 械(형틀 계): 형틀, 기구, 기계, 도구, 무기, 틀, 형틀을 채우다.

- 厲(갈 려/나환자 라): 갈다(표면을 매끄럽게 하기 위하여 다른 물건에 대고 문지르다), 괴롭다, 힘쓰다, 사납다, 미워하다, 화.
- 陶(질그릇 도/옹기장이 도): 질그릇, 도기, 질그릇을 만들다, 옹기장이, 교화하다, 기르다.
- 冶(불릴 야/풀무 야): 불리다, 쇠를 녹여 붓다, 단련하다, 대장간, 대장장이, 주조하다.
- 舍(집 사/버릴 사): 여기서는 '다만 사'
- 諸(모든 제/어조사 저): 之於의 뜻, 제/모든, 여러, 간수하다, 저/~은, ~에, 이에, 이를, 之於(~에 그것)의 준말, ~여(영탄)
- 紛紛然(분분연): 어지러운 模樣.
- 憚(꺼릴 탄): 꺼리다, 마음에 꺼림하게 여기다, 수고롭다, 고달프다.
- 且(또 차): 또, 또한, 우선, 장차, 구차하다, ~하면서 '라는 뜻의 接續詞. '동사+且+동사' 꼴로 '동사 하면서 동사 하다.'

〈문법연구〉

- 以粟易械器者 不爲厲陶冶.

: '不爲+동사(厲)'는 '동사 하게 되는 것은 아니다', '동사 하는 게 아니다.' 만약 爲가 없다면 '곡식을 그릇과 바꾸는 것은 도기장이를 병들게 하지 않는다'가 되지만 '爲'를 사용함으로써 '그렇게 되지는 않는다' 정도의 어감 변화가 된다.

> 예) 禹之時十年九潦 而水弗爲加益 湯之時八年七旱 而崖不爲加損 夫不爲頃久推移 不以多少進退者. (莊子)
> : 우임금 때는 10년 동안 9번이나 큰 비가 내렸지만 바닷물은 넘친 적이 없고 탕 임금 때는 8년 동안 7번이나 가뭄이 들었지만 바닷물은 줄어든 적도 없다. 저 바다는 짧은 시간이나 긴 시간이 지

나도 변하지 않고 비가 많이 내리거나 적게 내리더라도 물이 넘치거나 줄어들지 않는다.

예) 讐夷如盡滅 雖死不爲辭. (李舜臣/陣中吟)
: 오랑캐 원수를 모조리 무찌른다면 비록 죽음도 사양하지 않으리.

예) 食時信往 不爲具食 信亦知其意 怒竟絶去. (史記)
: 식사시간(食事時間)에 한신이 갔으나 밥을 차려주지 않았는데, 한신은 그 뜻을 알아차리고 화가 나서 정장(亭長)과 의절(義絶)하였다.

예) 不尙賢 使民不爭 不貴難得之貨 使民不爲盜 不見可欲 使民心不亂. (老子)
: 잘난 사람을 떠받들지 않으면, 백성으로 하여금 다투지 않게 하는 것이고, 얻기 힘든 것을 귀하게 여기지 않으면, 백성으로 하여금 도둑질을 하지 않게 하며, 욕심 낼 만한 것을 보이지 않으면, 백성들의 마음을 어지럽히지 않게 된다.

・舍皆取諸其宮中.
: 舍는 다만, 단지. 諸는 之於의 준 말이다.

・何爲紛紛然與百工交易.
: 何爲. 원래 爲何인데, 何가 의문사이기 때문에 전치사 爲의 앞으로 왔다. 爲는 '때문에'라는 뜻이다. 紛紛然은 번거롭게, 與~,~과 더불어,~과 함께.

・百工之事, 固不可耕且爲也.
: 百工之事는 耕且爲의 목적어인데 강조하여 앞으로 내고 그것을 표시해 주기 위해 不可를 썼다. 앞의 말이 주어라면 不可以라고 쓴다. 번역을 하자면 '백공의 일(百工之事)을 하는(爲) 것은 진실로(固) 밭 갈면서(耕)는 불가능(不可)합니다.'

05-04-06

然則治天下 獨可耕且爲與 有大人之事 有小人之事 且一人之身而百
工之所爲備 如必自爲而後用之 是率天下而路也 故曰 或勞心 或勞
力 勞心者 治人 勞力者 治於人 治於人者 食人 治人者 食於人 天下
之通義也.

<그렇다면 천하를 다스리는 것은 유독 밭 갈고 또 할 수 있는가?
大人의 일이 있고, 小人의 일이 있으며, 또 한 사람의 몸이 百工이
하는 바를 갖추고 있으니, 만일 반드시 스스로 만든 연후에 그것
을 쓴다면 이는 천하를 이끌고 길을 가는 것이다. 그러므로 옛말
에 이르기를 '혹은 마음을 수고롭게 하며, 혹은 힘을 수고롭게 하
니, 마음을 수고롭게 하는 자는 남을 다스리고, 힘을 수고롭게 하
는 자는 남에게 다스려진다.' 하였으니, 남에게 다스려지는 자는
남을 먹이며, 남을 다스리는 자는 남에게 먹는 것이 천하의 공통
된 의리이다.

〈단어 및 어휘〉

· 備(갖출 비): 갖추다, 준비하다, 채우다, 예방하다, 비품.

· 率(거느릴 솔/비율 률): 거느리다, 좇다, 따르다, 경솔하다, 가볍
다. 률/비율.

· 食人(사인): 여기서 食은 '먹이다'라는 뜻으로 음은 '사'이다.

〈문법연구〉

· 治天下, 獨可耕且爲與.

: 治天下는 원래 爲의 목적어인데, 강조하여 앞으로 보냈다. 즉

'천하를 다스리는 것을 밭을 갈면서 할 수 있다.'라는 의미이다. 獨은 강조 용법으로 '어찌'라는 의미도 내포한다.

· 一人之身而百工之所爲備.

: 而는 기본적으로 문장을 이어주는 접속사이므로 일반적으로 서술어가 而의 앞뒤에 하나씩 있다. 따라서 一人之身은 원래 서술어를 대신하는 '~이다'인 也를 쓴 一人之身也라는 구절에서, 문장이 이어지기 때문에 종결어미인 也를 생략한 형태라고 보면 된다. 즉 '한 사람의 몸이다.'라는 문장과 '백공이 갖춘 바이다.'라는 두 문장으로 이것을 이를 사용하여 '한 사람의 몸이지만(인데) 백공이 하는 것을 갖추다.'라는 의미가 된다.

예) 人而無志終身無成. (論語)
: 사람이 의지가 없으면 죽을 때까지 성취가 없다.

예) 人而無信不知其可也. (論語)
: 사람으로서 신의가 없으면 무엇을 할 수 있겠는가.

· 率天下而路.

: 路는 '길'이라는 명사로 많이 쓰이지만, 이 문장에서는 <길에 나다니다/길을 가다/길을 걷다>라는 동사로 해석한다.

· 治於人, 食於人.

: 두 구절에서 於는 피동을 나타낸다. 食人, 食於人도 같다.

05-04-07
當堯之時 天下猶未平 洪水橫流 氾濫於天下 草木暢茂 禽獸繁殖 五

穀不登 禽獸偪人 獸蹄鳥跡之道 交於中國 堯獨憂之 擧舜而敷治焉
舜使益掌火 益烈山澤而焚之 禽獸逃匿 禹疏九河 瀹濟漯而注諸海
決汝漢 排淮泗而注之江然後 中國可得而食也 當是時也 禹八年於外
三過其門而不入 雖欲耕得乎.

堯의 때를 당하여 천하가 아직 평정되지 못하고, 홍수가 橫流하여
천하에 범람하며, 초목이 暢茂하고 禽獸가 번식하여 五穀이 자라
지 못하고 禽獸가 사람을 핍박하여 짐승 발자국과 새 발자국의 길
이 中國에 교차하거늘, 堯가 홀로 그것을 걱정하시어 舜을 등용하
여 다스리게 하시니, 舜이 益으로 하여금 불을 관장하게 하셨는
데, 益이 山澤에 불을 질러 태우자, 禽獸가 도망하여 숨었다. 禹王
이 九河를 疏通하고 濟水와 漯水를 통하여 바다로 주입하시고, 汝
水와 漢水를 터고 淮水와 泗水를 배수하여 長江으로 주입하시니,
그런 연후에 中國이 곡식을 먹을 수 있었다. 이때를 당하여 禹王
이 8년을 밖에 있으면서 세 번이나 그 문 앞을 지나면서도 들어가
지 못하셨으니, 비록 밭 갈고자 한들 할 수 있었겠는가?

〈단어 및 어휘〉

• 猶(오히려 유): '오히려' '여전히' '그래도' 등의 뜻인데, 여기서는
  '여전히'

• 洪(큰물 홍): 大也, 洚水와 같다.

• 橫流(횡류): 一定한 곳으로 흐르지 않고 아무 데로나 넘쳐흐르
  는 것을 말한다.

• 暢(펼 창): 펴다, 통하다, 화락하다, 날씨가 맑다, 충실하다.

• 登(오를 등): 여기서는 '익는다'라는 뜻으로 쓰였다. 成熟也.

- 偪(다가올 핍/핍박할 핍): 핍박하다, 호되게 독촉하다, 육박하다.
- 蹄(굽 제): 발굽, 짐승의 발, 밟다.
- 中國(중국): 나라의 한가운데.
- 敷(펼 부): 펴다, 베풀다, 퍼지다, 두루, 널리, 다스리다. 布也. 公布. 펴다, 공포하다.
- 益(더욱 익): 人名으로 舜의 臣下를 말한다.
- 掌(맡을 장/손바닥 장): 손바닥, 솜씨, 수완, 늪, (손바닥으로) 치다, 맡다, 주관하다, 주장하다, 바로잡다, 고치다.
- 烈(세찰 렬): 세차다, 불길이 맹렬하다, 기상이 강하고 바르다, 태우다, 벌이다.
- 瀹(데칠 약/삶을 약/소통할 약): 여기서는 疏通의 뜻으로, (물길을) 트는 것을 말한다. 적시다, 담그다, 물길을 트다, 물살이 빠른 모양.
- 濟(물 이름 제/건널 제): 건너다, 돕다, 구제하다, 이루다.
- 漯(물 이름 탑/강 이름 탑/강 이름 루): 강 이름(고 황하의 지류), 모이는 모양.
- 諸(모두 제/어조사 제): 여기서는 之於의 뜻.
- 淮: 물 이름 회.
- 泗: 물 이름 사.
- 決(결단할 결): 결단하다, (승부를) 가리다, 결정하다, 틔우다, 흐르게 하다, 터지다, 열리다, 자르다, 절단하다.
- 排(밀칠 배): 밀치다, 밀어젖히다.

〈문법연구〉

- 雖欲耕得乎.

: 雖欲~, 得乎 형태로 '비록 ~하고자 하지만 할 수 있었느냐?', '~하고자 했지만 그렇게 되었느냐(했느냐)?', '비록~하려 했지만 생각한 대로 되었느냐?'로 해석되는 구문이다.

예) 子反必不免 信以守禮 禮以庇身 信禮之亡 欲免. 得乎. (春秋左氏傳)
: 자반은 필경 화를 면치 못할 것이다. 신의로써 예를 지키고 예로써 자신을 보호한다. 신과 예가 없으니 화를 면하려 해도 되겠는가?

예) 所見皆正事 所聞皆正言 君雖欲不正 得乎. (李珥)
: 보는 것이 모두 옳은 것이고 듣는 것이 모두 바른 말이면 임금이 비록 부정한 것을 하고 싶어도 할 수 있겠는가?

05-04-08
后稷敎民稼穡 樹藝五穀 五穀熟而民人育 人之有道也 飽食煖衣 逸居而無敎 則近於禽獸 聖人有憂之 使契爲司徒 敎以人倫 父子有親 君臣有義 夫婦有別 長幼有序 朋友有信 放勳 曰勞之來之 匡之直之 輔之翼之 使自得之 又從而振德之 聖人之憂民如此而暇耕乎.

后稷이 백성들에게 심고 거두는 것을 가르쳐서 五穀을 심고 가꾸니, 五穀이 익어 백성들이 길러졌다. 사람은 道가 있으니, 배불리 먹으며 따뜻한 옷을 입고 편안히 居하되 가르치지 않으면 禽獸에 가까운 것이다. 聖人께서 그것을 걱정하시어 契로 하여금 司徒로 삼아 人倫을 가르치게 하시니, 父子有親·君臣有義·夫婦有別·長幼有序·朋友有信이다. 放勳이 말씀하시기를 '위로하며, 오게 하며, 바로잡아주고 펴주며, 보태어주고 도와주어 스스로 얻게 하며, 또 따라서 진작하고 덕을 베푼다.' 하셨으니, 聖人께서 백성을 걱정하심이 이와 같으시니, 밭갈이 하실 겨를이시겠는가?

〈단어 및 어휘〉

· 稷(기장 직): 기장, 오곡의 신, 농관.

· 后稷(후직): 農業을 管掌하는 官吏. 지금의 農水産部長官에 該當한다.

· 敎(가르칠 교): '~에게 ~을 가르쳐 ~을 하게 한다'는 뜻의 사역동사.

· 稼(심을 가): '穀食을 심는다'라는 뜻. 거두다, 수확하다, 농사, 인색하다.

· 穡(거둘 색): 거두다, 아끼다, 검소하다, 근심하다(속을 태우거나 우울해하다), 슬퍼하다.

· 稼穡(가색): 穀食을 심고 거둔다는 뜻이므로 '농사일'을 의미한다.

· 樹(나무 수): '심는다'라는 뜻으로 음은 '수 '

· 藝(재주 예): 재주, 예술, 기예, 심다, 기르다, 준칙. 심을 예, 기예 예. '심는다'라는 뜻.

· 契(맺을 계/사람 이름 설): (연분·인연을) 맺다, 약속하다, 언약하다, 새기다, 맞다, 합치하다, 여기서는 인명으로 舜임금의 臣下. 음은 '설'. 殷의 先祖라고 일컫는다.

· 司徒(사도): 敎育을 管掌하던 官職.

· 放勳(방훈): 堯임금의 이름.

· 匡(바를 광): 匡正. 바르다, 바로잡다.

· 從(따를 종): 형편을 쫓다. 타동사이므로 타동사인 之를 同伴하여야 하지만, 뒤의 振德之에 之가 있으므로 생략했다.

· 振(떨칠 진): 떨치다, 떨다, 거두다, 건지다, 구휼하다, 떨쳐 일어나다, 열다, 여기서는 糧穀 등을 풀어서 救護하는 것을 말한다.

· 暇(틈 가): 틈, 여유, 겨를, 한가하다, 느긋하게 지내다. 여기서는 부사로 사용되어 '한가하게'

05-04-09

堯以不得舜爲己憂 舜以不得禹皐陶爲己憂 夫以百畝之不易爲己憂
者 農夫也.

요임금께서는 순임금을 얻지 못함으로써 자기의 근심을 삼았고,
순임금께서는 우나 고요를 얻지 못함으로써 자기의 근심을 삼았
다. 무릇 100묘가 다스려지지 않음으로써 자기의 근심을 삼는 자
는 농부이다.

〈단어 및 어휘〉

• 皐(못 고): 못, 늪, 물가, 후미, 언덕, 오월, 높다, 느리다, 논, 皋
  의 약자.
• 陶(질그릇 도/사람 이름 요): 도/질그릇, 빚어 만들다, 도공, 굽
  다, 요/사람 이름.
• 皐陶(고요): 舜임금의 臣下. 刑罰에 관한 것을 管掌하였다.
• 易(쉬울 이/다스릴 이/바꿀 역): 治也. 다스리다. 의미로서 여기
  에서는 밭을 잘 가꾸는 것을 말한다.

〈문법연구〉

• 夫以百畝之不易爲己憂者.

: 以~, 爲~ ~을~로 여기다. 以百畝之不易. '백묘가 다스려지지
않는 것을' 爲己憂 '자기의 근심으로 여기다.' 堯以不得舜爲己憂, 舜
以不得禹皐陶爲己憂 문장 속의 以~, 爲~도 같다.

05-04-10

分人以財 謂之惠 敎人以善 謂之忠 爲天下得人者 謂之仁 是故以天

下與人易 爲天下得人難.

사람들에게 재물로서 나눠주는 것을 惠라 말하고, 사람을 선(善)
으로서 가르치는 것을 忠이라 말하며, 천하를 위하여 사람을 얻는
것을 仁이라 말한다. 이러므로 천하로서 사람에게 주는 것은 쉽
고, 천하를 위하여 사람을 얻는 것은 어려움이 된다.

〈문법연구〉

· 分人以財 謂之惠, 敎人以善 謂之忠.
: 사람에게 재산을 나누어 주다. 사람에게 선을 가르치다. 동사 목
적어를 두 개 취하는 경우, 직접목적어에 以를 붙이는 경우가 일반
적이다. 是故以天下與人易도 마찬가지로 與가 수여동사이고 以天下
가 직접목적어로서 도치되었으며 人이 간접목적어이다. 이처럼 직접
목적어가 도치되는 경우 직접목적어를 이끄는 개사 以는 생략되지
않는다.

05-04-11
孔子曰 大哉 堯之爲君也 惟天爲大 惟堯則之 蕩蕩乎民無能名焉 君哉舜
也巍巍乎 有天下而不與焉 堯舜之治天下 豈無所用心哉 亦不用於耕耳.

공자께서 말씀하시길, <크기도 하구나, 요임금이 군주다움이여! 오
직 하늘만이 위대함이 되는데, 오직 요임금의 법도(法道)가 넓고도
크기만 하구나, 백성들이 능히 이름 짓지 못하는 도다! 군주답도다,
순임금이여! 높고도 거대하여라, 천하를 차지하고도 가지지 않은
듯하도다!>라 했으니, 요순이 천하를 다스림에 어찌 마음 쓰는 바
가 없었겠는가? 밭 가는 데만 마음을 쓰지 않았을 뿐이었다.

〈단어 및 어휘〉

· 爲(할 위): 하다, 행하다, ~라고 하다, 만들다, 되다, 라고 여기
다, 있다, 이다, 당하다, 하게 하다.

· 則(곧 즉/법 칙): 즉/곧, 만일 ~이라면, 칙/법, 규칙, 이치, 본받
다. 法也, 效也. 본받다.

· 蕩(방탕할 탕): 방탕하다, 움직이다, 방자하다, 헌걸차다.

· 蕩蕩(탕탕): 넓고 아득한 모양, 평탄한 모양, 마음이 유연한 모
양. 廣大之貌. 넓고 큰 모양.

· 巍巍(외외): 높고 우뚝한 모양. 高大之貌. 높고 큰 모양.

· 不與(불여): 與는 관여하다. 즉 干涉하지 않는 것을 말한다.

· 哉(어조사 재): ~일 것인가, ~이리오, 비로소, 처음으로.

· 耳(귀 이): 귀, 귀에 익다, ~일 뿐이다, 오직 ~뿐.

〈문법연구〉

· 豈無所用其心哉.

: 豈(無,不) ~哉 반어형. 어찌 ~아닐(없을)까. 哉는 일종의 반어
사로 사용되었다.

예) 使爲一國之相, 不能而爲之. 豈不悖哉. (墨子)
: 한 나라의 재상을 맡게 하면, 할 줄 몰라도 그 일을 하니, 어찌
사리에 어긋나지 않겠는가? 爲之 그 일을 하다. (之: 一國之相)

예) 豈若從辟世之士哉. (論語)
: 어찌 속세를 피하는 사람을 따름만 하겠는가.

05-04-12
吾聞用夏變夷者 未聞變於夷者也 陳良楚産也 悅周公仲尼之道 北學

於中國 北方之學者 未能或之先也 彼所謂豪傑之士也 子之兄弟事之 數十年 師死而遂倍之.

나는 하(夏)를 써서 오랑캐를 변화시켰다는 것은 들었지만, 오랑캐에게 변화되었다는 것은 아직 듣지 못하였다. 진량은 초나라 태생으로 주공(周公)과 중니(仲尼)의 도(道)를 기뻐하여 북쪽 중원에 유학하자 북쪽의 배우는 자들이 능히 혹 앞서나가질 못하였다. 저 사람은 소위 재덕(才德)이 출중한 호걸의 선비로, 그대의 형제가 수십 년을 섬기다 스승이 죽자 드디어 배신을 하는구나.

⟨단어 및 어휘⟩

• 夏(여름 하/하나라 하): 하나라, 여기서는 中原의 文化.

• 夷(오랑캐 이): 東夷의 文化이다.

• 倍(곱 배): 배, 갑절, 더하다, 증가하다, 등지다, 배반하다, 외다, 점점 더. 背也, 背叛.

⟨문법연구⟩

• 未能或之先也.

: 或은 '늘, 언제나', 또는 或은 有로 보아 '어떤'으로 새기기도 한다. 先은 過也라, 보다 優秀하다는 정도로 새긴다. (아직) 누군가(어떤 이)가 그를 앞서지 못했다. 未로 인하여 대명사 之가 先 앞으로 도치되었다. 진량보다 앞서는 사람이 있을 수 없다는 뜻이다. 여기서 或은 有와 용례가 유사하다. 之는 진량을 가리킨다. 뒤 문장의 彼도 진량을 가리킨다.

05-04-13

昔者 孔子沒 三年之外 門人治任將歸 入揖於子貢 相嚮而哭 皆失聲
然後歸 子貢 反築室於場 獨居三年然後 歸 他日 子夏子張子游 以
有若似聖人 欲以所事孔子 事之 彊曾子 曾子曰 不可 江漢以濯之
秋陽以暴之 皜皜乎 不可尙已.

옛적에 孔子께서 돌아가시고 3년이 지나자, 門人들이 일을 마치고
장차 돌아갈 적에 子貢에게 들어가 읍하고 서로 향하여 곡하여 모
두가 목이 쉰 뒤에 돌아가거늘, 子貢은 돌아가 마당에 집을 짓고
홀로 3년을 머문 뒤에 돌아갔다. 후일 子夏·子張·子游가 有若이
聖人과 비슷하다 하여 孔子를 섬기던 바로써 그를 섬기고자 曾子
에게 강요하자, 曾子께서 말씀하시기를, '불가하다. 양자강과 한수
(江漢)에 씻어서 가을볕에 말리면 깨끗하고도 희지 않은가? 여기
에 더할 수 없을 뿐이다.'라고 하셨다.

〈단어 및 어휘〉

• 外(바깥 외): 外가 시간적 개념으로 쓰이면 '後'라는 뜻이 되고,
  內는 '前'이라는 뜻이 된다.
• 任(맡길 임): 맡기다, 주다, 일, 메다, 보따리, 재능. 짐.
• 治任(치임): 짐을 정리하다. 짐을 챙기다. 男負任 女載任: 남자는
  짐을 지고 여자는 짐을 이다.
• 揖(읍할 읍/모일 집): 읍/읍하다, 사양하다. 집/모으다, 모이다.
• 嚮(향할 향): 지난번, 향하다, 바라보다, 메아리치다, 向也.
• 失聲(실성): '소리를 잃다'라는 말은 '목이 쉬다'라는 말이다.
• 彊(굳셀 강): 굳세다, 억지로 시키다, 힘쓰다, 굳다.

· 江漢(강한): 江은 揚子江, 漢은 漢水를 뜻한다.

· 暴(사나울 포/쬘 폭/앙상할 박): 여기서는 쬘 폭.

· 皜(흴 호): 흰 모양, 깨끗하고 흰 모양, 빛나고 밝은 모양.

· 尙(오히려 상): 오히려, 더욱이, 또한, 숭상하다, 높다, 높이다, 더하다, 加也. 더하다, 보태다.

〈문법연구〉

· 入揖於子貢.

: 入의 목적어는 於子貢이다. 즉, 이 文章은 '入於子貢而揖於子貢'이다. 그러나 漢文에서는 목적어를 나중에 말하므로 같은 목적어가 두 개 연속되면 앞의 목적어를 생략한다. 즉 앞의 於子貢이 생략된 형태이다. 그러나 우리말은 목적어를 먼저 말하므로 앞의 於子貢을 두고 뒤의 於子貢을 생략한 형태로 번역해야 한다. 즉 굳이 비교하여 말하자면 한문은 '들어가서 자공에게 인사하다'에 가깝지만 우리나라 말은 '자공에게 들어가서 인사하다'라는 식이다.

· 子夏子張子游 以有若似聖人.

: 以를 이유, 원인을 이끄는 개사로 보고 '닮았다고 하여'라는 이유 원인으로 해석할 수 있다. 또는 '以~'를 '~라 여기다'로 해석하여 以 ~ 若似~, ~을 ~과 닮았다고 여기다. 以有若似聖人. 유약을 성인과 유사하게 생각하여(여기어). 여기서 似는 유사하다는 형용사이나 앞의 以有若을 목적어로 간주하면 似를 동사로 해석할 수 있다. 즉 유약을 성인과 닮았다고 여기다. 또는 이를~라고 여기다로 해석하여 有若似 聖人을 유약이 성인을 닮았다고 여기다(以)로 해석할 수도 있다.

· 江漢以濯之 秋陽以暴之.

: 以 다음에 之가 생략된 형태이다. 之는 바로 앞에 나온 江漢과
秋陽을 받는다. 일종의 강조 용법이다.

05-04-14
今也 南蠻鴃舌之人 非先王之道 子倍子之師而學之 亦異於曾子矣.

지금 남쪽 오랑캐에 때까치의 혀를 가진 사람은 선왕(先王)의 도
로서 아니하는데, 그대가 스승을 배반하고 그에게서 배우니 또한
증자와는 다르구나!

〈단어 및 어휘〉

· 鴃(때까치 격): 때까치.
· 鴃舌(격설): 야만인이 지껄이는 알아들을 수 없는 말, 외국 사람
  의 말을 낮게 일컫는 말.

05-04-15
吾聞出於幽谷 遷于喬木者 未聞下喬木而 入於幽谷者.

나는 幽谷에서 나와 喬木에 옮겨 간다는 말은 들어도, 喬木을 내
려가서 幽谷에 들어간다는 말은 듣지 못하였다.

〈단어 및 어휘〉

· 喬(높을 교): 높다, 뛰어나다, 교만하다, 교활하다.
· 喬木(교목): 높이 솟은 나무의 위쪽으로 난 나뭇가지.

05-04-16

魯頌曰戎狄是膺 荊舒是懲 周公 方且膺之 子是之學 亦爲不善變矣.

『詩經』「魯頌」에 이르기를 '서쪽 오랑캐 북쪽 오랑캐 무찔러서, 남쪽의 형(荊)과 서(舒)를 다스린다.' 하였으니, 周公께서도 바야흐로 또한 그들을 膺懲하셨거늘, 그대는 이에 그를 배우니 또한 잘못 변화되는 것이다.>

〈단어 및 어휘〉

- 魯頌(노송): 詩經의 魯頌 閟宮之篇을 引用함.
- 戎狄(융적): 西戎(서융)과 北狄(북적).
- 膺(가슴 응): 가슴, 품다, 받다, 당하다, 가깝다, 막히다, 치다, 정벌하다, 응징하다. 擊(격)과 같다.
- 荊(가시나무 형): 가시나무, 땅이름.
- 荊舒(형서): 荊과 舒라는 地方이다. 荊은 楚(초)나라의 원래 이름이고, 舒는 초나라 가까이에 있었다는 나라의 이름으로 남방의 나라들이다.
- 方且(방차): 將次也. 바야흐로, 장차.

〈문법연구〉

- 戎狄是膺 荊舒是懲. 是는 강조를 위한 도치 시 사용되는 허사로 동사 膺과 懲의 목적어인 戎狄과 荊舒가 앞으로 나갔다.

- 子是之學.
: 是는 '옳다고 認定하다.'로 動詞 용례로 보는 해석과 강조 용법

으로서 是를 강조하여 도치시키고 강조조사 之를 是의 뒤에 두었다
고 해석할 수 있다. 즉 '子學是'라는 문장에서 목적어 是를 강조하기
위해 앞으로 보내고 之를 써서 是를 다시 받았다. 여기서 그것은 앞
에서 논한 허행의 주장들을 말한다. 子는 현재 이야기를 나누고 있
는 陳相이다.

05-04-17
從許子之道則市賈不貳 國中 無僞 雖使五尺之童適市 莫之或欺 布
帛長短同則賈相若 麻縷絲絮輕重 同則賈相若 五穀多寡同則賈相若
屨大小同則賈相若.

(陳相이 말하였다.) <許子의 道를 따르면 市場의 물건 값이 두 가
지가 아니어서 나라 안에 거짓이 없어, 비록 5척 동자로 하여금
시장에 가게 하더라도 혹 속이는 이가 없을 것입니다. 布와 비단
이 길이가 같으면 가격이 서로 같으며, 삼과 실, 생사와 솜의 무게
가 같으면 가격이 서로 같으며, 五穀의 多寡가 같으면 가격이 서
로 같으며, 신이 크기가 같으면 가격이 서로 같을 것입니다.>

〈단어 및 어휘〉

· 賈(장사 고/값 가): 고/장사, 장수, 장사하다, 팔다, 사다, 가/값, 가격.
· 市賈不貳(시가불이): 市場에서 거래되는 物價가 一定함.
· 不貳(불이): '둘이 아니다'라는 의미보다 '均一(균일)하다'라는
  뜻이다.
· 縷(실 루): 실, 명주, 자세하다, 누더기.
· 絮(솜 서/간 맞출 처/어지러울 나): 솜옷, 버들가지. 장황하다,

간을 맞추다.

· 布帛(포백): 삼베와 비단.

· 若(같을 약): 如也. 같다.

<문법연구>

· 使五尺之童適市.

:使~는 '~하게 하면'의 뜻을 지닌 사역동사가 되지만, 이것을 사용하는 사역문은 '만일 ~이라면'이라는 조건절로도 사용된다.

· 莫之或欺.

: 부정대명사 뒤에서 대명사 목적어(之)의 도치가 일어난 문장이다. 뜻은 '혹시라도 그를 속이는 자가 없다.'

05-04-18

曰夫物之不齊 物之情也 或相倍蓰 或相什伯 或相千萬 子比而同之是亂天下也 巨屨小屨同賈 人豈爲之哉 從許子之道 相率而爲僞者也惡能治國家.

(孟子께서) 말씀하셨다. <물건이 같지 않음은 물건의 실정이니, 혹 배가 되고 다섯 배가 되며, 혹 서로 10배 백 배가 되며, 혹 천 배 만 배가 되거늘, 그대는 그것을 나란히 하여 같게 하려 하니, 이는 천하를 어지럽히는 것이다. 큰 신과 작은 신이 같은 가격이라면 사람들이 어찌 큰 신을 만들겠는가? 許子의 道를 따르면 서로 이끌어서 거짓을 행하게 되는 것이니, 어찌 능히 나라를 다스릴 수 있겠는가?>

〈단어 및 어휘〉

· 倍蓰(배사): 두 배와 다섯 배를 말한다. 蓰: 다섯 곱 사.

· 情(뜻 정): 뜻, 인정, 본성, 정성, 사정, 實狀.

· 什(열사람 십): 十과 通用.

· 伯(맏 백): 맏, 첫, 큰아버지, 여기서는 百과 通用. 百으로 되어 있는 板本도 있다.

· 比(견줄 비): 견주다, 비교하다, 나란히 하다, 갖추다, 같다, 따르다.

· 屨(신 구): 신, 짚신, 가죽신, 신다.

· 惡: 악할 악, 미워할 오, 어찌 오.

上 5장

05-05-01

墨者夷之 因徐辟而求見孟子 孟子曰 吾固願見 今吾尙病 病愈我且往見 夷子不來.

묵적(墨翟)의 도를 익히는 자 夷之가 徐辟을 통하여 孟子를 뵙고자 하자, 孟子께서 말씀하시기를, <내 진실로 만나보기를 원하나, 지금은 병중에 있으니, 병이 나으면 내 장차 가서 볼 것이니, 夷子는 오지 말라> 하셨다.

〈단어 및 어휘〉

· 夷之(이지): 人名.

· 徐辟(서벽): 孟子의 弟子.

· 尚(오히려 상): 여기서는 '아직'이라는 副詞.

· 固(본디 고): 본래부터.

· 且(또 차): 將次. 앞으로. 부사적 용례.

〈문법연구〉

· 我且往見 夷子不來.

: '不+동사' 형태로 '~하지 말라' 毋~, 勿~, 敢莫~, 莫~, 無~
등과 용법이 같다.

예) 不挾長 不挾貴 不挾兄弟而友. 友也者 友其德也. 不可以有挾也.
(孟子)
: 孟子께서 말씀하셨다. '나이를 내세우지 않고, 부귀를 내세우지
않고, 형제를 내세우지 않고 벗해야 한다. 벗한다는 것은 그 德을
벗하는 것이니, 내세우는 것이 있어서는 안 된다.'

예) 學而優則仕 不患人不知요 惟患學不至. (小學)
: 배우고 뛰어남이 있으면 벼슬한다고 하니, 남이 알아주지 않음
을 근심하지 말고, 오직 배움이 지극하지 못함을 근심하라.

05-05-02
他日又求見孟子 孟子曰 吾今則可以見矣 不直則道不見 我且直之
吾聞夷子墨者 墨之治喪也 以薄爲其道也 夷子思以易天下 豈以爲非
是而不貴也 然而夷子葬其親厚 則是以所賤事親也.

다른 날 다시 孟子를 뵙기를 요구하자, 孟子께서 말씀하셨다. <내
지금은 그를 만나볼 수 있거니와, (의견을) 펴지 않으면 도가 나타
나지 못하니, 내 우선 (의견을) 펼치리라. 내 들으니 夷子는 墨者라
하니, 墨家는 治喪하면서 薄함을 道로 여긴다. 夷子는 이로써 천하

(의 풍속)를 바꾸려 생각하니, 어찌 이를 옳지 않다고 여기지만 귀하지 않겠는가? 그런데도 夷子는 그 어버이를 장례 하기를 후하게 하였으니, 이는 천하게 여기는 것으로써 어버이를 섬긴 것이다.>

〈단어 및 어휘〉

·見(보일 현): 現也. 나타내다, 밝히다.
·且(또 차): 于先. 우선, 먼저. 부사적 용례.
·易(바꿀 역/쉬울 이): 改也, 變也. 즉 천하의 풍속을 바꾼다는 말이다.

〈문법연구〉

·夷子·思以易天下.
: '이자는 이런 방법으로 세상을 바꾸려고 생각한다.' 以 다음에 之가 생략되었다. 이 之는 앞에서 언급한 묵적의 도를 말한다.

·豈以爲非是而不貴也.
: '어찌 그것이 잘못되었고 귀하지 않다고 생각하겠소.' 또는, '바르지 않다고 여기지만 귀하지 않겠는가?' 즉 '바르고 귀하다.' 그런데 뒤이어 '是以所賤事親也'는 '이런 도리가 아닌 다른 도리로 어버이를 장례 지냈으니 천한 것으로 장례를 치른 것'이란 의미이다. 한편 다른 해석으로는 '어찌(豈) 옳지 않다(非是)고 여기(以爲)지만(而) 귀하게 않겠(不貴)는가(也)'라는 해석을 할 수도 있다. 이 경우 '옳지 않다고 여기는' 대상이 '풍속'이 되고, '귀하게 않겠(不貴)는가'의 대상 역시 '풍속'이다. 즉 '풍속을 중히 여기지 않지만 사실 풍속이란 것은 귀하다'는 의미이다.

05-05-03

徐子以告夷子 夷子曰 儒者之道 古之人 若保赤子 此言何謂也 之則
以爲愛無差等 施由親始 徐子以告孟子 孟子曰 夫夷子信以爲人之親
其兄之子 爲若親其隣之赤子乎 彼有取爾也 赤子匍匐將入井 非赤子
之罪也 且天之生物也 使之一本 而夷子二本故也.

徐子가 이 말을 夷子에게 전하자, 夷子가 말하였다. <儒者의 道에
'옛사람이 赤子를 보호하듯이 한다.' 하였으니, 이 말은 무슨 말인
가? 나는 생각하기를 사랑에는 차등이 없고, 베푸는 것은 어버이
로부터 시작한다고 여기노라> 徐子가 이 말을 孟子께 전하자, 孟
子께서 말씀하셨다. <夷子는 진실로 생각하기를 사람들이 그 兄의
아들을 사랑하기를 그 이웃의 어린아이를 친히 하는 것과 같다고
여기는가? 저(『書經』의 말/(若保赤子))는 (뜻을) 취함이 있으니, 赤
子가 기어서 장차 우물에 들어가는 것이 赤子의 죄가 아니요, 또
한 하늘이 사물을 냄에 근본이 하나이도록 한 것인데, 이자는 근
본이 둘이라 여긴 때문이다.

〈단어 및 어휘〉

· 若保赤子(약보적자): 書經 周書 康誥篇에 나오는 말로 '마치 어
  린아이를 돌보듯이 百姓을 생각하는 政治를 하라는 의미.'
· 由(말미암을 유): ～로부터.
· 匍: 기어갈 포.
· 匐: 기어갈 복.

〈문법연구〉

· 徐子以告夷子.

: 以 다음에 대명사 之(그것=말한 내용)의 생략형으로 以는 직접 목적어를 이끈다. 뒤의 徐子以告孟子도 마찬가지이다.

예) 公伯寮愬子路於季孫 子服景伯以告曰 夫子固有惑志於公伯寮 吾力猶能肆諸市朝. (論語)
: 공백료가 계손씨에게 자로를 참소하자 자복경백이 이를 공자께 말씀드렸다. 그 분이 확실히 공백료에게 마음이 흔들리고 있습니다 다만 제힘은 그래도 그를 죽여서 시체를 시정에 내걸 수 있습니다./子服景伯以告의 以 다음에도 之(그것=말한 내용/公伯寮愬子路於季孫)가 생략되었다.

예) 子路行以告 夫子憮然曰 鳥獸不可與同群 吾非斯人之徒與而誰與. (論語)
: 자로가 돌아와 고하니, 공자께서 무연히(실심하여) 말씀하시길, '조수와 무리 지어 살 수 없으니, 내가 사람의 무리와 어울리지 않으면 누구와 어울리랴?' 子路行以告에서도 앞에서 말한 내용(之/그것)이 생략되어 있다.

· 之則以爲愛無差等.
: 之는 이지를 나타낸다.

· 信以爲人之親其兄之子 爲若親其鄰之赤子乎.
: 信 진실로. 親其兄之子 그의 형의 아들을 친하게 여기다. 人之親其兄之子 주격조사 之가 쓰임으로서 <사람이 그의 형의 아들을 친하게 여기는 것> 이라는 명사절을 이룬다. 以爲～, 爲若～, 을～와 같다고 생각하다. 즉 사람이 그의 형의 아들을 친하게 여기는 것을 이웃집 아기를 친하게 여기는 것과 같다고 생각하는가?

05-05-04
蓋上世嘗有不葬其親者 其親死則擧而委之於壑 他日過之 狐狸食之

蠅蚋姑嘬之 其顙有泚 睨而不視 夫泚也 非爲人泚 中心達於面目 蓋
歸反虆梩而掩之 掩之誠是也 則孝子仁人之掩其親 亦必有道矣.

대개 태곳(太古)적에, 일찍이 그 어버이를 장례를 치르지 않은 어
떤 사람이 있어, 그 부모가 죽자 들어서 산속 계곡에다 버렸다. 타
일에 그곳을 지나다가 여우와 살쾡이가 시신을 먹고, 파리와 등에
가 모여 함께 빨아먹고 있으니, 그 이마에 식은땀이 흐르고 곁눈
질로 보고 차마 바로 보지 못하였다. 저 식은땀은 다른 사람 때문
에 흘리는 것이 아니고 마음 중심으로부터 얼굴과 눈에 도달한 것
이다. 대개 돌아와서 흙을 담는 그릇과 수레로 덮어 그것을 가렸
으니, 가리는 것이 참으로 옳다면 효자(孝子)와 인인(仁人)이 그
어버이 시신을 덮는 것 또한 반드시 도(道)가 있었을 것이다.

〈단어 및 어휘〉

• 蓋(덮을 개/어찌 아니할 합): 개/덮다, 뚜껑, 덮다, 모두, 생각건대,
  아마도, 그래서, 대개, 합/어찌 ～하리오, 어찌 ～하지 않는가?
• 上世(상세): 太古이다. 먼 옛날.
• 委(맡길 위): 맡기다, 버리다, 시들다, 굽히다, 버릴 위. 여기서는
  '버린다'라는 뜻.
• 狸: 삵 리.
• 狐狸(호리) 여우와 살쾡이.
• 蠅: 파리 승.
• 蚋(파리매 예/모기 예/등에 예): 파리매(파리 비슷한 곤충)
• 姑(시어미 고): 시어머니, 고모, 잠시, 빨아먹다. 여기에서는 螻
  蛄라 '바구미', 즉 姑: 蛄(땅강아지 고)와 通用.

· 嘬(깨물 최): 깨물다, 한입에 넣다, 물다, 貪하다.

· 顙(이마 상): 이마, 조아리다.

· 泚(맑을 체): 맑다, 담그다, 땀을 흘리다, 깨끗하다. 泚: 강 이름 자. 땀날 자.

· 睨(흘겨볼 예): 흘겨보다, 엿보다, 자세히 보다, 邪視也 흘겨보는 것을 말한다.

· 虆(덩굴 류/삼태기 라): 류/덩굴, 라/짚 그릇, 삼태기(籠也).

· 梩(가래 리/흙 담는 들것 리): 가래, 삽, 삼태기, 農器具의 하나.

· 道(길 도): 마땅한 方法. 道理.

· 誠是(성시): 정말로 옳다.

〈문법연구〉

· 非爲人泚 中心達於面目.

: 非는 문장을 부정한다. 爲는 허사로 ~때문에. 中心은 본마음. 面目은 '얼굴' 정도로 해석하면 좋다.

05-05-05

徐子以告夷子 夷子憮然爲間曰命之矣.

徐子가 이로써 夷子에게 전하자, 夷子는 무연히 잠시 있다가 말하기를 <나를 가르쳐주셨다> 하였다.

〈단어 및 어휘〉

· 憮(어루만질 무): 어루만지다, 애무하다, 멍하다, 실의한 모양 무. 失意之貌. 따라서 憮然은 茫然自失이다.

・爲間者(위간자): 잠시 동안.

・命(목숨 명): 목숨, 명령, 규정, 가르치다, 도, 이름 짓다, 명령하다. 가르침. 즉 孟子의 말이 이미 나(之)를 가르쳐 깨닫게 했다는 말이다. 命之: 夷之(夷子)의 이름.

〈문법연구〉

・徐子以告夷子.

: 以 다음에 之가 생략되었다. 徐子以之告夷子. → 徐子告夷子以之. 徐子가 夷子에게 그것을 告했다.

滕文公章句 下

凡十章

下 1장

06-01-01

陳代曰 不見諸侯 宜若小然 今一見之 大則以王 小則以霸 且志曰枉尺而直尋 宜若可爲也.

陳代가 말하였다. <諸侯를 만나보지 않은 것은 작은 일인 것 같습니다. 지금 한 번 만나보시면 크게는 (제후가) 王者 노릇할 것이요, 적게는 霸者 노릇할 것입니다. 또 기록에 '한 자를 굽혀 한 길을 편다.' 하였으니, 마땅히 할 만한 일인 듯합니다.>

〈단어 및 어휘〉

· 陳代(진대): 孟子의 弟子라고 알려져 있다.
· 見(볼 견/뵐 현): 견/보다, 보이다, 당하다, 현/뵙다, 나타내다, 만나다, 소개하다, 보이다.

- 宜(마땅 의): 마땅하다, 적합하다, 형편이 좋다, 아름답다, 응당, 마땅히, 정말, 거의 殆也. 따라서 宜若은 '아마도~한 것 같다.'
- 若(같을 약): '~인 듯하다'라는 뜻인데, 특히 形容詞를 說明할 때는 形容詞 뒤에 然을 連用하기도 한다.
- 小然(소연): 小는 小節也. 작은 節介.
- 志(뜻 지): 여기서는 誌也. 옛 記錄.
- 枉(굽을 왕): 굽다, 휘다, 굽히다, 복종하다, 屈也. 굽히는 것.
- 直(곧을 직): 伸也. 곧게 펴는 것.
- 尋(찾을 심): 찾다, 찾아오다, 잇다, 계승하다, 쓰다, 미치다, 갑자기, 한 발(여덟 자)
- 枉尺直尋(왕척직심): 여기서는 自己를 한 번 굽혀서 諸侯를 만나는 것을 비유함.

〈문법연구〉

- 不見諸侯 宜若小然.

: 宜若은 '아마(마땅히) ~인 것 같다.'인데 뒤에 然까지 첨가되어 의미가 강조된 형태이다. '宜若~然' 형태로 많이 사용되나 '宜若~' 형태만으로도 사용된다.

예) 孟子曰 是亦羿有罪焉 公明儀曰 宜若無罪焉. (孟子)
孟子께서 '이것은 또한 예(羿)에게도 죄가 있는 것이다.'라고 말씀하시니, 공명의가 '마땅히 무죄인 듯합니다.'라고 말했다.

예) 平王 宜若衛文公 越句踐然 今其書乃旋旋焉 與平康之世 無異. (書經)
: 평왕(平王)은 마땅히 위(衛)나라 문공(文公)과 월왕(越王) 구천(句踐)과 같이 하여야 할 터인데, 이제 그 글이 마침내 선선(旋旋)하여 평강(平康)한 세상과 다름이 없다.

·大則以王 小則以覇.

: 以 다음에 대명사 之가 생략되었다. 지는 앞에 나온 一見之이다. 즉 '한 번 본 것으로 크게는 왕을 만들고 작게는 패자를 만든다.'라 는 의미이다.

06-01-02

孟子曰 昔齊景公田 招虞人以旌 不至 將殺之 志士 不忘在溝壑 勇 士 不忘喪其元 孔子 奚取焉 取非其招不往也 如不待其招而往 何哉.

孟子께서 말씀하셨다. <옛날에 齊景公이 사냥할 적에 虞人을 깃발 로 부르자, 오지 않으니, 장차 그를 죽이려 하였다. '志士는 도랑 에 버려져 있을 것을 잊지 않고, 勇士는 머리를 잃어버릴 것을 잊 지 않는다.' 하셨으니, 孔子께서는 어찌하여 그를 취하셨는가? 그 마땅한 부름이 아니면 가지 않음을 취하신 것이다. 만일 그 부름 을 기다리지 않고 간다면 어떻겠는가?

〈단어 및 어휘〉

· 田(밭 전/밭 갈 전/사냥 전): 밭, 갈다, 심다, 사냥, 봄 사냥, 사냥 하다, 동쪽. 여기서는 '사냥한다'라는 뜻. 畋也, 獵也. 사냥이다.

· 虞(염려할 우): 염려하다, 근심하다, 헤아리다, 즐기다, 순임금의 성, 고르다.

· 虞人(우인): 苑囿를 지키고 管理하는 者를 말한다.

· 旌(기 정): 기, 천자의 깃발, 나타내다, 표창하다, 밝히다, 깃대. 大夫를 부를 때 사용한다. 그래서 虞人이 가지 않았다.

· 壑(구렁 학): 구렁, 도랑, 산골짜기, 해자.

- 忘(잊을 망): 잊다, 버리다, 돌보지 않다, 없다, 도망하다, 잃다.
- 溝壑(구학): 구덩이로 貧窮의 구렁텅이를 말한다. 죽어서 棺槨에 쌓여 묻히지 않는 것이다.
- 元(으뜸 원): 首也. 머리를 말하고, 목숨이다.

〈문법연구〉

- 奚取焉.
: 奚 어찌, 무엇 取의 목적어지만 의문대명사이므로 앞으로 나온 것이다.

- 如不待其招而往 何哉.
: '如~何' 형태의 문장은 목적어는 如와 何의 中間에 온다. 해석은 '~을 어떻게 하는가?' 또는 '~을 해서 무엇 하는가?'이다. 또는 如를 '만약'으로 보고 '만약 부르지도 않았는데 가면 어떻겠다는 말인가?'로 해석할 수도 있다.

06-01-03
且夫枉尺而直尋者 以利言也 如以利則枉尋直尺而利 亦可爲與.

또 한 자를 굽혀 한 길을 편다는 것은 利로서 말한 것이니, 만일 利로써 한다면 한 길을 굽혀 한 자를 펴서 이롭더라도 또한 할 수 있겠는가?

〈단어 및 어휘〉

- 且夫(차부): 일종의 發語辭이다. 더하여 무릇.
- 與(줄 여): 주다, 더불다, 참여하다, 허락하다, 함께하다, ~와,

~보다, ~인가, 이도다.

06-01-04

昔者 趙簡子使王良 與嬖奚乘 終日而不獲一禽 嬖奚反命曰 天下之
賤工也 或以告王良 良曰 請復之 彊而後可 一朝而獲十禽 嬖奚反命
曰 天下之良工也 簡子曰 我使掌與女乘 謂王良 良不可曰 吾爲之範
我馳驅 終日不獲一 爲之詭遇 一朝而獲十 詩云 不失其馳 舍矢如破
我不貫與小人乘 請辭.

옛날에 趙簡子가 王良으로 하여금 嬖奚와 더불어 수레를 타게 하
였는데, 종일 한 마리의 짐승도 잡지 못하고, 嬖奚가 복명하기를
'천하에 일천한 말몰이 꾼이었습니다.' 하였다. 혹자가 王良에게
고하니, 王良이 '청컨대 다시 하고자 합니다.' 하니, 강요한 뒤에
허락하였다. 하루아침에 짐승 열 마리를 잡고, 嬖奚가 복명하기를
'천하에 좋은 말몰이꾼이었습니다.' 하니, 趙簡子가 말하기를 '내
하여금 전적으로 너와 더불어 수레를 타게 하리라.'하고는 王良에
게 이르니, 王良이 불가하다며 말하기를 '내 그를 위하여 나의 말
몰이를 규범에 맞게 하였더니, 종일 한 마리의 짐승도 잡지 못하
고, 내 그를 위하여 (짐승을) 속임수로 만나게 하였더니, 하루아침
에 열 마리의 짐승을 잡았습니다. 『詩經』에 이르기를 「그 말몰이
의 법도를 잃지 않거늘 활시위를 놓으니 깨트리듯 (명중)하였다.'

〈단어 및 어휘〉

· 趙簡子(조간자): 晉나라 大夫였던 趙鞅을 말한다.
· 王良(왕량): 良工으로 수레를 잘 몰던 御者이다.

- 嬖奚(폐해): 趙簡子가 寵愛하고 있던 奚라는 側近. 嬖(사랑할 폐), 奚(어찌 해). 여기서는 嬖는 寵愛하는 臣下라는 뜻이고, 奚 는 그의 이름이다. 즉, 奚라는 이름을 가진 寵愛 받는 臣下.
- 與嬖奚乘(여폐해승=與之乘): 與는 爲, 즉 '위하여'의 뜻. '嬖奚를 위하여 수레를 몰게 하다'라는 말이다. '~와 더불어', '~와 함께'로 해석할 수도 있다.
- 禽(새 금): 주로 날짐승을 가리킨다. 한문에서는 짐승을 셀 때에 한 마리의 새 등과 같이 數詞가 앞에 쓰이지만, 우리말에서는 數詞가 뒤에 오므로 '새 한 마리'로 飜譯한다.
- 反命(반명): 復命이다. '돌아와 말하다'라는 의미도 있다.
- 賤工(천공): 수레를 모는데 서툰 御者(=馬夫)를 말한다.
- 彊(굳셀 강): 굳세다, 억지로 하다, 국경, 돕다, 억지로.
- 我使掌與女乘(아사장여여승): 내가 (王良을 시켜) 자네를 위하여 수레를 전담하여 몰도록 하다.
- 掌(손바닥 장): 손바닥, 솜씨, 수완, 맡다, 주관하다, 주장하다, 고치다. 받들다, 여기서는 '專屬 말몰이꾼으로 삼는다는 뜻.
- 女(계집 녀/너 여): 汝也.
- 範(법 범): 법, 규범, 본보기, 고상한 태도, 법도에 맞다, 만나다.
- 謂(이를 위): 말하다, 이르다, 알리다, 설명하다, 논평하다, 가리키다, 이유, ~때문에.
- 詭(속일 궤): 속이다, 꾸짖다, 어기다, 어그러지다, 괴이하다.
- 詭遇(궤우): 不正한 方法으로 날짐승을 사냥하게 하는 것을 말한다. 즉 수레를 모는데 쏘는 사람의 비위를 맞추는 것을 뜻한다.
- 舍矢(사시): 舍는 捨也, 화살을 쏘다
- 破(깨트릴 파): 깨뜨리다, 부수다, 파괴하다, 째다, 가르다, 지우

다, 패배시키다, 다하다, 남김이 없다, 깨짐, 깨는 일, 여기서는
화살이 빗나감이 없이 物件을 깨뜨리듯 命中하는 것을 말함.
· 貫(꿸 관): 꿰다, 뚫다, 일다, 달성하다, 익숙하다, 익히다. 돈 꾸
러미. 習也. 익숙하다는 말이다.

〈문법연구〉

· 終日而.
: 시간명사 + 而 꼴로~시간에. 뒤의 一朝而도 마찬가지이다.

· 或以告王良.
: 어떤 사람이 왕량에게 그것을 말했다. 以 다음에 之의 생략 之는
앞의 내용 즉 수레를 잘 몰지 못한다고 말한 것을 의미. 이렇게 종종
개사의 목적어는 생략되는 경우가 많다. 以 뒤에 전치사의 목적어가
보이지 않을 때는 무조건 막연한 지칭어인 '之'(그것)이 생략되었다
고 생각하면 쉽게 해결된다. '之'는 앞 문장 전체를 받거나 앞에 나
왔던 단어 대신 사용되는 대명사이다. 전치사의 목적어가 막연한 대
명사일 때 생략된다.

06-01-05
御者 且羞與射者比 比而得禽獸 雖若丘陵 弗爲也 如枉道而從彼 何
也 且子過矣 枉己者 未有能直人者也.

수레 모는 자 또한 활 쏘는 자와 더불어 알랑거림을 수치로 여겨,
알랑거려 얻은 금수(禽獸)가 비록 언덕(丘陵)만큼 쌓여도 즐거이
하지 않음인데, 만일 도(道)를 굽혀 저들을 따른다면 가하겠는가?

또 그대가 잘 못 (생각)했는데, 몸을 굽힌 자가 능히 사람을 곧게 했다는 것은 아직 있지 않았다.

〈단어 및 어휘〉

· 與(줄 여/베풀 여/편들 여): 여기서는 '편든다'라는 뜻.
· 比(견줄 비): 견주다, 따르다, 편들다, 아첨하다, 패당을 짓다, 고르다, 비율, 자주, 위하여, 말이 많은 것으로 '阿附'하는 것을 말한다.
· 從彼(종피): 彼는 지시대명사로 諸侯를 의미한다.

下 2장

06-02-01

景春曰公孫衍張儀 豈不誠大丈夫哉 一怒而諸侯懼 安居而天下熄.

景春이 말하였다. <公孫衍과 張儀는 어찌 진실로 大丈夫가 아니겠습니까? 한번 怒하자 諸侯가 두려워하며, 편안히 居하자 天下가 조용합니다.>

〈단어 및 어휘〉

· 景春(경춘): 人名이다.
· 衍(넘칠 연): 넘치다, 흐르다, 퍼지다, 넘쳐흐르다, 넉넉하다
· 公孫衍(공손연)/張儀(장의): 둘 다 魏나라 사람이다.
· 熄(꺼질 식): 불이 꺼지다, 소멸하다, 없어지다. 熄 息也. 잠잠하다는 말이다.

06-02-02

孟子曰 是焉得爲大丈夫乎 子未學禮乎 丈夫之冠也 父命之 女子之
嫁也 母命之 往送之門 戒之曰 往之女家 必敬 必戒 無違夫子 以順
爲正者 妾婦之道也.

孟子께서 말씀하셨다. <이 어찌 大丈夫가 되겠는가? 그대는 禮를
배우지 않았는가? 丈夫가 冠禮를 하면 아버지께서 훈시하시고, 여
자가 시집가면 어머니께서 훈시하니, 문에서 전송하며 경계하여
이르기를 '너의 시집으로 가서 반드시 경계하여 남편의 뜻을 어기
지 말라.' 하였으니, 순종을 정도로 삼는 것은 妾婦의 道이니라.>

〈단어 및 어휘〉

· 焉(언): 어찌.
· 女(계집 녀): 여자, 딸, 처녀, 너(汝와 같은 뜻), 시집보내다, 짝
  짓다.

〈문법연구〉

· 焉得~.
: 어찌 얻겠는가? 어찌~일 수 있겠는가?~일 수 없다.

· 往之女家.
: '之'를 '그'로 번역해 往之를 그곳에 가다 女家를 '너의 집'으로
해석하여 '그곳에 가면 너의 집이다.'라고 해석하기도 한다. 또는 '가
는 곳이 너의 집이다.'로 해석하기도 한다.

· 無違夫子.

: 夫子는 남편. '無違~', '~을 어기지 말라.'

예) 孟懿子問孝 子曰無違. (論語)
: 맹의자가 효에 관해서 묻자, 공자께서 말씀하셨다. 어김이 없는
것이다.

06-02-03

居天下之廣居 立天下之正位 行天下之大道 得志與民由之 不得志
獨行其道 富貴不能淫 貧賤不能移 威武不能屈 此之謂大丈夫.

天下의 廣居(仁)에 거하며, 天下의 正位(禮)에 서며, 天下의 大道
(義)를 행하며, 뜻을 얻으면 백성과 더불어 행하고, 뜻을 얻지 못
하면 홀로 그 道를 행하여, 富貴도 뜻을 방탕하게 할 수 없으며,
貧賤도 뜻을 바꾸게 하지 못하며, 威武도 뜻을 굽히게 할 수 없으
니, 이를 일러 大丈夫라 하는 것이다.

〈단어 및 어휘〉

· 由(말미암을 유): 行也. 推也. 행하다, 추구하다.
· 淫(음란할 음/장마 음): 음란하다, 탐하다(貪), 욕심내다, 과하다
  (過), 지나치다. 그 마음을 방탕하게 함이다.
· 移(옮길 이): 그 절개를 바꿈이다.
· 屈(굽힐 굴): 굽히다, 굽다, 구부러지다, 한쪽으로 휘다. 오그라
  들다, 움츠리다. 여기서는 그 뜻을 꺾음이다.

〈문법연구〉

· 富貴不能淫 貧賤不能移 威武不能屈.

: 富貴, 貧賤, 威武를 부사적으로 보아 '부귀하더라도(부귀하지만)', '빈천하지만', '위무로도' 식으로 해석하면 좋다.

下 3장

06-03-01

周霄問曰 古之君子 仕乎 孟子曰仕 傳曰 孔子三月無君 則皇皇如也 出疆 必載質 公明儀曰 古之人 三月無君則吊.

周霄가 물었다. <옛날에는 군자가 벼슬하였습니까?> 孟子께서 대답하셨다. <벼슬하였다. 傳에 이르기를 '공자께서 석 달 동안 군주가 없으면 皇皇히 국경을 나가며 반드시 폐백을 싣고 갔다.' 하였으며, 公明儀가 말하기를 '옛사람은 석 달 동안 군주가 없으면 위문했다.' 하였다.>

〈단어 및 어휘〉

• 霄(하늘 소): 하늘, 진눈깨비, 햇무리, 밤, 구름.
• 周霄(주소): 魏나라 사람.
• 傳(전할 전): 옛날부터 전해져 내려오는 記錄을 말한다.
• 無君(무군): 벼슬살이를 하고 싶어도 섬길 만한 임금을 얻지 못한 것을 말한다.
• 皇皇如(황황여): 조급해서 안절부절못하는 모양. 遑遑如와 같다.
• 出疆(출강): 疆은 地境이니, 여기서는 국경을 뜻한다. 여기서는 벼슬자리를 잃고 그 나라를 떠나가는 것을 의미한다.
• 質(바탕 질/폐백 지): 질/바탕, 본질, 성질, 소박하다, 지/폐백, 예

물. 贄也, 幣帛. 즉 禮物을 말한다.

· 公明儀(공명의): 魯나라 사람.

· 弔(조상할 조): 조상하다, 위문하다, 위로하다.

06-03-02

三月無君則弔 不以急乎.

3개월 동안 섬길 군주가 없다면 조문을 간다라고 하셨는데 너무 급한 것은 아닐런지요?

〈단어 및 어휘〉

· 以(써 이): ∼으로써, ∼에, ∼와 함께, ∼라 생각하다, 이미, 벌써, 하다, 거느리다.

〈문법연구〉

· 不以急乎.

: 以 已也, 太也, 甚也. '너무'

  예) 若以美然: 너무 아름다운 듯하였습니다.
  不以急乎: 다른 해석으로는 '不以∼'에서 '以'는 '思也'로 '∼라 여기다.' 즉 '급하다고 생각하지 않습니까?'

  예) 先帝不以臣卑鄙. (出師表)
  : 선제께서는 신을 비천하다고 여기지 않다(以는 '여기다', '생각하다'라는 의미도 가진다.)

06-03-03

曰士之失位也 猶諸侯之失國家也 禮曰 諸侯耕助 以供粢盛 夫人 蠶

繅 以爲衣服 犧牲不成 粢盛不潔 衣服不備 不敢以祭 惟士無田則亦
不祭 牲殺器皿衣服 不備 不敢以祭 則不敢以宴 亦不足吊乎.

孟子께서 말씀하셨다. <士가 지위를 잃음은 제후가 나라를 잃음과
같다. 禮에 이르기를 '제후가 밭을 갈면 도와서 粢盛을 바치며, 夫
人은 누에를 치고 고치를 켜서 의복을 만든다. 犧牲이 이루어지지
못하며 粢盛이 불결하며 衣服이 구비되지 못하면 감히 제사 지내
지 못하고, 士가 祭田이 없으면 또한 제사 지내지 못한다.' 하였다.
牲殺·器皿·衣服이 不備하여 감히 제사 지내지 못하면 감히 宴
會를 열지 못하니, 또한 조문할 만하지 않은가?>

〈단어 및 어휘〉

· 猶(오히려 유): 오히려, 아직, 마치 ~와 같다, 조차도, 다만, 원
  숭이, 머뭇거리다. 如也. ~와 마찬가지다.
· 禮(예도 례): 예절, 인사, 예물, 의식, 여기서는 책의 이름 禮記
  를 말한다.
· 耕助(경조): 籍田을 말한다.
· 籍田(적전=耤田): 왕이 거두어들인 곡식으로 神에게 祭祀를 지
  내던 祭田의 한 가지.
· 粢(기장 자): 기장, 제수 곡물.
· 粢盛(자성): 큰 제사에 바치는 곡물.
· 夫人(부인): 諸侯의 아내.
· 繅(고치 켤 소): 누에고치를 켜서 실을 뽑는 것을 말한다.
· 犧牲(희생): 제사에 쓰일 동물.
· 牲殺(생살): 동물의 고기로 만든 음식으로 제사하는 것.

· 成(이룰 성): 여기서는 '살찌다', 肥也.

〈문법연구〉

· 士之失位也, 諸侯之失國家也.
: 之는 주어절 안의 주어 다음에 쓴 주격조사이다. 之~也로 연용해서 쓰는 경우가 많다.

· 諸侯耕助 以供粢盛, 夫人蠶繅 以爲衣服.
: 以 다음에 之의 생략. 축자적인 해석으로는 제후(諸侯)가 밭을 갈아(耕) 도우면(助) 그것으로써(以之) 제사 곡물(粢盛) 바친다(供) 부인(夫人)이 누에를 쳐(蠶) 고치를 켜면(繅) 그것으로써(以之) 의복을 만든다(爲衣服).

06-03-04

出疆 必載質何也.

국경을 나섬에 반드시 예물을 싣고 가는 것은 무엇 때문입니까?

06-03-05

曰士之仕也 猶農夫之耕也 農夫豈爲出疆 舍其耒耜哉 曰晉國 亦仕國也 未嘗聞仕如此其急 仕如此其急也 君子之難仕 何也 曰丈夫生 而願爲之有室 女子生而願爲之有家 父母之心 人皆有之 不待父母之命 媒妁之言 鑽穴隙相窺 踰牆相從則父母國人 皆賤之 古之人 未嘗不欲仕也 又惡不由其道 不由其道而往者 與鑽穴隙之類也.

孟子께서 말씀하셨다. <士가 벼슬함은 농부가 밭을 가는 것과 같

으니, 농부가 어찌 국경을 나가면서 쟁기와 보습을 버리고 가겠는가?> <晉나라가 벼슬할 만한 나라이나, 벼슬하기를 이처럼 급하게 하였다고는 듣지 못하였습니다. 벼슬하기를 이처럼 급하게 한다면 군자가 벼슬하기 어렵게 여긴 것은 무엇 때문입니까?> <丈夫가 태어나 그를 위하여 아내가 있기를 원하고, 여자가 태어나 그를 위하여 媤家가 있기를 원함은 부모의 마음이라 사람은 모두가 가지고 있으나, 부모의 命과 매파의 말을 기다리지 않고 구멍을 파서 서로 엿보며 담을 넘어 상종하게 되면 부모와 국인이 모두 천하게 여겼다. 옛사람이 일찍이 벼슬하고자 하지 않은 것은 아니나 또한 그 道를 따르지 않음을 미워하였으니, 그 道를 따르지 않고 만나러 가는 것은 구멍을 파서 엿보는 것과 같은 것이다.>

〈단어 및 어휘〉

· 耒(쟁기 뢰): 쟁기.

· 耜(보습 사): 보습, 따비.

· 亦(또 역): 또한, 가령, ~도, 역시(亦是), 이미.

· 仕國(사국): 벼슬을 할 만한 나라.

· 如此(여차): 이처럼, 이렇게. 부사적 용례.

· 妁(중매 작): 중매, 중매하다

· 媒妁(매작): 中媒人을 말한다. 중매쟁이.

· 鑽(끌 찬): 鑿也. 끌, 뚫다.

· 隙(틈 극): 틈, 구멍, 갈라지다, 터지다.

· 穴隙(혈극): 둥근 구멍과 틈새.

· 窺(엿볼 규): 엿보다.

・惡(미워할 오/싫어할 오/악 악) 미워하다, 싫어하다.

〈문법연구〉

・君子之難仕 何也.
: 君子之難仕의 之는 주어절 안의 주어 다음에 쓴 주격조사이다.
之 ～也로 연용해서 쓰는 경우가 많다.

下 4장

06-04-01

彭更問曰 後車數十乘 從者數百人 以傳食於諸侯 不以泰乎 孟子曰
非其道則 一簞食 不可受於人 如其道則舜受堯之天下 不以爲泰 子
以爲泰乎.

彭更이 물었다. <뒤따르는 수레가 수십 대며, 따르는 자가 수 백인
이 제후에게 밥 얻어먹는 것은 너무 지나친 것 아닙니까?> 孟子께
서 말씀하셨다. <그 도가 아니면 한 대그릇의 밥이라도 남에게 받
아서는 안 될 것이다. 만약 그 도라면 순임금은 요임금의 천하를
받아도 지나치지 않았다. 그대는 너무 지나치다고 생각하는가?>

〈단어 및 어휘〉

・彭(성씨 팽): 성의 하나, 땅이름, 부풀어 오르다.
・更(고칠 경/다시 갱): 경/고치다, 바뀌다, 지나다, 갱/다시, 도리어.
・彭更(팽경): 孟子의 弟子.

- 後車(후거): 隨行하는 수레를 말한다.
- 乘(탈 승): 원래는 '네 마리 말이 끄는 戰爭 때 쓰는 수레' 이지만, 여기서는 '수레'라는 뜻으로 쓰였다.
- 食(밥 식/밥 사): 식/밥, 음식, 먹다, 사/먹이, 밥, 기르다, 먹이다, 양육하다, 사육하다
- 傳(전할 전/옮길 전): 移也. 傳食이란, 이리저리 諸侯들에게 옮겨 다니면서 祿을 얻어먹는 것.
- 以(써 이): ~으로써, ~에게, ~에 따라, ~때문에, ~하여, ~라 여기다, 이미, 단지, 여기서는 己와 通用. '너무'라는 뜻이다.
- 泰(클 태): 侈也. 분에 넘치는 奢侈를 의미한다.
- 其(그 기): '제대로 된', '정당한'
- 簞: 대그릇 단.
- 一簞食(일단사): 한 대광주리의 밥으로 적은 분량의 밥. 食이 '명사'나 '먹이다'는 뜻으로 사용될 때는 '사'로 읽는다.

〈문법연구〉

- 不以泰乎.

: 以를 己와 通用한다고 보고 '너무'로 해석하는 게 일반적이다. 그러나 以를 동사로 보고 '여기다', '생각하다'로 해석할 수도 있다. 즉 이는 以爲와 같은 용법으로 以爲에서 爲가 생략된 형태로 파악하는 것이다. 예문의 마지막 문장 '如其道則舜受堯之天下 不以爲泰 子以爲泰乎'을 보면 유추해볼 수 있다.

예) 太公曰 勿以貴己以賤人 勿以自大以蔑小 勿以恃勇以輕敵. (明心寶鑑)

: 내 몸이 귀하다고 여겨 다른 사람을 천하게 여기지 말고, 자신이 크다고 하여 다른 사람의 작음을 업신여기지 말며, 자신의 용맹을 믿고 적을 가볍게 여기지 말라.

예) 人人自以得上意. (漢書)
: 사람마다 자기가 임금의 마음을 얻었다고 생각했다.

예) 先帝不以臣卑鄙. (出師表)
: 선제께서는 신을 비천하다고 여기지 않았다.

06-04-02

曰否 士無事而食 不可也.

말하기를, <아닙니다. 선비가 일없이 먹는 것이 불가하다는 것입니다.>

06-04-03

曰 子不通功易事 以羨補不足 則農有餘粟 女有餘布 子如通之 則梓匠輪輿 皆得食於子 於此有人焉 入則孝 出則悌 守先王之道 以待後之學者 而不得食於子 子何尊梓匠輪輿而輕爲仁義者哉.

말씀하시길, <功을 通하고 일을 바꾸어서 남는 것으로 부족함을 보태지 않는다면 농자는 곡식이 남을 것이요, 여자들은 베가 남을 것이다. 그대가 그것을 통하면 梓匠·輪輿가 모두 그대에게 밥을 얻어먹을 수 있을 것이다. 여기에 어떤 사람이 있어 들어와서는 효도하고 나가서는 공경하며, 先王의 道를 지켜서 훗날의 학자를 기다리되, 그대에게 밥을 얻어먹지 못할 것이다. 그대는 어찌하여 梓匠·輪輿는 높이면서도 仁義를 행하는 자를 가벼이하는가?>

〈단어 및 어휘〉

· 通功(통공): 공들인 內容을 서로 比較하여 疏通시키는 것.

· 易(바꿀 역): 交換. 여기서는 流通과 分擔.

· 易事(역사): 일하여 만든 物件을 바꾸는 것.

· 羨(부러워할 선/남을 연): 흠모하다, 부러워하다, 넘치다, 나머지, 잉여. 여기서는 '남을 연'의 뜻.

· 梓(가래나무 재/목수 재): 여기서는 주로 樂記, 食器 등을 만드는 木工의 뜻으로 쓰였다.

· 梓人(자인): 목수의 우두머리. 梓의 본래 음은 '자'이다.

· 匠(장인 장): 여기서는 一般的인 木工을 나타낸다.

· 梓匠(재장): 梓人과 匠人이다. 梓人은 주로 棺槨 같은 器物을 만드는 木工이고, 匠人은 집을 짓거나 하는 木工을 말한다.

· 輪輿(윤여): 輪人과 輿人이다. 輪人은 주로 수레바퀴를 만드는 工人을 말하고, 輿人은 수레의 틀을 만드는 工人을 뜻한다.

〈문법연구〉

· 子不通功易事 以羨補不足.

: 通功易事 '노력을 들여 만들어진 것을 교환함.' 문장의 내용은 通功易事하여 남은 것으로서(以羨) 부족한 것을 보충하다. 이 문장에서 不는 補不足을 부정한다.

06-04-04

曰梓匠輪輿 其志將以求食也 君子之爲道也 其志亦將以求食與 曰子何以其志爲哉 其有功於子 可食而食之矣 且子食志乎 食功乎 曰食志.

<梓匠·輪輿는 장차 밥을 구하는 데 뜻을 두거니와, 군자가 道를 행하는 것도 장차 밥을 구하려고 해서입니까?> <자네는 어찌 그 뜻을 구실을 삼는가? 자네에게 功이 있어 밥을 먹일 만하면 먹이는 것이다. 또한 그대는 뜻을 밥 먹이는가? 공을 밥 먹이는가?> <뜻을 밥 먹입니다.>

〈단어 및 어휘〉

· 食(밥 식/먹일 사): '밥'이라는 뜻의 名詞나 '밥을 먹인다'라는 뜻의 사역이나 '먹히다'라는 피동으로 쓰일 때는 모두 音이 '사'이다.
· 食志(사지): 食之以志의 준말로 볼 수 있다.

〈문법연구〉

· 子何以其志爲哉.

: 何以를 한 단어로 보고 '무엇 때문에, 어째서' 등의 부사적으로 해석하기 쉽다. 그러나 이 문장에서는 何는 뒤에 나오는 爲의 목적어나 의문대명사이므로 앞으로 나온 것이다. 원래는 子以其志爲何哉로 '그 뜻을 何라고 여기다.'이다. 즉 以~ 爲~ 용법이다. 해석은 '그대는 왜 그 뜻을 문제로 삼는가?'

· 其有功於子, 可食而食之矣.

: 食의 음은 '사'이다. '그대에게 공이 있으면 먹여줄 만하니 먹여주는 것이다.' 이어지는 문장 且子食志乎 食功乎 曰食志에서도 食는 모두 '먹이다'로 음은 '사'이다.

06-04-05

日有人於此 毀瓦畫墁 其志將以求食也 則子食之乎 曰否 曰然則子
非食志也 食功也.

<여기에 사람이 있는데 기와를 부수고 담 치장을 그려놓고 그 뜻
이 장차 밥을 구하고자 하는 것이라면 그대는 그에게 밥을 먹이겠
는가?> <아닙니다.> <그러면 그대는 뜻을 밥 먹이는 것이 아니라
공을 밥 먹이는 것일세.>

〈단어 및 어휘〉

· 畫(그림 화/그을 획): 여기서는 '그을 획'
· 墁(흙손 만/벽 장식 만): 담장에 회칠할 만.
· 畫墁(화만): 어떤 성과도 없이 오히려 해치기만 한 일.

下 5장

06-05-01

萬章問曰 宋小國也 今將行王政 齊楚惡而伐之則如之何.

만장이 물었다. <송나라는 소국입니다. 지금 장차 왕도 정치를 행
하려 하나니, 제나라 초나라가 그것을 미워하여 정벌하려 한다면
어떠합니까?>

〈단어 및 어휘〉

· 萬章(만장): 齊나라 사람. 孟子의 弟子.

・如之何(여지하): 어찌, 어떻게, 어떠한가, 어찌하랴. 如之何(그것을 어찌하랴)의 목적어는 之로 如〜何 사이에 위치한다.

06-05-02

孟子曰 湯居亳 與葛爲隣 葛伯放而不祀 湯使人問之曰 何爲不祀 曰 無以供犧牲也 湯使遺之牛羊 葛伯食之 又不以祀 湯又使人問之曰 何爲不祀 曰無以供粢盛也 湯使亳衆 往爲之耕 老弱饋食 葛伯帥其 民 要其有酒食黍稻者 奪之 不授者殺之 有童子以黍肉餉 殺而奪之 書曰葛伯仇餉 此之謂也.

孟子께서 말씀하셨다. <湯王께서 亳 땅에 居하실 제 葛나라와 이웃하였다. 葛伯이 방탕하여 祭祀를 지내지 않자, 湯王께서 사람을 시켜 묻기를 '어찌하여 祭祀 지내지 않습니까?' 하니, '바칠 犧牲이 없기 때문입니다.' 하였다. 湯王께서 소와 말을 보내자, 葛伯이 먹어버리고 또 祭祀를 지내지 않았다. 湯王께서 다시 사람을 시켜 묻기를 '어찌하여 祭祀 지내지 않습니까?' 하니, '바칠 粢盛이 없기 때문입니다.' 하였다. 湯王께서 亳 땅의 사람들로 하여금 가서 밭을 갈게 하였는데, 노약자들이 밥을 보내주었다. 葛伯 그 백성을 이끌고 그 주식(酒食)과 기장과 벼를 가진 자에게 요구하여 빼앗고 주지 않는 자는 죽여 버리더니, 기장과 고기를 받은 어떤 동자(童子)를 죽이고 빼앗아 갔다. 書에 이르기를 '葛伯이 밥 주는 이를 원수로 여겼다.' 하였으니, 이를 이르는 것이다.

〈단어 및 어휘〉

・亳(땅이름 박): 地名. 한때 殷王成湯이 都邑한 곳이다.

· 葛(칡 갈): 國名. 葛伯은 葛나라의 伯爵이다.

· 何爲(하위): 어째서, 왜, 무엇 때문에.

· 饋食(궤식): 飮食을 날라다 주는 것을 말한다.

· 要(요긴할 요/허리 요): 요긴하다, 중요하다, 요약하다, 바라다, 요구하다, 맞히다, 적중하다, 바루다, 얻다, 孟子에서는 '길목을 지켜 맞이한다'라는 뜻으로 사용되기도 한다.

· 酒食(주사): 술과 밥.

· 授(줄 수): 與也. 주다.

· 餉(건량 향): 饋也. 건량, 군량, 음식을 보내다, 배급하다.

· 書(글 서): 書經의 商書 仲虺之誥篇을 말한다.

〈문법연구〉

· 無以供犧牲也.

: '無以(有以)+동사' 형태로 어떤 이유나 근거 등을 이유로 '그래서 ~할 수 없다(~할 수 있다)'

    예) 察則有以盡其理之詳也. (離婁章句下)
    : 살펴보면(살펴보는 것을 통해서/살펴보는 것을 조건으로) 그 이치를 자세히 다 알 수 있다.

    예) 不學詩 無以言 不學禮 無以立. (論語)
    : 시(시경)를 배우지 않고는 (말할 밑천이 없으므로) 남과 더불어 말을 할 수가 없고, 예를 배우지 아니하면 남 앞에(사회에) 설 수가 없다.

· 有童子以黍肉餉 殺而奪之.

: 동자가 있어(有童子/또는 한 동자가) 기장과 고기를(以黍肉) 배

급하(餉)자 죽이(殺)고(而) 그것을 빼앗았다(奪之). 以黍肉. 以는 동사 '餉'의 직접목적어를 이끄는 개사로 사용되었다고 볼 수 있다. 즉 '기장과 고기(以黍肉)를 배급하다(餉).' 또 以黍肉餉는 有童子를 수식하는 말로 볼 수도 있다. 즉 '黍肉을 배급받은(餉) 한 동자를(有童子)를 죽이고 그것을 빼앗아 갔다.'라는 의미이다.

06-05-03

爲其殺是童子而征之 四海之內 皆曰非富天下也 爲匹夫匹婦 復讐也.

이 동자를 그 죽인 것으로 삼아서 정벌하니, 四海의 모든 사람이 말하기를, '천하를 富하게 하려 함이 아니고, 필부필부(匹夫匹婦)를 위하여 원수를 갚아주는 것이다.'라 했다.

〈단어 및 어휘〉

· 四海之內(사해지내): 온 天下.

〈문법연구〉

· 爲其殺是童子而征之. 이 어린아이를 죽인 것 때문에 그들을 정벌하였다. 爲~, ~로 인하여, ~때문에.

06-05-04

湯始征 自葛載 十一征而無敵於天下 東面而征 西夷怨 南面而征 北狄怨 曰奚爲後我 民之望之 若大旱之望雨也 歸市者弗止 芸者不變 誅其君而弔其民 如時雨降 民大悅 書曰徯我后 后來其無罰.

湯王께서 첫 정벌을 葛나라로부터 시작하여 열한 번을 정벌해도

天下에 대적할 만한 이가 없었다. 동쪽을 향하여 정벌하면 서쪽 오 랑캐가 원망하며, 남쪽을 향하여 정벌하자 북쪽 오랑캐가 원망하 며 말하기를 '어찌하여 우리나라를 뒤에 하는가?' 하여 백성들이 바라기를 마치 큰 가뭄에 비를 바라는 것과 같아서, 시장으로 돌아 가는 자가 발길을 멈추지를 않으며, 김을 매는 자가 행동의 변함이 없었다. 그 君主를 죽이고, 그 백성들을 위문하자, 마치 때마침 내 리는 비처럼 백성들이 크게 기뻐하였다. 書에 이르기를 '우리 임금 을 기다리니, 임금께서 오시면 형벌이 없어지겠지!' 하였다.

〈단어 및 어휘〉

· 載(실을 재/비로소 재): 싣다, 머리에 이다, 오르다, 비롯하다, 이 루다, 일, 해, 화물. 여기서는 '비로소', '처음', '시작하다'의 뜻.

· 芸(김맬 운/향초 이름 운/운향 운): 운향, 채소 이름, 성한 모양, 김매다. 芸(예) 藝也. 심다, 김매다.

· 弔(조상할 조): 조상하다, 조문하다, 문안하다, 위문하다, 안부를 묻다, 불쌍히 여기다, 慰勞.

· 時雨(시우): 때맞추어 오는 비. 단비.

· 書(글 서): 書經 商書 太甲上篇.

· 徯(샛길 혜): 샛길, 기다리다, 위태하다. 샛길 해. 기다릴 해.

· 其無罰(기무벌): 其는 將次로 '바야흐로', 또는 '아마'

〈문법연구〉

· 東面, 南面.

: 동사 + 목적어 구문으로 보아 <얼굴을 동쪽으로 향하다>, <얼굴

을 남쪽으로 향하다〉라고 번역할 수도 있고, 부사 + 동사 구문으로 보아 〈동쪽으로 얼굴을 향하다〉, 〈남쪽으로 얼굴을 향하다〉라고 번역할 수도 있다. 우리말로는 큰 차이가 없다. 또는 '東面, 南面'을 하나의 단어로 보고 '얼굴을 동쪽(남쪽)으로 향하다'라는 식의 해석도 가능하다.

· 大旱之望雨.
: 之는 도치를 나타낸다. 즉, 이 구절은 원래 望雨於大旱인데 大旱을 앞으로 빼면서 於를 생략하고 도치를 나타내는 之를 大旱과 望雨 사이에 써준 것이다.

· 奚爲後我.
: 奚爲는 원래 爲奚인데, 奚가 의문사이기 때문에 개사 爲의 앞으로 왔다. 爲는 '때문에'라는 뜻이다. '무엇 때문에' '어찌하여'로 해석된다. 後는 여기에서는 '뒤로 하다'라는 뜻으로 사용되었다.

· 其無罰.
: 其는 추측, 기대 등을 나타낸다.

06-05-05
有攸不爲臣 東征綏厥士女 匪厥玄黃紹我周王見休 惟臣附于大邑周 其君子 實玄黃於匪 以迎其君子 其小人簞食壺漿 以迎其小人 救民於水火之中 取其殘而已矣.

'신하가 되지 않는 자가 있어, 동쪽으로 정벌하여 그 士女들을 편안하게 하시자, 검은 비단과 황색 비단을 광주리에 담아, 우리 周

王을 받들어 休命을 받아, 큰 도읍 周에 신하로 歸附하였다.' 하였다. 그 군자들은 검은 비단과 황색 비단을 광주리에 담아서 그 君子를 맞이하고, 그 小人들은 簞食壺漿으로 그 소인을 맞이하였으니, 환란 가운데서 백성들을 구제하시고, 그 잔학한 자를 취하셨을 뿐이었기 때문인 것이다.

〈단어 및 어휘〉

- 攸(바 유): 바(=所), 곳, 장소(場所), 처소(處所), 이, 이에
- 綏(편안할 수, 편안할 유): 편안하다, 편안히 하다, 수레 손잡이 줄, 기의 장식, 끈.
- 厥(그 궐): 그, 그것, 그의, 돌덩어리, 기절하다, 짧다.
- 綏厥士女(수궐사녀): 綏는 <편안하게 한다>는 뜻이다. 厥은 其와 같다. 士는 男과 같다.
- 惟(생각할 유): 생각하다, 꾀하다, 오직, ~이다, 복종하다, 희망하다, 달려 있다, 때문에.
- 匪(비적 비/대광주리 비): 비적, 대상자, 채색, 문채 나는 모양, 대상자에 담다, 아니다. 箧也. 筐也. 여기서는 동사로 사용되어 '광주리에 담는다'라는 뜻이다.
- 玄黃(현황): 검은 비단과 황색 비단으로 幣帛이다. 禮物을 말한다.
- 紹(섬길 소/이을 소): 잇다, 돕다, 소개하다, 알선하다, 임금에게 보임. 알현함.
- 簞: 도시락 단.
- 食(밥 사/밥 식): 밥, 음식, 벌이, 생계, 먹다, 먹이다, 사/먹이, 밥, 기르다, 먹이다.

- 壺(병 호): 병, 주전자, 술병, 단지.
- 漿: 장물 장.
- 休(쉴 휴/클 휴/아름다울 휴): 美也. 여기에서는 '아름다운 德' 됨을 말한다.
- 臣附(신부): 臣下로서 依支하는 것, 臣下의 몸이 됨을 말한다.
- 實(열매 실): 充實. 가득 채우는 것.
- 殘(잔인할 잔): 잔인하다, 흉악하다, 해치다, 멸하다, 없애다, 殘君. 즉 暴政을 하는 사람을 말한다.
- 而已矣(이이의): ~할 따름이다, ~뿐이다.

06-05-06

太誓 曰我武惟揚 侵于之彊 則取于殘 殺伐用張 于湯有光.

「泰誓」에 이르기를 '우리의 위엄을 떨쳐 그 국경을 침공하여 잔학한 자를 취하여 살벌의 공이 크게 펼쳐지니, 탕왕보다도 빛남이 있었다.' 하였다.

〈단어 및 어휘〉

- 太誓(태서): 書經 太(=泰)誓篇.
- 揚(오를 양): 높이 들다, 추켜들다, 올리다. 휘날리다, 흩날리다, 선전하다, 용모가 뛰어나다.
- 彊(지경 강): 국경. 강계(彊界). 경계. 지경. 국토. 강토(彊土). 한계. 끝.
- 侵于之彊(침우지강): 之 지시대명사로 그. 그(之) 강토(彊)를(于) 침략했다(侵).
- 取(취할 취): 취하다. 가지다. 공격하여 치다. 얻다. 받다. 골라

뽑다. 고르다, 滅也.

· 殺伐(살벌): 거동이 거칠고, 무시무시함. 죽이고 정벌함.

· 于湯有光(우탕유광): 于는 於也. ~보다도. 탕왕(湯王)보다 영광
(榮光)이 더 빛남.

06-05-07

不行王政云爾 苟行王政 四海之內 皆擧首而望之 欲以爲君 齊楚雖
大 何畏焉.

王政을 행하지 않을지언정, 만일 王政을 행한다면 사해 안의 모든
사람들이 고개를 들어 바라보고 君主를 삼고자 할 것이니, 齊나라
와 楚나라가 비록 크나 무엇이 두렵겠는가?>

〈단어 및 어휘〉

· 云爾(운이): 어조사 '이와 같을 뿐.' ~라 말할 따름이다, ~일 뿐이다.

· 苟(진실로 구/구차할 구): 만약에 ~하면. 假定을 나타내는 接續
詞 용례이다.

· 以爲(이위): ~라 여기다, ~라 생각하다.

下 6장

06-06-01

孟子謂戴不勝曰 子欲子之王之善與 我明告子 有楚大夫於此 欲其子
之齊語也 則使齊人傅諸 使楚人傅諸 曰使齊人傅之 曰一齊人 傅之
衆楚人咻之 雖日撻而求其齊也 不可得矣 引而置之莊嶽之間數年 雖

日撻而求其楚 亦不可得矣.

孟子께서 戴不勝에게 이르시기를 <그대는 그대의 王이 선하기를 바라는가? 내 그대에게 분명히 말하리다. 여기 楚나라의 大夫가 있어, 그 아들이 齊나라 말하기를 바란다면 齊나라 사람으로 하여금 가르치게 하겠는가? 楚나라 사람으로 하여금 가르치게 하겠는가?> 하시자, <齊나라 사람으로 하여금 가르치게 하겠습니다> <한 齊人이 가르치고, 여러 楚人이 떠들면 비록 매일 매질하여 齊나라 말하기를 구하여도 불가할 것이다. 그러나 그를 끌어다가 莊嶽 사이에 수년을 둔다면 비록 매일 매질하여 楚나라 말을 하도록 구하여도 또한 불가할 것이다.

〈단어 및 어휘〉

· 戴(일 대): 머리에 이다, 받들다.
· 戴不勝(대부승): 宋나라의 臣下.
· 齊語(제어): 齊나라 말을 하는 것.
· 傅(스승 부): 스승, 사부, 보좌하다, 가르치다, 붙이다, 바르다.
· 諸(모든 제/어조사 저): 제/모두, 모든, 절임, 저/이여, 인가? 이도다, ~은, 이에. '之乎?'의 縮約이다.
· 咻(떠들 휴): 讙也. 소란하게 지껄이는 것을 말한다.
· 撻(때릴 달): 때리다, 매질하다, 빠르다, 鞭撻이다. 잘못을 바로 잡기 위해 때리는 것을 말한다.
· 齊(가지런할 제): 가지런하다, 단정하다, 같다, 동등하다, 좋다, 순탄하다, 다스리다, 여기서는 齊나라 말을 하는 것으로 동사로 사용되었다.

· 引(끌 인): 타동사이므로 뒤에 之가 있어야 하지만 뒤에 置之로 인하여 생략되었다.

· 莊嶽(장악): 齊나라 서울에 있는 거리 이름.

〈문법연구〉

· 子欲子之王之善與.

: 앞의 之는 관형격 개사이고, 뒤의 之는 목적어절 안의 주격 개사이다. 이 목적어절의 해석은 '그대의 왕이 선한 것' 전체적인 해석은 그대는 그대의 왕이 선하기를 원하다. 欲이라는 단어의 특성상 '~하기를 원하다.'라는 뜻이 내포되어 있다.

· 欲其子之齊語.

: 之는 목적어절 안의 주어 다음에 쓴 주격조사이다. 齊語는 여기서는 〈제나라어로 말을 하다〉라는 서술어로 판단할 수도 있지만 欲은 원래는 조동사로 동사 앞에서 '동사 하고 싶어 하다'로 해석하는 것이 좋다. 또 한문에서는 '欲+명사' 꼴로도 '명사를 하고 싶어 하다'로 할 수 있다. 위에서는 '제나라 말을 하고자 하다'이다. 따라서 욕이라는 단어를 사용해서 전체적으로는 '제나라 말을 하기를 원하다.'라는 식으로 해석하면 더욱 자연스럽다.

· 使齊人傅諸, 使楚人傅諸.
: 諸는 之乎의 준 말이다.

· 置之莊嶽.

: 之는 之於의 준 말인 諸와 같다.

06-06-02

子謂薛居州善士也 使之居於王所 在於王所者 長幼卑尊 皆薛居州也
王誰與爲不善 在王所者 長幼卑尊 皆非薛居州也 王誰與爲善 一薛
居州 獨如宋王何.

그대는 薛居州를 善士라 하여 그로 하여금 왕의 處所에 거하게 하
나니, 王의 處所에 있는 자로 長幼·卑尊이 모두 薛居州와 같다면
王은 누구와 더불어 不善을 행하며, 왕의 處所에 있는 자로 長幼·
卑尊이 모두 薛居州와 같지 않은 사람이라면 왕은 누구와 더불어
善을 행하겠는가? 한 사람의 薛居州가 홀로 왕을 어쩌겠는가?>

〈단어 및 어휘〉

· 薛居州(설거주): 宋나라의 臣下名.

· 長幼卑尊(장유존비): 年長者와 年少者, 地位가 높은 자와 낮은
   자를 말한다.

· 如~何(여~하): ~을 어찌 할 것인가. ~은 어떠한가.

〈문법연구〉

· 使之居於王所 在於王所者.

: 之는 薛居州를 받는다. 王所는 '왕이 거처하는 장소'라는 의미의
명사어. 使之居於王所는 '薛居州에게 왕이 거처하는 곳에서 거처하
게 하다'이다. 在於王所者는 '관형어+者' 형태로 '~하는 사람(곳,
것)'이다. 즉 '王所에 있는 자'이다.

・王誰與爲不善.

: 誰與는 원래 與誰(누구와 더불어)인데, 誰가 의문사이기 때문에 앞으로 갔다.

・如宋王何.

: 如之何와 같은 구문인데, 之 대신 宋王이 들어간 것이다.

下 7장

06-07-01

公孫丑問曰 不見諸侯 何義 孟子曰 古者 不爲臣 不見.

公孫丑가 물었다. <제후를 만나보지 않는 것은 무슨 義입니까?> 孟子께서 말씀하셨다. <옛날에는 신하가 되려 하지 않으면(또는 신하가 아니면) 만나보지 않았다.

〈단어 및 어휘〉

・見(볼 견/만나볼 현): 견/보다(눈으로), 보이다, 만나다, 당하다, 소견, 현/알현하다, 드러내다.
・義(옳을 의/뜻 의): 옳다, 의롭다, 바르다, 정의, 올바른 도리, 의리, 뜻, 의미, 명분.
・何義(하의): 疑問用法으로 '무슨 뜻인가?', 또는 '義 중에서 어떤 義인가?'
・不爲臣(불위신): 아직 그 나라에서 벼슬하지 않았음을 말한다.

06-07-02

段干木 踰垣而辟之 泄柳 閉門而不內 是皆已甚 迫斯可以見矣.

段干木은 담을 넘어 피하였고, 泄柳는 문을 닫고 안으로 들이지 않았으니, 이것은 모두 너무 심했던 것이지만, 만남을 구하길 절박하게 했다면 이들을 가히 만날 수 있었을 것이다.

〈단어 및 어휘〉

· 段: 조각 단.
· 段干木(단간목): 위(魏)나라 문후(文侯) 시기의 현인(賢人).
· 垣(담 원): 담, 울타리, 에워싸다.
· 辟(임금 벽/피할 피): 군주. 임금. '피할 피(避)'와 같은 뜻으로 쓰임.
· 泄柳(설류): 魯繆公 때의 賢人.
· 內(안 내): 여기서는 '드릴 납(納)'
· 迫(핍박할 박): 핍박하다, 닥치다, 줄어들다, 궁하다, 좁다, 다가오다, 여기서는 求하는 것이 懇切을 말한다.
· 斯(이 사/천할 사): 이, 이것, 잠깐, 천하다, 낮다, ~이면, ~한다면, ~한 즉.
· 矣(어조사 의): ~이다(단정, 결정), ~뿐이다(한정), ~도다, ~느냐.

〈문법연구〉

· 迫斯可以見矣.

: 여기서 斯는 조건과 가정을 표현하는 접속사로 사용되었다. 즉 가정은 '~라면', 또 조건은 '~하면~한다'라는 표현이다.

예) 善人 吾不得而見之矣 得見有恒者 斯可矣. (論語)
: 선인을 내가 만나보지 못하였다. 항심이 있는 사람을 만나본 것
이라면 이것은 그렇다고 할 수 있다.

예) 人之過也 各於其黨 觀過 斯知仁矣. (論語)
: 사람의 허물이 각각 그 부류에 따라 다르다. 그 허물을 보면 그
어진 것을 알 수 있다.

예) 如知其非義 斯速已矣 何待來年. (孟子)
: 만일 그것이 옳지 않다는 걸 알았다면 속히 그만둘 일이지 어찌
내년까지 기다리겠습니까.

06-07-03

陽貨 欲見孔子而惡無禮 大夫有賜於士 不得受於其家 則往拜其門
陽貨瞯孔子之亡也 而饋孔子蒸豚 孔子亦瞯其亡也 而往拜之 當是時
陽貨先 豈得不見.

양화가 공자를 만나보려 했으나 無禮로서 하면 사람들이 미워하
게 되니, (禮記에 이르기를) '대부(大夫)가 선비에게 선물을 보냄
에 있어, 그 집에서 부득이 받지 못하면 그 문에 가서 답례의 절
을 한다.'라고 하니, 양화가 공자가 계시지 않는 틈을 엿보아 공자
께 삶은 돼지를 보내왔다. 공자께서도 또한 그가 없는 틈을 엿보
아 가서 절을 하였다. 당시 양화가 먼저 예(禮)를 갖추고 찾아갔다
면 어찌 만나보지 못했겠는가?

〈단어 및 어휘〉

· 陽貨(양화): 陽虎를 말함.
· 瞯(엿볼 간): 瞰也, 窺也. 엿보는 것을 말한다.
· 亡(망할 망/없을 무): 여기서는 '없을 무'의 뜻.

- 饋(먹일 궤/음식 보낼 궤): 보내다, (음식을) 권하다, 먹이다, 식사(食事), 선사(膳賜: 보내준 음식이나 물품)./饋送: 물품(物品)을 보냄, 물품(物品)을 선사(膳賜)함.
- 當(마땅 당): ~를 당해서, ~에 즈음하여, 當+시간은 '바로 그 때' 정도로 해석한다.
- 先(먼저 선): 먼저. 이 말은 陽貨가 먼저 禮를 지켰다면 孔子 역시도 禮대로 答했을 것이라는 의미.
- 豈不(기부) ~: 어찌 ~하지 않으리오.

〈문법연구〉

- 饋孔子蒸豚.

: 饋는 일종의 수여동사로 간접목적어 孔子와 직접목적어 蒸豚이라는 두 개의 목적어를 갖는 동사이다. 이 경우 직접목적어 앞에 개사 以를 사용하여 표시해 줄 수 있다. 특히 직접목적어가 동사 앞으로 전치되는 경우 개사 以는 생략할 수 없다. 즉 '以蒸豚饋孔子'와 같은 문장으로 바꾸어 표현할 수 있다.

06-07-04

曾子曰 脅肩諂笑 病于夏畦 子路曰 未同而言 觀其色 赧赧然 非由之所知也 由是觀之 則君子之所養 可知已矣.

曾子께서 말씀하시기를, '어깨를 올리고 아첨하며 웃는 것이 여름 밭두둑에 일하는 것보다 고통스럽다.' 하셨으며, 子路가 말하기를, '속내가 같지 않으면서 말하는 이는 그 안색을 보면 붉어지니, 내가 아는(관여할) 바는 아니다.' 하였으니, 이를 말미암아 관찰해보

면 君子가 기르는 바를 알 수 있다.>

〈단어 및 어휘〉

· 脅(위협할 협/웅크릴 흡): 협/위협하다, 겨드랑이, 옆구리 흡/웅크리다.

· 脅肩諂笑(협견첨소): 아첨하는 사람의 추한 모습을 비유하는 말.

· 病(병 병/수고로울 병): 勞也, 疲勞. 괴로워하다, 힘들어 하다, 지치고 힘 드는 것. 또는 싫어하다.

· 畦(밭두둑 휴): 밭두둑, 밭이랑.

· 夏畦(하휴): 여름날 땡볕 아래 밭일하는 것을 말한다.

· 赧(얼굴 붉힐 난): 얼굴을 붉히다, 무안해하다, 두려워하다./赧顔 난안 부끄러워서 얼굴빛이 붉어짐, 또는 그러한 얼굴.

· 赧赧然(난난연): 부끄러워 얼굴을 붉히는 모양을 말한다.

· 非由之所知也: 由는 자로의 이름을 나타낸다.

· 已矣(이의): ~할 뿐이다.

〈문법연구〉

· 病于夏畦.

: 于는 비교를 보이는 개사로 '형용사+于~/형용사보다 더 ~하다'는 표현을 할 때 사용된다. 夏畦는 '여름날의 밭두렁'이라는 명사처럼 보이지만 그 의미는 '여름날 밭두렁에서 일하다'라는 의미를 가진다. 病은 '싫다'로 전체적인 번역은 '여름날에 밭두렁에서 일하는 것보다 싫다'

・未同而言.

: 同은 형용사로 ‘같다’이지만 의역이 필요한 부분이다. 여기서는 ‘의견을 같이하다, 동의하다’ 정도의 의미를 가진다. 한문 해석 시 이러한 의역이 필요한 경우가 많다.

下 8장

06-08-01

戴盈之曰 什一 去關市之征 今玆未能 請輕之 以待來年然後已 何如.

戴盈之가 말하였다. <10분의 1 세제와 관문과 시전의 세금을 없애는 것을 지금은 할 수 없으니, 청컨대 경감하여 내년을 기다린 뒤에 그만두려 합니다. 어떻습니까?>

〈단어 및 어휘〉

・戴盈之(대영지): 宋나라의 大夫.
・征(칠 정/부를 징): 치다, 정벌하다, 취하다, 구실(세금), 구실 받다.
・玆(무성할 자): 불다, 무성하다, 이, 이곳, 지금, 곧.
・什一(십일): 什一租를 말한다. 즉 一年 收穫의 十分의 一을 租稅로 바치게 하는 井田法을 말한다.
・去(갈 거): 제거하다, 없애다.
・關市之征(관시지정): 關門과 市場에서 거두는 稅金을 말한다.
・已(이미 이): 이미, 너무, 이것, 그만두다, 그치다, 조금 있다가, ~뿐이다, ~이도다, ~로써.
・何如(하여): 어떠함, 어떠한가.

〈문법연구〉

・以待來年然後已.

: 以 다음에 대명사 之가 생략되었다. 之는 輕之를 받는다. 즉, '가
볍게 하는 것으로서 내년을 기다린다'라는 의미이다. 已는 그치다.
그만두다.

　예) 學不可以已 靑取之於藍 而靑於藍. (荀子)
　: 배움은 그만둘 수 없다. 靑은 藍에서 취했지만, 藍보다 더 푸르다.

　예) 泰山雖高 是亦山 登登不已 有何難. (楊士彦時調의 漢譯)
　: 태산이 비록 높다 하더라도 이 또한 산이니, 오르고 올라 그치지
　아니하면 무슨 어려움이 있겠는가?

　예) 此鳥不飛 則已 一飛 沖天 不鳴則已 一鳴 驚人. (史記)
　: 이 새는 날지 않으려면 말 것이나 한 번 날면 하늘 높이 날고,
　울지 않으려면 말 것이나 한 번 울면 사람을 놀라게 할 것이다.

06-08-02

孟子曰 今有人 日攘其隣之鷄者 或告之曰 是非君子之道 曰請損之
月攘一鷄 以待來年然後已.

孟子께서 말씀하셨다. <지금 어떤 사람이 날마다 그 이웃의 닭을 훔
치는 자가 있거늘, 혹자가 그에게 이르기를, '이것은 군자의 도가 아
닙니다.' 하니, 말하기를, '청컨대 줄여서 달마다 한 마리의 닭을 훔
치다가 내년을 기다린 뒤에 그만두려 합니다.'라고 하는 것이로다.>

〈단어 및 어휘〉

・有人(유인): 사람이 있다, 어떤 사람, 누군가.

・攘(물리칠 양): 물리치다, 제거하다, 훔치다, 빼앗다, 물러나다.

06-08-03

如知其非義 斯速已矣 何待來年.

만일 그것이 의가 아님을 안다면, 이것을 속히 그만두어야지 어찌
몇 년을 기다릴 수 있는가?

〈단어 및 어휘〉

・斯(이 사): 이, 이것, 잠시, 이에, 쪼개다, 모두. 접속사로서 ～이
면,～한다면.

〈문법연구〉

・如知其非義 斯速已矣.
: 斯는 접속사로 사용되었다. 速은 부사로 '빨리', '속히' 已는 동사
로 '그만두다'

예) 敢問國君欲養君子 如何斯可謂養矣. (孟子)
: 감히 묻습니다만, 군주가 군자를 기르고자 한다면 어찌해야 이
에 기른다고 말할 수 있습니까.

예) 士何如斯可謂之達矣. (論語)
: 선비는 어떠해야 비로소 그를 일러 통달했다고 할 수 있는가.

예) 攻乎異端 斯害也已. (論語)
: 이단에 주력하면 해로울 따름이다.

下 9장

06-09-01

公都子曰 外人 皆稱夫子好辯 敢問何也 孟子曰 子豈好辯哉 子不得
已也 天下之生 久矣一治一亂.

公都子가 말하였다. <外人들이 모두 夫子께서 변설을 좋아한다
고 칭하니, 감히 묻겠습니다. 무엇 때문입니까?> 孟子께서 말씀
하셨다. <내 어찌 변설을 좋아하겠는가? 내 부득이해서이니라.
천하가 백성을 낸 지 오래이나, 한 번 다스려지고 한 번 어지러
웠다.

〈단어 및 어휘〉

· 公都子(공도자): 孟子의 弟子이다.
· 外人(외인): 孟子의 弟子가 아닌 사람을 말한다.
· 夫子(부자): 德行이 높아 모든 사람들에게 스승이 될 만한 사람
  에 대한 尊稱으로 여기서는 孟子를 말한다.
· 辯(말 잘할 변): 말재주가 좋다, 변론하다, 논쟁하다.
· 豈(어찌 기/즐길 개): 기/어찌, 어찌하여, 그, 개/승전악, 개가, 화
  락하다.
· 天下之生(천하지생): 오래 전부터 사람들이 이 땅에 생겨나서
  살아온 것을 말한다. 이때 生은 生民을 말한다.

06-09-02

當堯之時 水逆行 氾濫於中國 蛇龍居之 民無所定 下者爲巢 上者爲
營窟 書曰 洚水警余 洚水者洪水也.

堯임금의 시대를 당하여 물이 역류하고 중국을 범람하여 蛇龍이 居하니, 사람들이 정착할 곳이 없어, 낮은 곳에 사는 자들은 둥지를 만들고, 높은 곳에 사는 자들은 굴을 파서 거처하게 되었다. 『書經』에 '洚水가 나를 경계하였다.' 하였으니, 洚水는 洪水이다.

〈단어 및 어휘〉

· 中國(중국): 여기서는 나라의 全域을 뜻한다.
· 巢(집 소/둥지 소): 새 둥지처럼 나무 위에다 집을 지은 것을 말한다.
· 營窟(영굴): 穴處也. 움집이란 뜻이다.
· 書(글 서): <書經> 虞書大禹謨篇을 말한다.
· 洚(큰물 홍): 洪也. 큰물, 홍수, 내리다.

〈단어 및 어휘〉

· 當(마땅 당): 조동사로서 마땅히~해야 한다. '當+시간을 의미하는 문구'의 형태로 當을 일종의 개사로 보고 '바로 그 시간에'로 해석해도 좋다. '當堯之時'는 '요임금 때에는' 정도로 해석해도 무방하다.

　예) 當在宋也 予將有遠行. (孟子)
　: 宋나라에 있을 때에는 내가 장차 遠行이 있었다.

　예) 禹稷 當平世 三過其門而不入. (孟子)
　: 우임금과 후직이 세상을 평정하실 때에는, 그 문을 3번이나 지나가도 들어가지 못하셨다.

06-09-03

使禹治之 禹掘地而注之海 驅蛇龍而放之菹 水由地中行 江淮河漢是
也 險阻旣遠 鳥獸之害人者 消然後 人得平土而居之.

禹임금으로 하여금 다스리게 하니, 禹임금께서 땅을 파서 바다로
주입시키고, 蛇龍을 몰아 수초 우거진 곳으로 추방하시자, 물이
地中을 따라서 行流하게 되었으니, 江·淮·河·漢이 바로 이것
이다. 險阻함이 이미 멀어지며, 鳥獸가 사람을 해침이 사라진 연
후에야 사람들이 평지를 얻어 居하게 되었다.

〈단어 및 어휘〉

· 使(부릴 사): 使는 '~로 하여금 ~하게 하다'라는 뜻의 사역동
  사이다.

· 掘地(굴지): 물길이 가는 곳에서 막힌 땅을 파서, 물길을 만든다
  는 말이다.

· 蛇(긴 뱀 사/구불구불 갈 이): 뱀, 느릿느릿거리며 가다.

· 菹(김치 저/늪 자): 沼也. 菹는 '저'로 읽을 때는 김치 또는 마른
  풀의 의미이나, '자'로 읽으면 '늪'의 의미이다.

· 阻(막힐 조/험할 조): 막히다, 험하다, 떨어지다, 허덕거리다.

· 地中(지중): 도랑.

· 江淮河漢(강회하한): 各各 揚子江, 淮水, 黃河, 漢水.

· 消(사라질 소): 除也. 녹이다, 사라지다, 없어지다.

〈문법연구〉

· 禹掘地而注之海, 驅蛇龍而放之菹.

: 注之海, 放之菹 그것을 바다로 흘러 들어가게 하다. 그것을 澤池로 몰아내다. 여기서 之는 之於의 준 말인 諸와 같다. 앞의 之는 洚水(洪水)를 받고, 뒤의 之는 蛇龍을 받는다.

• 鳥獸之害人者消然後.

: 之~者 수식어의 후치. 之~者 꼴은 앞의 명사를 수식하는 구조이다. 즉 여기서는 <사람을 해치는 鳥獸>라는 구문이 된다. 한편 鳥獸之害人者는 之를 주격조사로 보고 '조수가 사람을 해치는 일'로 해석해도 무방하다. 이 경우 이것이 하나의 절(節)임을 보이기 위하여 주격조사 之가 사용되는 것이 특징이다.

06-09-04
堯舜旣沒聖人之道衰 暴君代作 壞宮室以爲汚池 民無所安息 棄田以爲園囿 使民不得衣食 邪說暴行又作 園囿汚池沛澤多而禽獸至 及紂之身 天下又大亂

堯舜이 이미 돌아가시고 聖人의 도가 쇠퇴하고 暴君이 대를 이어 일어나 宮室을 무너뜨리고 웅덩이와 연못을 만들어 백성들이 안식할 곳이 없으며, 농지를 버리고 園囿를 만들어 백성들로 하여금 입고 먹을 수 없게 하였으며, 邪說과 暴行이 또 일어나 園囿와 汚池와 沛澤이 많아져서 금수가 이르렀으니, 紂王의 몸에 미처 天下가 또 크게 혼란하게 되었다.

〈단어 및 어휘〉

• 作(만들 작/지을 작): 일어나다, 생기다.

- 宮室(궁실): 民居也. 즉 百姓들이 사는 居處를 의미한다.
- 汙/汚(괸물 오, 낮을 오, 더러울 오) 汚也. 汚池 연못.
- 棄田(기전): 논밭을 農事를 짓지 못하도록 하는 것을 말한다.
- 園囿(원유): 나무와 짐승이 자라는 동산.
- 沛澤(패택): 沛는 草木이 茂盛한 늪, 澤은 물이 모여드는 곳이니, 沛澤은 늪지대.
- 紂(끙거리 주): 人名. 殷의 마지막 王으로 暴君의 代名詞.

06-09-05

周公相武王 誅紂 伐奄三年 討其君 驅飛廉於海隅而戮之 滅國者五
十 驅虎豹犀象而遠之 天下大悅 書曰 丕顯哉 文王謨 丕承哉 武王
烈 佑啓我後人 咸以正無缺.

周公께서 武王을 도와 紂王을 주벌하시고 奄나라를 정벌한 지 3
년 만에 그 군주를 토벌하시고, 飛廉을 바다 모퉁이로 몰아 죽이
시니, 멸한 나라가 50국이었다. 虎豹와 犀象을 몰아 멀리 내쫓으
니 천하가 크게 기뻐하였다. 『書經』에 이르기를, '크게 드러났도
다. 文王의 가르침이여! 크게 이었도다. 武王의 功烈이여! 우리 후
인을 도우시고 열어주심에 모두 正道로써 하시고 흠결이 없게 하
셨다.' 하였다.

〈단어 및 어휘〉

- 相(서로 상): 補助者. 輔弼. 協力.
- 奄(가릴 엄): 國名. 殷代에 中國 東北方에 있던 나라로 紂王을
  도와 虐政을 펼쳤다고 함.

- 飛廉(비렴): 紂幸臣也. 紂에게 阿諂하여 寵愛를 받던 臣下를 말한다.
- 書(글 서): <書經> 周書君牙之篇를 말한다.
- 犀: 무소 서.
- 哉(어조사 재): ~일 것인가? ~리오, 이도다, 비로소.
- 丕(클 비): 大也. 顯(현) 名也. 現也. 丕顯은 '크게 드러남'을 말한다.
- 烈(굳셀 렬): 세차다, 굳세다, 위엄, 드러나다, 공, 공업.
- 佑(도울 우): 돕다, 도움.
- 啟(열 계): 열다, 열리다, 일깨워주다, 인도하다, 啓의 본자.
- 謨(가르칠 모): 謀也. 圖謀이다.
- 承(이을 승): 繼也. 承繼이다.
- 烈(매울 렬): 맵다, 세차다, 빛나다, 光也.
- 咸(다 함): 다, 모두.

06-09-06

世衰道微 邪說暴行有作 臣弒其君者 有之 子弒其父者 有之.

世道가 쇠미하여 사설과 폭행이 또 일어나 신하가 그 임금을 시해하는 자가 있었으며, 아들이 그 아비를 시해하는 자가 있었다.

⟨단어 및 어휘⟩

- 道(길 도): 正道를 말한다.
- 其(그 기): 그, 그것, 장차 ~할 것이다, 해야 한다, 아마도, 혹시.
- 有(있을 유): 又也. 혹, 또. 여기서는 '또 유' 예를 들면 15를 十有五로 표현하는 것과 같다. 또는 有는 '생기다', '있다', '일어나다' 는 그것을 가리키는 대명사. 즉 有之는 '그런 일이 있다',

'그런 일이 생기다'

· 弑(윗사람 죽일 시): 보통 아랫사람이 윗사람을 죽이는 行爲를 말한다.

〈문법연구〉

· 臣弑其君者 有之, 子弑其父者 有之.

:~者 ~것(사람)이 者는 '之+名辭'의 축약으로 대명사라고 할 수 있다.

> 예) 不有居者誰守社稷. (左傳)
> : 거처하는 사람이 있지 않으면 누가 사직을 지키겠는가?

> 예) 有饋其兄生鵝者. (孟子)
> : 그 형에게 산 거위를 선물한 자가 있었다. 有~者.~한자가 있다. 動詞~者.~을 動詞 한 자(것, 사람, 일).

한편 臣弑其君者有之, 子弑其父者有之. 이 문장은 원래 有臣弑其君者, 有子弑其父者인데 臣弑其君者, 子弑其父者를 강조하여 앞으로 내고 그것을 之로 받아주었다고 볼 수도 있다.

06-09-07

孔子懼 作春秋 春秋 天子之事也 是故 孔子曰 知我者 其惟春秋乎 罪我者 其惟春秋乎.

孔子께서 이를 걱정하시어 『春秋』를 지으시니, 『春秋』는 天子의 일이다. 이 때문에 孔子께서 말씀하시기를, '나를 알아주는 것도 오직 『春秋』이며 나를 罪 주는 것도 오직 춘추이다.' 하셨다.

<단어 및 어휘>

· 春秋(춘추): 공자가 魯나라의 歷史를 敍述한 것.

<문법연구>

· 其惟春秋乎.

: 其~乎는 감탄이나 추측, 가벼운 권유 등을 나타낸다. 아마(其)
오직(惟) 춘추(春秋)일 것이다(乎).

06-09-08

聖王不作 諸侯放恣 處士橫議 楊朱墨翟之言 盈天下 天下之言 不歸
楊則歸墨 楊氏 爲我 是無君也 墨氏 兼愛 是無父也 無父無君 是禽
獸也 公明儀曰 庖有肥肉 廄有肥馬 民有飢色野有餓莩 此率獸而食
人也 楊墨之道不息 孔子之道不著 是邪說 誣民 充塞仁義也 仁義充
塞 則率獸食人 人將相食.

聖王이 나오지 않아 諸侯들이 放恣하고 사림의 선비들이 제멋대
로 의논하여 楊朱와 墨翟의 말이 천하에 가득하니, 천하의 말이
楊朱에게 돌아가지 않으면 墨翟에게 돌아갔다. 楊氏는 자신만을
위하니, 이는 君主가 없는 것이요, 墨氏는 겸애하니, 이는 아비가
없는 것이다. 아비도 없고 군주도 없으면 이는 禽獸인 것이다. 公
明儀가 말하기를, '부엌에 살찐 고기가 있으며, 마구에 살찐 말이
있으나, 백성들은 굶주린 기색이 있으며, 들에는 굶어 죽은 시체
가 있으면 이는 짐승을 몰아 사람을 먹이는 것이다.' 하였으니, 楊
朱와 墨翟의 道가 사라지지 않으면 孔子의 道가 드러나지 않을 것
이니, 이는 邪說이 백성들을 속여서 仁義를 꽉 막으니, 仁義가 꽉

막혀버리게 되면 짐승을 몰아 사람을 먹이다가 사람이 장차 서로 잡아먹게 될 것이다.

〈단어 및 어휘〉

- 處士(처사): 職位나 職責이 없는 在野의 선비.
- 橫(가로 횡): 바로 하지 못하고 옆으로 한다는 뜻. 제대로 하지 아니하는 것. 例: 橫行 횡행(제멋대로 행동함)
- 楊朱(양주): 楊은 성, 朱는 이름.
- 墨翟(묵적): 墨은 성, 翟은 이름.
- 庖(부엌 포): 부엌, 주방, 요리사.
- 廏(마구간 구): 마구간, 외양간, 말에 관한 일을 맡는 벼슬.
- 餓(주릴 아): 주리다, 굶주리다, 배고픔.
- 莩(갈대청 부/굶어 죽을 표): 부/갈대청, 갈대 속의 막, 표/굶어 죽다, 굶어 죽은 사람.
- 率(거느릴 솔/비율 률): 솔/거느리다, 좇다, 따르다, 대체로, 률/비율.
- 息(숨 쉴 식): 숨 쉬다, 생존하다, 살다, 자라다, 번식하다, 그치다, 중지하다, 망하다.
- 著(드러날 저): 드러나다, 저축하다.
- 誣(속일 무): 속이다, 깔보다.
- 塞(변방 새): 변방, 막다.
- 充塞(충색): 어떤 것이 가득 차서 다른 것을 막는 것을 말한다.

06-09-09

吾爲此懼 閑先聖之道 距楊墨 放淫辭 邪說者不得作 作於其心 害於其事 作於其事 害於其政 聖人復起 不易吾言矣.

내가 이러한 두려움을 위하여 앞선 성인(聖人)의 도(道)를 지켜서, 양주와 묵적을 막아내고 음사(淫辭)를 내쳐서, 사설(邪說)하는 자를 일어나지 못하도록 하고자 한다. (邪說이) 그 마음에서 일어나면 그 일을 해치게 되고, 그 일에서 일어나면 그 정치를 해치게 되나니, 성인께서 다시 일어나신다고 해도 나의 말을 바꾸지 않으실 것이다.

⟨단어 및 어휘⟩

· 懼(두려워할 구): 두려워하다, 위태로워하다.
· 閑(막을 한/보호할 한): 다른 것이 侵入하지 못하도록 막아서 保護하는 것.
· 距(막을 거/상거할 거): 상거하다(서로 떨어져 있다), 떨어지다, 떨어져 있다, 걸터앉다, 이르다(어떤 장소나 시간에 닿다), 도달하다, 막다, 거부하다, 거절하다, 물리치다.
· 淫(음란할 음): 지나친 것. 여기서 말하는 淫辭는 주로 楊墨의 學說을 말한다.
· 放(놓을 방): 쫓다, 추방하다.
· 作(지을 작): 起也. 일어나다, 작용하다, 짓다, 만들다, 일하다.
· 政(정사 정): 정사, 나라를 다스리는 일.

06-09-10
昔者禹抑洪水而天下平　周公兼夷狄驅猛獸而百姓寧　孔子成春秋而亂臣賊子懼.

옛날에 우임금은 홍수를 그치게 하여 천하를 평정하였고, 주공은 이

적(夷狄)을 합병하고 맹수를 몰아내어 백성을 안녕케 하셨고, 공자께서는 춘추를 이루시어 난신적자(亂臣賊子)를 두려움에 떨게 하셨다.

〈단어 및 어휘〉

· 而(말 이을 이): ~하고, 그리하여, 이로 인하여, ~이지만(역접), 곧, 만약.

· 兼(겸할 겸): 겸하다, 아우르다, 둘러싸다, 나란히 하다, 합치다, 아울러, 함께, 마찬가지.

· 亂臣賊子(난신적자): 반란을 일으키는 신하와 부모를 해치는 아들을 말함.

06-09-11
詩云 戎狄是膺 荊舒是懲 則莫我敢承 無父無君 是周公所膺也.

시경에 이르기를, '융적을 이에 응징하니, 형서가 이에 다스려져 나를 감히 대적할 자가 없다.' 하였으니, 아비도 없고 군주도 없으니, 이는 주공께서 응징하신 바이다.

〈단어 및 어휘〉

· 詩(시 시): 詩經 魯頌 閟宮篇.

· 膺(가슴 응/응징할 응): 가슴, 마음, 마음에 품다, 담당하다, 당(當)하다, 감당하다, 접수하다.

· 承(이을 승/받들 승): 잇다, 계승하다, 받다, 돕다, 감당하다, 후계, 구원하다. 여기서는 '對敵한다'라는 뜻.

· 是(이 시/바를 시): 이것, 이.

〈문법연구〉

·戎狄是膺 荊舒是懲.

: 是는 戎狄과 膺이 荊舒와 懲이 도치되었음을 나타내는 役割을
한다. 戎狄(융적), 荊舒(형서)는 이민족의 이름이다.

·莫我敢承.

: 원래는 莫敢承我의 어순이나 부정대명사 '莫', '아무도~하지 않
다'로 인하여 대명사 我가 동사 敢承 앞으로 도치되었다.

예) 抑因循故常 宴安而莫之知歟. (朴齊家/北學議自序)
: 아니면 구습만을 따르며 타성에 젖어 짐짓 쉬니 편안해져서 그
것을 알지 못하는 것인가.

예) 莫余毒也已. (春秋左氏傳)
: 이제 나를 해칠 자가 없구나.

06-09-12

我亦欲正人心 息邪說 距詖行 放淫辭 以承三聖者 豈好辯哉 予不得已也.

나는 또한 사람의 마음을 바로잡고자 하여, 사설(邪說)을 그치게
하고 비뚤어진 행실을 막아 음사(淫辭)를 내쳐서, 세 성인(우, 주
공, 공자)을 계승하고자 하는 것인데, 어찌 변론하기를 좋아한다
고 할 수 있겠는가? 나는 부득이 했을 뿐이었다.

〈단어 및 어휘〉

·息(그칠 식/쉴 식): 亡也, 滅也, 止也. (숨을) 쉬다, 호흡하다, 생
  존하다, 살다, 생활하다, 번식하다, 자라다, 키우다, 그치다, 그

만두다, 중지하다, 망하다, 멸하다.
- 詖(치우칠 피): 치우치다, 교활하다, 비뚤어지다, 기울다. 偏頗
  (편파).
- 三聖者(삼성자): 禹王, 周公, 孔子를 가리킨 말이다.

〈문법연구〉

- 豈好辯哉.
: 豈~哉, 어찌 ~겠는가. 반문법으로 그렇지 않다는 의미이다.

06-09-13
能言距楊墨者 聖人之徒也.

양주와 묵적을 막을 것을 능히 말할 수 있는 자는 성인의 무리
이다.

下 10장

06-10-01
匡章曰陳仲子 豈不誠廉士哉 居於陵 三日不食 耳無聞 目無見也 井
上有李 螬食實者過半矣 匍匐往將食之 三咽然後 耳有聞 目有見.

匡章이 말하였다. <陳仲子는 어찌 진실로 청렴한 선비가 아니겠습
니까? 於陵에 거처할 적에 3일 동안 먹지 못하여 귀에는 들리는
것이 없으며 눈에는 보이는 것이 없었는데, 우물가에 있는 오얏을
굼벵이가 열매를 파먹은 것이 반이 넘었을 터인데, 기어가서 그것

을 먹기를 세 번 삼킨 뒤에야 귀에 들리는 것이 있으며 눈에 보이는 것이 있게 되었습니다.>

〈단어 및 어휘〉

· 匡章, 陳仲子(광장/진중자): 모두 齊나라 사람.
· 廉(청렴할 렴): 청렴하다, 검소하다, 날카롭다, 곧다.
· 於陵(오릉): 齊나라 안에 있는 땅. 於가 地名에 쓰일 때는 음이 '오'가 된다.
· 螬(굼벵이 조): 굼벵이.
· 井上(정상): 井上은 '장소+上'은 '~가'로 여기서는 우물가를 말한다.
· 匍匐(포복): 배를 땅에 대고 김. 匍; 기어갈 포, 匐: 기어갈 복.
· 將(장차 장): 장차, 장수, 막~하려 하다, 어찌, 만일, 얻다, 가지다, 거느리다.
· 咽(목구멍 인/삼킬 연/목멜 열): 인/목구멍, 목, 연/삼키다, 열/목메다, 막히다. 목구멍 인. 삼킬 연. 삼킬 인. 여기서는 '삼킬 연'의 뜻. 三咽이란, 굶주림이 심해서 잘 씹지도 못하고 삼킴으로써 한 번에 삼키기 어려움을 말한다.

〈문법연구〉

· 豈不誠廉士哉.
: 廉士는 '청렴한 선비'라는 뜻의 명사로 주로 쓰이지만, 여기에서는 不 다음에 썼기 때문에 '청렴한 선비답다'라는 서술어로 해석하면 좋다. 豈不~哉 어찌 ~이 아니겠는가.

06-10-02

孟子曰 於齊國之士 吾必以仲子爲巨擘焉 雖然 仲子 惡能廉 充仲子
之操 則蚓而後可者也.

孟子께서 말씀하셨다. <齊나라 선비들 중에 내 반드시 陳仲子를
으뜸으로 생각한다. 그러나 陳仲子가 어찌 청렴일 수 있겠는가?
진중자의 志操를 채우려면(진중자의 지조가 완전한 것이 되려면)
지렁이가 된 연후에야 가할 것이다.>

〈단어 및 어휘〉

· 於(어조사 어): ~에서, ~에, ~에 대해, ~에 대해 말하면, ~
  에 의거해서.

· 擘(엄지손가락 벽): 大指也. 엄지손가락. 첫째로 뛰어난 사람임
  을 비유하고 있다. 巨擘(거벽): 엄지손가락, 거장, 권위자.

· 蚓: 지렁이 인.

· 惡(미워할 오/어찌 오/악할 악): 미워하다, 헐뜯다, 부끄러워하
  다, 기피하다, 두려워하다, 불길하다, 싫어하다, 어찌, 어찌하여,
  어느.

· 充(채울 충): 推而滿之也. 즉 擴充해 나가는 것을 말한다.

〈문법연구〉

· 於齊國之士.

: 於는 '~에서'라는 장소를 나타내는 개사이지만 여기서는 '~ 중
에서', '~에 대해서는'이라는 좀 더 확장된 의미로 사용되었다. 즉
'~에 대해서'라는 의미가 내포되어 있다고 볼 수 있다.

예) 子曰 吾之於人也 誰毁誰譽. (論語)
: 공자께서 말씀하시길 '내가 다른 사람을 대함에 있어서 누구를
헐뜯고 누구를 칭찬하더냐'라고 하셨다.

예) 寡人之於國也 盡心焉耳矣. (孟子)
: 과인은 나라에 대해서 마음을 다할 따름입니다.

· 吾必以仲子爲巨擘焉.
: 以~爲~, ~을~라 여기다, ~라 생각하다.

06-10-03
夫蚓上食槁壤 下飮黃泉 仲子所居之室 伯夷之所築與 抑亦盜跖之所
築與 所食之粟 伯夷之所樹與 抑亦盜跖之所樹與 是未可知也.

무릇 지렁이라는 것은 위로는 마른 토양을 먹고 아래로는 탁한 물
을 마시니, 중자가 거처하는 집이 백이가 건축한 것인가, 아니면
또한 도척이 건축한 것인가? 먹는 곡식은 백이가 심은 것인가, 아
니면 또한 도척이 심은 것인가? 이것은 가히 알 수 없는 것이다.

〈단어 및 어휘〉

· 槁(마를 고): 마르다, 여위다, 짚, 말라죽다.
· 槁壤(고양): 乾土也. 마른 땅을 말한다.
· 黃泉(황천): 땅속의 물을 말한다.
· 抑(누를 억): 發語辭. '또한, 문득' 같은 부사적 용법, 여기서는
  접속사로서 '아니면, 그렇지 않으면'
· 抑亦(억역): 그렇지 않다면, 아니면, 그렇기는 해도.
· 盜跖(도척): 춘추시대의 큰 도둑. 공자와 같은 시대의 노나라 사

람. 일설에는 유하혜의 아우로 그의 도당 9천 명과 떼 지어 전
국을 휩쓸었다 함.

· 跖(발바닥 척/밟을 척): 밟다, 이르다(어떤 장소나 시간에 닿다),
도달하다, 가다, 발바닥, 다리.

〈문법연구〉

· 所居之室, 所食之粟.

: 之는 관형격조사이다. 관형격조사의 앞의 말(所居, 所食)이 뒤의
말(室, 粟)을 제한(한정)한다. 또 동격, 소유를 나타내기도 한다. '~
의', '~인', '~하는' 등으로 번역한다.

· 伯夷之所築與.

: 之는 보어절 안의 주격조사이다. 독립적 문장에서는 주어 다음
에 之를 쓰지 않는다. 與는 의문이나 감탄을 나타내는 어미이다.

06-10-04
曰是何傷哉 彼身織屨 妻辟纑 以易之也.

(匡章이) 말하였다. <이것이 어찌 흠이 될 수 있습니까? 저 사람은
몸소 신발을 삼고, 처자가 노끈을 꼬아 곡식과 바꾸는 것입니다.>

〈단어 및 어휘〉

· 傷(다칠 상): 다치다, 해치다, 근심하다, 상하다. 害也.
· 屨(신 구): 신, 짚신, 신다.
· 辟(피할 피/임금 벽/길쌈 벽): 피/피하다, 회피하다, 물러나다,

벽/임금, 길쌈하다, 편벽되다, 열다. 績也.

· 纑(실 로): 실, 무명실, 실을 누이다(잿물에 삶아 희게 하다). 練
麻也. 삼을 누인 것을 말한다.

· 易(쉬울 이/바꿀 역): 바꾸다, 교역, 물물교환.

〈문법연구〉

· 何傷.

: 원래 傷何인데 何가 의문사이므로 동사 傷 앞으로 갔다. 여기서
는 何를 의문형용사로 보고 '무슨', '어떤'으로 해석하여 '무슨 흠이
됩니까?'라고 해석하거나 의문사로 보고 '무엇을 해치는 것입니까?'
라고 해석해도 된다.

· 彼身織屨 妻辟纑 以易之也.

: 以 다음에 대명사 之가 생략되었다. 之는 앞의 '신발을 삼고 실
을 꼬는 것'을 받아 '그것을 이것과 바꾸다(易之)'라는 말이다.

06-10-05
曰仲子 齊之世家也 兄戴 蓋祿萬鐘 以兄之祿 爲不義之祿而不食也
以兄之室 爲不義之室而 不居也 辟兄離母 處於於陵 他日 歸則有饋
其兄生鵝者 己頻顣曰 惡用是鶃鶃者爲哉 他日其母殺是鵝也 與之食
之 其兄 自外至曰 是鶃鶃之肉也 出而哇之.

말씀하시길, <陳仲子는 齊나라의 世家이다. 兄인 戴는 蓋祿이 萬
鍾이거늘, 옳지 못한 祿이라 먹지 않으며, 兄의 집은 옳지 못한 집
이라 거처하지 않고, 兄을 피하고 어머니를 떠나 於陵에 거처하였

다. 다른 날 돌아와 보니, 어떤 사람이 그 형에게 살아 있는 거위를 보내온 것이 있어, 자기 얼굴을 찡그리며 말하길, '어찌 이 꽥꽥거리는 것을, 무엇을 위하여 쓰려 하는고?'라 하였는데, 다른 날 그 어미가 이 거위를 잡아 그와 더불어 먹고 있을 때, 그 형이 외부로부터 돌아와 말하기를, '이것이 그 꽥꽥거리던 고기이다.'라 하니, 나가 그것을 토해버렸다.

〈단어 및 어휘〉

- 蓋(덮을 개/어찌 아니할 합/땅이름 갑): 개/덮다, 어찌, 아마, 합/어찌 아니할까, 갑/땅이름. '땅이름 합', 齊나라 邑名.
- 戴(일 대): 머리에 이다, 받들다, 느끼다, 탄식하다.
- 辟(피할 피/임금 벽/비유할 비): 피하다, 벗어나다, 회피하다, 벽/임금.
- 歸(돌아갈 귀): 於陵으로부터 本家로 돌아가는 것을 말한다.
- 饋(보낼 궤): (음식을) 보내다, (음식을) 권하다, 먹이다, 식사, 膳賜. 膳物이다.
- 鵝(거위 아): 거위.
- 己(몸 기): 여기서는 仲子를 말한다.
- 頻(자주 빈): 자주, 빈번히, 급하다, 찡그리다, 찌푸리다, 顰(빈)과 같다.
- 顣(찡그릴 축): 찡그리다, 찡그리는 모양.
- 頻顣(빈축): 顰蹙(빈축)이다. 얼굴을 찡그리면서, 남을 미워하고 비난함.
- 惡(어찌 오/싫어할 오/악 악): 어디. 무엇.
- 鶂(거위 역/거위 소리 예) 여기서는 거위 소리 얼(예).

· 鶂鶂(역역/예예): 꽥꽥거리는 거위 우는 소리.
· 哇(토할 와): 토하다.

〈문법연구〉

· 以兄之祿爲不義之祿 以兄之室爲不義之室.

: 以 A 爲 B는 한문에 자주 등장하는 구문으로, <A를 가지고 B로 여기다(삼다, 등등)>라는 뜻이다. 즉 이 '以 A 爲 B' 형태 구문은 'A를 B라고 여기다/말하다/삼다'로 해석하며 유사유형으로 <用 A 爲 B/以 A 爲 B/以 A B/A 爲 B /A 以 B/A 以爲 B>가 있다.

예) 若以童心爲不可 是以眞心爲不可也. (李贄/童心説)
: 아이의 마음이 올바르지 않다고 생각한다면 진심을 인정하지 않는 것이 된다.

예) 女以予爲多學而識之者與. (論語)
: 너는 나를 많이 배워서 (그것을) 기억하는 사람이라 여기는가.

예) 相讓 以其所爭田 爲閒田而退. (小學)
: 서로 사양하여, 그 다투던 토지를 한전으로 삼고서 물러가다.

· 有饋其兄生鵝者.

: 有~者. ~한 자(사람)가 있다. 動詞~者. ~을 動詞 한 자(것, 사람). 歸則有饋其兄生鵝者에서 饋는 일종의 수여동사로 ~에게 ~(먹을 것으로서 어떤 것을)을 주다는 의미를 가진다. 有饋其兄生鵝者其兄生鵝者에 대한 해석은 '그 형에게 산 거위를 준 사람(것)이 있었다.'

・惡用是鶂鶂者爲哉.

: 用은 以와 통용된다. 惡의 원래 위치는 爲 다음이다. 그러므로
이 문장은 원래 '用(以)是鶂鶂者爲惡'인데 惡가 의문사이기 때문에
앞으로 나간 것이다. '以 A 爲 B/A로 B를 하다'의 용법이므로 <이
꽥꽥거리는 것으로 무엇을 할 것인가?>라고 번역할 수 있다.

06-10-06
以母則不食 以妻則食之 以兄之室則弗居 以於陵則居之 是尙爲能充
其類也乎 若仲子者 蚓而後 充其操者也.

모친이 주면 먹지 않고 처(妻)가 주면, 형의 집은 거처하지 않고
오릉으로서는 거처하니, 이것이 오히려 그 의(義)의 류(類)를 능히
충족히 함이 되는 것인가? 만일 중자와 같이 하려면 지렁이가 된
이후에라야, 그 지조(志操)라는 것을 충족히 할 수 있는 것이다.

〈단어 및 어휘〉

・也乎(야호): 입니까? 일 뿐인가? 이지요, 也는 단정(~일 뿐)의 뜻.
・類(무리 류): 무리(모여서 뭉친 한 동아리), 같다, 비슷하다, (비
슷한 것끼리) 나누다. '~之類' 형태로 '~같은 것'으로 사용되기
도 한다. 여기서 其類(기류)는 '그와 같은 것' 정도로 해석하며
其는 節操를 말한다.

예) 賦田所出穀米兵車之類. (書經)
: 賦는 밭에 따라 내는 곡식과 쌀 그리고 兵車 같은 것들이다.

예) 不由其道而往者 與鑽穴隙之類也. (孟子)
: 바른 道에 따르지 않고 찾아가는 사람은 담 구멍을 뚫고 엿보는
것과 같은 무리니라.